21世纪经济管理新形态教材·工商管理系列

营销策划
——方法、实务与技能

姜 岩 ◎ 编著

清华大学出版社

北京

内容简介

本书紧密对接企业营销前沿及发展趋势，采用富有创新性的营销策划理论体系，建立"方法+实务+技能""三位一体"的内容架构，包含基础方法篇、实务操作篇和综合技能篇三个部分。全书以实践应用为导向，详尽介绍营销策划的实施流程与操作方法，并配备企业案例150余个，其中绝大部分为中国企业案例或中国情境化的案例，有助于将具备一定营销基础的读者打造成为理论扎实、操作有法、技能过硬的营销策划能手。本书不仅可以作为普通高等院校营销策划课程的教材，也可以作为相关企业市场营销工作人员的培训教材或参考书。

本书封面贴有清华大学出版社防伪标签，无标签者不得销售。

版权所有，侵权必究。举报：010-62782989，beiqinquan@tup.tsinghua.edu.cn。

图书在版编目（CIP）数据

营销策划：方法、实务与技能/姜岩编著. —北京：清华大学出版社，2020.7（2025.1重印）
21世纪经济管理新形态教材. 工商管理系列
ISBN 978-7-302-53746-5

Ⅰ. ①营…　Ⅱ. ①姜…　Ⅲ. ①营销策划　Ⅳ. ①F713.50

中国版本图书馆CIP数据核字(2019)第195765号

责任编辑：左玉冰
封面设计：李伯骥
责任校对：宋玉莲
责任印制：杨　艳

出版发行：清华大学出版社
网　　址：https://www.tup.com.cn，https://www.wqxuetang.com
地　　址：北京清华大学学研大厦A座　　邮　编：100084
社 总 机：010-83470000　　邮　购：010-62786544
投稿与读者服务：010-62776969，c-service@tup.tsinghua.edu.cn
质 量 反 馈：010-62772015，zhiliang@tup.tsinghua.edu.cn
课 件 下 载：https://www.tup.com.cn，010-83470332

印 装 者：天津鑫丰华印务有限公司
经　　销：全国新华书店
开　　本：185mm×260mm　　印　张：22　　字　数：482千字
版　　次：2020年7月第1版　　印　次：2025年1月第5次印刷
定　　价：65.00元

产品编号：075279-03

前言

习近平总书记指出:"教材建设是育人育才的重要依托。建设什么样的教材体系,核心教材传授什么内容、倡导什么价值,体现国家意志,是国家事权。"高等学校的教育工作千头万绪,但究其核心内容是课程教材,教育思想和教育理念、人才培养的目标和内容等都集中体现在课程教材中。作为高等院校市场营销专业的重要核心课程,营销策划及其教材建设对培养创新型的市场营销专业人才具有重要的意义。

在清华大学出版社的支持下,历经两年的艰苦努力,作者完成了《营销策划——方法、实务与技能》的编著工作。之所以要在市面上卷帙浩繁的"营销策划"著作中增加本书,主要源于两方面的原因:一方面,在作者近20年从事营销策划教学的过程中,几乎很难找到一本具有创新的理论框架,并系统讲授营销策划实务与技能的教材。可以说,具有科学的内容体系,集方法、实务与技能于一体的营销策划教材至今仍属市场上的"稀缺品"。另一方面,在多年为企业提供管理咨询服务的过程中,也常常有一种强烈的想法,那就是把一些实践体会和经验教训总结成文字,供从事营销策划相关工作的同仁借鉴参考。

基于此,在本教材的编著过程中,作者不仅充分运用在长期营销策划教学及管理咨询实践中取得的一手教学素材及企业案例,而且有机融合多年来在市场营销领域取得的相关科研成果,使本教材的内容更具前瞻性、科学性、系统性和实用性。具体来说,本教材具有如下四个方面领先于同类教材的突出特色。

1. 创新的理论体系

本教材采用具有科学性和创新性的营销策划理论体系,依据营销策划的基本工作流程,以培养学生营销策划的理论应用和操作能力为主旨,建立了"方法+实务+技能""三位一体"的内容架构,将全书分为基础方法篇、实务操作篇和综合技能篇三部分。基础方法篇旨在阐述营销策划的基础理论、策划流程与创意技法;实务操作篇则以专题策划的形式,从操作实务角度讲述市场调研策划、市场进入策划、产品策划、价格策划、市场布局策划、市场推广策划六方面的策划操作方法;综合技能篇主要系统介绍品牌策划、网络营销策划以及营销策划书的撰写技巧。通过这一循序渐进、层层推演的内容体系，有助于将具备一定市场营销专业基础的学生打造成为理论扎实、操作有法、技能过硬的营销策划能手。

2. 丰富的本土案例

近年来，中国本土企业及相关品牌在营销策划方面取得了长足发展，亮点频闪。例如，海尔的"未来商店"、小米的微信推广、百雀羚的品牌年轻化、江小白的"我的生活很简单"、老干妈的品牌定位、六个核桃的品牌打造、海澜之家的市场推广、三只松鼠的线上销售等营销策划创意都颇具匠心。这些案例都将在本教材中精彩呈现，"现身说法"。本教材的教学案例内容极为丰富，依据策划理论及操作共配备企业案例 154 个，其中绝大部分为中国企业案例或中国情境化的案例。通过对这些贴近生活的本土化案例的学习，有助于学生模拟或重现现实生活中的一些场景，并从中抽象出某些一般性的市场营销结论或原理，从而进一步拓宽视野，提升自身的营销策划技能。

3. 全新的知识内容

数字化、信息化与网络化已成为 21 世纪的时代特征。信息技术、网络技术和新媒体技术正在对市场营销的内容和运行方式产生深刻的影响。本教材适时增加反映数字经济时代下市场营销学科发展的最新知识内容，并将其融入营销策划内容体系。结合企业品牌化发展趋势及网络营销的普及应用现状，本教材在综合技能篇中，专门设置了品牌策划和网络营销策划两章内容。同时，结合作者最新的教研成果，在相关章节内容中增加了商圈规划与分析、品牌关系策划、社交媒体营销、微信营销、网络商店设计策划、网络商店依恋策划等知识要点。这些前沿知识内容有助于学生更好地完善知识结构、抢占知识高峰、掌控市场营销策划发展的最新动态。

4. 系统的学习方式

本教材深入贯彻国家关于应用型本科人才"产教融合，知行合一"的教育方针，教材内容以实践应用为导向，在精练阐述营销策划理论的同时，详尽介绍营销策划的实施流程与操作方法，并重点通过案例分析和模拟实训培养学生的营销策划能力。每章内容的安排均侧重实务应用导向。每章开篇均设置了启发学生兴趣的"引导案例"，在介绍有关营销策划操作方法时，均辅之以典型企业"同步案例"，理论与实践紧密贴合。在每章内容之后，还精心设计了"案例讨论""课后习题"和"模拟实训"，以便让学生在充分巩固知识内容的同时，善于分析和解决企业的实际营销问题，具备从事营销策划工作的职业能力。

本教材不仅可以作为致力于应用型人才培养的高等院校、职业院校相关专业营销策划课程的教材，也可以作为管理咨询公司、市场调研公司、广告传媒公司及相关企业市场营销人员从事营销策划及相关工作的培训教材或参考书，亦可供市场营销、服务管理、广告策划、公共关系、商务谈判等领域的专业人员研读参考。

本教材由大连交通大学姜岩博士编著完成，由其提出全书结构和内容体例，并负责书稿的撰写、修改和最终定稿工作。著名市场营销学专家、中国大连高级经理学院常务副院长、大连理工大学博士生导师董大海教授拨冗审读了书稿，并提出了宝贵的意见和建议。本教材在编写过程中，还参考借鉴并引用了国内有关期刊和媒体上登载的一些同人编写的案例资料，在此表示衷心的感谢。

正如著名的营销策划大师马尔科姆·麦克唐纳所说，"虽然营销理论和实践经历了半个多世纪的发展，但营销策划仍是未被攻破的大挑战"。尽管在营销策划领域深耕多年，然而面对市场的快速变化和知识的日新月异，作者深知本教材中一定还存在着一些不足之处，恳请广大读者和业界同人提出宝贵的意见与建议，以便再版时修订。

姜 岩

2020 年 5 月

目 录

第一篇 基础方法篇

第一章 营销策划导论 ·· 3
第一节 营销策划概述 ·· 4
第二节 营销策划的内容与类型 ·· 11
第三节 营销策划的研究对象、行业特性与研究方法 ····································· 15

第二章 营销策划流程 ·· 21
第一节 营销策划的组织 ·· 22
第二节 营销策划的程序 ·· 27
第三节 营销策划书的编写 ··· 33

第三章 营销策划创意 ·· 42
第一节 营销策划创意概述 ··· 43
第二节 营销策划创意的方法 ·· 51
第三节 营销策划创意的实施 ·· 60

第二篇 实务操作篇

第四章 市场调研策划 ·· 71
第一节 市场调研概述 ·· 72
第二节 市场调研的内容和方法 ·· 78
第三节 市场调研的过程和技巧 ·· 87

第五章 市场进入策划 ·· 99
第一节 市场竞争格局的分析 ·· 100
第二节 市场进入的过程策划 ·· 108
第三节 市场进入的战略与战术策划 ··· 116

第六章　产品策划 ……………………………………………………………………… 126

第一节　个别产品策划 ……………………………………………………………… 127
第二节　产品组合策划 ……………………………………………………………… 138
第三节　新产品开发策划 …………………………………………………………… 147

第七章　价格策划 ……………………………………………………………………… 155

第一节　制定价格的策划 …………………………………………………………… 156
第二节　修订价格的策划 …………………………………………………………… 168
第三节　变动价格的策划 …………………………………………………………… 178

第八章　市场布局策划 ………………………………………………………………… 185

第一节　市场布局概述 ……………………………………………………………… 186
第二节　区域市场布局 ……………………………………………………………… 193
第三节　商圈规划与分析 …………………………………………………………… 199

第九章　市场推广策划 ………………………………………………………………… 214

第一节　市场推广策划概述 ………………………………………………………… 215
第二节　市场推广策划的程序 ……………………………………………………… 225
第三节　网络推广策划 ……………………………………………………………… 231

第三篇　综合技能篇

第十章　品牌策划 ……………………………………………………………………… 249

第一节　品牌基础策划 ……………………………………………………………… 251
第二节　品牌使用策划 ……………………………………………………………… 260
第三节　品牌发展策划 ……………………………………………………………… 265

第十一章　网络营销策划 ……………………………………………………………… 274

第一节　网络营销基础策划 ………………………………………………………… 275
第二节　网络营销渠道策划 ………………………………………………………… 287
第三节　网络商店经营策划 ………………………………………………………… 294

第十二章　营销策划书的撰写 ………………………………………………………… 308

第一节　营销策划书的内容体系 …………………………………………………… 310
第二节　营销策划书的撰写技巧 …………………………………………………… 320

参考文献 ………………………………………………………………………………… 342

第一篇　基础方法篇

营销策划是企业为了改变现状、实现理想的目标，借助科学方法与创新思维，分析研究、创新设计并制订营销方案的理性思维活动。它是企业为实施营销目标而对营销策略进行实际运用的活动，是企业营销管理全过程的重要组成部分。营销策划本质上是一种运用智慧与策略的营销创新行为。

本篇重点讲述实施营销策划所必需的基础方法，主要包括营销策划导论、营销策划流程和营销策划创意。

第一章

营销策划导论

【学习目标】

知识目标

1. 了解策划的发展历程
2. 掌握营销策划的概念和基本特点
3. 理解营销策划的内容与类型

能力目标

1. 理解并掌握营销策划的基本要素
2. 能根据营销策划理论进行具体的案例解析

碧桂园:"房地产不等于钢筋加水泥"

碧桂园,一个毫不起眼的地名,因位于顺德区陈村水道的碧江之畔桂山之侧而得名。尽管投资逾亿的开发商反复宣传此地为"金三角交汇点",又请来当时的广东省副省长亲笔题名,但前来看楼买房的人仍寥寥可数。

正当碧桂园老板走投无路时,经人推荐找到了著名策划人王志纲。碧桂园老板的初衷是请王志纲写一篇宣传文章。可当王志纲看完楼盘后说:"这个事业不是一篇文章就能做好的。现在的情况是,就房地产搞房地产肯定'死火',要跳出房地产才能开发房地产。"他强调:"房地产不等于钢筋加水泥。名牌的背后是文化,房地产也要用文化的方式去运作。"心灵相通的碧桂园老板当场拍板:"碧桂园请您当总策划。"

王志纲经过详细分析和考察,将创办一所贵族学校作为碧桂园地产的启动点,并大胆提出了一个令人瞠目的设计理念,设计出"可怕的顺德人"的广告。在《羊城晚报》的整版套红广告中,语出惊人:"中国古谚云:富不过三代。今天向成功人士进言:要使事业有续,最明智的投资莫过于投资儿女。儿女需要什么?孩子在呼唤什么?做父母的最明白。"广告和盘托出了"21世纪经济大潮的黄埔军校"——碧桂园学校的办学方案与招生条件。一时间,报名者接踵而至,教育储备金也由最初的每名学生18万元涨到23万元直至30万元。碧桂园学校一跃成为广东高价学校的"龙头大哥"。随着学校知名度不断上升,"死火"两年的碧桂园楼盘日益升值,成为"风水宝地"。

学校这步"生死之棋"下活了,下一步就是楼盘策划。王志纲出口不凡:"碧桂园的人推思想，一句话，叫'一个中心，两个基本点'。一个中心，就是'碧桂园生活方式'的营造与炒作；两个基本点，一个是国际学校（碧桂园学校），一个是建设五星级的国际俱乐部。"他说："碧桂园的策划，一定要跳出房地产概念，加大文化内涵，上升到'全新的生活方式'的高度，才能令人耳目一新。"在王志纲的策划下，碧桂园又成立了物业管理公司，把五星级酒店的管理模式引进了屋村管理。碧桂园由此成为花园式别墅区、新型国际学校、国际俱乐部三位一体的理想型生活社区的典范。

资料来源：谭启泰. 谋事在人：王志纲策划实录[M]. 北京：人民出版社，2007，有改动

思考：碧桂园的营销策划有哪些启示？

碧桂园的营销策划是一个经典的创意，它突破了以往对房地产行业"钢筋+水泥"的传统认知，从人文关怀和唤起消费者心灵需求的角度界定了房地产营销的内涵。碧桂园的成功之处有以下三点：第一，针对目标客户，定位准确。碧桂园定位为高档居住区，满足了目标客户的需求，并有完善的相关配套设施支持。第二，市场推广工作富有成效。碧桂园的广告宣传、新闻炒作等都很成功，提高了项目的知名度，突出了项目的独特形象。第三，高水平的物业管理吸引了购房者。与一般的小区管理截然不同，碧桂园成立了"五星级"的物业管理公司。由此可见，成功的营销策划对企业发展具有重大的意义。本章将系统讲述营销策划的概念、内容与方法。

第一节　营销策划概述

营销策划是策划活动的一个分支。策划专指对各种事业或活动决策之前的谋划、构思和设计活动。营销策划则是对企业开设、运营、管理和发展的整个商业活动进行必要的规划与安排。营销策划是企业进入市场自主经营不可忽视的重要举措。

一、策划的基本界定

"策划"一词如今已被广泛使用，这是人们行动理性化的表现。但是，策划究竟是指什么？策划的含义是什么？还有必要从策划的历史中进行梳理。

（一）策划的历史

"策划"在中国有悠久的历史。原始社会的集体打猎行为就有策划思维的萌生。可以说，中国古代的文明史就是一部策划史。

在中国古代，策划被称为"策画""擘画"。例如，《后汉书·隗器传》中"是以功名终申，策画复得"，《淮南子·要略》中"擘画人事之终始者也"。这里的"策画""擘画"均有打算、计谋、安排之意，与现在的策划语意相通。

随着社会的进步和发展，策划的意义由原来出谋划策的表层次向深层次演化。南宋辛弃疾在《议练民兵守淮疏》中写道："事不前定不可以猝，兵不预谋不可以制胜。"

意思是说，做事情不在事前决议方案，就很难应对突然的改变；行军作战如不在战前策划，就很难旗开得胜。可见，古人已经认识到先策划后决议方案以及策划在决议方案中的重要位置。

"策"字在我国古代典籍中的含义多达十几种。在《辞海》中有多种解释：一是当名词用，指古代的一种马鞭，这种马鞭头上有尖刺；二是当动词用，如"策马扬鞭"，就是用鞭子打马之意；三是指古代用竹片或木片记事著书，成编的叫"简"，如"简策"或"策书"；四是指古代考试的一种文体，即"对策""策论"，类似于现在的议论文；五是指计谋，如决策、献策、束手无策等。

"划"字一般有四层含义：一是指用尖锐的东西将其他东西隔开或从上面擦过，如划火柴；二是用桨拨水前进，如划船；三是按利益情况计较相宜不相宜，如划得来、划不来；四是划分、计划，即工作计划、规划、谋划。

在中国古代，策划集中于政治、军事和外交活动之中，是为政治、军事、外交服务的。"凡事预则立，不预则废"以及诸葛亮《隆中对》中的"三分天下"主张，都反映了古人对策划的认识和运用。此外，商鞅变法、吴起变法、王安石变法等古代变法本身就是一种观念的更替，也可以视为一种权力的更替过程，风险很大，只有进行周密的策划才能提出具体的方案，并保证目标的实现。

春秋战国时期，社会纷乱，各诸侯国相互攻伐，时势造英雄。当时社会上出现了专门卖智谋的人，被称为"策士"，为各国诸侯出谋划策。因为"策士"辈出，高手林立，为后人留下了许多策划经典案例，构成中国策划思想史的宝库。家喻户晓的田忌赛马、苏秦合纵抗秦、张仪连破六国等故事作为古代策划的经典案例流传至今。

与策划这一行为在中国具有2 000多年的悠久历史相比，策划作为一个行业却是改革开放之后才在中国出现并快速发展的。在我国，人们常常把策划与咨询相提并论。但是，两者并不完全相同。策划除包括战略、管理等层面外，更是向营销策划、广告策划、公共关系策划、企业形象策划、品牌推广策划延伸，并已经扩展到突发事件的危机处理及各个行业的多层面策划。与咨询相比，策划涵盖更宽，运用行业更广，更具有中国特色。其中，营销策划是企业策划的一项主体工作，对企业的业绩提升、形象定位具有十分重要的意义。

诸葛亮的"三分天下"策划

公元200年官渡大战以后，刘备逃到荆州，投奔刘表。刘表爱其才，却又恐不为所用。于是让他暂驻新野（今河南新野县）。而刘备是一个雄心勃勃的人，因为自己的抱负没有能够实现，心里总是闷闷不乐。刘备先后听司马徽、徐庶推重诸葛亮，就带着关羽、张飞，一起到隆中去找诸葛亮。三顾茅庐后，诸葛亮终于被刘备的诚意所感动，推心置腹地跟刘备谈了自己的主张。

诸葛亮分析了荆州和益州（今四川、云南和陕西、甘肃、湖北、贵州的一部分）的形势，认为荆州是一个军事要地，可是刘表是守不住这块地方的。益州土地肥沃广阔，向来被称为"天府之国"，可是那里的主人刘璋也是个懦弱无能的人，大家都对他不满意。最后，他说："将军是皇室的后代，天下闻名，如果您能占领荆、益两州，对外联合孙权，对内整顿内政，一旦有机会，就可以从荆州、益州两路进军，攻击曹操。到那时，有谁不欢迎将军呢。能够这样，功业就可以成就，汉室也可以恢复了。"刘备听了诸葛亮这一番精辟透彻的分析，思想豁然开朗。他觉得诸葛亮人才难得，于是恳切地请诸葛亮出山，帮助他完成兴复汉室的大业。诸葛亮遂出山辅佐刘备，以荆州为根基，帮助刘备通过一系列的运作，终于打开了局面。

公元208年赤壁大战后，曹操退守黄河流域一带，不敢再轻易南下。孙权在长江中下游的势力得到巩固。刘备乘机占领湖北、湖南的大部分地区，又向西进占四川。公元220年，曹操的儿子曹丕废掉汉献帝，自称皇帝，国号魏，定都洛阳，东汉结束。第二年，刘备在成都称帝，国号汉，史称蜀。公元222年，孙权称王，国号吴，后定都建业。三国鼎立的局面形成。

资料来源：诸葛亮以市场细分法三分天下，http://blog.sina.com.cn/s/blog.5de749120100d3uc.html，有改动

思考：诸葛亮"三分天下"的构想体现了策划的哪些特点？

（二）策划的含义

"策划"一词有广义和狭义之分。

广义的策划是指为了解决现存的问题，人们利用自己的智慧所采取的谋划手段或创新过程。广义的策划应用于各行各业，运用于中外古今。它具有以下三个特征。

（1）策划是为了达到一定的目标。这是策划的前进方向，也是策划的动力。

（2）策划是人类智慧和经验的总结。这是区别于任何动物的特征，也就是为达到目标，运用人类的经验和知识的过程，知识是策划的工具。

（3）采用谋略或谋划手段完成既定的目标。这是策划的方法。

狭义的策划是指人们为推动经济社会发展，为现代工商企业或其他组织机构所进行的一种获利性的创新活动。狭义的策划主要运用于现代企事业单位中，它有以下四个特征。

（1）它也有目标，只是这个目标一般被限定在经济领域内。

（2）它的对象是工商企业和一些组织机构，即现代社会组织。

（3）它的目的是为这些社会组织获得利益（经济利益或社会利益），是一种获利性的活动。

（4）以政策、法律等为工具，为现代企业策划。

随着社会的发展，人们对策划的认识逐步深化并赋予其现代意义，进行更详尽的诠释。

美国营销学家菲利普·科特勒认为，策划是一种程序，在本质上是一种运用脑力的理性行为。

日本策划专家和田创认为，策划是通过实践活动获取更佳成果的智慧，它是一种智慧创造行为。

本书对策划的定义为：策划是为了实现既定的目标，针对现存的问题，通过制订具体可行的方案，达到预期效果的一种综合性创新活动。

策划不同于人们常说的点子，它具有以下特征。

（1）策划是一门思维的科学。它要求定位准确、审时度势、把握主观与客观，辩证地、客观地、发散地、动态地把握各种资源。

（2）策划是一门设计的科学。它必须根据企业的需要来设计项目，策划的项目是否成功，要看它是否"出成果、出机制、出人才、出品牌"。

（3）策划是一门监理的科学。它是在事先设计好的前提下对企业运营过程实施监督与管理。

综上可见，策划最大的特点就是通过创造性的思维整合，聚集资源，以扩大资源的占有、使用和效能为目的。这要求策划人员要对未来一段时间内即将发生的事情作出判断，找出事物的主客观条件和因果关系，制定出可选择的对策作为当前决策的依据，即策划是事先决定做什么、如何做、何时做、由谁来做的系统方案。

（三）策划的要素

从现代经济、管理角度认识策划，将赋予策划更具时代特色和清晰意蕴的内涵。现代策划包含三个重要的要素，即：明确的主题目标、崭新的创意和实现的可能性。

（1）明确的主题目标。策划如果没有主题目标，就成了一些无目的的构思的拼凑，根本没有成功可言，更不要说解决实际问题了。

（2）崭新的创意。策划的内容及手段必须新颖、奇特，扣人心弦，使人观后印象深刻，打动对方的心。

（3）实现的可能性。不能操作的方案，无论创意多么巧妙杰出，目标多么具体、富有鼓动性，也没有任何实际价值，这种所谓的策划只是资源的浪费。

西铁城空投手表

瑞士手表雄踞世界100多年，各国都不能动摇其霸主地位。后来，日本研制出了性能良好的西铁城（CITIZEN）手表，又一次向钟表王国发起了冲击。

为选择一种崭新的营销手段推出西铁城手表，打开澳大利亚市场，西铁城公司专门召开了高级职员会议来商量对策。有人建议："我们应该扩大宣传，多用电视台的黄金时间和报纸的广告版面打广告，以铺天盖地之势，给人造成先声夺人的印象。"也有人说:"广告应该做,但其效果不能马上奏效,况且现在的广告过多过滥,公众对之已失去兴趣,我们还能不能采取其他更好的办法呢?"又有人接着说:"要公众眼见为实,最好的办法是搞破坏性试验,通过这种公开的试验,让大家了解我们西铁城手表的良好性能。"还有人补充说:"我们不妨采取奖励性的措施,最好的奖品莫过于西铁城手表本身,这样能使我们的手表迅速推向市场。"与会者献计献策,终于想出了一个大胆的方案。

不久,西铁城公司通过新闻媒体发出了一条令人咋舌的消息,某时将有一架直升机在澳大利亚某广场抛下一批手表,谁拾到就归谁。这条消息在社会上引起了很大的轰动。有人惊喜,有人好奇,也有人怀疑。但人们的心理就是这样,越是令人惊奇、怀疑的东西,就越要探个究竟,所以人群像潮水般地涌向指定地点。时间到了,只见一架直升机飞临人群的上空,盘旋片刻后,在百米高空向人群旁的空地上洒下一片"表雨"。期待已久的人们纷纷奔上去捡表。抛下的表是如此之多,以致大家都有所收获。他们在惊喜之余,还发现手中的西铁城手表居然还在"嘀嗒嘀嗒"地走动,于是,在场上发出了一次又一次的惊呼声:"这表真是精良耐用,名不虚传。"接着,电视台又播放了空投手表的实况录像,使西铁城手表很快深入人心。

西铁城这一创举巧妙地将广告、破坏性试验和实物奖励三种办法结合在一起,迅速打开了澳大利亚市场,并使西铁城手表名震整个钟表业。

资料来源:百度文库,https://wenku.baidu.com/view/9c13f02258fb770bf78a,有改动

思考:西铁城手表的营销策划是如何体现策划三要素的?

二、营销策划的概念、要素及基本特点

营销策划是为实现某一营销目标或解决营销活动的问题,在对企业内外部环境全面分析的基础上,有效运用企业经营管理的各种资源,对一定时间内的企业营销活动进行预先的创新性设计和规划。我国有的地区也称营销策划为营销企划,在日本则称之为企划或企画。

(一)营销策划的概念

简单地说,营销策划就是在市场营销活动中,为某一企业、某一产品或某一活动所做出的策略谋划和设计。一般来说,营销策划的最终成果的表现形式为文字报告形式,即营销策划方案或营销策划书。

营销策划的基本内涵包括以下三个方面的内容。

(1)对象。营销策划的对象可以是某一个企业整体,也可以是某一种产品或服务,还可以是一次活动。

(2)策略。营销策划需要设计和采用一系列计谋,并作出精心的安排,以保证一系列的计谋运用成功。

(3)对未来所做之事的创造性设计。它虽与规划或计划有相似之处,但也存在不

同点，关键的区别点在于策划的创新。一般是先策划，提出创意，再有规划或计划。

营销策划不同于营销计划，两者的区别主要体现在以下三个方面。

（1）营销计划是按经验和常规对企业营销活动涉及的人、财、物率先所做的安排和平衡，而营销策划更强调创造性、主动性、针对性和可操作性，它不拘泥于以往的经验。

（2）面对一个将要解决的问题，总是先策划、后计划。

（3）营销计划是营销策划之后具体性的工作，也是如何把策划的结果一步步地落实到行动中去的过程。而策划则是把握方向性，把创意汇总、整理，形成书面策划并予以实施的过程。

（二）营销策划的要素

营销策划作为策划的一个分支，具有与策划相似的要素特征。具体包括如下三个方面。

1. 目标性

营销策划是围绕解决企业的某一问题、达成某一目标而进行的活动。它具有较强的方向性和目的性。制订策划目标时，要注意以下问题。

（1）要明确目标的焦点，使之明确化、具体化、数量化。

（2）要对长期目标进行分解，制订出阶段性的短期目标，并保持各阶段短期目标之间的持续性和协调性。

（3）要确保目标的价值性，即营销策划确定的目标对企业的管理人员和员工是有意义、有价值的，与他们的切身利益息息相关，以取得他们的认可、支持和配合，充分调动他们的积极性。

2. 创意性

创意是与众不同、新奇而富有魅力的构思和设想。营销策划的关键是创意，即创意是营销策划的核心和灵魂。因此，创意是营销策划的第一要素。

在企业营销策划实践中，创意并不是高深莫测、难以捕捉的。营销策划人员的创意主要来自三个方面。

（1）营销策划经验的积累。只有长期积累有关事物的信息并重视对其中重要信息的加工，才有灵感的爆发、火花的闪现和创意的获得。

（2）思路开阔，能够充分发挥自己的想象力和创造力，立意具有一定的高度，并且视角独特。

（3）思维方式独特，能够出新、出奇。营销策划人员必须打破常规思维习惯和思维定式，采用一定条件下的逆向思维、立体思维、发散思维、交叉思维，谋取营销策划的成功。

3. 可行性

营销策划不仅要有明确的目标、新颖的创意，还要具有很强的可操作性，使企业能够实施，易于实施。可行性具体指以下三个方面。

（1）在企业现有的人、财、物等有形资源和信息、商誉、品牌等无形资源与条件下可以实现。

（2）考虑到外部环境的制约及与外部环境的冲突。

（3）有具体的、清晰的行动方案，使策划的参与者能懂得"游戏规则"，遵循"游戏规则"。

（三）营销策划的基本特点

营销策划是建立在点子和谋略之上的多种因素、多种资源、多种学科和多个过程整合而成的系统工程。因此，作为理论，营销策划是一门系统科学；作为实践，营销策划是一项系统工程。

营销策划的基本特点体现在以下四个方面。

1. 营销策划是创新思维的学科

营销策划实质上是一种经营哲学，是市场营销的方法论，因而是一门创新思维的学科。它特别强调将单线性思维转变为复合性思维，将封闭性思维转变为发散性思维，将孤立的、静止的思维转变为辩证的、动态的思维。它主要包括四个方面的内容：创新思维路线的选择，企业经营理念的设计，资源的整合，市场营销操作过程的监督和管理。

2. 营销策划是营销工程设计学科

营销策划实质上是运用企业市场营销过程中所拥有的资源和可利用的资源构造一个新的营销系统工程，并对这个系统中的各个方面根据新的经营哲学和经营设计理念进行轻、重、缓、急的排列组合。在这个营销系统工程的设计中，经营理念的设计始终处于核心和首要的地位。例如，在营销策划的经典案例——"碧桂园神话"中，王志刚就明确指出："房地产≠钢筋+水泥"，而是营造一种新的生活方便、居住舒适和有利于消费者发展的社区生活方式与社会人文环境，使钢筋和水泥等堆砌物具有了活生生的灵魂。

3. 营销策划是具有可操作性的实践学科

营销策划是一门实践性非常强的学科。它是在创新思维的指导下，为企业的市场营销制订具有现实可操作性的市场营销策划方案，提出开拓市场、营造市场的时间、地点、步骤及系统性的策略和措施。而且，还必须具有特定资源约束条件下的高度可行性。营销策划不仅要提出开拓市场的思路，而且更重要的是在创新思维的基础上制订市场营销的行动方案。

4. 营销策划是系统分析的学科

营销策划是用科学、周密、有序的系统分析方法，对企业的市场营销活动进行分析、创意、设计和整合，系统地形成目标、手段、策略和行动高度统一的逻辑思维过程和行动方案。营销策划强调对既有资源和可利用的资源进行整合。整合是系统论的一个基本范畴和重要原理。系统论是 20 世纪中期发展起来的一种科学理论，它认为凡是由相互联系和相互作用的诸因素所组成并具有特定功能的总体，都是一个系统。任何系统都不是它的组成因素的简单加总，而是这些因素在特定联系方式和数量配比下形成的有机总体。总体具有不同于组成因素或子系统的新功能，总体"大于"各组成因素的孤立属性的简单集合。

"1∶1∶1"：金龙鱼比出新天地

在中国市场上，嘉里粮油（隶属马来西亚华裔创办的郭氏兄弟集团香港分公司）旗下的金龙鱼食用油多年来一直以绝对优势稳居小包装食用油行业第一品牌地位。

在食用油领域，调和油这种产品是"金龙鱼"最早创造出来的。当初，"金龙鱼"在引进国外已经很普及的色拉油时发现，色拉油虽然有市场，但不完全被国人所接受，其原因是色拉油虽然精炼程度很高，但没有太多的油香，不太符合中国人的饮食习惯。于是，"金龙鱼"研制出将花生油、菜籽油与色拉油混合的产品，使色拉油的纯净卫生与中国人的需求相结合，这一产品创新终于赢得了中国市场消费者的青睐。

为了将"金龙鱼"打造成为强势品牌，"金龙鱼"在品牌方面不断创新，由最初的"温暖亲情·金龙鱼大家庭"提升为"健康生活金龙鱼"。然而，在多年的营销传播中，这些"模糊"的品牌概念除了让消费者记住了"金龙鱼"这个品牌名称外，并没有引发更多联想，而且大家似乎还没有清楚地认识到调和油到底是什么，有什么好。2002年，"金龙鱼"又一次跳跃龙门，获得了新的突破，将营销传播概念锁定为"1∶1∶1"。看似简单的"1∶1∶1"概念，不仅形象地传达出"金龙鱼"是由三种油调和而成的，这一"最佳营养配方"的理性诉求，又让消费者"误以为"只有"1∶1∶1"的"金龙鱼"才是最好的食用油。通过成功的产品创新和营销传播，"金龙鱼"获得了市场成功。

资料来源：二十个品牌策划经典案例分析，搜狐网，https://www.sohu.com/a/211567574_742861，有改动。

思考：金龙鱼调和油是如何进行营销策划并获得市场成功的？

第二节　营销策划的内容与类型

营销策划是对营销活动的设计与规划过程，而营销活动是企业的市场开拓活动，它贯穿于企业整个经营管理过程，因此凡是涉及市场开拓的企业经营活动都是营销策划的内容。企业的营销活动有很多种类，相应的营销策划也有不同的内容和形式。

一、营销策划的主要内容

根据营销策划涉及的营销活动性质、范围及目标导向等，可将营销策划的内容分为营销的基础策划与运行策划，营销的综合策划与专项策划。

（一）营销的基础策划与运行策划

按营销策划活动的性质，可将营销策划分为基础策划和运行策划两个方面。

1. 营销的基础策划

营销的基础策划是营销策划不可分割的一部分，主要包括市场调研策划和市场进入策划。

1）市场调研策划

营销活动的开展需要寻找市场切入点，做好市场定位，而进行市场调研必须对市场有充分的了解和把握。市场调研策划主要研究市场环境、市场供求、消费行为等方面的问题。市场调研策划为企业营销运作策划提供了起点和基础。

2）市场进入策划

市场进入是企业开发市场的关键阶段，是企业生存和发展之始。市场进入的过程，也是企业获得消费者认知、认同、认可的过程。好的开头是成功的一半，任何企业都希望谋求一个良好的开局。市场进入策划具体包括：市场竞争格局的分析与判断，市场进入过程的策划，市场进入的战略与战术策划等。

2. 营销的运行策划

营销的运行策划是指落实企业战略目标，保证营销活动日常运行的设计行为。它包括战略方针层次的策划和战术原则层次的策划。营销人员依据经营战略的要求，进行的市场机会研究、市场细分、目标市场选择和市场定位策划，称为战略性营销策划，其任务在于明确市场营销职能的运行方向。营销人员在战略性营销策划的基础上，对企业的产品、价格、分销渠道和促销活动等所进行的组合策划及个别策划，属于战术性营销策划，其目的在于把战略性营销策划规定的任务落到实处。战略性营销策划和战术性营销策划对企业市场营销的运行具有决定性的意义，属于市场营销的运行策划。

（二）营销的综合策划与专项策划

按营销策划活动涉及的范围，可将营销策划分为综合策划和专项策划。

1. 营销的综合策划

可行的营销策划要求运用科学、周密、有序的系统方法，全面地对企业和市场营销活动进行分析、创意、设计和整合。营销的综合策划是指在此基础上比较完整地运用营销知识，结合各方面的具体情况进行的全过程式的策划，也称为整体策划。依据一定的营销目的和任务，营销的综合策划可分为以下三种。

1）以产品为导向的营销策划

企业市场营销活动的目的就是把自己的产品打入市场，让市场接受。因此，以产品为导向的策划很多，如产品整体策划、产品生命周期营销策划、产品组合策划、新产品上市策划、网络产品营销策划等。

2）以顾客为导向的营销策划

企业开拓市场、进入市场的过程，也是获取顾客、满足顾客、维系顾客的过程。以顾客为中心，充分满足顾客需求是企业一切营销活动的出发点和根本准则。针对消费者、生产者、中间商、政府机构、公众等不同的顾客类型，相应的营销策划也是具体的、有针对性的。

3）以市场为导向的营销策划

市场是企业的战场，市场上充满着竞争和机会。因此，企业应针对市场上不同的竞争者和潜在竞争者以及各种各样的竞争态势，制订不同的营销策划方案。例如，市场领先者策划、市场挑战者策划、市场追随者策划以及市场补缺者策划等。

2. 营销的专项策划

营销的专项策划也可称为局部营销策划或阶段营销策划。它是指企业营销活动中具有阶段性、过程性及针对性的营销项目，如对产品策划中产品组合的策划，品牌策划中品牌定位的策划，市场布局中商圈的规划与分析，市场推广中推广工具的选择与策划，等等，甚至有些是更细分的策划。正是这些专项的策划构成了局部专项的营销策划。不涉及企业营销活动全过程的局部营销策划，可以针对目标市场进行策划，也可以就目标市场内的某一内容进行营销策划。

二、营销策划的类型

营销策划可根据不同的标准划分为以下类型。

（一）按营销策划的主体划分

按营销策划主体的差异性，可将营销策划分为企业内部自主型策划和企业外部参与型策划。

企业内部自主型策划是指企业内部专职营销策划部门（如策划部、市场部、营销部、企划部、公关部等）从事的营销策划活动，也有的企业把营销策划职能列入总经理办公室综合管理。企业内部自主型策划的优点是熟悉企业内部的资源状况和条件，制订的策划方案可操作性强，但方案的创意和理念设计受企业文化或管理体制的约束，否定意识差或不敢否定，因而大多数策划缺乏开拓创新精神，市场冲击效果不佳，通常这类策划是非营利性的。

企业外部参与型策划是委托企业以外的专门从事营销策划的机构（如营销策划公司、管理咨询公司、市场研究公司、广告公司等）从事营销策划活动，有的企业也委托高等院校、科研机构或个体专家参与企业的营销策划。企业外部参与型策划的优点是起点高、视角不同、创意新奇、理念设计战略指导性强，方案制订逻辑系统性强，但资金投入相对高，可操作性不强，特别是没有严格的商业契约约束的策划方案，可行性较差，通常这类策划是营利性的。

（二）按营销策划的客体划分

按营销策划客体的差异性，可将营销策划划分为市场营销整体策划、市场调研策划、市场进入策划、新产品开发策划、价格制定策划、市场布局策划、市场推广策划，以及企业形象策划、品牌策划、广告策划、公共关系策划等；也可以根据企业市场营销的日常工作分为旺季营销策划、年度营销策划和企业长期发展策划等。从企业市场营销活动的具体内容和工作特点对营销策划进行不同的分类，有助于增强企业营销策划对其工作的指导性。

（三）按营销策划的性质、要求、内容和时间划分

1. 按营销策划的性质划分

按营销策划的性质，可将营销策划分为全局性营销策划、战略性营销策划、战术性营销策划等。一般来说，战略性营销策划是一个较长期的策划，是为了实现长期的战略目标而进行的策划。它决定了企业的发展方向、内容及效果，解决"干什么"的问题。战术性营销策划是一个较为短期的策划，是为了实现短期目标而进行的策划，它决定了企业的生存、方式及效率，解决了"如何干"的问题。

2. 按企业对营销策划的不同要求划分

按企业对营销策划的不同要求，可将营销策划分为营销创意策划、经营理念设计策划、营销方案策划等，它们各有不同的规范。例如，营销创意策划主要为企业提供营销创意；经营理念设计策划则要求提供营销创意、营销设计等内容；营销方案策划包括的内容则较为丰富，它要向企业提供营销创意、理念设计、营销方案的制订，甚至还包括市场营销活动的监理和营销策划方案的滚动调整。

3. 按营销策划的内容划分

按营销策划的内容，可将营销策划分为全面策划和专项策划。全面策划是对一个组织的总体策划，专项策划则是对某一项目进行的策划，如对营销人才开发的策划等。一切思想、创意设计都是落实在具体的项目上的。

4. 按营销策划指导作用时间的长短划分

按营销策划指导作用时间的长短，可以将营销策划分为过程策划（贯穿于企业营

销的全过程，属于中长期策划）、阶段策划（贯穿于企业营销的各个阶段，属于中短期策划）、时段策划（在企业营销的某一阶段随时策划，属于短期策划）。

不论哪种类型的营销策划，策划活动总体都可以分为两大部分，即市场环境分析部分和营销活动设定部分。前者为营销策划的基础，后者为行动方案，二者相辅相成。与营销策划活动相对应，营销策划书也主要由市场环境分析和营销活动设定两大部分构成。

总之，对营销策划进行分类研究，有助于认识营销策划的本质和各个不同的侧重面，并根据企业的实际需要和策划人的条件，设计、委托或接受不同的营销策划任务。

第三节 营销策划的研究对象、行业特性与研究方法

营销策划是一门复合型的学科，它是由多门学科知识综合、交叉而形成的新的应用知识体系。它秉承市场营销学的特点，是综合思维科学与精湛的经营艺术的结合。营销策划既是一门管理科学，也是一门经营艺术。

一、营销策划的研究对象

营销策划是一门涉及多种学科的综合性应用科学，其研究对象包括市场营销策划过程中的市场进入障碍分析、营销资源的配置、营销创意、营销理念设计和制订市场营销策划方案的基本方法、技巧及其一般规律。

营销策划是在现代市场营销观念的指导下，以营销管理为土壤，从市场需求入手，深入市场调查研究，认真分析市场营销环境、竞争对手、企业市场竞争条件，以及实现目标市场顾客群体达到满意状态的条件，因时、因地、因人制宜地提出"创意—构架—行动"的系统过程。虽然营销策划方案千差万别，各有其创新的特色和营销要素整合的技巧，但不论是哪种性质的营销策划、哪种层次的营销策划或哪个行业的营销策划，其策划的过程、基本方法、基本技巧都具有一定的规律性和共同的特点。只是因时间、地点、行为和产品的差异而各有侧重。例如，每一个成功的营销策划都是以顾客满意为出发点的，其最终目标或结果必然是顾客满意的实现和达到企业盈利最大化的"双赢规则"；每一个营销策划都必须坚持"1+1>2"的资源投入产出优化配置等。

研究营销策划，不仅要学习和掌握营销策划的方法和技巧，更重要的是认识和掌握营销策划的一般规律；并以创新思维为灵魂，遵循市场经济的客观规律，更好地开展营销策划实践活动。

二、营销策划的行业特性

一般认为，营销策划业是管理咨询服务业的一种。咨询业是一种智力服务型行业，是指专门从事咨询活动的行业，包括工程咨询、决策咨询、管理咨询等，营销策划是

咨询服务业的一个组成部分。营销策划业作为一种新兴产业，与传统产业相比具有以下特征。

（一）智能性与先进性

营销策划业要为策划对象出智谋、出智慧，要为企业充当智囊。营销策划业的从业者不仅要有较高的专业水平，还要有创新意识、卓越见识和超群的能力。随着各种科学技术和策划事业的发展，在营销策划过程中采用了许多先进的定量和定性方法与技术手段，大大地提高了营销策划业的经济效益和社会效益。

（二）时效性与全程性

营销策划讲究审时度势，重在适时、适当。营销策划在于创新、出新、翻新，新是指时效性，时过境迁之后就不再称其为新。策划是知识生产的完整过程，包括从市场调研到有针对性地制订方案、实施方案，最后收集反馈信息，进行信息反馈控制的全过程。营销策划公司要对企业策划的全过程负责，并以负责到底的精神融入工作。

（三）超脱性与社会性

营销策划人员或机构独立于企业之外，站在独立的立场，以自身的专业学识和经验作出客观的判断。采用的方法或手段，不需要有关政府部门、机构的约束或批准。这就是营销策划的独立性和超脱性。由于其独立性，企业可以根据自己的要求，自主选择策划公司为其服务，这就是营销策划业的社会性。

（四）全局性与多样性

营销策划业所从事的策划工作，无论是战略性策划还是战术性策划，都需要从全局、大局着眼，通过对外部环境的周密分析，整合多种资源，才能有的放矢地进行卓有成效的策划。同时，随着企业经营环境的变化，促使营销策划业不断根据企业的变化开发新的领域。许多大型咨询策划机构，开始转向有关开发、规划、市场和产品预测以及社会与经济分析等综合研究和系统工程设计领域，营销策划业的服务内容日益多样化。

三、营销策划的研究方法

研究营销策划的基本方法同市场营销的学科基础具有密切关系。根据市场营销学原理，支撑市场营销学科发展的基础学科方法包括哲学方法、经济学方法、经济数学方法、系统科学方法以及创新思维方法。这些研究方法也同样适用于营销策划的研究。

（一）哲学方法

哲学是营销学的基础学科之一，哲学方法广泛应用于市场分析和营销策划过程。

在哲学方法中，唯物辩证、条件论、矛盾分析、内外因分析、因果分析、内容与形式、本质与现象、认识结构与过程分析、实证原则、观察与实验方法、模拟和比较等都是十分重要的方法，对企业从事环境预期和市场分析具有重要意义，其中因果分析、内外因分析、模拟和比较等方法对营销策划具有指导意义。

（二）经济学方法

现代经济学原理的广泛应用使经济学诸多概念、定律在方法论方面的作用越发明显，环境预期和市场分析越来越依赖经济学方法。从微观看，需求曲线、需求函数、边际分析、弹性原理、恩格尔定律、均衡分析以及各种成本概念不仅是市场分析的基本方法，在营销策划中也有重要应用。从宏观看，部门（行业）分析、存量与流量分析、经济增长动因、乘数原理、总供求分析、增长与预期分析等原理和分析工具，对预期经济环境和估测产业市场供求趋势，同样具有十分重要的作用。

（三）经济数学方法

经济数学方法对市场分析尤其是需求分析具有重要意义，数学方法与经济学理论的结合对市场分析和营销策划有很大的帮助。在营销分析中，常用的经济数学方法包括经济数量分析、经济数学模型、数理经济、计量经济和数理统计。在产业市场分析中，常用的方法有部门和行业投入产出表、地区和企业投入产出表、价格投入产出模型和投入产出关联模型等。在营销成本效益方面，盈亏平衡分析、成本效益分析、可行性研究、敏感性分析、概率分析等方法是营销策划的重要分析手段。从决策角度看，决策树、线性规划、目标规划等方法在营销规划、计划和方案的制订中对平衡经营资源具有不可替代的作用。

（四）系统科学方法

就营销策划而言，系统科学方法是最基本的分析设计方法之一。其中，系统概念、系统工程、系统分析、系统评价以及系统优化等方法是综合性、全局性营销方案策划的有效方法和分析手段，对企业的业务组合、分销系统设计具有十分重要的作用。定性分析法、逻辑学、行为科学等学科理论与方法在营销策划的某些内容或应用方面，也是非常有效的分析工具。特别是许多定性分析方法，如头脑风暴法、专家意见法（德尔菲法）等在营销策划中仍占据主流地位。

（五）创新思维方法

创新思维方法或者创意，就是超越常规的、违反常规的种种思维。但创新思维并不是脱离实际的"胡思乱想"，它是建立在客观物质基础上有科学依据的"逆向""超前"思维，创立与众不同、异于常规的理念和思路。创新思维是某些营销理念设计和营销资源重新整合的前提和基础。无论什么项目，创新思维都是以营销策划创意为起点，它引导营销策划者用系统工程方法，从经营哲学的高度对投入生产经营过程的各种生产要素、市场资源和社会资源等进行科学的分析、归纳和综合，使其产生更大的总体功能效应。

"回力"如何"回天"

1927年，杂货店伙计出身的江苏江阴人刘永康与人合资，在上海唐山路创办正泰橡胶厂，专门生产回力牌布胶鞋。1934年，其正式注册了中文"回力"和英文"Warrior"商标，"回力"是英文 Warrior（勇士）的谐音，意寓"回天之力"。

"回力"一经推出，就被当时的青年奉为时尚，并凭借先进的制鞋技术一举成为中国运动鞋的第一品牌。郎平、曹燕华、郑海霞等知名运动员，都曾穿着回力鞋走过其运动职业的辉煌时期。在以后的数十年里，"回力"都是具有广泛知名度的民族品牌，拥有一双回力鞋在青少年中是相当前卫的潮人标志。

随着改革开放的到来，回力鞋渐渐风光不再。大量国外国内运动鞋涌入市场，回力鞋渐渐淡出人们的视线。雪上加霜的是，人们对回力鞋的印象渐渐跟农民工阶层联系在一起，回力鞋从曾经的奢侈品一夜之间变成了地摊鞋。2000年2月，上海回力鞋业总厂正式停产。回力鞋业所属的上海华谊（集团）公司及时实施了老回力企业的破产方案，同时建立按品牌运作新模式的上海回力鞋业有限公司（以下简称"回力公司"）。

为使回力鞋重现以往的辉煌，回力公司先后实施了两次转型，并积极通过北京奥运会、上海世博会等各种展销活动推广回力品牌。

回力公司坚持"经典与时尚结合、运动与休闲结合"的理念，改变了回力产品款式陈旧、色彩单调的旧貌，每年都会推出500余款新品。除了保留传统款式的运动鞋外，还推出了颇受年轻人青睐的手绘艺术运动鞋等。

随着消费习惯的改变和互联网技术的日臻成熟，2014年，回力正式发力电商，并逐步摸索出了一套"终端直供平台+电商平台"的营销新打法，在体验店和线上旗舰店逐步铺开单价在200~500元的新产品。回力的网店还可以根据自身店铺消费者的消费习惯特性，向回力总部申请设计人员支持，来设计只有自家店铺才有的特色款产品。

与此同时，回力公司还大力在线下开店，目前已有线下门店超过3 000家。其中的时尚精品专卖店已进入部分大城市一线商圈，与国际名牌同台迎客，实现回力民族品牌的历史回归。

资料来源：搜狐网，http：//www.sohu.com/a/133504670_157520，有改动

思考："回力"鞋是如何实现历史性回归的？

本 章 小 结

- 策划是为了实现既定的目标，针对现存的问题，通过制订具体可行的方案，达

到预期效果的一种综合性创新活动。

- 营销策划是指为实现某一营销目标或解决营销活动的问题，在对企业内外部环境全面分析的基础上，有效运用企业经营管理的各种资源，对一定时间内的企业营销活动进行预先的创新性设计和规划。营销策划包括目标性、创意性和可行性三个要素。
- 营销策划的主要内容包括营销的基础策划与运行策划、营销的综合策划与专项策划。不论哪种类型的营销策划，策划活动总体都可以分为两大部分，即市场环境分析部分和营销活动设定部分。前者为营销策划的基础，后者为行动方案，二者相辅相成。
- 营销策划的研究对象是营销策划过程中的市场进入障碍分析、营销资源的配置、营销创意、营销理念设计和制订市场营销策划方案的基本方法、技巧及其一般规律。营销策划业本质上属于管理咨询服务业的一种，是咨询服务业的一个组成部分。营销策划的研究方法主要有哲学方法、经济学方法、经济数学方法、系统科学方法及创新思维方法等。

课后习题

1. 什么是策划？策划与计划有何不同？
2. 如何理解营销策划的三要素？
3. 营销策划有哪些主要分类？
4. 营销策划具有哪些不同于传统产业的特征？
5. 营销策划的研究方法有哪些？

答案要点

案例讨论

库尔斯啤酒的兴衰

库尔斯公司是美国一家啤酒酿造公司，地处科罗拉多的山沟里。1960 年阿道夫·库尔斯这个 44 岁的啤酒王国的老板，外出遇难后，公司就由其儿子比尔和乔史兄弟俩苦心经营。库尔斯公司生产的啤酒是用纯净的落基山泉水酿制的，公司只生产一种品质的啤酒，且只有一家酿造厂生产这种啤酒，啤酒只在西部 11 个州销售，其中多数州是美国人烟最稀少的地区。它没有成立分厂，几十年来没扩大过规模，同时，每一桶酒都要销往 900 英里（约 1 448 千米）以外的地方。啤酒质量很好，除了一些知名演员（像保罗·纽曼和伊斯特伍等）外，从福特总统到亨利·基辛格，无不对库尔斯啤酒称道叫好。每年大约有 30 万名库尔斯的崇拜者来啤酒厂游玩，人们一直称库尔斯有"秘密武器"。

到了 1970 年，由比尔和乔史经营的这个小规模地区性啤酒厂异常繁荣，1969 年的产量比 1968 年增长 19%，在全国啤酒行业中名列第四。在西部 11 个州，库尔斯市场占有率达 30%；在加利福尼亚州，到 1973 年为止，它占有 41%的市场。这与那些知名的和不知名的人士对库尔斯产品的狂热追求与爱好、环境清洁的形象及味道清淡适口的啤酒形象是分不开的。

到20世纪70年代中期，啤酒的消费趋势发生了很大变化，啤酒行业最热门的产品是凉爽型啤酒或低热量啤酒和高级名牌啤酒，这种啤酒的销售量几乎占到啤酒总销量的10%，而其中全国发展最快的米勒公司的啤酒占到30%，并且这个比例还在上升。啤酒行业每年都以13%的速度增长，但几乎所有的增长均来自两种产品：凉爽型啤酒或低热量啤酒和高级名牌啤酒。面对变化不定的和更有扩张性的市场，库尔斯公司却一味采取长期观望的态度而无所领悟，错误地认为一种啤酒及一种形象的魅力会长盛不衰，从而否认了任何大胆的进取，最终使库尔斯这个历史悠久、令人肃然起敬的啤酒商永不回头地走到一个衰退的历史时刻。

资料来源：落基山泉水救不了你，www.doc88.com/p-7058978481598.html，有改动

思考题：

1. 20世纪70年代中期以后，库尔斯公司经营失利的关键原因是什么？

2. 假设库尔斯公司邀请你来为公司做营销策划，你应从哪些方面着手？

答案要点

模拟实训

第二章

营销策划流程

【学习目标】

知识目标

1. 掌握营销策划的组织构成
2. 了解营销策划人应具备的素质和能力
3. 掌握营销策划的步骤和方法

能力目标

1. 理解并掌握营销策划书的内容与格式
2. 初步具备撰写营销策划书的能力

"状元红"酒东山再起

河南省上蔡酒厂生产的"状元红"是已有 300 多年历史的名酒，古方酿造，省优产品，行销全国，远销国际市场。

1981 年，"状元红"以古老名酒的资格，再度进入上海市场。然而"状元红"并没有旗开得胜，没有"红"起来，反而成了滞销货。

于是，上蔡酒厂与"状元红"在上海的特约经销单位——黄埔区烟酒公司一起，认真研究，走访调查了几家酒店。听酒店老板介绍，青年人是上海名酒最大的消费者，他们购买名酒的目的有两个：第一是送礼，如初次到恋人家做客，总要带上几瓶好酒孝敬长辈；第二是装饰，如布置新房时，在玻璃柜里放几瓶名酒，以显其风雅。调查还发现，中档价格的"状元红"酒最为畅销。

根据调查，上蔡酒厂决定：以青年消费者为目标市场，以"礼酒""装饰酒"为主要销售产品，以中档价格为定价策略。他们又在《解放日报》和《文汇报》上连续刊发文章：《礼品佳酒——中国古老名酒"状元红"在南京路各店上市》。几天之后，人们争相购买，"状元红"终于在上海市场走俏。

资料来源：豆丁文库，https://docin.com/p-1084480579.html，有改动

思考："状元红"是如何通过营销策划东山再起、走俏上海市场的？

这是一个很典型的营销策划案例，虽然年代久远，但仍然对我们今天的企业营销策划具有重要的指导意义。企业的营销策划不是拍脑门的决定，也不仅仅来源于头脑

中的灵光一现，而是需要对企业的营销目标和营销现状进行对比，然后有步骤、有组织和有规划地进行，才能取得良好的效果。本章将系统讲述营销策划的组织、营销策划的程序以及营销策划书的编写三方面的内容。

第一节 营销策划的组织

营销策划的顺利开展依赖于合理的、高效的组织。一方面，应建立一个开放性的、富有创造性的组织机构；另一方面，要拥有一批具有优良素质和能力的策划人员。

一、营销策划的组织构成

营销策划是一个系统工程，营销策划行为是集思广益、广纳贤才进行协作创意与设计的过程，因而营销策划组织必须在充分发挥主创人智慧的基础上形成团结合作的组织系统。当然，这种组织机构只是临时性的，即在从事企业营销策划的时段内加以组织并行使职责，一旦营销策划任务完成，可由企业的常设组织机构（如市场部或企划部）负责营销策划组织的后续任务，如营销策划方案的实施、监督及管理等。

营销策划组织一般称为营销策划委员会或营销策划小组。该组织设主任或组长一名，副主任或副组长 2~3 名，策划成员若干名。营销策划小组成员岗位名称及任务见表 2-1。

表 2-1 营销策划小组成员岗位名称及任务

岗位名称	岗位任务
营销策划总监	如果营销策划主任由企业总经理担任，那么，营销策划总监由企业主管市场营销的副总经理担任比较合适。其职责和主要任务是负责领导、监督营销策划委员会（或营销策划小组）的全盘工作，协调和安排营销策划委员会与企业各部门、各方人士的关系，掌握工作进度和效率
主策划人	主策划人应是营销策划组织的业务中心，相当于文艺类的编导。其负责指挥各类策划人员的工作，牵头组织业务人员的创意活动，并最后负责拟定营销策划文案。主策划人应具有良好的业务素质和各方面的业务能力，并要对企业营销行为比较熟悉，富有企业营销策划的成功经验和高度责任感
文案撰稿人	营销策划文案的撰稿不应只是主策划人的个人行为，在主策划人的指导人，要有若干文案撰稿人参与工作。这些文案撰稿人可能撰写文案中的某一部分内容，但其必须对营销策划的全程系统都比较熟悉，撰稿前的调研工作应该是全面而系统的，这样才能做到胸中有全局，笔下有特色。对这类人员而言，文字表达娴熟是最起码的要求，深刻认识问题和富有创新思维则是衡量一个文案撰稿人水平的主要标准
美术设计人员	营销策划中常常涉及企业视觉形象、商标、广告、包装等方面，营销策划的过程也是对商品、企业进行美化包装的过程，美术设计人员可依据美学原理对上述方面进行创新性设计，以增强营销策划文案的吸引力与感染力
高级计算机操作人员	计算机操作不仅要起到收集资料、储存资料和随时输出资料的作用，而且还要进行适应策划工作需要的、能够动态链接和形成互动效应的高难度操作，以备营销策划不时之需

总之，营销策划组织是由多方面的人员组成的、富有创造性的机构。营销策划组织应该是开放性的组织，要善于招揽人才，善于开发智力，这样才会有活力，才会取得良好的营销策划效果。

二、营销策划人的素质与能力

营销策划人的行为不是短期行为，必须融入市场化的过程和体系中去。因此，选择由谁来担当营销策划人，选择具备何种素质和能力的人作为营销策划人，是能否取得理想的营销策划效果的关键。

（一）确定企业的营销策划人

企业的营销策划人可以来自企业内部，如企业市场部、广告部、公关部或售后服务部，也可以来自企业外部——企业委托专门从事营销策划的经济组织来为企业提供营销策划服务和营销策划方案，如营销策划公司、营销咨询公司、市场调研公司、广告公司、公共关系公司、高等院校和科研机构等。来自企业内部的被称为企业自主型策划者，来自企业外部的被称为外部参与型策划者。对企业来讲，使用这两种营销策划人员各有利弊。

使用企业自主型策划者的优点是：策划者比较熟悉企业内部的资源状况和条件，熟悉行业的市场状况，制订的策划方案可操作性比较强。缺点是：方案的创意和理念受到企业文化、管理体制、企业领导人个性和观念的影响，往往缺乏开拓创新精神。另外，有时企业缺乏高素质的策划者。

使用外部参与型策划者的优点是：显性投入多但隐性投入少，起点较高；视角独特，创意新颖，理念设计战略指导性强，策略制订的逻辑性和系统性较强。缺点是：常常对行业、企业、市场以及企业营销的实际运作缺乏深入细致的了解，设计的方案有时缺乏可操作性。另外，需要的投入也较大。

（二）确定是否购买营销策划案

请外部的机构或人员来策划就是购买营销策划案。判定是否需要购买营销策划案，有以下六个因素要考虑。

1. 经济因素

外部做营销策划是否更经济？如果做同类营销策划，外部机构或人员花费较少，那就购买。反之，就自己做。

2. 经验与能力

内部是否有人员具备营销策划相应的经验、能力？若无，只能从外部购买。

3. 特定的设备

内部是否拥有营销策划所必需的特定设备？例如，测量消费者心理反应需要有特殊仪器，分析资料需要计算机及相关的软件等。若无，只能求助于外部。

4. 政策上的考虑

所进行的营销策划是否会引起企业内部的纠纷？例如，为了解决企业营销面临的主要问题，一项营销策划可能会对企业其他部门带来不利影响。为了避免引起矛盾，最好找一家外部机构来进行这项策划。

5. 工作的繁忙程度

企业内部是否有足够的人力和时间进行营销策划工作？若无，只能求助于外部机构。

6. 保密要求

营销策划是否一定要保密？若是，则企业就不能请外部机构帮助其进行营销策划。有些营销策划方案由企业自己做一部分，交给外部的研究机构做一部分。在这种情况下，"是否购买营销策划案"的问题就变成了"这项策划的哪些部分由我们自己完成，哪些部分交由外部机构完成"的问题。上面提到的六个因素，同样也可以为这个问题提供答案。

（三）优秀的营销策划人需要具备的素质和能力

为高质量地完成营销策划工作，优秀的营销策划人需要具备多方面的素质和能力。

1. 营销策划人的素质

营销策划人的素质应包括以下几个方面。

1）政治思想和道德素质

这是决定营销策划人整体素质的核心，主要包括以下三个方面。

一是政治思想素质。营销策划人要有正确的政治方向、信念、立场和观点，包括人生观和价值观。要遵守企业咨询有关的各项政策法规，自觉遵纪守法；要有敏锐的政治鉴别力，对于所负责的咨询企业、项目涉及的政治事件和思想问题要有洞察和辨别的能力；要热爱本职工作，勇于奉献，大公无私，不谋私利。

二是职业道德。营销策划人要有良好的职业道德，在经营活动中遵守咨询业的道德规范。重视保持企业的信誉，不为谋取一时的利益而出卖企业或做某种交易，搞欺诈行为；严格保守国家、客户和本企业的商业秘密；切实保证本企业咨询产品的质量，以优质的服务满足客户的需求，赢得客户的信任。

三是开拓创新精神。营销策划人要有强烈的发展咨询事业和开拓咨询市场的精神，不怕挫折和失败，不怕暂时的"亏损"，具有卧薪尝胆、百折不挠的勇气；要善于接受新事物，敢于摒弃旧观念、树立新观念，有在咨询领域中开拓新局面和在咨询企业竞争中力争上游的决心与信心。

2）知识和技能素质

这是决定营销策划人整体素质的内在基础，主要包括以下四个方面。

一是政策理论知识。营销策划人要对国际和国内的政治、经济和社会的基本政策与理论有全面系统的了解，能够对快速发展的科学技术进行动态的跟踪和科学的预测。当前尤其要对席卷全球的信息经济、网络经济和技术创新有深刻的了解，对我国发展信息经济、网络经济和技术创新的现状与前景有客观的评价。

二是金融法律知识。咨询企业的重要目标也是经济效益，而咨询企业的利润一般不高，只有10%~20%。因此，作为营销策划人，要想获取更高的利润，就必须掌握有关金融、财会、税法、经营方面的知识及相应的操作技巧，学会理财才能领导企业致富。

三是专业技术知识。营销策划专业知识包括各种营销管理咨询理论、方法与技术等。营销策划人尤其要掌握现代咨询理论的最新进展和现代化咨询方法与技术，这涉及软科学研究、市场调研、数据处理、统计分析、数理建模、网页制作等。此外，由于咨询专业涉及面广，还需要掌握一定的高新技术领域的专业知识。

四是经营管理知识。营销策划人不仅要懂咨询，而且要精于咨询企业的管理，具备有关企业管理与经营的理论知识。管理是一门科学，咨询企业的管理同样是科学，它涉及组织、人事、财务等各方面的管理。要做到科学管理，就要采取系统工程的方法，使企业形成一个有机的整体，有条不紊地运行。

3）行为和经验素质

这是决定营销策划人整体素质的关键因素，主要包括以下三个方面。

一是领航素质。营销策划人就像一名船长兼领航员，要具备"驾驶"企业在市场浪潮中乘风破浪而不致触礁翻船的能力，这就要求在变幻莫测的市场环境中能站在战略思想的高度，寻找适合自身发展的航向。并且，随着企业内外部环境的变化，还要及时修正航向，变换自身的经营方针和策略。这种领航素质绝不是理论所能解决的，需要在实践中长期摸索与体验，不断总结失败教训，从而积累成功经验。

二是管理和组织协调素质。营销策划人如何通过自身的知识和经验来指导咨询公司的管理实践是一大难题。面对变幻的外部世界和激烈的市场竞争，营销策划人要练好内功，不断提升自身的技能素养，不仅可以为咨询公司的计划、项目、人员和质量等日常管理提供指导，也应该根据积累的咨询经验为公司的未来发展布局谋划，献计献策。

三是公共关系素质。咨询公司的公共关系尤其重要，不仅要承揽项目，而且要完成各种调研和公关活动，接触社会机会多。因此，作为营销策划人，要十分熟悉市场的变化，掌握客户的心理，运用巧妙的公共关系策略，才能打开市场、抓住机遇、联系客户、赢得项目。

4）身体和心理素质

这是决定营销策划人整体素质的必要条件，主要包括以下两个方面。

一是身体素质。由于我国咨询公司的特点是规模不大但事务十分繁忙，作为营销策划人只有勤用脑、勤锻炼，才能保持旺盛的精力，去应付激烈的市场竞争及繁忙的市场运作。

二是心理素质。作为一名营销策划人，要经得住成功与失败的考验，在纷繁复杂的环境中保持相对平和的心态，冷静地分析和解决问题，以顽强的毅力和锲而不舍的精神，争取获得最佳的效果。

2. 营销策划人的能力

营销策划人作为企业的智囊顾问，必须具备三种能力：界定问题的能力、找到解决方法的能力、得到客户认同的能力。要想在营销策划行业获得成就，帮助客户解决问题，这三种能力是相辅相成、缺一不可的。

1）界定问题的能力

由于企业发展的不均衡，很多企业都是在经营中出现了自己难以解决的问题时，才期望寻求策划公司的专业支持和帮助。大多数情况下，企业经营者对自己的问题是有认知的，但也有不少企业经营者所认识和看到的问题，并不一定就是真正的问题，所以，对于营销策划人来说，界定问题的能力就是给客户带来价值的第一种重要的能力。

如何界定问题有两句话作为参考，一句是"答案在现场"，另一句是"解铃还须系铃人"。"答案在现场"是说必须从客户的现实情况出发，而且必须进行实地考察，进行认真的调查研究，多数问题的解决方案都是存在于出现问题的地方。"解铃还须系铃人"是说要非常重视人的因素，要对人进行了解和调研。

2）找到解决方法的能力

要想找到解决问题的方法，必须要清楚解决问题的方法不是需要发明，而是需要发现。如何才能发现这些方法呢？第一就是去现场寻求答案；第二就是倾听客户的建议和意见，尤其是客户方一线操作人员的建议；第三就是要明白，这个世界什么都不缺，但是缺乏整合，很多问题的解决就是从整合其他行业的经验中实现的。寻找解决方法的过程中最为重要的一点就是，这个方法一定是基于客户的现实基础能够执行的，而不是一个看起来完美却过于理想化的方法。适合客户的方案，才是真正有效的方案。

3）得到客户认同的能力

界定了问题，也找到了解决的办法，但如果得不到客户的认同，一切都是白费。而实际上，很多策划人就是栽在这个地方，他们清晰地界定了问题，也找到了自认为很好的解决办法，可是，却没有得到客户的认可。

如何能够得到客户的认可呢？做到以下五个方面非常关键。第一，在界定问题和寻找解决办法的过程中，最好能够让客户参与进来，如果不能够参与，也要及时、经常地和客户方人员沟通情况。第二，要有时机感，也就是在进行意见交流时，一定要选择好时机，在适当的时间、适当的地点进行。第三，要倾听客户意见并容忍差异。第四，要有想象力，要想象方案执行后的成果，并且能够给客户进行描述。第五，要根据客户意见对方案进行灵活调整，以与客户达成一致意见，帮助客户进行决策，促进解决方法的实施。

界定问题、找到解决方法、得到客户认同,这三种能力是每个营销策划人应该具备的最基本的能力。只有具备了这三种能力,才能够成为一个基本合格的策划人,才能够为客户提供有价值的服务。

策划提案缘何半路夭折

某公司的营销策划人员小杨,经过几个月的辛勤努力,终于将自己的创意构想变成了一套系统的、完整的策划方案。在经过一番周密的准备之后,他满怀信心地向公司决策者们提交了自己的策划方案。

在评审会议上,无论是对方案的陈述,还是对评委们问题的回答,小杨都表现得相当出色。看来,提案被采纳和通过应该是没有太大问题了。然而,当评委会将要对小杨的提案做评审结论时,评审委员会的主席——公司的一位常务董事却说:"刚才由于思考别的事情,所以对策划案的说明没有听清楚,我看等下次会议让他重新陈述一遍再做决定吧!"就这样,小王的提案被搁置了下来。

难道真的是由于这位评审主席没听清,才出现了这样的结果吗?后来,通过多方了解小王才知道,原来导致这一结果发生的直接原因是这位主席在评审当天才看到策划书,而其他人早就拿到策划书了,这使得该主席极其不满。

资料来源:孟韬,毕克贵. 营销策划:方法、技巧与文案[M]. 北京:机械工业出版社,2016,有改动

思考:小杨的策划提案被搁置说明了什么问题?

第二节 营销策划的程序

企业营销策划的程序可以分为明确营销策划问题、市场调研与分析、营销战略策划、营销战术策划、撰写营销策划书、企业营销策划实施、评估与修正七大环节。

一、明确营销策划问题

企业营销策划的课题有两个来源:一是来自企业本身或企业其他部门,二是来自其他企业或组织。无论是哪种来源,营销策划人都必须先搞清楚营销策划要解决的问题是什么。

(一)了解委托方的策划动机

同一项策划,策划动机不同,会有不同的策划重点,也会有不同的目标和效果要求。例如,同是促销策划,一个可能是为了增加销售额,而另一个则是为了提升品牌

价值。为此，前者可能会把策划重点放在销售促进上，而后者则会把策划重点放在品牌的形象宣传上。两个策划方案截然不同。如果不了解委托方策划的动机，就很难对症下药、提出切实可行的策划方案。

为了搞清楚委托方的营销策划动机，策划者必须多看、多听、多问、多查。要与该策划有关的各方人士多接触、多了解他们的意见、期望与想法；多问他们、与他们多商量，以便更好地了解企业现状及策划的动机；查阅相关材料，如过去的事例、经验、其他企业的做法、报纸刊物、说明书、记录等。

在委托方动机不明时，要帮助他们搞清楚他们想要什么。

（二）明确重点

在了解策划动机的过程中，营销策划人会发掘出多个不同的策划主题来。策划人不一定将它们都纳入策划作业中，而应抓住企业迫切需要解决的主要问题进行重点策划。因此，策划人需要具有很强的判断力。策划人需要帮助企业根据其实际情况，选择策划主题。

（三）主题明确化

开始策划作业前，必须明确策划主题，使策划主题与委托方的策划动机相吻合。一般主题明确化要经过挖掘、过滤、选择和确定四个阶段。

1. 挖掘主题

虽然策划人不会将所有可能的策划主题都纳入策划作业中，但是，从企业的营销问题挖掘出的策划主题却越多越好。这有利于策划人更全面地认识企业的营销问题，抓住企业迫切要解决的问题进行重点策划。

2. 过滤主题

在策划作业前，要尽可能明确有关策划对象的各种问题。例如，为什么某一对象被选为策划主题？解决这一策划问题有什么意义？它是企业面临的主要问题吗？问题的根源是什么？通过了解这些问题，策划人将会过滤掉那些相对不重要的策划主题，专注于解决那些重要的问题。

3. 选择主题

策划人可以根据实际和委托人的意见，制定策划主题的选择标准。例如，得到大多数管理人员投票支持的主题，大多数事业部主观认为必须做的主题、董事长认为必须做的主题。实际工作中，策划主题要经过策划人与委托方的充分沟通和交流才能得出。

4. 确定主题

为了保证策划主题与策划动机相吻合，与上级领导或委托方的意图相吻合，策划人在选定策划主题以后，一定要征求上级领导或委托方的意见。只有当委托方和被委托方对策划主题达成共识以后，才能进行下一步的工作。企业营销策划主题描述得越细越好，必要时可对时间、地区、营业额等细节进行具体描述。

二、市场调研与分析

市场调研与分析的目的在于了解企业的营销环境，为企业的营销策划提供真实可靠的信息。其主要内容包括企业营销策划的外部环境分析和企业营销策划的内部环境分析两个方面。

（一）企业营销策划的外部环境分析

企业营销策划的外部环境分为三个层次：宏观环境、行业环境和经营环境。

1. 宏观环境

宏观环境是指那些给企业带来市场营销机会和形成环境威胁的外部因素。宏观环境一般分为政治环境、经济环境、社会文化环境、技术环境和自然环境等。这些环境因素的变化会直接或间接地影响企业的营销活动，因此是企业进行营销策划时必须分析与考虑的。

2. 行业环境

行业环境是指对处于同一行业内的组织都会发生影响的环境因素。行业环境的分析主要包括两个方面：一是行业中竞争的性质和该行业中所具有的潜在利润，二是该行业内部企业之间在经营上的差异以及这些差异与它们的战略地位的关系。

对行业环境分析的常用工具是美国战略管理专家迈克尔·波特所提出的"五力"模型。该模型中的五种竞争力量是指：新的进入者与进入壁垒、替代者、供应商、购买者与行业内竞争者。这五种力量决定了一个行业的盈利能力，也在很大程度上决定着一个企业的盈利能力。企业在进行营销策划之前，需要对产品所在行业的结构了然于心，这样才能准确定位，有效参与市场竞争。

3. 经营环境

经营环境指对企业营销活动影响最直接的环境因素，如供应链、竞争者、消费者、供应商与债权人等。因为它们的影响最直接、具体，所以一般对于它们的调研与分析要更为具体和深入。

对于三种环境因素的调研与分析，从顺序上讲，应该由大到小，即先宏观环境因素，再行业环境因素，最后经营环境因素。但从关注的程度和花费的精力上讲，应该重小轻大，即最重要的是经营环境因素，其次是行业环境因素，最后是宏观环境因素。

特别需要强调的是，对消费者和竞争者的调研与分析为重中之重。对于其他因素的调研与分析，有时可以省略，但对于消费者和竞争者的调研与分析则不但不能省略，而且还应该尽量做得细致和深入。

（二）企业营销策划的内部环境分析

企业营销策划的内部环境是指企业内部所有对营销活动会产生直接与间接影响的因素，如公司投资（优势资源与劣势资源）、公司任务、公司目标、公司总体战略、公司组织结构、公司权力结构、营销部门在公司的地位、公司文化、各SBU（战略业务单位）的竞争战略等。

企业营销一方面要为企业的总体战略服务，另一方面需要各部门甚至每一个人的配合才能取得良好的效果。因此，营销策划不能只注重理论正确。理论正确（符合逻辑）是重要的，但更重要的是符合实际，能够得到企业内各方面的支持。而要做到符合实际，必须对企业内部各种影响因素进行调研与分析。其中的重点，是公司的优劣势和公司的总体战略。

新型捕鼠器为何没有市场

美国一家制造捕鼠器的公司经过多年研究老鼠的进食、活动等习性特征，终于研制出一种新型捕鼠器。该产品屡经试验，捕鼠效果确实不错，捕鼠率百分之百，同时与老式捕鼠器相比，新型捕鼠器还有以下优点：①外观大方，造型优美；②顶端有按钮，捕鼠后只要一按按钮，死鼠就会掉落；③可终日置于室内，不必夜间投器，白天收拾，不会伤害儿童，绝对安全；④可重复使用，一个新型捕鼠器可抵好几个老式捕鼠器。新型捕鼠器上市伊始深受消费者的青睐，但好景不长，市场迅速萎缩。是何原因使其未达到预计的销售业绩呢？后来查明，其致命原因如下：

第一，购买该新型捕鼠器的买主一般是家庭中的男性。他们每天就寝前安装好捕鼠器，次日起床后因急于上班，便把清理捕鼠器的任务留给了家庭主妇。主妇们见死鼠害怕、恶心，又担心捕鼠器不安全，会伤害到人。结果许多家庭主妇只好将死鼠连同捕鼠器一块儿丢弃，由此导致消费者感到代价太大，主妇们不希望自己的丈夫再买这种捕鼠器。

第二，由于该捕鼠器造型美观，价格自然较高，所以中、低收入家庭购买一个便可重复使用，况且家中老鼠在被捕捉几只后就"消失"一段时间，因而重复购买率减少，销量自然下降。高收入家庭虽然可以多买几个，但是用后处理很伤脑筋。老式捕鼠器捕鼠后，可以与老鼠一起扔进垃圾箱，而要扔掉新型捕鼠器却有些舍不得，留下来又不知该放在哪里。此外，留着捕鼠器，还容易引起关于老鼠的可怕念头。

资料来源：吴斌. 新型捕鼠器为何没有市场？——技术驱动PK营销驱动的局限性. 世界经理人，http://www.ceconline.com/sales_marketing/ma/8800096383/01/，有改动

思考：新型捕鼠器没有市场的根本原因是什么？

三、营销战略策划

营销战略策划主要包括设定营销目标和 STP 策划两部分。

(一) 设定营销目标

营销目标就是企业营销策划要实现的期望值。例如,降低营销成本 5%、缩短流通时间 10%等。目标不明确,策划对象就会很模糊,就不易产生策划构想。

在设定营销目标时必须注意以下三点。

第一,目标不要太高,要留有余地。

第二,如果是多个目标,则目标之间不应有矛盾;在有矛盾时,要明确表述目标的优先顺序。

第三,策划目标需要量化,便于测量。对于不易量化的目标,也要尽量制订出较为客观的评价标准。

(二) STP 策划

STP 策划,就是在市场调研和分析的基础上,根据企业的实际情况,对企业的市场进行细分,确定企业的目标市场,为企业或产品确定市场地位。这一步要做的工作,实际上就是菲利普·科特勒所说的战略 4P,即 probing(探测)、partitioning(划分)、prioritizing(优先)和 positioning(定位)。

四、营销战术策划

营销战术策划是指企业根据已经确定的营销目标和市场定位,对于企业可以采用的各种各样的营销手段进行综合考虑和整体优化,以求达到理想的效果。具体内容主要包括:产品策划、价格策划、分销策划、促销策划等。这里需要强调以下两点。

第一,不能把企业的可控因素教条化,认为只有产品、价格、分销、促销四个因素,或只有这四个因素重要。不同的企业或同一个企业在特定环境下,可以利用的可控因素是不同的。在进行营销战术策划时,营销策划者没有必要为自己设置一个框,束缚住自己的手脚。

第二,营销战术策划可以是全面的,如一个企业整体的营销策划;也可以是单项的,如一个企业的品牌策划或一个企业的一次会展策划。不管是全面策划还是项目策划,策划的思路是基本相同的,需要考虑的技术要素也是相似的。

五、撰写营销策划书

营销策划书是表现和传送企业营销策划内容的载体,一方面其是企业营销策划活动的主要成果;另一方面其也是企业进行营销活动的行动计划。它的作用如下:

第一，帮助企业营销策划人员整理信息，全面、系统地思考企业面临的营销问题。

第二，帮助企业营销策划人员根据企业内外部环境与企业营销问题，为企业找出解决问题的方法及其依据。

第三，帮助企业营销策划人员与企业决策者进行沟通。

第四，帮助企业决策者判断营销方案的可行性。

第五，帮助企业营销管理者更有效地实施营销管理活动。

六、企业营销策划实施

企业营销策划完成以后，要通过企业营销管理部门组织策划的实施。营销策划实施是指营销策划方案在实施过程中的组织、指挥、控制与协调活动，是把营销策划方案转化为具体行动的过程。为此，企业营销管理部门必须根据策划的要求，分配企业的人、财、物等各种营销资源，处理好企业内外的各种关系，加强领导与激励、提高执行力、把企业营销策划的内容落到实处。

企业营销策划方案的实施可以分为两个阶段：模拟布局阶段和分工实施阶段。

（一）模拟布局阶段

企业营销策划书在正式实施之前，需要进行演练，即模拟布局。此时，营销策划者必须根据已经拟妥的预算表与进度表，运用"图像思考法"模拟出营销策划实施的布局与进度。所谓"图像思考法"，就是将未来可能的发展，一幕一幕仔细在脑海中呈现出来，事先在脑海中进行预演。模拟布局可以预测营销方案实施的过程及进度，也可以预测营销策划书实施后的效果。

（二）分工实施阶段

进入分工实施阶段，企业营销策划才真正从"构思"过渡到"动手"。这一阶段，营销管理者一方面要把各部门的任务详加分配、分头实施；另一方面，要根据修正妥当的预算表与进度表，严密控制营销策划书的预算及进度。营销管理者要运用组织力量，组织、指挥与协调企业的各种力量，尽最大的努力达到和完成策划书规定的营销目标与营销任务。

七、评估与修正

企业营销策划的评估与修正，主要包括项目考评、阶段考评、最终考评和反馈改进等内容。

（一）项目考评

企业营销策划的实施一般是分项目一步一步进行的。因此，每一个项目完成以后都要对项目和整个营销策划案进行一个回顾，以判断项目的完成情况，及时发现和解决问题。当项目完成不理想时，营销策划人与营销管理者要找出原因，然后提出解决问题的对策；必要时，还要对整个营销方案作出调整。

（二）阶段考核

阶段考核一般在一个标志性的项目完成以后进行。例如，一个企业分三个阶段进行营销渠道网络的建设：第一，在本省布点；第二，在周边省布点；第三，在全国各省布点。其中，又分了很多小的项目，当本省布点完成以后（标志着第一阶段工作完成），营销策划人与营销管理者需要对第一阶段的工作进行回顾和总结。这样做，可以防止营销策划在实施中出现大的偏差。当然，阶段考核也可以按年度做。即一个财政年度结束时，对一年的营销工作进行评估、总结。

（三）最终考评

最终考评就是对企业营销策划实施的结果进行分析，看企业营销策划的期望值与实际结果是否有差异。若发现较大的差异，必须做一些重点研究，如分析差异产生的原因，找出实施中的问题和改进点，总结营销策划方案及实施的经验、启示和创意等。一般而言，营销策划者应将营销策划实施结果的研究、分析做成营销策划结案报告书，提供给上级或委托方。其中，要点是预测与结果的差异分析。

（四）反馈改进

对于营销策划者来说，营销策划书实施得到结果后并不表明策划的结束。结果出来时，营销策划者还必须对营销策划经过和结果进行充分地分析、探讨，从中找出经验、问题和教训，并将其有效地反映在下一次营销策划中。

第三节　营销策划书的编写

营销策划书是营销策划成果的集中反映。营销策划书并没有统一的内容和格式。根据策划对象和策划要求的不同，营销策划书的内容和格式也有所不同。

一、营销策划书编写的原则

为了提高营销策划书编写的准确性与科学性，应该首先把握其中的四个主要原则。

（一）逻辑思维原则

策划的目的在于解决企业营销中的问题，按照逻辑思维的构思来编写营销策划书。首先是设定情况、交代策划背景、分析产品市场现状，再把策划中心目的全盘托出；其次是具体策划内容的详细阐述；最后是明确提出解决问题的对策。

（二）简洁朴实原则

要注意突出重点，抓住企业营销中所要解决的核心问题，深入分析，提出可行的对策，针对性强，具有实际操作指导意义。

（三）可操作性原则

编写的营销策划书是要用于指导营销活动的，其指导性涉及营销活动中每个人的工作及各环节关系的处理。因此其可操作性非常重要。不能操作的方案，其创意再好也无任何价值。

（四）创意新颖原则

要求策划的创意新、内容新、表现手法新，给人以全新的感受。新颖的创意是营销策划书的核心。

二、营销策划书的结构与内容

营销策划书的基本结构及内容如下。

（一）封面

封面是营销策划书的脸面，会影响阅读者对营销策划书的第一印象，因此不能草率从事。

好的封面，要与策划书的内容相适应，既不要过于奢华，给人一种华而不实的感觉；也不要粗制滥造，让人觉得整个策划书出于一个草台班子之手。规范的封面，一般应该提供以下信息。

（1）策划书的名称。

（2）被策划的客户。

（3）策划机构的名称或策划人的姓名。

（4）策划完成日期及策划执行的时间段。

（5）编号。

营销策划书的标题通常有两种形式：提问式和解说式。所谓提问式标题，指采用的是向阅读者提问的方式，如××产品如何进入××地区市场策划书；所谓解说式标题，则是将营销策划书所含内容概括出来的一种方法，如××产品进入××地区市场整合营销策略策划书。

一般来看，究竟采取哪种标题方式为好，不能一概而论，只不过提问式标题更具气势。所以，要想使策划内容显得更生动积极，不妨使用提问式；如果要做一般性陈述，不妨使用解说式。

（二）目录

目录是策划书各部分题目的清单，能够使阅读者很快了解全书概貌以及方便地查找相关内容。目录可分为两类：单纯的目录；为了使策划书的所有内容均能一目了然而特意设定的目录。

对于长篇的营销策划书而言，编写目录是必需的。因为不管策划书的内容多么丰富，如果没有一个可供检索的目录告诉人们哪一页有哪类情报，那么策划书的效果也会大打折扣。此外，编写目录也是后续检查策划书结构有无错误的绝好机会。

（三）前言

前言是营销策划书正式内容前的情况说明部分，应简要说明策划的性质、内容，语言应力求简明，一般以不超过500字为宜。前言的内容一般包括：致辞；对接受此策划案的认识；表明策划者的态度；明确委托方所委托的策划内容。好的前言的作用就在于使阅读者从一开始就产生继续看下去的欲望，因而非常重要。

需要注意的是，前言应明确策划所委托的内容。对方无论是你策划的客户还是你的上司，当他委托你做一个策划案时，通常意味着他对于做什么、怎么做尚未有明确把握。因为，如果他已经把握好了，他与其叫你做策划案，还不如委托你做实施案。在相当多的情况下，对方是在你的策划案的启发下，才明确了思路，因而通常会提出更多的要求，或变更原先所委托的内容。因此，在前言中明确下来客户委托的内容，对于明确双方的责任，确保策划人的权益非常关键。

某策划书的前言

本策划书特对××产品进入××市场的整合营销策略提出具体的方案。

从××××年××月与公司高层领导初次交流并接手本策划案至今，我们组织了专门人员，围绕着贵公司领导所提出的××产品如何进入××市场这一专题，经过前期6个月的市场调查、实地走访、专家访谈、内部交流，在征求了公司内外多方意见的基础上，结合市场客观状况和本公司实际情况，我们认为：××产品成功进入××市场的关键在于如何整合各种营销手段，调动各方力量，以求重点突破。

在此，首先对贵公司各级人员在策划期间给予的大力支持表示感谢。希望大家能够对本方案提出宝贵的意见。

资料来源：根据作者教学编写整理而成

思考：该策划书前言有哪些值得借鉴之处？

（四）摘要

摘要是对企业营销策划项目所做的一个言简意赅的说明。要说明的是：为谁做的、策划的性质是什么、要解决什么问题、结论是什么。阅读者通过摘要提示，可以大致理解策划内容的要点。摘要虽然是在企业营销策划书的最前面，但一般来说它却是在整个企业营销策划做完以后才写出来的。

某策划书的摘要

本策划书将针对 A 公司的手机分销渠道提出具体的方案，要解决的主要问题是：随着手机市场从卖方市场向买方市场的转变和手机分销体系的多元化，A 公司应该选择怎样的分销渠道体系以及如何实现分销渠道体系的顺利转换。

第一，本策划书介绍了 A 公司的背景和其手机分销渠道在实现企业战略中的地位。第二，对 A 公司现有的手机分销渠道进行了分析与讨论，并确定了策划要解决的关键问题。第三，对企业的环境进行了分析，明确了 A 公司手机的市场竞争对手。第四，以此为基础，分析了 A 公司手机现有渠道的特点、顾客满意度、优劣势、渠道绩效、渠道缺口以及缺口类型，并从渠道组织者的角度，集中于供给方因素，提出了 A 公司手机分销渠道的设计方案。第五，提出了几种备选的转换方案，并使用模糊综合评判法，确定了 A 公司适宜的手机分销渠道转换方案。

资料来源：根据作者教学编写整理而成

思考：该策划书的摘要有哪些优点和不足？

（五）正文

正文是营销策划书中最重要的部分，具体包括以下几方面内容。

1. 营销策划的目的

这一部分主要是对营销策划所要实现的目标进行全面描述，它是营销策划活动的原因和动力。

2. 环境分析

这一部分主要是对企业营销的内外部环境分析，重点是对企业市场和竞争者的分析。

3. SWOT 分析

通过对企业优劣势和机会、威胁的分析，发现市场机会和企业存在的营销问题。

4. 营销目标和目标市场

确定企业的营销活动要达到的目标，如销售额（量）指标、市场占有率指标、客户增长率、利润指标等。通过市场细分，明确企业的目标市场。

5. 营销组合要素

对企业的产品、定价、分销和促销策略进行分析与设计。

6. 预算

预算包括营销策划过程中的总费用、阶段费用、项目费用等。

7. 进度表

进度表把策划活动起止全部过程拟成时间表，作为控制与检查的依据。一般提倡采用甘特图（Gantt chart）方式完成。进度表应尽量简化。

8. 人员分配及场地

应说明具体营销策划活动中各个人员负责的具体事项及所需物品和场地的落实情况。

9. 营销执行与控制方法

根据企业的实际情况，拟订营销活动计划的执行、监督、控制及审计方法。

10. 结束语

结束语在整个策划书中可有可无，主要起到与前言的呼应作用，使策划书有一个圆满的结束。

11. 附录

附录的作用在于提供策划客观性的证明。因此，凡是有助于阅读者对策划内容的理解、信任的资料都可以考虑列入目录。正文分析中使用的数据推导过程及必要的统计数据报告等也可以列入目录。附录的另一种形式是提供原始资料，如消费者调研问卷的样本、座谈会原始照片等图像资料。附录也要表明顺序，以便阅读者查找。

以上关于营销策划书的各项内容一般要按照顺序一次写出，但有时也可以依据具体情况将有些内容的顺序颠倒。例如，有的人喜欢先分析企业的外部环境，再分析企业的内部环境；也有的人喜欢先分析企业的内部环境，明确了企业的总体战略和营销目标以后，才分析外部环境。个别内容的顺序颠倒不会有很大的问题，重要的是逻辑清晰、重点突出、结构合理。

三、营销策划书的写作技巧

营销策划书和一般的报告、文章有所不同，它对可信性和可操作性以及说服力的要求特别高。因此，运用写作技巧提高可信性、可操作性和说服力就成为撰写策划书追求的目标。

1. 寻找一定的理论依据

提高策划内容的可信度并使阅读者接受，就必须为策划者的观点寻找理论依据。但是，理论依据要有对应关系，纯粹的理论堆砌不仅不能提高可信度，反而会给人脱离实际的感觉。

2. 适当举例

这里的举例是指通过正反两方面的例子来证明自己的观点。在营销策划书中加入适当的成功与失败的例子，既能起到调整结构的作用，又能增强说服力，可谓一举两得。需要指出的是，多举成功的例子较好，选择一些国外先进的经验与做法以印证自己的观点是非常有效的。

3. 利用数字说明问题

营销策划书是一份指导企业实践的文件，其可靠程度如何是决策者首先要考虑的。营销策划书的内容不能留下查无凭据的漏洞，任何一个论点最好都有依据，而数字是最好的依据。在策划书中利用各种绝对数和相对数来进行比较对照是必不可少的。需要注意的是，各种数字最好都有出处，以证明其可靠性。

4. 运用图表帮助理解

图表有助于阅读者理解策划的内容，同时图表还能提高页面的美观性。图表的主要优点在于有强烈的直观效果，因此，用图表进行比较分析、概括归纳、辅助说明等效果显著；图表的另一优点是能调节阅读者的情绪，有利于阅读者对策划书的深刻理解。

5. 合理利用版面安排

营销策划书视觉效果的优劣在一定程度上影响着策划效果的发挥。有效利用版面安排也是撰写营销策划书的技巧之一。版面安排包括打印的字体、字号大小、字与字的空隙、行与行的间隔、黑体字的采用以及插图和颜色等。如果整篇策划书的字体、字号完全一样，没有层次之分，那么这份营销策划书就会显得呆板，缺少生气。总之，通过版面安排可以使策划书重点突出、层次分明、严谨而不失活泼。

6. 注意细节，消灭差错

这一点对于营销策划书来说十分重要，但却往往被人忽视。如果一份策划书中错字、别字连续出现，阅读者怎么可能对策划者抱有好的印象呢？因此，打印好的策划书要反复仔细检查，对企业的名称、专业术语等更应仔细检查，不允许有任何差错出现。

本 章 小 结

- 企业营销策划行为是集思广益、广纳贤才进行协作创意与设计的过程，因而营销策划组织必须在充分发挥主创人智慧的基础上形成团结合作的组织系统。营销策划组织是由多方面的人员组成的，是富有创造性的机构。
- 企业的营销策划人既可以来自企业内部，也可以来自企业外部。来自企业内部的被称为企业自主型策划者，来自企业外部的被称为外部参与型策划者。对于企业来讲，使用两种营销策划人员各有利弊。

- 为高质量地完成营销策划工作，优秀的营销策划人需要具备多方面的素质和能力。营销策划人的素质修养包括政治思想和道德素质、知识和技能素质、行为和经验素质、身体和心理素质。营销策划人作为企业的智囊顾问，还必须具备三种能力，即界定问题的能力、找到解决方法的能力、得到客户认同的能力。
- 企业营销策划的程序可以分为明确营销策划问题、市场调研与分析、营销战略策划、营销战术策划、撰写营销策划书、企业营销策划实施、评估与修正七大环节。
- 营销策划书是营销策划成果的集中反映。营销策划书并没有统一的内容和格式。根据策划对象和策划要求的不同，营销策划书的内容和格式也有所不同。营销策划书一般包括封面、目录、前言、摘要和正文五大部分。

课后习题

1. 营销策划组织一般由哪些人员构成？
2. 优秀的营销策划人应该具备哪些素质和能力？
3. 营销策划程序一般包括哪些基本步骤？
4. 营销策划书一般应包括哪些内容？

福特"野马"轿车的策划

1964年，福特汽车公司生产了一种名为"野马"的轿车。野马上市的第一天，就有约400万人涌入福特代理店购买。1年之内，销售量竟达418 812辆，创下了福特公司的销售记录。野马汽车风行整个美国，各地还纷纷成立野马车会，甚至商店出售的墨镜、钥匙扣、帽子、玩具都贴上了野马的标志。野马汽车如此受人欢迎，要归功于美国实业界巨子李·雅科卡的出色策划。

一、策划第一阶段：概念挖掘

1962年，雅科卡担任福特汽车公司分部总经理之初，便策划生产一种受顾客喜欢的新型汽车。这一念头是在他对市场进行了充分调查之后产生的。通过市场调查，雅科卡发现当时的汽车市场需求存在三个方面的"空缺"。

前提1：雅科卡在欧洲了解到，福特汽车公司生产的"红雀"太小了，没有行李箱，虽然很省油，但外形不漂亮。如不尽快推出一款新型车，公司将被竞争对手击败。

前提2：第二次世界大战后，生育率激增，几千万婴儿已长大成人，在20世纪60年代，20~24岁的人口增加了50%以上，16~35岁的年轻人占人口增幅的一半。根据这一调查材料，雅科卡预见今后的10年，整个汽车的销售量将会大幅度增加，而销售对象就是年轻人。

前提3：年纪较大的买主已从满足于经济实惠的车转向追求新款样式的豪华车。

根据上述调查信息，雅科卡头脑中浮现出一个策划轮廓：福特公司要推出一部适应这样一种"饥饿"市场的新产品,其特点是:款式新、性能好、能载4人、车子不能太重(最多2 500磅)、价格便宜(售价不能超过2 500美元)。

雅科卡把这一大致轮廓交给策划小组讨论,经过集思广益,一个清晰的策划概念产生了:车型要独树一帜;车身要容易辨认;要容易操纵(便于妇女和新学驾驶的人购买);要有行李箱(便于外出旅行);像跑车(吸引年轻人),而且还要胜过跑车。

二、策划第二阶段:主题开发

这种车该取什么名字以吸引顾客呢?雅科卡委托沃尔德·汤姆森广告公司的代理人到底特律公共图书馆查找目录,从A打头的土猪一直查到Z打头的斑马。经过讨论,大家把上千个名字缩小到5个,即西部野马、猎豹、小马、野马和美洲豹。广告策划人认为,美国人对第二次世界大战中的野马式战斗机的名字如雷贯耳,用"野马"作为新型车的名字妙不可言,能体现车的性能和速度,有"广阔天地任君闯"的意味,最适合地道的美国人放荡不羁的个性。

主题——"野马"确定后,策划人员又专门设计了一个标志安装在车前护栏里,这是一个奔驰的野马模型,它扬起四蹄按顺时针方向奔驰,而不是按美国赛马时马的逆时针跑法。策划者认为野马就是野生的马,不是驯养的马,不会循规蹈矩,颠覆人的正常思维。这正是主题的进一步延伸和扩展。

在产品的设计上也体现了主题:集豪华与经济于一体。花得起钱的顾客可以购买额外部件及加大功率;没钱买这些也不要紧,因为这款车已经比一般经济型车多了圆背座椅、尼龙装饰等。它的外表更具特色,车身为白色、车轮为红色,后保险杠向上弯曲形成一个活泼的尾部,活脱脱就像一匹野马。

三、策划第三阶段:时空运筹

新型车问世之前,福特公司选择了底特律地区52对夫妇,邀请他们到汽车样品陈列馆。这些人的收入属于中等层次,每对夫妇都已经拥有了一部标准型汽车。公司负责人将他们分成若干小组带进汽车样品陈列馆,请他们发表感想。这些夫妇中的白领夫妇,他们收入颇高,对车的样式感兴趣;而蓝领夫妇看到样车的豪华装饰,认为开这部车代表地位和权势,有些不敢问津。雅科卡请他们估计一下车价,几乎所有人都估计至少10 000美元,并表示不会购买这种车,因为家中已有车。当雅科卡宣布车价在2 500美元以下时,大家都惊呆了,之后又欢呼起来,纷纷说道:"我们要买这部车,我们把车停在自己的汽车道上,所有邻居都会以为我们交了好运"。

摸透消费者心理后,雅科卡把售价定在2 368美元,并精心拟订了一系列促销方案。

四、策划第四阶段:推销说服

策划成功与否,最终还是市场见真功,策划人员为野马的广告推销下了一番苦功。

第一步,邀请各大报社的编辑参加从纽约到迪尔伯恩的野马车大赛,同时还邀请了100名记者亲临现场采访。表面上看这是一次赛车活动,实际上是一次告知性广告宣传。事后,有数百家报纸杂志报道了野马车大赛的盛况,使野马成为新闻界的热点话题。

第二步,新型野马车上市的前一天,根据媒体选择计划,让几乎全部有影响的报纸用整版篇幅刊登了野马车广告。根据广告定位的要求,广告画面是一部白色野马车在奔驰,大标题是"真想不到",副标题是"售价2 368美元"。上述广告宣传是以提高产品的知名度为主,进而为提高市场占有率打基础。

第三步,从野马车上市开始,让各大电视台每天不断地播放野马车的广告。广告内容是一个渴望成为赛车手或喷气式飞机驾驶员的年轻人正驾驶野马车在奔驰。选择电视媒体做宣传,其目的是扩大广告宣传的覆盖面,提高产品的知名度,使产品家喻户晓。

第四步,选择最显眼的停车场,竖起巨型的广告牌,上面写着"野马栏",以引起消费者的注意。

第五步,竭尽全力在美国各地最繁忙的15个飞机场和200家假日饭店展览野马车,以实物广告的形式激发人们的购买欲望。

第六步,向全国各地几百万福特汽车车主寄送广告宣传品。此举是为了达到直接促销的目的,同时也表示公司忠诚地为顾客服务的态度和决心。

这一系列铺天盖地、排山倒海的广告活动最终使野马车风行美国。

资料来源:雅科卡:策划"野马"轿车,www.doc88.com/p-313767257704.html,有改动

思考题:
1. 野马轿车的策划获得成功的关键是什么?
2. 野马轿车的营销策划程序是怎样的?对其他企业有哪些启示?

第三章

营销策划创意

【学习目标】

知识目标

1. 掌握创意的内涵与特征
2. 掌握创意在营销策划中的表现形式
3. 理解营销策划创意产生的过程
4. 了解营销策划创意的测定方法

能力目标

1. 理解并掌握营销策划创意的主要方法
2. 初步掌握营销策划创意的工作程序

白加黑：治疗感冒，黑白分明

感冒药市场是一个产品种类众多、竞争异常激烈的市场。而"盖天力"这家当时名不见经传、实力并不十分雄厚的药厂，竟在短短半年里凭借"白加黑"感冒药后来者居上，其成功的关键在于崭新的产品概念。"白加黑"上市仅180天，销售额就突破1.6亿元，在拥挤的感冒药市场上分割了15%的份额，登上了行业第二品牌的地位。

一般而言，在同质化市场中很难发掘出"独特的销售主张"（USP），感冒药市场同类药品甚多，市场已呈高度同质化状态，而且无论中、西药，都难有实质性的突破。而康泰克、丽珠、三九等大牌企业，凭借着强大的广告攻势才各自占领一块地盘。

盖天力推出的"白加黑"是一个了不起的创意。它看似简单，只是把感冒药分成白片和黑片，并把感冒药中的镇静剂"扑尔敏"放在黑片中，其他什么也没做；实则不简单。它不仅在品牌的外观上与竞争品牌形成很大的差别，而且更重要的是它与消费者的生活形态相符合，达到了引发联想的强烈营销传播效果。在广告公司的协助下，"白加黑"确定了干脆简练的广告口号"治疗感冒，黑白分明"，所有的广告传播的核心信息是"白天服白片，不瞌睡；晚上服黑片，睡得香"，产品名称和广告信息都在清晰地传达产品概念，使"白加黑"在众多感冒药中脱颖而出。

资料来源：二十个品牌策划经典案例分析，搜狐网，https://www.sohu.com/a/211567574_742861，有改动。

思考："白加黑"的产品策划创意有何启示？

盖天力推出的"白加黑"感冒药能在竞争激烈的感冒药市场中杀出重围，得益于其鲜明、独到的产品创意。营销策划是一种创新行为，要创新，就要把创意贯穿于营销策划的过程之中。创意成功与否是营销策划是否出新的关键。从某种意义上说，创意是营销策划的灵魂和核心。本章将系统阐述营销策划创意的相关理论和主要方法。

第一节　营销策划创意概述

创意是一个经常被人们使用的词汇，也常常被视为一种神奇的智慧力量。那么，什么是创意？创意有哪些特征？创意在营销策划中有哪些表现形式？这是首先应该弄清楚的问题。

一、创意的内涵与特征

（一）创意的概念

创意是人类智慧的表现。人类生活中充满创意，人类发展离不开创意。创意导致了事物新陈代谢，也推进了人类弃旧推新的发展。创意不仅是一个科学词汇，还是一个具有悠久历史和丰富文化内涵的概念。汉代王充在《论衡·超奇》里指出："孔子得史记以作《春秋》，及其立义创意，褒贬赏诛，不复因史记者，眇思自出于胸中也。"这里的创意是创造意识或创新意识的简称，即广义上的创意。

创意常常是在一个特定的范围内使用的概念。它适用于企业形象设计与策划、广告艺术制作、营销策划技巧以及现代文化娱乐活动等。在日常生活中，我们常常会听到诸如"有没有好的创意"之类的问题，这是创意的名词性应用，表明创意是一种点子、主意或办法。而"要塑造好这个企业形象，需要我们好好进行创意"，这里的创意显然是要使用创新思维，以想出更好的方法来。这里的创意就是一种动词性应用，是指好的思维过程、思维行为带来的结果。

综上所述，创意是人们行为产生的思想、点子、立意、想象等新的思维成果，它是一种创造新事物或新形象的思维方式，创意就其本质来说是一种辩证思维能力。

对创意概念的理解必须把握以下两个核心问题。

一方面，创意的本质是人们主体的意象与客体的表象的结合。客体的表象是感性认识的产物，不具备理性的内容。当人们的意念、思绪、情感深深地印在脑海里时，这些表象就转化为意象。当表象转化为意象的过程完成后，人们会进一步进行创造性思维，于是形成创意。这种创意一旦作用于企业形象策划或其他领域，便可以形成别具一格的方案。

另一方面，创意的核心是创造性思维。创造性思维是一种辩证思维，即认为事物是运动的、变化的、发展的，它要求人们用逻辑思维去把握、驾驭整个世界的变化，而不是以形式逻辑的静态固定要领进行推理和分析。

（二）创意的特征

创意作为一种辩证性思维，具有不同于其他思维的特征。这些特征如下：

1. 积极的求异性

求异性贯穿于整个创意形成的过程之中，表现为对司空见惯的现象和人们已有的认识持怀疑、分析和批判的态度，并在此基础上探索符合实际的客观规律。营销策划活动既是一种创意活动，又是一种求异活动，只有建立在积极的求异思维基础上，才能独树一帜，引起公众广泛的关注和支持。

2. 睿智的灵感

灵感是人们在平时知识积累的基础上，在特殊的情况下受到触动而迸发出来的创造力。灵感是随意迸发的，是不可刻意苛求的。但灵感是思维的积累，有知识、素材的累积，才可能有灵感的产生。也就是说，灵感产生于有准备的头脑。

3. 敏锐的洞察力

洞察力是以批判的眼光，准确入微地观察并认知复杂多变的事物之间的相互关系的能力，并能提出正确的问题。敏锐的洞察力是创意者提出构想和成功地解决问题的基础。缺乏洞察力就会遗弃和漏掉大量的创意资源。

4. 丰富的想象力

想象力是人们凭借感知而产生的预见和设想。想象力是发展知识的源泉，也是推动创意发展的源泉。想象力包括联想、设想、幻想，它是思维的自由驰骋，也是智慧的发散和辐射。只有美妙的想象，才能产生具有诱惑力的和色彩斑斓的世界。

全面、准确地把握创意的内涵与实质十分重要。只有将创意看作进行创造性的思维而不是静止的已有的思维成果，"创"的作用才能真正得到发挥，才可能产生更多新奇的思维。

（三）创意的来源

创意虽然是一种创造性思维的过程，但它本身源于人们对生活的思考，存在于我们的生活当中。

1. 创意来源于生活

我们的日常生活，是创意最主要的来源。很多优秀的创意都是源于对生活深入细致的观察。另外，创意的产生也是为了满足实际的需要，只有贴近生活，人们才能更好地接受这些新奇的想法，创意才更容易取得成功。

2. 创意来源于幻想

创意的产生，很大程度上也来源于我们的幻想。很多看似不可能的事情，正是由于大胆合理的想象,才成为了现实。举个简单的例子,人类正是有了像鸟儿一样在天空中飞翔的幻想,才有了飞机的发明。所以,要想获得好的创意,充分发挥我们的想象力是必需的。

3. 创意来源于兴趣

兴趣对于创意的形成也有着重要影响,是创意的一个重要来源。只有对某个问题产生了兴趣,我们的思维才能够兴奋和活跃,我们的想象力和创造力才能得到充分的发挥。

4. 创意来源于积累

如果我们平时没有对知识、经验的广泛积累,那么要有好的创意几乎是不可能的。灵感的获得也许只是一瞬间的事,然而在灵感到来之前却是需要大量的思考和准备过程来铺垫的。正如树上掉落的苹果砸到牛顿,他发现了万有引力定律;而有过相似被苹果砸的经历的其他人,却没有什么发现。可见,面对同样的际遇,有准备与无准备之间的差距是很大的。

5. 创意来源于"看"的方法

事物之间的关系是错综复杂的,从不同的角度思考,得出的结论可能就大不相同。我们在创意的过程中,当一种思路进行不下去,无法产生创造性的想法时,换个角度、换种思考的方法,或许很快就能发现"另一片天空"。

二、创意的作用与表现形式

创意的设计在企业营销策划中具有重要的作用,它直接影响公众对企业的印象和态度,并通过多种表现形式来提升企业形象,引导公众舆论。

(一)创意在营销策划中的作用

营销策划及其实施的过程是企业与公众相互沟通的过程。公众印象、公众态度、公众舆论对企业形象起着重要的作用。创意则是左右公众印象、公众态度、公众舆论的源泉。

1. 创意直接影响公众对企业的印象

印象是客观事物在人们头脑中的折射。印象的好坏取决于企业形象的好坏,而企业形象的好坏最初是由创意塑造的。只有好的创意塑造出良好的企业形象,才能在公众头脑中形成良好的印象。

2. 创意影响公众对企业的态度

态度是人们主观的内在意向,由认知因素、情感因素和行为因素构成,其中情感因素起主导作用。创意就是要影响公众的态度。创意影响公众态度的关键就是掌握公众的情感因素，借物传情，以情动人，使公众对企业形成良好的支持态度。

3. 创意是引导公众舆论的依据

舆论是社会大多数公众的看法和意见，是公开在社会上发表的议论。在营销策划中，好的创意可以起到意想不到的引导舆论的作用。不仅可以通过创意的超前先导效应，预先避免不利的公众舆论，而且也可以迎合公众的口味和心理需要，将公众舆论融入企业形象塑造之中。

武汉三特索道公司修建"长征路"

武汉三特索道公司（以下简称"三特公司"）利用自身环境优势，修建了一条"长征路"，吸引了中小学生前去参加活动，使公司走出困境，取得了良好的社会效益。据一份调查表明，通过这项活动，84.5%的被调查对象对三特公司及其索道印象加深，公司预计年收入达百万元。

1995年年底，横跨汉江，南起风光宜人的龟山，北落繁华喧嚣的汉正街商业中心的汉江索道正式向游人开放。这是由三特公司和新加坡吴德南集团共同投资经营的当时国内最大的城市观光索道。开业前期，由于周围环境设施不配套和交通不便等原因，尽管公司做过一些宣传，但游人甚少，并没有达到预期效益，未突破现状。经过几个月的调查分析和精心策划，它们联合市教委、市委宣传部，利用龟山路多树密、山水兼具的环境，推出了武汉市中小学生"重走长征路"这个大型公关活动。以纪念红军长征胜利60周年、弘扬长征精神为主题，对广大学生进行一次爱国主义和艰苦奋斗教育。

三特公司投资3万元，在龟山模拟设置了一条"长征路"，设置了"瑞金""遵义""泸定桥""草地"等10多个长征景点，设置了钻网、吊环滑道等活动设施，陈列并展示了大量红军人物的立式群像和众多珍贵历史照片，并把乘索道横渡汉江作为"飞渡泸定桥"穿插于活动中，使这条"长征路"更为充实，融娱乐性、安全性、教育性为一体。自1996年5月11日"重走长征路"活动拉开序幕以来，武汉市陆续有50多所中小学前来参加，共达3万余人次。师生们普遍认为，通过这次活动既增长了历史文化知识，又能体会到当年红军长征途中的艰辛，并在乘索道时饱览了三镇景致。

在整个活动中，三特公司考虑到学生的承受能力，票价仅为原价的三分之一，并且对学生中的"特困户"免收一切费用，迄今为止，没有一位家长到校反映收费问题。三特公司在活动中十分重视安全问题和服务质量，它要求员工把每位学生当成自己的弟弟、妹妹一样爱护。公司派专车接送师生，每一景点都有专人负责，并配有身着红军服装的解说员，使孩子们身临其境地参加活动。正是这种周到的服务和敬业精神，使三特公司得到了学生和家长的一致好评，在社会各界产生广泛的影响，许多学校在活动后纷纷送来锦旗和感谢信，表达了对三特公司的认可和高度评价，并要求市教委把"长征路"作为爱国主义教育活动的基地。也由此,三特公司经济效益得到提高,各方面进入佳境。

资料来源:百度文库,https://wenku.baidu.com/view/25dc01806bd97f192379e974.html,有改动

思考: 三特公司经营成功的原因是什么?

(二)创意在营销策划中的表现形式

创意寓于营销策划之中,创意是企业营销策划的灵魂。创意在企业策划中的基本表现形式有如下五种。

1. 理论思维

理论思维是指使理性认识系统化的思维方式。理论思维在营销策划过程中应用较多,如系统思维,其特点是不能以一时一地计得失,而应在全系统进行综合考虑,其核心在于先失后得。

磁疗表带的问世

日本东京都中野区,住着一个穷困潦倒的知识分子——田中正一,他没有职业,一文不名,却整天关着门在家里研制一种"铁酸盐磁铁",被邻居视为"怪人"。当时他患上了"神经痛"的毛病,怎么治也治不好。那时候,每逢星期四他都要带着许多制好的磁石,到大井都工业试验所去测试。时间一长,一个偶然的现象出现了:每逢星期四他的神经痛就得到缓解。田中正一是一个探究心很强的人,他感到十分好奇,于是就找来一条橡皮膏,在上面均匀地粘上5粒小磁石贴在自己手腕上做试验。很快,他发现这个东西对治疗神经痛很灵,就立即申请了专利。田中正一认为:"将磁石的南极、北极相互交错排列,让磁力线作用于人体,由于人体内有纵横交错的血管,血液流过磁场时,便能产生微电流,这种电流能达到治病强身的效果。"取得专利权后,田中正一模仿表带的式样,制造出四周镶有6粒小磁石的磁疗带,推向市场。产品上市后,果然不同凡响,在全日本出现了人人争购的现象。工厂三班制生产也供不应求。在销售最好的时期,仅一周销售额就达两亿日元。

资料来源:创新思维小故事8则,www.360doc.com/content/17/0518/15/1127866_655014033.shtml,有改动

思考: 磁疗表带的问世体现了怎样的创意思维?

2. 直观思维

直观思维是指在生活中,外界事物在人们大脑中产生的感觉。它具有生动性、具体性、直接性的特点,是触发人们产生创意的基础。直观思维取决于观察力、想象力和记忆力。在策划活动中,人们往往通过观察和思考产生创造性直观思维。

紧腿裙与可口可乐瓶

1923年的一天上午，美国某玻璃瓶厂工人路透的女友来看望他。这天，女友穿着时兴的紧腿裙，实在漂亮极了。这种裙子在膝部附近变窄，凸出了人体的线条美。约会后，路透突发奇想：为何不把又沉又重的可口可乐瓶设计成这种紧腿裙的式样呢？于是，路透迅速按照裙子样式制作了一个瓶子，接着作为图案设计进行了专利登记，然后将这种瓶身设计方案带到可口可乐公司。

可口可乐公司的史密斯经理看后大为赞赏，马上与路透签订了一份合同，约定每生产12打瓶子付给路透5美分。这就是可口可乐现在所用的瓶样。目前这种瓶子的生产数量已经达到760亿只，路透所得的金额，约值18亿美元。路透欣赏女友漂亮的裙子，想到改变又沉又重的可口可乐瓶形状，是灵感使他的创新思维发挥了作用。

资料来源：创新思维与技法案例，https//max.book118.com/html/2018/0128/150922503.shtml，有改动

思考：可口可乐瓶的诞生体现了怎样的创意思维？

3. 联系思维

策划的过程充满了决策，而决策的依据是否正确，显然对决策的正确性有着极其重要的影响。而每一个策划者都必然选定一组或几组有关联的信息作为决策的依据。因此，精明的策划者应该能够掌握事物的联系、揭示事物的关联，并具有联系思维的能力。

旱冰鞋的产生

英国有一个名字叫吉姆的小职员，成天坐在办公室里抄写东西，常常累得腰酸背痛。他消除疲劳的最好办法，就是在工作之余去滑冰。冬季很容易就能在室外找到滑冰的地方，而在其他季节，吉姆就没有机会滑冰了。怎样才能在其他季节像冬季那样滑冰呢？对滑冰情有独钟的吉姆一直在思考这个问题。想来想去，他想到了脚上穿的鞋和能滑行的轮子。吉姆在脑海里把这两样东西的形象组合在一起，想象出了一种"能滑行的鞋"。经过反复设计和试验，他终于制成了四季都能用的"旱冰鞋"。

资料来源：创新思维与技法案例，https//max.book118.com/html/2018/0128/150922503.shtml，有改动

思考：旱冰鞋是用怎样的创意思维诞生的？

4. 倾向思维

倾向思维也是一种基本思维方式,即人们在思维过程中往往是以一定的目的、倾向而进行的思维活动。它一般是指创意者通过接触到的某一事物,从一定倾向出发,即在思考某一问题时,有意或无意,正常或偶然中突然开窍,找到了成功之路。

派克钢笔的诞生

乔治·派克于1863年出生在美国威斯康星州的舒尔斯堡。从1880年起,乔治·派克在瓦伦丁学校工作。为了贴补他可怜的工资,乔治·派克成为了一名中间商,主要帮约翰·霍兰的钢笔公司销售钢笔给他的学生。同当时的许多钢笔一样,这些笔总是有技术问题,包括漏墨水和供墨故障等。在接到许多同学的抱怨后,乔治·派克开始义务为学生修笔。他把每一支笔拆开,修理好后再还给学生。于是在这个过程中,派克有了明确地想要制造"更好的笔"的想法,也开始为这一目的展开一系列的思维活动。乔治·派克为了根除以往钢笔的缺陷,凭借其在机械方面的经验,最终设计并制造出了自己的钢笔——派克笔,并于1888年创立了派克公司。

资料来源:豆丁文库,https://docin.com/p-20335815.html,有改动

思考:派克钢笔的诞生体现了怎样的创意思维?

5. 逆向思维

逆向思维要求创意者敢于逆流而上、标新立异,甚至从思想上要有意识地反其道而行之。被大家所关注的,必有戒备,很难突破;被大家所忽视的,乘虚而入,易如反掌。不论是兵战还是商战,把力量指向对方意料不到、来不及救急的地方,极有希望获胜。

无线电熨斗的出现

日本松下电器公司生产的电熨斗,从20世纪50年代开始,几十年来一直畅销不衰。但到了20世纪80年代该产品出现了滞销现象。为了改进电熨斗的生产、扩大销路,1984年4月的一天,被称为"熨斗博士"的松下公司电熨斗事业部部长29岁的岩见宪一请来数十名不同年龄的家庭主妇座谈,请她们对松下公司生产的电熨斗提意见、挑毛病。

座谈会开始后好长一段时间都没人发言,后来一位中年妇女突然大声说了一句:"使用熨斗时电线拉来拉去太麻烦了,要是后面不拖着一根电线就好了,那样熨起来会更方便。"这话立即引起了一阵哄笑。电熨斗嘛,熨斗就是要用电的。没了电线,这电从哪儿来?会上的家庭主妇们,听了都觉得好笑。座谈会的主持人岩见宪一听了却

没有笑，他的神经仿佛被重重地刺了一下，眼前豁然开朗，他情不自禁地将桌子一拍，大声叫了起来："妙！好主意！不要电线的电熨斗。"

不久，松下公司成立了研制无线电熨斗的攻关小组。他们很快便想到和采用了蓄电的办法来取消电线。攻关小组将主妇熨烫衣服的全过程拍成了录像片，反复地仔细观察和分析她们是怎样使用电熨斗的。结果发现，她们并非一直都是拿着电熨斗在熨衣服，而是熨几下就停一停，整理一下衣服又再熨，电熨斗会多次被竖立在一边。据计算，熨烫一次，持续时间最长的为237秒，平均为15秒，停下来将电熨斗竖立起的时间约为8秒。取得了这样的数据后，攻关小组改变了原来的蓄电方法。重新设计了一种蓄电槽，只要将电熨斗放在蓄电槽上，8秒可以充足电，蓄电槽带有自动断电系统。就这样，电熨斗的重量便大大减轻了。不仅使用起来更方便，同时也更安全。就这样，一种新型无线电熨斗产生了。它成为日本当时很长一段时间的畅销产品。

资料来源：创新思维与技法案例，https://max.book118.com/html/2018/0128/150922503.shtml，有改动

思考：无线电熨斗的诞生体现了怎样的创意思维？

6. 形象思维

形象思维就是创意者依据现实生活中的各种现象加以选择、分析、综合，然后进行艺术塑造的思维方式。在形象思维的过程中始终不能脱离具体形象，此过程包含着创意者的强烈情感。受到全世界广泛喜爱，不断出现在生活中各个场景中的"米老鼠"便是形象思维创意的典型。

超级明星"米老鼠"与迪士尼乐园

"超级明星"米老鼠是如何"孕育"、诞生的呢？这源于它的制作人、美国动画艺术片的先驱华特·迪士尼。1901年迪士尼出生于芝加哥，幼年当过报童，先后通过函授并入校学习了美术。18岁那年，他开始以绘制商业广告为生。20岁出头，他开始研究创作动画片，厂址就在好莱坞一间破旧的老鼠经常出没的汽车房里。那些日子，他一有空闲，就饶有兴致地观察钻进钻出的小老鼠。于是，一个新"角色"的雏形，浮现在他脑中。一次，他从纽约乘火车去洛杉矶。在漫长的旅途中，闲来无事，他抓起笔即兴作画。一只穿着红色天鹅绒裤、黑上衣、戴着白手套的小老鼠在画纸上出现了。本来令人讨厌的老鼠，在他的笔下，竟如此幽默可爱，顿时引起旅伴们的注意，有人还给它取了个人的名字：米奇。不久，当动画片需要新角色时，米老鼠就机灵地登场了。

以米老鼠为开端的迪士尼事业，在世界动画片影坛上独树一帜。华特·迪士尼从1933年至1969年先后获得各种奥斯卡奖牌35枚，成为获得奥斯卡奖最多的人。1955年他在美国西海岸的洛杉矶创办了有名的"迪士尼乐园"，吸引了亿万游客。1965年，他又提出在东海岸的奥兰多建立一个世界最大的游乐园——"迪士尼世界"。1971 年

这个游乐园建成开放,从世界各地前来的游客,在那里不仅可以看到白雪公主和七个小矮人,同时还可以和穿着红天鹅绒裤、戴着白手套的米老鼠握手言欢,一起照相留念。

资料来源:创新思维与技法案例,https//max.book118.com/html/2018/0128/150922503.shtml,有改动

思考:超级明星"米老鼠"的创造体现了怎样的策划思维?

7. 抽象思维

抽象思维与形象思维不同,它是用科学的抽象概念提示事物的本质,表达认识现实的结果,它是人们在认识过程中,借助概念、判断、推理反映现实的过程。创意者要使自己的创意能力旺盛,就得多方寻求启发,越是从意想不到之处去发掘,就越有可能找到突破口,产生全新的创意,抽象化思维的目的就在于此。

"液体手套"的发明

有一位叫廖基程的工程师,他在工厂劳动时经常看到:由于大部分零件的密度都非常高,为了防止零件生锈,工人们都必须戴手套进行操作,而且手套必须套得很紧,手指头才能灵活自如,这样一来,戴上脱下不但相当麻烦,而且还很容易将手套弄坏。为此,他常想,难道只能戴这样的手套吗?能不能改进?有一天,他在帮妹妹制作纸的手工艺品时,手指上沾满了糨糊。糨糊快干的时候,变成了一层透明的薄膜,紧紧地裹在手指头上,他当时就想:"真像个指头套,要是厂里的橡皮手套也这样方便就好了!"

过了不久,有一天清早醒来,他躺在床上,眼睛呆呆地望着天花板,头脑里突然想到:可以设法制成糨糊一样的液体,手往这种液体里一放,一双柔软的手套便戴好了,不需要时,手往另一种液体里一浸,手套便消失了,这不比橡皮手套方便多了吗?他将自己的这一大胆想法向公司做了汇报,公司领导非常重视,马上成立了研究小组,并将廖基程从生产车间调到研究小组。经过大家反复研究,终于发明了这种"液体手套"。使用这种手套只需将手浸入一种化学药液中,手就被一层透明的薄膜罩住,像真的戴上了一双手套,而且非常柔软舒适,还有弹性。不需要时,把手放进水里一泡,手套便"冰消瓦解"了。

资料来源:创新思维与技法案例,https//max.book118.com/html/2018/0128/150922503.shtml,有改动

思考:"液体手套"的发明体现了怎样的创意思维?

第二节 营销策划创意的方法

根据参与创意的主体不同,可以将营销策划创意的基本方法分为两类:一类是基

于个体创意的方法，另一类是基于群体创意的方法。

一、个体创意方法

常用的个体创意方法包括类比联想法、移植参合法、模仿创意法、组合创意法、重点转移法和逆向思维法等。

（一）类比联想法

类比联想法的核心是通过已知事物与未知事物之间的比较，从已知事物的属性去推测未知事物也有类似属性。但是，未知事物的属性仍需要实践的检验。类比联想法的这种不确定性，可以帮我们突破逻辑思维的局限，去寻找一个新的逻辑链的起点，这是它的优点。

类比联想法的关键在于联想。没有很强的联想能力，就无法在已知与未知之间架起桥梁，也就谈不上类比。所以，训练联想及想象能力仍是掌握这种技法的基础。开通英吉利海峡隧道的创意，就是由连接两海（地中海和红海）的苏伊士运河类比联想出连接两地（英国和法国）的海底隧道。

畅销的锅巴小食品

西安宝石轴承厂厂长李照森及其夫人发明的锅巴片，获得了国家专利，其生产技术已在数十个国家和地区获得专利权。太阳牌系列食品已成为风靡全国、跻身国际市场的名牌产品。

一次偶然的机会，李照森陪客人到西安一家饭店就餐，发现人们对一道用锅巴做原料的菜肴极感兴趣，于是引发了以下联想："锅巴能做菜肴，为什么不能成为一种小食品呢？""美国的土豆片能风靡全球，作为烹饪大国的中国，为什么不能创出锅巴小吃走出国门呢？"接着就是试制、成功、投产、走俏。之后，联想进一步展开，既然有了大米锅巴，当然还可以有其他原料、别样风味的锅巴。一时间，小米锅巴、五香锅巴、牛肉锅巴、麻辣锅巴、孜然锅巴、海味锅巴、黑米锅巴、果味锅巴、西式锅巴、乳酸锅巴、咖喱锅巴、玉米锅巴等等不一而足。既然锅巴畅销，类似于锅巴特征的食品也相继开发问世，如虾条、奶宝、麦圈、菠萝豆、营养筷子豆等，这些风味多样的新产品使小食品市场五彩缤纷，也使西安太阳集团获得了极为丰厚的利润回报。

李照森从锅巴作原料的菜肴、美国的土豆片风靡全球，联想到把锅巴制成小食品，投入市场，不但畅销全国，还打入了世界市场。

资料来源：于洋洋. 由一袋锅巴引发的对意外创新的思考[J]. 管理学家，2011(10)，有改动

思考：锅巴小食品为什么能够畅销？

（二）移植参合法

移植参合法是指将某一领域的技术、方法、原理或构思移植到另一领域而产生新事物的方法。它实质上是科技领域，甚至是整个人类思维领域中的一种嫁接现象。生物领域的嫁接或杂交可以产生新的物种，技术领域的移植、嫁接则可以产生新的科技成果。它之所以对个体创造特别有效，是因为这种技法不受逻辑思维的束缚。当想把一种技术或原理从一个领域移植到另一个领域时，并不需要在理性上有多么确定的把握，往往是以行动结果作为分析的主体，这就为新事物的产生提供了多种途径，甚至为非专业的人员进行专业创新提供了极其重要的可能性。今天生活中经常见到的方便面，是再简单不过的东西，撕开袋子往锅里一扔，加点开水一泡就可以。可是你可能从来没想过，方便面是如何诞生的？方便面问世的背后其实极具创意。

方便面的诞生

第二次世界大战结束后，日本经济急剧倒退，原本用来喂猪的红薯藤蔓也成了人们的美食。可是安藤相信，只要有足够的食物，日本还可以崛起。一天早上，安藤路过一个拉面摊。时间虽然还早，摊前却已经排起了二三十米的长队，人们在寒风中眼巴巴地等待着拉面出锅。站在拉面摊对面，安藤心里想，要是有一种面，只要用开水冲一下就能吃，大家都会喜欢。这个想法深深扎进了他的心里。1948年，安藤创立中交总社食品公司，开始从事营养食品的研究。他利用高温、高压将炖熟的牛、鸡骨头中的浓汁抽出，制成了一种营养补剂。产品刚上市，就深得日本人的喜爱，安藤也因此成为日本食品界的知名人士。营养补剂成了一种极为方便的汤，这也为日后方便面调料的研制奠定了基础。

天有不测风云，1950年的一场变故使得安藤几乎赔光了所有的财产，一切都要从零开始。制作方便面的想法再次涌上心头。1958年春天，安藤开始了自己的全新创业。他在大阪自家住宅的后院建了一个不足10平方米的简陋小屋，当作方便面研究室。没有钱买设备，他找来一台旧的制面机，买了炒锅、面粉、食用油等，一头扎进木屋，起早贪黑地开始了方便面问世前的种种实验。面条看似做法简单，实际上原料配合却非常微妙，需要加多少水才能让面的软硬程度正好？加什么材料能让面更美味？安藤是一个十足的外行，平时他连鸡蛋也没煮过，这注定了他要花费比别人更多的努力。他把自己能想到的东西全部都拿到制面机上试验，结果做出来的面有的松松垮垮、有的粘成一团。他就做了扔，扔了又做。每天，他都做着重复的工作。

安藤几乎到了走火入魔的地步，有一次在饭桌上，夫人做了一道可口的油炸菜，他猛然间从中领悟了做方便面的一个诀窍：油炸。面是用水调和的，而在油炸过程中水分会散发，面条变成了面饼，就可以长时间保存。油炸后的表层会有无数的洞眼，加入开水后，就像海绵吸水一样，面能够很快变软，这不正是拿水一泡就能吃的面吗？

面的调料可以用浓缩汤代替，这样就可以制出能保存又可用开水冲泡的面了，这种做法被他称作"瞬间热油干燥法"。安藤很快便拿到了方便面制法的专利。这种方法一直延续到现在。

资料来源：佚名. 方便面，等待了十年的重大发明[J]. 小读者·爱读写，2017(5)，有改动

思考：方便面的诞生运用了怎样的创意方法？

（三）模仿创意法

模仿创意法主要是通过模拟、仿制已知事物来构造未知事物的方法。如果被模仿的已知事物是已熟知的某种生物，则称"仿生法"；如果只是模仿已知事物的形状，则称"仿形法"。模仿创造是人类创造性思维的一种很重要的模式，当我们对未知事物的构造、原理或功能不知从何入手时，不妨通过对类似事物的模仿而获得答案。人类的创造发明，总是由模仿而"独创"的。所以，从某种意义上说，模仿创意法更为深入、大胆、可行。李维斯的牛仔服就是这样引领服装新潮流的。

李维斯的牛仔服

李维斯（Levis's）牛仔服的创办人李维斯·施特劳斯，原是跟哥哥一道经营布匹生意，后来为求独立发展，去旧金山淘金，可又不够本钱，于是改做跟布匹有关的服装生意。李维斯非常留意矿工们工作与生活中的习惯与喜好，他注意到这些淘金矿工们的口袋经常装有金砂等坚硬粗糙的东西，容易将口袋磨破，有的人就拿旧帐篷的帆布做补丁。就是这个补丁触发了他的灵感，让他设计和缝制出裤袋与裤子都是帆布的牛仔裤。而后又推出牛仔衫。李维斯从此便专门从事帆布服装的生产和销售，他令平凡的帆布服装变得有型有款，质朴耐穿、价钱又非常大众化，于是便风行起来。李维斯牛仔服模仿和突出的是西部牛仔的形象。美国历史上，牛仔前往荒芜的西部淘金，离开了法治地区，很多问题依靠自己解决，有时甚至不惜动武。故而牛仔有豪放不羁、爱好挑战、野性和自由奔放等特点。李维斯的牛仔服模仿和突出了牛仔的硬朗形象，又使女性的服装更加自由奔放，受到了广大顾客，特别是青年男女的喜爱。李维斯品牌的牛仔服在美国大行其道后，又冲出美国走向了世界，引领全球服装新潮流。

资料来源：道客巴巴，www.doc88.com/p-1468988782440.html，有改动

思考：李维斯牛仔服运用了什么创意方法？

（四）组合创意法

组合创意法的最基本要求是各组成要素必须建立某种关系，形成一个系统整体，否则，只能算作杂合在一起的混合物。要实现组合创意，可以沿着两种途径进行：一是从某种功能目的出发，去寻找具有或接近具有这种功能的对象加以组合；二是在没

有明确目的的情况下,对已有的一些事物随意地加以组合,尝试会获得什么结果。若是组合后确有一定新意,则也是一项创意。组合创意法的难点在于找到组合对象后如何才能有机地把它们结合起来,其中最关键的因素就是创意者的知识和经验。

"组合文具盒"大受欢迎

日本有一家名叫普拉斯的经营文化用品的小企业,曾经一度面临倒闭的危险,老板号召全体员工共同想办法渡过难关,刚刚参加工作的年轻女职员王村浩美,对老板讲的话时刻铭记在心,很想为公司的生存和发展出一份力。王村浩美是门市部的营业员,负责销售常用的一些小文具。她在销售工作中发现,许多人来买文具,特别是在一个学期开学前的一段时间,家长带着学生或者学生们自己单独来买文具时,很少是只买一种的,大都是几种文具一起买;而且还常常会发生这样的现象:不少来买文具的人,一时记不全该买的各种文具,不是忘了这样就是忘了那样,只好一趟一趟地来买。既费力费时,又平添烦恼。她一次又一次地想到这件事,头脑里便渐渐出现了把多种文具组合在一起来卖的想法。这样的念头在她的头脑里出现得越来越多,设想也就越来越具体且清晰:设计一种长方形的塑料盒,里面放进铅笔、圆珠笔、橡皮擦、小刀、圆规、三角板、直尺一类的文具;并且在盒子的外面印上色彩鲜艳和形象优美的图画,把它们一起同时向顾客出售。她把这个设想向公司提出后,老板感到这是一个很有价值、很值得一试的好主意,立即采纳了她的建议。这一新产品投入市场后,大受顾客的欢迎。上市的第一年,销售量即达 300 多万盒,普拉斯公司不仅渡过了困境,而且获得了巨额利润,并成为世界闻名的大企业之一。最初的组合文具盒不免品种稀少、式样单调,现在风行于全世界的组合文具盒,早已是五花八门、千姿百态了。

资料来源:创新思维与技法案例,https://max.book118.com/html/2018/0128/150922503.shtml,有改动

思考:"组合文具盒"的创意是怎样产生的?

(五)重点转移法

重点转移法就是把解决问题的重点途径变换一下的方法,或称另谋他途的思考方法。创造性思维的灵活性、变通性,在这种技法中可以得到很好的体现。重点转移法之所以在解决问题时常常有效,就是因为问题的解决方式往往不是唯一的,达到目的的手段也不可能是唯一的,这就为从不同途径解决问题提供了可能。但是,另谋他途,说起来容易,做起来难,难就难在能否找到一条合适的途径,而这除了依靠丰富的知识和经验,以及灵活多变的发散思维能力外,几乎没有什么有效的和可靠的办法。

蛋卷冰淇淋的由来

1904年,一个叫欧内斯特·汉威的小贩,获准在圣路易斯世界博览会上设摊出售查拉比饼。这是一种很薄的鸡蛋饼,可以同其他甜食一起食用。在他所摆的小摊的旁边,是另一个用小盘子卖冰淇淋的摊子。

一天,两个摊位的生意都特别好。卖冰淇淋的小摊把盘子用完了,而小摊的前面还站着许多顾客,眼看就要失去赚钱的大好机会,这可把卖冰淇淋的小贩急坏了。欧内欺特·汉威也在一旁替他着急,情急之下,汉威灵机一动,想出了一个办法。他把查拉比饼趁热卷成一个圆锥形,等它凉了以后便用它代替盘子盛冰淇淋,这一应急措施出乎意料地大受顾客们的欢迎,被人们誉为"世界博览会的亮点"。这就是蛋卷冰淇淋这一"老少皆宜"的可口食品的由来。

资料来源:创新思维与技法案例,https//max.book118.com/html/2018/0128/150922503.shtml,有改动

思考: 蛋卷冰淇淋的诞生说明了什么道理?

(六)逆向思维法

逆向思维法是一种与原有事物故意唱反调的思维方法,所以一般人掌握起来并不困难。当然,这种反其道而行的思维方法,其结果不一定总是可行的,但至少可以帮助我们迅速脱离思维过程中的困境。《孙子兵法》里也讲到"反间可得而用也"。逆向思维法常被用在经营人生、经营企业中,出奇制胜。美国著名的儿童玩具——"丑陋玩具"就是这样发明的。

"丑陋玩具"掀起销售热潮

依照传统思维,小孩子都喜欢那些漂亮的洋娃娃,还有那些可爱的毛绒玩具,但却有人反其道而行,专门生产丑陋玩具,同样销售得很好。

布希耐是美国一家玩具公司的董事长,有一次他到郊外散步,偶然看见几个小女孩正在玩一只肮脏且异常丑陋的昆虫,并且爱不释手。布希耐灵机一动,市面上卖的都是漂亮玩具,加入生产一些丑陋玩具,又会怎么样呢?回到公司后,他马上组织人员投入研发,生产出一套"丑陋玩具",并迅速投放市场。

没想到"丑陋玩具"一炮打响,为公司带来了可观的经济效益,让同行十分羡慕。于是,"丑陋玩具"很快风行,如"疯球"就是在一串小球上面,印上许多丑陋不堪的面孔;又如橡皮做的"粗鲁陋夫",长着一头枯黄的头发、一身绿色的皮肤和

一双鼓胀而带血的眼睛,眨眼时又会发出非常难听的声音等。这些"丑陋玩具"的售价竟比那些漂亮玩具价格还高,但是问世后却一直畅销不衰,在美国还因此掀起了一股"丑陋玩具"的热潮。

资料来源:直线管理咨询,http://www.szzxyx.com/guandian/953.html,有改动

思考:"丑陋玩具"为什么会掀起销售热潮?

二、群体创意方法

常用的群体创意方法有头脑风暴法和希望点列举法。

(一) 头脑风暴法

头脑风暴法出自"头脑风暴"(brain-storming)一词。头脑风暴最早是精神病理学上的用语,指精神病患者的精神错乱状态,现在则是指无限制的自由联想和讨论,其目的在于产生新观念或激发创新设想。头脑风暴法又称 BS 法、自由思考法,是由美国创造学家奥斯本于 1939 年首次提出、1953 年正式发表的一种激发性思维方法。因而,后人也将其称为奥斯本智力激励法。

头脑风暴法的形成背景及理论依据比较简单。奥斯本注意到,在现实世界中存在两种人:一种人善于提出设想,另一种人则长于批评分析。若让两者席地而坐,难免产生矛盾,其结果是爱提设想者受到了抑制。若将两者在时间上分开,则有利于产生更多的创新设想,由此便产生了这种创意技法的内核。该技法的理论依据是弗洛伊德的潜意识学说。奥斯本认为,创造活动的心理惰性是由主宰显意识世界的秩序造成的。创意技法的使命就在于要帮助各种设想冲破潜意识的外壳而跃入显意识世界,头脑风暴法就是这种技法之一。

头脑风暴法的实施步骤具体分为以下五步。

1. 准备阶段

准备阶段的主要任务是"三落实",即组织、人员、任务三落实。

(1) 组织落实。组织落实是指与会者、主持人和记录员在会议开始前应确定下来,人数控制在 5~10 人。

(2) 人员落实。人员落实是指与会者的知识构成要合理,在资历、学识水平等方面大致相当,要全身心地投入头脑风暴中,不能做旁观者,不能有依赖或等待思想。

(3) 任务落实。任务落实是指除了主持人、记录员的任务明确之外,整个头脑风暴的任务也应在会前明确,即每一个与会者都将要解决的问题及大致希望考虑的方向提示给每位与会者,同时,通知开会的时间、地点等要求。

2. 热身阶段

所谓热身,即效仿体育比赛前的准备活动,实则是静脑,目的是让与会者在正式

开会前，心思安静下来，尽快进入角色，不要考虑与会议无关的事。这个阶段开始的时间掌握在主持人的手里。

3. 明确问题阶段

明确问题阶段的主要目的是，使每一位与会者都对会议所要解决问题的范围、关键、背景和目标有明确的了解，为下一步的自由畅想做思想上的准备。这个阶段的关键是对问题的表述一定要清晰明确，不应受时间限制，直到每个人对问题都真正明确为止。

4. 自由畅想阶段

自由畅想阶段是整个头脑风暴法的核心，也是创意性设想的阶段。一般来说，自由畅想阶段历时数十分钟，即可获得数十条至数百条创造设想方案，记录员要一一记下。这一阶段要求每个与会者严格遵守"四条原则"，大胆提出脑海里闪过的各种创意。"四条原则"分别是：其一，自由畅想原则；其二，延迟批判原则；其三，综合改善原则；其四，谋求数量原则。

5. 评价筛选阶段

头脑风暴会上的设想虽然很多，但并不都是正确的，有的可能是荒诞古怪而无法实现的，甚至是反科学的，这就需要评价筛选。评价可由专家或内行完成，具体评价标准也可由专家们自己决定。如果方案的思路可行，但不太完备，可召集第二次头脑风暴会，也可由专家们补充，直到具体实施没有困难为止。对那些确有突破性而又有背于已知科学真理的方案，或价值重大一时难以实现的创意方案要倍加珍重，不可弃之不顾。

坐飞机扫雪

有一年，美国北方格外严寒，大雪纷飞，电线上积满冰雪，大跨度的电线常被积雪压断，严重影响通信。许多人试图解决这一问题，提出用扫帚扫、用刀刮、用木头撞等去除电线上的积雪，但都未能如愿。

于是，电信公司经理应用头脑风暴法召开了一次座谈会，参加会议的是10名不同专业的技术人员，要求他们必须遵守以下原则：自由思考，延迟批判；引发联想，补充完善。按照这个会议规则，大家七嘴八舌议论起来。有人说："可以设计一种专用的电线清雪机"；还有人说："可以乘坐直升机去扫电线上的雪"；还有人提出用电热来化解冰雪，或者用振荡技术去除电线上的积雪。

对于"坐飞机扫雪"的设想，大家尽管觉得有点滑稽可笑，但在会上也无人提出批评。相反，有一个工程师在听到这种想法后，大脑突然受到触动，一种简单可行且高效率的清雪方法冒了出来。他想,每当大雪过后,出动直升机沿积雪严重的电线飞行,依靠高速旋转的螺旋桨即可将电线上的积雪迅速扇落。于是,他马上提出"用直升机扇雪"的新设想,顿时又引起其他与会者的联想,有关用飞机除雪的主意一下子又多了七八条。不到一小时,与会的 10 名技术人员共提出 90 多条新设想。

会后,公司组织专家对设想进行论证。专家们认为设计专用清雪机、采用电热或电磁振荡等方法清除电线上的积雪,在技术上虽然可行,但研制费用大、周期长,一时难以见效。那种因"坐飞机扫雪"激发出来的设想,倒是一种大胆的新方案,如果可行,将是一种既简单又高效的好办法。经过现场试验,发现用直升机扇雪果真能奏效。一个久悬未决的难题,终于在头脑风暴会中得到了巧妙地解决。

资料来源:道客巴巴,https://www.doc88.com/p-1466999717492.html,有改动

思考:去除电线积雪的难题是如何得到解决的?

(二)希望点列举法

希望点列举法是由美国内布拉斯加州立大学的克劳福特发明的。"希望点"就是指创造性强且又科学、可行的希望。这是一种通过不断地提出怎样做才会更好的理想和愿望,进而探求解决问题和改善对策的技法。此法是通过提出对该问题的希望或理想,使问题和事物的本来目的聚合成焦点来加以考虑的技法。

每一个人都有美好的愿望和希望,这也是人的主观能动性的直接体现。如何把这些愿望变成现实,就是创意。希望点列举法就是让每一个人充分展示自己美好希望的创意技法。它允许人们根据自己的理想和愿望,主动地对现有的产品、设备、材料、方案或管理制度等提出明确的要求,从而找到解决的途径或对策。这种方法可以一个人使用,也可以群体使用,群体使用时其效果会更好,因为在相互感染的情况下,人的理想或愿望可能会提升得更高。

希望点列举法简便易行,实施步骤大致如下:

1. 准备工作阶段

确定与会者和需要改进的事物,与会者一般为 5~10 人,问题确定后,应提前通知与会者以便大家有所准备。

2. 召开创意会议阶段

主持人应善于启发、诱导大家踊跃提出自己的希望,引导与会者从希望或愿望这一视角着眼,展开创意思维,寻找问题的答案。

3. 评价筛选阶段

在希望点列举会上获得的方案,可组织专家或内行进行可行性筛选,并对可行性较高但尚不完备的希望点提出补充修改意见,再组织实施。

第三节 营销策划创意的实施

创意是一种创造性思维活动。营销策划人在具备了一定的营销策划技能、掌握了营销策划创意的方法之后,关键还在于如何在企业营销实践中具体应用和落实这些技能与方法。

一、营销策划创意的实施程序

营销策划创意的实施分为如下几个方面。

(一)明确目标

1. 主题意识

营销策划创意工作大多数是在委托的情况下开展的,作为创意者必须清楚委托者的本意、要求,即主题,把有限的时间和智慧专注于主题上,避免资源浪费。

2. 辩证求解

营销策划创意可以理解为以"实现目标"为一方,以"资源环境"为另一方,寻求连接二者捷径的思维工作过程。这就要求营销策划人要换位观察、打破思维定式的束缚,同时创意也可以通过改变资源环境来实现目标,这是创意的特色所在。

3. 有限合理

有限合理就是"在给定条件和约束限度内,适于达到给定目标的行为方式"。具体来讲,就是营销策划人要在掌握目的内部结构的基础上,做到如下几个方面:第一,在分析问题时,不能仅限于针对特定的问题探索解决办法,而要从整体结构协调来制订解决局部问题的方案;第二,不能急于求成,问题主线有时一下难以明确,往往要在解决问题的过程中逐步明确其关键所在;第三,要量力而行,先易后难,确定合适的工作范围,避免盲目行动。

(二)环境分析

1. 外部环境分析

首先,实施营销策划创意时,要明确来自外部环境的各种力量对创意实施的影响,然后在创意中充分考虑这些因素,并加以适当处理。其次,在创意中,应紧跟环境的变化与发展,并结合自身条件去适应环境,使其向有利于自己的方向发展。

营销策划创意实施涉及的外部环境一般包括以下四个方面。

1)政治环境

政治环境主要是指政府制定的方针政策、法令规定,国内外政治形势的发展等外部环境。

2）社会环境

社会环境是指人口、居民的收入或购买力,也包括文化教育水平、公众的消费习惯和风俗传统等外部环境。

3）技术环境

技术环境是指与所需创意行业有关的科学技术水平和发展趋势,主要是新技术、新工艺、新材料的采用,这些对开发新产品、提高技术水平、决定创意的发展方向等具有重要作用。

4）经济环境

经济环境包括宏观经济形势、世界经济形势、行业在经济发展中的地位以及企业的直接市场等内容。

2. 内部环境分析

内部环境分析主要是指对行业内部的运营状况进行界定与分析,找出其优势和劣势所在。然后,在"知己知彼"的基础上,进行营销策划创意,以己之长,克敌之短,从而取得竞争的胜利。

营销策划创意实施涉及的内部环境一般包括以下三个方面。

（1）产品情况。其包括产品的质量、规格、式样、价格和生产能力等。

（2）工作效率。其包括所需创意行业员工在一定时间内为行业所创业绩的情况。

（3）其他因素。其包括所需创意行业的技术水平、综合实力、人力资源等。

（三）开发信息

信息开发的水平决定着创意的水平,而信息开发水平的高低是由其工作过程中所采用的工具、方法所决定的。信息开发工具的现代化和分析推理的科学化是提高创意水平的基础性工作,信息的收集与整理是创意过程中关键的一环,必须做到信息的准确化、及时化,才能形成正确的、可行的创意。从这个角度分析,营销策划创意就是（市场）信息科学开发的过程。

（四）产生创意

营销策划创意不能依靠创意者一时突发的"灵感"。掌握创意产生的基本规律、遵循一定的工作原则是产生营销策划创意的前提。

1. 基本规律

创意是一种复杂高级的思想活动,研究创意思维活动的内在规律,是有组织的创意的要求,创意的基本规律主要体现在以下四个方面。

（1）择优律。择优律就是通过"择优选取"以实现创意意图的规律。

（2）相似律。相似律就是对客观事物中存在的大量相似现象加以研究和运用,以实现创意意图的规律。

（3）综合律。综合律就是把管理系统的某些要素、方法等重新加以组合，以实现创意的规律。

（4）对应律。对应律就是按照事物间存在的对立性、对称性去构思，以实现创意意图的规律。

2. 工作原则

在掌握创意思维规律的基础上，有组织地创意，同时必须结合创意的实际情况，限定行为规范，遵循以下四条工作原则。

（1）博采众长原则。能者为师，以虚心学习的态度，吸取中外成功创意的经验与教训，集众人之长，补己之短。

（2）集思广益原则。一人技短，众人技长，有了好的创意，要广泛收集意见，才能有效、及时地将创意完善，付诸实施。

（3）重点明确原则。集中力量，因地制宜地解决创意中遇到的主要矛盾，才能取得事半功倍的效果。

（4）风险控制原则。大胆创意，慎重实施。每一个创意要经过反复的风险论证，不断修正，把实施风险掌握在可控的范围内。

（五）制作创意报告

经过创意以后，一般可以形成多种方案的构想，在此基础上制作方案，主要包括编写创意报告和演技设计两部分。

1. 编写创意报告

营销策划创意报告是对创意后形成的概要方案加以充实、编辑，用文字和图表简要表达出所形成的文件。营销策划创意报告主要包括以下七部分内容。

（1）名称。创意报告的名称必须简单明确、立意新颖、画龙点睛、富有魅力。

（2）单位、人员。说明负责创意的单位和主要创意人的概况。创意单位的声誉、实力以及创意人员的知名度是十分必要的。

（3）创意的目标。创意目标要求使用突出创新性、确切性、规范化、数字化的专业用词表述。

（4）创意的内容。这一部分是创意报告的重点，主要是创意者说明想法及其理由、根据。要求表述准确、有理有据，注意权威性语言的使用。

（5）费用分析。列表说明创意计划实施所需的各项费用及能得到的收益，并对其进行可行性分析，以提高创意计划的可信度。

（6）参考资料。列出完成创意报告的主要参考资料。

（7）注意事项。说明创意实施所要注意的事项，使管理人员能对方案实施中的各种偏差及时进行纠正，避免不必要的损失。

2. 演技设计

营销策划创意报告写完后，通常要向委托人讲解、汇报，并动员有关部门积极参与。从这个角度来讲，创意是富有戏剧性的表演，因此，演技设计时要注意考虑以下四方面的问题。

（1）背景环境。要选择适当的时间、地点进行演示和解说。

（2）道具选择。选择好表达创意的工具，如图表、幻灯片、短片等有效表达创意的辅助工具。

（3）演示人员选择。选择善于演讲、应变能力敏捷的人协助解说和演示创意方案。

（4）后备方案。在以上各项设计发生临时的变动时，有备用的应变方案。

（5）实施总结。这是创意的最后一环，当创意报告得以通过以后，就进入了实施阶段。实施过程中应时刻注意方案执行状况，当出现偏差时，可以得到及时的纠正。

实施结束之后，应及时进行总结。总结是在收集了各种信息之后，对执行之前和执行后的各种资料进行分析对比，得出方案是否取得预期成果，成功的关键所在，导致失败的因素有哪些，累积经验，以便为下次营销策划创意提供参考。

二、营销策划创意的效果测定

营销策划创意开发之后，其实施的效果如何，需要通过相应的方法进行测定。

（一）营销策划创意效果的类型

营销策划创意效果是指营销策划创意应用以后，对生产、销售、管理等各方面产生的影响与发挥的作用，是通过劳动消耗和劳动占用而获得的成果效用。

营销策划创意效果可根据不同标准进行如下分类。

（1）按照创意效果的内容划分，可分为经济效果、心理效果和社会效果。

（2）按照产品市场生命周期划分，可分为导入期的创意效果、成长期的创意效果、成熟期的创意效果和衰退期的创意效果。

（3）按照营销策划创意活动的程序划分，可分为事前测定的创意效果、事中测定的创意效果、事后测定的创意效果。

（4）按照营销策划创意活动周期的长短划分，可分为短期、中期和长期三种类型。

（二）营销策划创意效果测定的原则

营销策划创意效果的测定应遵循一定的原则，这些原则包括以下三方面。

1. 目标性原则

在进行营销策划创意效果评价时，必须以创意目标为准则。事前评价，主要考虑目标的可行性与可用性，如果创意目标根本不可能实现，或者即使能实现也对企业毫无用处，这种创意应予否定；事中评价，即看其创意是否朝着既定的目标前进，如果出现偏差，应及时纠正；事后评价，看创意的效果是否达到既定目标，达到了就是成功的，否则就是失败的。

2. 可靠性原则

可靠性原则即保证评价方法和手段的可靠性以及资料的可靠性。因此，对创意效果的评价应由有关专家进行，以避免非专家的误导和瞎指挥。

3. 综合性原则

评价创意应综合考虑创意的经济效果、社会效果和心理效果以及影响这些效果的各种相关因素，包括企业可控因素和社会不可控因素，以便准确地评价创意的效果。

4. 经济性原则

企业是以盈利为目的的组织。企业行为都应考虑经济性原则，进行营销策划创意效果的评价也不例外。

（三）营销策划创意效果测定的方法

对营销策划创意效果的测定有两类方法：一是直接测定，即测定者根据调查所收集到的第一手资料对创意活动进行测定，主要方法有访问法、观察法、实验法和统计法等；二是间接测定，即测定者根据创意原始调查资料对创意效果所进行的分析与测定。直接测定与间接测定大都利用统计分析技术对检测结果进行综合分析与检测。除此之外，还可采用现代数学方法与计算机软件技术对创意效果进行科学快捷的定性和定量分析，得到精确权威的测定结果。

一般情况下，主要测定营销策划创意的经济效果和社会效果。

1. 经济效果的测定

创意的经济效果是创意活动的最佳效果体现，它集中反映出创意对行业的效用，创意经济效果的测定是衡量创意活动的中心环节。创意的经济效果，除了可进行定性研究之外，更多的是利用某些指标进行定量分析。

整个创意活动过程的测定包括：事前、事中、事后三部分。只要对创意效果进行全面测定，就可以完整、真实地反映创意的经济效果。

1）经济效果的事前测定

事前测定，主要以目标性原则为基础，对各种得到的数据资料加以分析研究，从而预测经济作用，评价其经济可行性。评价的方法主要有：发动全体成员收集各种资料，并力求资料的广泛性与真实性，确保以后各项工作的顺利进行；和同行业进行类比，得出各种资料，并加以分析研究，从而对环境有一个大概的了解；凭经验判断，利用有经验的管理人员进行分析与评价，前提是评价人员具有丰富的经验与精确的判断能力。

2）经济效果的事中测定

事中测定，以定性分析为主，以创意计划为评价的标准，看创意的执行是否与计划步调一致，其预期效果是否已达到。当出现偏差时，应及时加以调整，创意才能向既定目标顺利前进。

3）经济效果的事后测定

事后测定，以定量分析为主，主要目的是检测创意的效果是否已达到预期的目标，并进行总结，积累经验，以供下次创意时参考。主要采用以下指标进行测定。

（1）经济收益额，即创意实施后的经济收益较创意实施前的经济收益的差额。

经济收益额=创意实施后的经济收益－创意实施前的经济收益

（2）成本利润率，即企业利润额与所支出的创意成本之比。

成本利润率=利润额/创意成本×100%

（3）经济收益率，即企业经营收入总额与创意成本之比。

经济收益率=企业经营收入总额/创意成本×100%

2. 社会效果的测定

创意的社会效果是指创意实施以后，对社会环境（包括法律规范、伦理道德、文化艺术、自然环境）的影响。

创意的社会效果评价一般采取定性与定量相结合的方法，从而得出创意的效果。在分析中要把握的一点是，一个创意即使经济效果显著，如果缺乏社会效果，也称不上完美成功的创意。

本 章 小 结

- 创意是人们行为产生的思想、点子、立意、想象等新的思维成果，它是一种创造新事物或新形象的思维方式，创意就其本质来说是一种辩证思维能力。创意具有不同于其他思维的特征，这些特征是积极的求异性、睿智的灵感、敏锐的洞察力和丰富的想象力。创意来源于人们的生活、幻想、兴趣、积累和对事物的不同"看"法。

- 营销策划及其实施的过程是企业与公众相互沟通的过程。创意是左右公众印象、公众态度、公众舆论的源泉。创意在营销策划中表现为理论思维、直观思维、联系思维、倾向思维、逆向思维、形象思维和抽象思维等形式。

- 根据参与创意的主体不同，可以将营销策划创意的基本方法分为两类：一类是基于个体创意的方法，另一类是基于群体创意的方法。常用的个体创意方法包括类比联想法、移植参合法、模仿创意法、组合创意法、重点转移法和逆向思维法六种。群体创意方法主要有头脑风暴法和希望点列举法。

- 掌握了营销策划创意的方法之后，关键还在于如何在企业营销实践中具体应用和落实这些技能与方法。营销策划创意的实施分为明确目标、环境分析、开发信息、产生创意、制作创意报告等几个大的阶段。

- 营销策划创意效果是指营销策划创意应用以后，对生产、销售、管理等各方面产生的影响与发挥的作用，是通过劳动消耗和劳动占用而获得的成果效用。对营销策划创意效果的测定主要从经济效果和社会效果两个方面进行。

课 后 习 题

1. 什么是创意？创意具有哪些特征？
2. 创意在营销策划中有哪些表现形式？
3. 营销策划创意的方法主要有哪些？
4. 如何理解营销策划创意的实施程序？
5. 如何对营销策划创意的效果进行评价？

答案 要点

真心罐头——创意营销突破重围

夏天可能并不是吃罐头的旺季，但大连真心罐头食品有限公司最近发动的一系列"冰吃"推广活动，在滨城大连引起了不小的轰动。这种独特创新的反季营销让真心罐头销量急速上升，创造了淡季不淡的神话。

户外宣传，美丽画面悄然开启消费者心门

这场活动首先是以大规模户外广告投放开始的。在大众记忆中，就是在 2008 年 7 月 7 日小暑这一天，大家正为闷热的天气叫苦的时候，突然发现大街上出现了一幅非常独特的画面：那是衬着海一样蓝色底的画面，堆满了冰块，画面中一个晶莹的黄桃罐头戴着草帽在草亭下乘凉。那罐头可爱到极致，俏皮到极致。看到它，就马上想吃到清凉、甜美、甘醇的罐头。那一刻，观者被彻底征服。那个画面的下方一句广告语清晰、直接、震撼有力："罐头冰着吃，味道更不同"。这句话给大家一个期望：赶紧去体验一下，看看到底有什么不同。

整合广播宣传，描绘诱人味道，引人垂涎欲滴

抓住大家视觉的同时，真心罐头也紧紧抓住了大家的听觉。每当上下班的高峰时段，打开收音机便会传来一阵欢快的声音，"冰后的真心罐头，是什么味道？冰冰凉凉，爽爽滑滑，味道更浓郁……"不错，这就是真心罐头为配合户外广告而进行的广播宣传。这个看似简单的对话为大众描绘了一幅美丽的动态画面，一个充满对真心罐头冰后味道憧憬的声音在告诉大家，冰后的真心罐头更好吃。这就给大家形成了强烈的心理暗示：这个夏天一定要尝尝冰吃的真心罐头。

拉开免费品尝大幕，甘醇口感征服滨城大众

真心罐头没有满足于简单的广告宣传效果，在高空的宣传进行了半个月左右的时间后，大众便在各大超市里看到了真心罐头发动的"免费品尝"活动。大家立刻抑制不住积聚多时的诱惑去品尝产品。在品尝的时候，大家的脑海里立刻浮现出了那幅可爱的画面，耳朵里想起了"这个夏天我做主，真心罐头冰着吃"的广告语。大家感受到的是无与伦比的满足。他们感谢"真心",让他们如此憧憬,又无偿满足。

助兴啤酒节,将"冰吃"运动进行到底

如此完整的冰吃运动,将以更辉煌的方式画上圆满句号,那就是在星海广场上盛装启幕的啤酒节现场,大家将现场看到并品尝到"真心"丰富的产品,更将体验到"冰吃"的美好感受。

可以说,真心罐头发动的这场"冰吃"运动,以一个美丽的过程潜移默化地将广告植入消费者心中,堪称水果罐头企业推广的成功之作。它并不是真心罐头企业一时的想法,而是企业经过多年的积累、沉淀,基于深厚的营销功底的集中发力,是企业市场运作技巧日臻成熟的最好表现。

正如真心罐头的副总于良先生所说的那样:"真心罐头,这个活跃的罐头企业,将在营销创新上永不止步。"

资料来源:刘群. 真心罐头——创意营销突破重围[N]. 新商报,2008-7-18(A05),有改动

思考题:
1. 真心罐头的营销策划创意采用了哪些方法?
2. 真心罐头的创意营销经验对我国企业有哪些启示?

答案要点

第二篇 实务操作篇

营销策划是建立在消费者需求基础上的营销系统工作,包含市场研究、营销战略决策、营销组合设计三个方面的重要内容。营销策划的核心是有机组合策划的各要素,充分利用企业内部和外部资源,最大化提升品牌资产。

本篇从战略决策到战术设计层面重点讲述执行营销策划的操作实务,主要包括市场调研策划、市场进入策划、产品策划、价格策划、市场布局策划、市场推广策划六个方面的内容。

第四章

市场调研策划

【学习目标】

知识目标

1. 了解市场调研策划的主要内容
2. 掌握市场调研策划的主要方法
3. 理解市场调研的主要技巧

能力目标

1. 能够针对不同情况，选择适合的市场调研方法
2. 掌握并能应用市场调研问卷的设计方法

宠物食品的市场调研

近几年，宠物食品市场空间大大增加，但同时，激烈的竞争把国内的许多企业逼到了死角。柴氏企业是位于上海的一家专门生产宠物食品的企业，面对日益激烈的竞争，公司管理层决定推出新产品来提高竞争力。但是，该推出什么样的新产品这一问题却困扰着管理层。一次偶然的机会，公司管理者柴先生买下了一本市场调查的书，他决定改变过去做生意一贯靠经验的方式，开始为产品设计做市场调查，但就是这本书，让柴氏公司付出了 30 多万元的代价。

为了能够了解更多的消费信息，柴先生设计了精细的问卷，在上海选择了 1 000 个样本，并且保证所有的抽样在超级市场的宠物组购物人群中产生，内容涉及：价格、包装、食量、周期、口味、配料六大方面，覆盖了所能想到的全部因素。沉甸甸的问卷让柴氏企业的高层着实兴奋了一段时间，但谁也没有想到市场调查正把他们拖向溃败。

根据市场调查分析结果，柴氏企业立即组织人员进行新品种宠物食品的研制。不久，一种新配方、新包装的狗粮产品上市了。短暂的旺销持续了一星期，随后就是全面萧条，后来产品在一些渠道甚至遭到了抵制。过低的销量让企业高层不知所措。几个月后，新产品被迫从终端撤回，产品革新宣布失败。为了摸清产品失败的原因，柴氏企业请了 10 多个新产品的购买者回来座谈，他们表示，拒绝再次购买的原因是宠物不喜欢吃。宠物产品的最终消费者并不是"人"，人只是购买者，错误的市场调查方向，

决定了调查结论的局限,甚至产生荒谬的结论。

资料来源:道客巴巴,http://www.doc88.com/p-3327441456518.html,有改动

思考:柴氏企业依据市场调研推出狗粮食品为什么失败了?

市场调研策划是企业进行营销策划的前提,调研的结果也是企业作出营销决策的重要依据。然而,市场调研同时也具有两面性,科学合理的市场调研可以增加企业商战的胜算,而失败的市场调研对企业来说则是一场噩梦。柴氏企业依据市场调研推出宠物食品却失败了,其原因在于没有把握市场调研的精髓,错误地选择了市场调研方向,得到的片面调查结论,无法为企业经营提供科学的决策。因此,企业必须在营销调研的基础上,对未来的市场需求及影响需求的因素进行科学的分析与预测,从而为制订合理的市场营销方案提供依据。本章将系统阐述市场调研的含义与类型,市场调研的内容与方法,市场调研的过程与技巧等,为企业开展营销策划提供基础和保障。

第一节 市场调研概述

一、市场调研的含义和作用

为有效开展市场调研,企业必须明确市场调研的含义及类型,以便更好地选择适合的市场调研方式,取得更佳的经营效益。

(一)市场调研的含义

市场调研(marketing research)是市场营销调查与研究的简称,是指根据市场营销活动目标的需要,个人或组织针对特定的营销问题而进行的收集、记录、整理、分析、研究相关市场信息,分析市场各种状况及其影响因素,形成市场调研报告,得出结论的营销活动过程。

吉利的女性"脱毛刀"

男人长胡子,因而要刮胡子;女人不长胡子,自然也就不必刮胡子。然而,美国吉利公司却把"刮胡刀"推销给女人,并且大获成功。

吉利公司创建于1901年,其产品因使男人刮胡子变得方便、舒适、安全而大受欢迎。进入20世纪70年代,吉利公司的销售额已达20亿美元,成为世界著名的跨国公司。然而吉利公司的领导者并不因此而满足,而是想方设法继续拓展市场,争取更多用户。就在1974年,公司提出了面向妇女的专用"刮胡刀"。这一决策看似荒谬,却是建立在坚实可靠的基础之上的。

吉利公司先用1年的时间进行了周密的市场调查,发现在美国30岁以上的妇女中,

有 65% 的人为保持美好形象，要定期刮除腿毛和腋毛。这些妇女，除使用电动刮胡刀和脱毛剂之外，主要靠购买各种男用刮胡刀来满足此项需要，一年在这方面的花费高达 7 500 万美元。相比之下，美国妇女一年花在眉笔和眼影上的钱仅有 6 300 万美元，染发剂 5 500 万美元。毫无疑问，这是一个极有潜力的市场。

根据调查结果，吉利公司精心设计了新产品。它的刀头部分和男用刮胡刀并无两样，采用一次性使用的双层刀片，但是刀架则选用了色彩鲜艳的塑料，并将握柄改为弧形以利于妇女使用，握柄上还印压了一朵雏菊图案。这样一来，新产品立即显示了女性的特点。

为了使雏菊脱毛刀迅速占领市场，吉利公司还拟定几种不同的"定位观念"到消费者之中征求意见。这些定位观念包括：突出脱毛刀的"双刀刮毛"，突出其创造性的"完全适合女性需求"，强调价格的"不到 50 美分"，以及表明产品使用安全的"不伤玉腿"等。

最后，公司根据多数妇女的意见，选择了"不伤玉腿"作为推销时突出的重点，刊登广告进行刻意宣传。结果，雏菊脱毛刀一炮打响，迅速畅销全球。

资料来源：豆丁文库，https://www.docin.com/p-366264907.html，有改动

思考：吉利公司是怎样发现市场机会，推出女性脱毛刀新产品的？

（二）市场调研的作用

市场调研是企业营销活动的出发点，它的作用主要表现为以下几个方面。

1. 发现机会，开发新品

对市场机会的把握能力，是企业营销能力的重要组成要素之一。而市场调研是探索新的市场机会的基本工具。通过市场调研，可以使企业随时掌握市场营销环境的变化和积极主动地适应这种变化，并从中寻找到企业的市场营销机会，为企业带来新的发展机遇。企业只有通过市场调研，分析产品处在市场生命周期的哪个阶段上，并分析市场空缺，才能确定在什么时候开发、研制、生产和销售产品，以满足消费者的需求，把握市场机会，使企业在市场竞争中处于不败之地。

2. 准确定位，按需经营

企业在发现机会、开发新品后，还要根据企业自身的经营资源和经营能力以及市场需求和营销环境决定企业正确的目标市场，并具体确定生产计划，安排商品的品种、数量和质量。企业只有通过市场调研，才能了解和掌握消费者的需求变化情况以进行准确的市场定位，并按消费者的需求（包括潜在需求）来组织生产和销售，顺利地完成商品从生产到消费的转移，获取更大的经济效益。

3. 了解供求，促进销售

企业通过市场调研，掌握市场的供求状况及变动的规律，才能编制出切合实际的商品生产和经营计划，制定出科学的决策，并按照消费者的需要组织生产和供应，提

高商品和资金的周转速度。否则，如果不经常从市场调研中掌握供求情况及变动规律，就有可能造成盲目经营，使企业处于被动状态。而且，只有重视市场调研，做到知己知彼，才能有效地防止决策的任意性和盲目性，才能真正有效地促进销售、扩大销售。

4. 培育市场，强化竞争

现代市场上消费者已经成为市场的主体，企业要实现自身的发展，关键是要比竞争者更好地满足目标市场的需要。企业只有通过系统的市场调研，根据目标市场的要求，提供其所需要的产品和服务，才能真正做到满足目标市场的需要，培育企业的目标市场。同样，借助于市场调研，企业可以摸清竞争对手占有市场的情况以及竞争产品受欢迎的原因，掌握对手的经营策略，从而采取有针对性的对策，吸引消费者选择本企业的产品，在竞争中取胜。

5. 强化管理，提高效率

企业生产或经营的好坏，最终要取决于经营管理者的管理水平。现代经营管理注重的是科学化和理性化的管理，不能凭经验办事，而要以大量资料进行分析后的结果为依据，作出科学的判断。因此，重视市场调研是提高企业管理水平的基础。如果企业的经营管理水平高，能够有效地调动现有资源，并合理调配，进行最优组合，就可以达到降低成本、减少损耗的目的，从而增加盈利、提高效益。

日本环球时装公司的市场调查

日本服装业之首的环球时装公司，由 20 世纪 60 年代创业时的零售企业发展成为日本具有代表性的大型企业，靠的主要是掌握第一手"活情报"。它们在全国 81 个城市顾客集中的车站、繁华街道开设侦探性专营店，陈列公司所有产品，给顾客以综合印象，售货员主要任务是观察顾客的采购动向；事业部每周安排一天时间全员出动，3 个人一组、5 个人一群，分散到各地调查，有的甚至到竞争对手的商店观察顾客情绪，向售货员了解情况，找店主聊天，调查结束后，当晚回到公司进行讨论，分析顾客消费动向，提出改进工作的新措施。全国经销该公司时装的专营店和兼营店均制有顾客登记卡，详细地记载每个顾客的年龄、性别、体重、身高、体型、肤色、发色、使用什么化妆品，常去哪家理发店以及兴趣、嗜好、健康状况、家庭成员、家庭收入、现时穿着及家中存衣的详细情况。这些卡片通过信息网络储存在公司信息中心，只要根据卡片就能判断顾客当前想买什么时装，今后有可能添置什么时装。侦探式销售调查，使环球时装公司迅速扩张，且利润率之高，连日本最大的企业丰田汽车公司也被它抛在后面。

资料来源：袁秀珍. 国外知名企业市场调查妙策[J]. 经济工作导刊，2002(8)，有改动

思考：日本环球时装公司是怎样通过市场调研促进销售的？

二、市场调研的类型

按照市场调研的范围、目的、主体等相应的标准,可将市场调研分为不同的类型。

(一)按市场调研的范围分类

按市场调研的不同范围,可将市场调研分为专题性营销调研和综合性营销调研两类。

1. 专题性营销调研

专题性营销调研是指市场营销的调研主体为解决某个具体问题而进行的调查研究。

2. 综合性营销调研

综合性营销调研是指市场营销的调研主体为全面了解市场营销的状况而对市场营销进行的各个方面的调研。

(二)按市场调研的目的分类

按市场调研的不同目的,可将市场调研分为探索性调研、描述性调研、因果性调研和预测性调研。

1. 探索性调研:发现机会与识别问题

探索性调研的主要功能是"探索",即帮助调研主体识别和了解企业的市场机会可能在哪里、企业的市场问题可能在哪里等问题,并寻找那些与之有关的影响变量,以便确定下一步营销调研或市场营销努力的方向。因此,探索性调研一般在新产品开发过程中或在一项大型营销调研活动的开始阶段采用。

但是,探索性调研只能将市场存在的机会与问题呈现出来,它既不能回答市场机会与问题产生的原因,也不能回答市场机会与问题将导致的结果,后两个问题常常依靠更加深入的市场调研才能解决。

2. 描述性调研:对市场情报的反映与描述

描述性调研的功能是对特定的市场情报和市场数据进行系统的收集与汇总,以达到对市场情况准确、客观地反映与描述。

一般来说,描述性调研要求具有比较规范的营销调研方案,比较精确的抽样与问卷设计,以及对调研过程的有效控制。描述性调研的结果常常可以通过各种类型的统计表或统计图来表示。

同样,描述性调研也不能回答市场现象产生的原因及其可能导致的后果。但是,由于描述性调研的结果有助于识别市场各要素之间的关联与关系。因此,它对进行下一步的因果性调研提供了重要的分析基础。

3. 因果性调研：对市场现象进行解释与说明

因果性调研也称解释性营销调研，它的目的在于对市场现象发生的因果关系进行解释和说明。因果性调研的功能是在描述性调研的基础上，经过对调研数据的加工计算，再结合市场环境要素的影响，对市场信息进行解释和说明，回答"为什么"或"如何做会产生什么结果"。

探索性调研和描述性调研侧重于市场调查，因果性调研侧重于市场分析与研究，所以是更高一级的营销调研方式。通过因果分析，营销调研人员能够解释一个市场变量的变化是如何导致或引起另一个市场变量的变化。

4. 预测性调研：对市场趋势进行测算与判断

预测性调研是在描述性调研和因果性调研的基础之上，依据过去的和现在的市场经验与科学的预测技术，对市场未来的趋势进行测算和判断，以便得出与客观事实相吻合的结论。

预测性调研的目的在于对某些市场变量未来的前景和趋势进行科学的估计与判断，回答"未来的市场将怎样"的问题。

以上四种市场调研的比较见表4-1。

表4-1 四种市场调研的比较

项目	探索性调研	描述性调研	因果性调研	预测性调研
调研目的	发现存在的问题	明确问题的本质	发现问题的根源	预测问题的演变趋势
适用方法	观察法 专家咨询法 个人访谈	询问法 问卷法 观察法	实验法 观察法	统计模型法 系统工程法
适用阶段	初步调查 无法确定某一问题	正式调查 描述功能特征属性	追踪调查 深入调查	研究和推测未来发展趋势

（三）按市场调研的主体分类

按市场调研的主体，可将市场调研分为委托调研和自行调研。

1. 委托调研

委托调研即委托专业调研机构代理调研。专业调研机构长期从事研究活动，专业技能强，专业程度较深，经验丰富，可以不受委托企业固有看法的影响，客观地进行调研，但需要与委托单位协调才能达到预期效果。

2. 自行调研

自行调研是指企业自己设置调研部门专门负责企业的营销调研工作。自行调研的优点是成本低，便于积累经验。自行调研的不足之处是缺乏客观性和使用调研方法的局限性。

（四）按市场调研的周期分类

按市场调研的周期，可将市场调研分为一次性调研、定期调研和经常性调研。

1. 一次性调研

一次性调研又称临时性市场调研。由于市场范围、规模、交通条件等市场基本情况在一定时间内具有相对稳定性，同时它们又是企业进行经营活动的前提，所以针对其开展的营销调研属于一次性调研。如企业开拓新市场、建立新的经营机构或根据市场特殊情况而开展的临时市场调研活动。

2. 定期调研

定期调研是指企业针对市场情况和经营决策的要求，定期做的市场调研。其形式有月末调研、季末调研和年终调研等。

3. 经常性调研

经常性调研又称不定期市场调研，是指根据企业管理和决策的需要，随时开展的调研活动，每次调研的时间和内容不固定。

此外，还可以从其他的角度对市场调研进行分类。如按照空间层次可以分为全国性市场调研、区域性市场调研、地区性市场调研；按照调研对象可分为消费者市场调研、生产者市场调研；按照产品品种可以分为服装、百货、鞋帽、五金、交电、食品等各类商品的市场调研等。

柯达公司的反复市场调查

以彩色感光技术先驱著称的美国柯达公司，产品有 3 万多种，市场遍布全球，其成功的关键是重视新产品研制，而新产品研制成功即取决于该公司采取的反复市场调查方式。以蝶式相机问世为例，这种相机投产前，经过反复调查。首先由市场开拓部提出新产品的意见，意见来自市场调查，如大多数用户认为最理想的照相机是怎样的，重量和尺码多大最适合，什么样的胶卷最便于安装使用，等等。根据调查结果，设计出理想的相机模型，提交生产部门对照设备能力、零件配套、生产成本和技术力量等因素考虑是否投产，如果不行，就要退回重订和修改。如此反复，直到造出样机。样机出来后进行第 2 次市场调查，检查样机与消费者的期望还有何差距，根据消费者意见，再加以改进，然后进入第 3 次市场调查。将改进的样机交消费者使用，在得到大多数消费者的肯定和欢迎之后，交工厂试产。试产品出来后，再交市场开拓部门进一步调查，如新产品有何优缺点，适合哪些人用，市场潜在销售量有多大，定什么样的价格才能符合多数家庭购买力，待诸如此类问题调查清楚后，正式打出柯达牌投产，正是经过反复调查，蝶式相机一推向市场便大受欢迎。

资料来源：袁秀珍. 国外知名企业市场调查妙策[J]. 经济工作导刊，2002(8)，有改动

思考：柯达公司为推出蝶式相机采用了哪种类型的市场调研？

第二节　市场调研的内容和方法

企业进行市场调研时，需要明确市场调研的主要内容，并依据相关内容采取科学的市场调研方法。

一、市场调研的内容

一般来说，企业市场调研的内容主要包括企业宏观环境调研和企业微观环境调研两个方面。

（一）企业宏观环境调研

企业宏观环境是指对企业生产经营有巨大影响的社会力量，包括政治法律环境、经济环境、社会文化环境、技术环境、人口环境、自然环境等。

1. 政治法律环境调研

政治法律环境调研主要指调研国家的政治形势及变化情况；掌握国家关于产业发展、财政、金融、税收、外贸等方面最新颁布的政策、方针、规划等纲领性文件；了解国家法律、法规、条例的变化情况等。

2. 经济环境调研

经济环境调研主要指调研国家或地区的国民生产总值、产业发展状况、经济增长率、通货膨胀率、就业率、税率、利率以及社会的收入分配、购买力水平、储蓄、债务、信贷等，以掌握国家在一定时期内的经济政策、体制及形势。

3. 社会文化环境调研

社会文化环境调研主要指调研整个社会的核心价值观念、风俗习惯、宗教信仰、伦理道德及亚文化；了解人们的价值观、生活方式、文化素养；掌握某消费群体的构成及其购买动机、购买行为、购买心理等。

4. 技术环境调研

技术环境调研主要指调研企业所涉及的技术领域的发展情况、技术标准等；了解新技术、新材料、新工艺、新产品的研发情况；关注国家科研技术发展的方针政策及规划等。

5. 人口环境调研

市场是由人口构成的，因此，需要对人口的增长情况、年龄结构（如美国的婴儿

潮、中国的"80后"或"90后"等)、民族市场、家庭类型、人口地理迁移等方面进行调研。

6. 自然环境调研

自然环境调研主要指调研企业所处的地理位置、气候、资源、生态等自然情况，以及资源短缺、能源成本增加、污染程度增加等生态状况。

一切组织、团体或企业均处在上述环境之中，亦不可避免地受影响及制约。因此，市场营销策划者应通过分析宏观环境的现状及发展趋势，预测其对企业营销活动可能产生的影响，抓住机会、避开威胁。

(二)企业微观环境调研

企业微观环境主要是指影响企业生产经营活动的行业环境及企业自身因素。具体包括如下几个方面。

1. 市场供求现状调研

市场是企业生存和发展的出发点与归宿点，因此企业要对市场的供求现状进行调研，掌握市场及企业产品的需求总量、消费者的需求状况以及整个市场的供应量、供应能力等方面的情况，使企业能更有效地满足消费市场的需求。

2. 行业及竞争状况调研

行业是企业最直接的外部环境，因此企业要对行业的整体水平及竞争状况有一定程度的了解。根据迈克尔·波特提出的行业五种竞争力量模型，对行业及竞争状况的调研主要包括现有竞争者、潜在进入者、替代品、购买者、供应商五种竞争力。

3. 企业发展战略调研

明确企业三个层次的战略(公司战略、业务单位战略、职能战略)各自的发展方向，掌握公司的组织、权力结构、业务分布与经营状况；同时掌握公司使命、终极目标、公司愿景、主体业务以及为顾客和利益团体创造价值的方式。

4. 企业内部资源调研

企业内部资源包括人力资源(企业人员供求状况、员工能力与素质、企业招聘与培训机制)；物力资源(企业的原材料、零部件、设备、服务)；财力资源(企业的财务状况、流动资金数量以及用于营销方面的资金状况)；信息情报资源(市场、竞争对手的资源、营销组合策略及战略)等。

5. 营销组合调研

营销组合是企业针对目标市场需要对自身可控制的各种营销因素(产品、价格、渠道、促销等)的优化组合和综合运用，使之协调配合，扬长避短，发挥优势，以便更好地实现营销目标。因此，进行市场调研策划应从营销组合入手，掌握产品、价格水平、广告及促销、销售渠道的情况，以便更好地了解产品的优势及劣势。

荷兰食品工业公司的征求意见调查

以生产色拉调料而在世界食品工业界独树一帜的荷兰食品工业公司,其每推出一种新产品均受到消费者的普遍欢迎,产品供不应求,而其成功主要依赖于该公司不同寻常的征求意见市场调查。以"色拉米斯"为例,在推出"色拉米斯"前,公司选择700名消费者作为调查对象,询问是喜欢公司的"色拉色斯"(一种老产品的名称),还是喜欢新的色拉调料。消费者对新产品提出了各种期望,公司综合消费者的希望,几个月后一种新的色拉调料研制出来了。当向被调查者征求新产品的名字时,公司拿出预先选好的名字:"色拉米斯"和"斯匹克杰色斯"供被调查者挑选。80%的人认为"色拉米斯"是个很好的名字。这样,"色拉米斯"便被选定为这款产品的名字。不久,公司在解决"色拉米斯"变色问题,准时销售这项产品时,又进行了最后一次消费者试验。公司将白色和粉色提供给被调查者,根据消费者的反应确定颜色,同时还调查消费者愿意花多少钱来购买它,以此确定产品的销售价格。经过反复的征求意见,并根据消费者意见作了改进,"色拉米斯"一举成功。

资料来源:袁秀珍. 国外知名企业市场调查妙策[J]. 经济工作导刊, 2002(8), 有改动

思考:从荷兰食品工业公司的市场调查中可以获得哪些启发?

二、市场调研的方法

市场调研的方法有很多,常用的市场调研方法主要有文案调查法、观察调查法、访问调查法、实验调查法以及新兴的网络调查法等。

(一)文案调查法

1. 文案调查法的含义

文案调查法是指利用市场调查机构内部和外部现有的各种信息,对调查内容进行分析研究的一种调查方法。文案调查法所收集的资料以文献性信息为主,通常是已经加工过的次级资料,又称二手资料,如年鉴、报纸、期刊、杂志和报表等。

2. 文案调查法的优点和局限性

1)文案调查法的优点

文案调查法的优点包括:应用范围广,受调查时间、空间和费用的限制比较小;操作方便、简单;相对实地调查法而言,成本较低;可以研究那些研究者不能直接接触的研究对象,并且研究对象不受研究者的影响。

2)文案调查法的局限性

文案调查法的局限性包括:调查人员的素质对调查结果影响较大;二手资料来源

繁杂，其时效性、真实性、准确性以及针对性程度参差不齐，必须经过甄别、筛选、组织才能使用；文案调查法所收集的主要是调查对象的历史资料，无法收集现实资料；有些问题，可能根本不存在二手资料，因而无法收集。

3. 文案调查资料的来源

文案调查资料的来源可以分为内部资料和外部资料两种。

1）内部资料

内部资料是指关于市场调查机构经济活动的各种记录，主要包括以下几种。

（1）业务资料，是指与业务经济活动有关的各种资料，如订货单、发货单、合同、发票、销售记录和业务员报告等。

（2）统计资料，主要包括各类统计报表，企业生产、销售、库存等各种数据资料，各类统计分析资料等。

（3）财务资料，通过财务资料的研究，可以确定企业的发展前景，考核企业的经济时效。

（4）其他资料，如剪报、调研报告、经验总结、顾客意见和建议以及有关的照片和录像等。

2）外部资料

外部资料是指公共机构提供的已出版和未出版的资料，主要包括以下几种。

（1）政府机构及经济管理部门发布的资料，如国际和地方各级统计局定期发布统计公报、统计年鉴等资料，财政、工商、税务、银行等机构公布的方针、政策、法令、经济公报、统计公报等信息。

（2）各种信息咨询机构提供的资料，例如，国家经济信息中心、国家统计信息中心等机构通常提供资料的代购、咨询和检索等服务。

（3）行业协会和联合会发表或保存的有关行业的销售情况、经营特点以及发展趋势等信息资料。

（4）许多电台和电视台开设了经济频道、各类经济栏目、经济专题节目，传播经济信息。

（5）国内外各种博览会、展销会、订货会发布的促销信息，各种国际组织、外国使馆、商会提供的国际市场信息。

（6）上市公司公开披露的信息，包括上市公司的财务报表以及重大投资、经营活动公告等。

4. 文案调查法的程序

1）准备工作

分析所要研究的课题，明确调查的目的，需要何种信息以及收集资料的具体方法。例如，进行连锁店地址的文案调查，调查的信息包括人口、户数、商店数和商店销售额等。

2）收集资料

运用事先确定的调查方法收集所需资料。在大量的资料中，选择重要和确实可用的，鉴别、阅读并摘录。

3）加工资料

对收集到的资料进行可靠性鉴别和评价。判断收集到的资料与调查目的是否吻合。剔除与研究问题不相关的、不完整的资料，对有用的资料，进行梳理组织、分析研究并起草报告。

4）提交调查报告

按照收集到的资料整理调查报告。

日本公司的文案调研

日本某公司要进入美国市场，于是便查阅美国的有关法律和涉及进出口贸易的条款。通过查阅发现，美国为了限制进口、保护本国工业，在进出口贸易条款中规定：美国政府收到外国公司进口商品报价单，一律无条件地提高50%。而美国法律中对本国商品的定义是："一件商品，由美国制造的零部件所含的价值，必须占到该商品价值的50%以上。"该日本公司为了避免被提高50%的价格，就采取了在美国购买某个零部件，使其价值达到这个商品的50%，然后在日本组装并进入美国市场的策略。最终，日本公司的产品顺利进入了美国市场，并为该公司节省了一大笔进口费用。

资料来源：道客巴巴，http://www.doc88.com/p-7002019059284.html，有改动

思考：该日本公司是怎样通过文案调研进行经营决策的？

（二）观察调查法

1. 观察调查法的含义

观察调查法是指调查员凭借自己的感官和各种记录工具，在被调查者未察觉的情况下，直接观察和记录被调查者的行为，以收集市场信息的一种方法。观察调查法不直接向被调查者提问，而是从旁观察被调查者的行为、反应和感受。

2. 观察调查法的优点和局限性

1）观察调查法的优点

其优点包括：可以观察到被调查者在自然状态下的行为表现，获得的结果比较真实；可以在当时实地观察到行为的发生、发展，能够把握当时的全面情况、特殊的气氛和情境；观察调查法对调查对象的合作要求非常低，甚至根本不需要。

2）观察调查法的局限性

其局限性包括：观察调查法只能观察被调查者的公开行为，无法了解动机、态度、情感以及私下行为；被观察到的当前行为并不能代表未来的行为；如果被观察的行为

不经常发生,那么观察调查法会很耗时间,而且成本很高。

3. 观察调查法的应用

观察调查法可以应用于:观察顾客流量,观察顾客的特征和行为,观察产品的使用现场,观察商店柜台及橱窗布置,观察商品需求情况,观察企业经营状况和竞争环境情况,观察商品库存情况,观察广告的效果,观察商店的选址情况以及神秘购物观察。其中,神秘购物观察是指让调查员扮成消费者到零售店观察记录产品的价格、服务及促销手段等,以收集市场资料的方法。

商业密探:帕科·昂得希尔

帕科·昂得希尔是著名的商业密探,他所在的公司叫恩维罗塞尔市场调查公司。他通常的做法是坐在商店的对面,悄悄观察来往的行人。而此时,在商店里他的属下正在努力工作,跟踪在商品架前徘徊的顾客。他们的目的是要找出商店生意好坏的原因,了解顾客走进商店以后如何行动,以及为什么许多顾客在对商品进行长时间挑选后还是失望地离开。通过他们的工作给许多商店提出了许多实际的改进措施。如一家主要是青少年光顾的音像商店,通过调查发现这家商店把磁带放置过高,孩子们往往拿不到。昂得希尔指出应把商品降低放置,结果销售量大大增加。再如一家叫伍尔沃思的公司发现商店的后半部分的销售额远远低于其他部分,昂得希尔通过观察解开了这个谜:在销售高峰期,现金出纳机前顾客排着长长的队伍,一直延伸到商店的另一端,妨碍了顾客从商店的前面走到后面,针对这一情况,商店专门安排了结账区,结果使商店后半部分的销售额迅速增长。

资料来源:豆丁文库,https://www.docin.com/p-1808853979.html,有改动

思考:昂得希尔的市场调查公司是怎样帮助商店改善经营的?

(三)访问调查法

1. 访问调查法的含义

访问调查法是指调查员采用访谈询问的方式向被调查者了解市场信息的一种方法。访问调查法通常将所要调查的问题陈列在调查表中,并按照该表的要求进行询问,因此,又称调查表法。

2. 主要的访问调查法

(1)面谈访问法。其是指调查员根据调查提纲直接访问被调查者,当面询问有关问题,既可以是个别面谈,也可以是群体面谈。

(2)电话访问法。其是指由调查员通过电话向被调查者询问了解有关问题的一种调查方法。由于彼此不直接接触,而是借助于电话这一中介工具进行,因而是一种简

洁的调查方法。

（3）邮寄访问法。其是指将调查问卷邮寄给被调查者，由被调查者根据调查问卷的填写要求填好后寄回调查部门或者公司的一种调查方法。一般利用现有的各种通信录、花名册、电话簿等抽取被访者；有时也可以在专业的报纸、杂志、书籍上刊登或附带调查问卷，请读者填写后邮寄给调查单位。

三种访问调查法的优缺点见表4-2。

表4-2 三种访问调查法的优缺点

方法	优点	缺点	注意事项
面谈访问法	简单、灵活、可随机提问 调查人员可以边询问边观察 提问的问题和方式弹性大 被调查者可充分发表意见 所提问题的回收率高	费用高、时间长 只适合小规模的调研 对调查人员素质要求高 调研效果取决于被调查者的配合情况 被调查者易受调研人员主观意识的影响，使信息失真	所提问题应简练、易懂、并先易后难 访谈时间不宜过长 调查人员应客观 调查人员应守时 需要适当监督调查人员
电话访问法	经济、快速、易于控制 访问对象样本大、范围广 受调研人员主观影响小 交谈自由，能畅所欲言 对调研人员的管理方便 尤其适合热点问题的调查	无法进行产品的展示 不适合较长时间的访问 不适合深度访谈 容易遭到拒绝 被调查者易产生抗拒心理	不适合复杂问题 主要用于企业与企业间 应注意甄别被调查者提供信息的真实性 防止被误认为是电话推销
邮寄访问法	高效、便捷、费用低廉 样本容量大、调查范围广 减少了对调研人员的监督 被调查者思考的时间充裕 有时适用于较敏感的问题	问卷的回收率低 信息反馈时间长 对被调查者素质要求高 对调查内容要求较高	内容简练、表达清晰 向被调查者交代清楚答卷要求及回收时间 注重激励方式 针对未得到反馈的调查者应以电话等进行提醒

（四）实验调查法

1. 实验调查法的含义

实验调查法是指在调查过程中，调查员通过改变某些变量的值而保持其他变量不变，以此来衡量这些变量的影响效果，从而取得市场信息资料的调查方法。

2. 实验调查法的优点和局限性

1）实验调查法的优点

实验调查法是一种真实的或模拟真实环境下的具体调查方法，因此结果比较客观，具有一定的可信度；可以有控制地分析、观察某些市场现象之间是否存在着因果关系以及相互影响的程度。

2）实验调查法的局限性

只适用于对当前市场情况的调查，而无法研究历史和未来的市场情况；一般持续的时间较长，难以满足在市场调查中短时间内取得结论的要求；实验中要实际销售、使用商品，因而费用也较高；实验调查法需要寻找科学的实验场所，模拟真实的市场状况，控制无关因素的影响，使实验接近于真实情况，难度非常高。

3. 实验调查法的应用

（1）产品价格实验。了解消费者对产品价格能否接受和接受的程度。

（2）市场饱和度实验。如当某类产品出现滞销时，为了查明市场需求是否饱和，可向市场投放一种改进后的同类产品，观察销售量的变化，测试市场是否仍有潜力。

（3）广告效果实验。通过某产品广告前和广告后销售量的比较，分析广告对销售量的影响。

（4）促销效果测试。通过某产品促销前和促销后销售量的比较，分析促销对销售量的影响。

4. 实验调查法的实施

（1）界定研究变量。调查问题确定以后，首先要界定研究变量，即分析哪些与研究的问题有关，然后确定在实验中对其中的多少个变量进行观察和测量，这一步是实验调查法能否成功的前提。

（2）界定试验单元。就是明确实验对象的基本单位。实验单元的选择，应遵循代表性原则，即实验单元应该对被研究事物有较强的代表性。如果实验单元是商品，则应是合格商品；如果实验单元是人，也应该具有代表性。

（3）实验设计。界定实验单元在实验单元确定以后，如何控制实验环境和实验单元，从而验证研究假设，达到实验目的，这是实验设计所要解决的问题。

（4）实验的实施。实验的实施是指按照实验设计具体实施实验，包括抽取实验单元、分配实验处理和实验记录三个方面的内容。

（5）控制实验环境。实验环境的控制直接关系到实验能否取得成功。

改进咖啡杯的市场实验

美国某公司准备改进咖啡杯的设计，为此进行了市场实验。首先，他们进行了咖啡杯选型调查。为此，该公司设计了多种形状的咖啡杯，并邀请500个家庭主妇进行观摩评选，以研究主妇们用干手拿杯子时，哪种形状好；用湿手拿杯子时，哪一种不易滑落。调查研究结果表明，主妇们倾向选用四方长腰果型杯子。然后，公司又对产品名称、图案等，也同样进行造型调查。接下来，该公司利用各种颜色会使人产生不同感觉的特点，通过调查实验，选择了颜色最合适的咖啡杯。他们的方法是，邀请30个消费者，让他们每人各喝4杯相同浓度的咖啡，但是咖啡杯的颜色，则分别为咖啡色、青色、黄色和红色4种。试饮的结果，使用咖啡色杯子的人认为咖啡"太浓了"的占2/3，使用青色杯子的人都异口同声地说"太淡了"，使用黄色杯子的人则都说"不浓，正好。"而使用红色杯子的10人中，竟有9个人说"太浓了"。根据这一调查，该公司决定咖啡店里的杯子以后一律改用红色杯子。这样借助于颜色，既可以使咖啡店节约咖啡原料，又能使绝大多数顾客感到满意。结果这种咖啡杯投入市场后，与市场上的通用公司的产品展开激烈竞争，以销售量比对方多两倍的优势取得了胜利。

资料来源：百度百科，https://baike.baidu.com/item/实验法（市场调查）/15169181，有改动

思考：该公司为什么通过市场实验改进咖啡杯的设计？

（五）网络调查法

1. 网络调查法的含义

网络调查法是指通过互联网、计算机通信和数字交互式媒体，发布调研信息来收集、记录、整理、分析信息的调查方法。它是传统调查方法在网络上的应用和发展。与传统的调查方法相比，在组织实施、信息采集、调查效果方面具有明显的优势。

2. 网络调查法的类型

根据采用的调研形式不同，网络调查可以分为以下四种主要类型。

（1）网上问卷调查法。网上问卷调查法是指在网上发布问卷，被调查对象通过网络填写问卷，完成调查。它又可以分为两种类型：一种是站点法，即将问卷放在网络站点上，由访问者自愿填写、提交问卷，经调查者统计分析后再在网上公布结果的调查方法；另一种是E-mail问卷法，即被调查者收到问卷后，填写问卷，点击"提交"，问卷答案则回到指定的邮箱。

（2）网上讨论法。可通过多种途径实现，如 BBS（电子公告牌系统）、QQ（一种聊天工具）、IRC（网络实时交谈）、net meeting（网络会议）、news group（新闻组）等，实际上是互联网集体访谈法。

（3）网上测验法。网上测验法是指测验者在互联网上利用网站或 E-mail 等途径，向网民或受测者发出有测验内容的问卷或信件，请网民或受测者作出回答后反馈给测验者，测验者对反馈信息进行统计分析，并作出结论的测验方法。

（4）网上观察法。网上观察法是指观察者进入聊天室观察正在聊天的情况，或利用网络技术对网站接受访问的情况以及网民的网上行为、言论，按事先设计的观察项目、要求做记录、观察或自动监测，然后进行定量分析研究，并得出结论的调查方法。

3. 网络调查法的优点和局限性

网络调查法是一种新兴的调查方法，它的出现是对传统调查方法的一个补充。网络调查具有组织简单、费用低廉、客观性好、不受时空与地域限制、速度快等优点。但它也有一定的局限，主要体现在：网民的代表性存在不准确性、网络的安全性不容忽视、受访对象难以限制等。市场调研人员在具体应用网络调查法时，要注意规避这些局限性可能对调研结果带来的影响。

澳大利亚出版公司的网络调查

澳大利亚某出版公司曾计划向亚洲推出一本畅销书,但是不能确定用哪一种语言、在哪一个国家推出。后来决定在一家著名的网站做一下市场调研。方法是请人将这本书的精彩章节和片断翻译成多种亚洲语言,然后刊载在网上,看一看究竟用哪一种语言翻译的摘要内容最受欢迎。过了一段时间,他们发现,网络用户访问最多的网页是用中国大陆的简化汉字和韩国文字翻译的摘要内容。于是他们跟踪一些留有电子邮件地址的网上读者,请他们谈谈对这部书的摘要的反馈意见,结果大受称赞。于是该出版公司决定在中国和韩国推出这本书。书出版以后,受到了读者的普遍欢迎,获得了可观的经济效益。

资料来源:[美]小卡尔·迈克丹尼尔. 当代市场调研(第 4 版)[M]. 范秀成,译. 北京:机械工业出版社,2002,有改动

思考:该出版公司是怎样通过网络调查进行经营决策的?

第三节　市场调研的过程和技巧

一、市场调研策划的过程

市场调研是一个由不同阶段、不同步骤相互联系、相互衔接构成的统一的整体。通常进行市场调研策划要分十个步骤,分别贯穿于四个阶段之中。

(一) 调研策划的准备阶段

1. 确定调研的必要性

并非每一项调研都有执行的必要,因此,进行市场调研策划的首要环节就是确定调研是否有必要。首先,清楚收集信息的原因;其次,明确企业是否已经拥有所需的信息,是否有充裕的时间进行调研、资金是否充足并权衡收益与成本的关系;最后,分析信息可获得程度的高低。

2. 明确调研问题

在分析调研的必要性后就要对调研的问题及主题加以确定。通常在正式调研之前都要进行一次非正式调研,又称探索性调研,即一种小规模的调研,目的是确切地掌握问题的性质和更好地了解问题的背景环境,以便节省调研费用,深入了解调研问题、缩小调研范围。非正式调研常用的方法是收集二手资料或进行小范围的集中座谈讨论等,即调研人员应尽可能收集企业内、外部的各种相关资料,并咨询企业内、外部对此问题有丰富经验及较深研究的专家、学者进行分析,同时,亦可从最终消费者或调

研对象身上收集相关资料，以便明确调研问题。

3. 确定调研目标

调研问题确定过程的最终结果就是形成调研目标，所有为调研项目投入的时间及成本都是为了实现既定的调研目标，它是调研项目进展的指导方针，是评价调研质量的尺度。因此，调研目标必须尽可能准确、具体并切实可行。

是否应在空中提供通话服务

美国航空公司的一位经理提出在高空为乘客提供通话服务的想法。其他的经理们认为这是激动人心的，并同意对此做进一步的研究。于是，提出这一建议的营销经理自愿为此做初步调查。他同一个电信公司接触，研究波音747飞机从东海岸到西海岸的飞行途中，通话服务在技术上是否可行。电信公司认为，这种系统每次的成本大约是1 000美元。因此，如果每次通话收费25美元，则在每航次中至少有40人通话才能保本。于是这位经理与该公司的营销调研经理联系，请他研究旅客对这种新服务将会作出何种反应。

如果营销调研经理对营销调研人员说："去探求凡是你能发现的空中旅客所需要的一切。"那么，这位经理可能会得到许多不需要的信息，而实际上需要的信息却可能得不到。如果营销调研经理讲"探求是否有足够多的乘客在从东海岸到西海岸的波音747飞机的飞行中，愿意付足够多的电话费，从而使美国航空公司能够保本提供服务"。这样提出问题就太狭窄了。

美国航空公司的调研人员对此问题应该这样确定：航空公司的乘客在航行中打电话的原因是什么？哪些乘客喜欢在航行中通电话？有多少乘客可能会打电话？价格对他们有何影响？收取的最好价格是多少？这一新服务会增加多少乘客？这项服务对公司的形象将会产生什么影响？其他因素：诸如航班次数、食物和行李处理等与电话服务相比，对公司作出选择的相对重要性是什么？

资料来源：屈冠银. 市场营销理论与实训教程[M]. 北京：机械工业出版社，2014，有改动

思考：美国航空公司是怎样提出调研问题的？

（二）调研策划的设计阶段

1. 设计调研方案

调研方案的设计是指为了实现调研目标而制定调研计划书，是调研项目实施的行动纲领，为回答具体问题提供了框架结构，保证了调研工作的顺利进行。不同类型调研方案的侧重方面不同，因此，设计调研方案的首要任务就是确定本项调研是探索性调研、描述性调研、因果性调研，还是预测性调研。

2. 选择调研方法

本章前面已经详细介绍了营销调研策划的方法，即文案调研法、观察调查法、访问调查法、实验调查法，请参照阅读。

3. 选择抽样方法并设定样本容量

抽样方法有随机抽样和非随机抽样。在选定抽样方法之后就要根据抽样特点确定样本的容量。

（三）调研策划的实施阶段

1. 数据采集

调研设计正式确定之后，接下来是根据调研设计进行数据采集工作，一般可以采取人员采集和机器记录两种数据采集方式。人员采集是指调研人员对现有的文案资料进行收集和调查；或通过访问、填写问卷等方式直接与被调查者交流并收集信息；亦可通过观察被调查者而收集相关资料；机器记录主要是采用扫描数据的方式收集信息。数据采集通常分为两个阶段：前测阶段和主题调研阶段。前测阶段是指使用子样本判断主体调研的数据采集计划是否合适，主题调研阶段是指正式进行大规模的调研。

2. 数据处理与分析

通常所采集的数据大多是分散、零星甚至是不准确的，因此，首先要对所采集的数据进行加工处理，形成系统化、规范化、符合客观规律的资料，具体分为四个步骤：第一步，将数据资料分类，即按数量、时序、地域、质量分组；第二步，编校，即审查、验证数据是否正确，修订或剔除不符合实际的数据；第三步，数据编码及录入，即为每一个问题及答案赋予一个数值代码，并将其录入计算机；第四步，编制图表，即列示每一种答案出现的次数，形成所有资料的数据库。

其次，对数据进行分析，即运用统计分析技术对数据进行分析，并由此描述和推断总体特征，揭示事物内部关系。常用的分析技术包括：描述统计，即对数据资料进行概括，解释现象的集中趋势和离散趋势；参数估计，即利用样本信息推断总体参数的置信区间；相关和回归分析，即研究两个或两个以上变量之间的相关关系；多元统计分析，即针对多个变量进行分析。

（四）调研策划的结论阶段

1. 撰写调研报告

调研报告是调查结束后的书面成果汇报，提出结论性意见及建议。调研报告通常包括三种形式：数据型报告、分析型报告、咨询型报告，内容主要包括：前言、主体、附件。

2. 跟踪反馈

为了更好地履行调查工作的职责，调研人员应持续关注市场变化情况，跟踪调查、总结经验，不断提高调研水平。跟踪反馈主要包括以下内容：首先，检验调研方案是否符合实际；其次，总结调研过程中成功和失败的经验教训；最后，确定是否存在尚未解决的问题。

是否应在空中提供通话服务（续）

假设美国航空公司得到的主要调查结果如下：

（1）使用飞机电话服务的主要原因是：有紧急情况、紧迫的商业交易、飞行时间上的混乱等；用电话来消磨时间的现象是不太会发生的；绝大多数的电话是商人打的，并且他们要报销单。

（2）每200人中，大约有20位乘客愿意花25美元打一次电话；约有40人希望通话费为15美元。因此，每次收15美元（40×15 = 600）比收25美元（20×25 = 500）有更多的收入。然而，这些收入都大大低于飞行通话的保本点成本1 000美元。

（3）推行飞行通话服务，公司每次航班能增加两位额外的乘客，从而能获得400美元的纯收入。但是，这也不足以抵付保本点成本。

（4）提供飞行通话服务增加了公司作为创新和进步的航空公司的公众形象。但是，创建这一信誉使公司在每次飞行中付出了约200美元的代价。

营销经理根据研究人员提出的主要研究结果进行决策：由于飞行通话服务的成本将大于长期收入，出现收不抵支，那么在目前的情况下，没有实施的必要。

资料来源：屈冠银.市场营销理论与实训教程[M]. 北京：机械工业出版社，2014，有改动

思考：美国航空公司通过市场调研得出了怎样的结论？

二、市场调研的技巧

企业实施市场调研是一个严谨有序的过程，必须按照一定的步骤，分阶段开展。同时，为保证调研的科学有效，还必须掌握相应的调研技巧，以规避市场调研中可能出现的失误，避免给企业生产经营活动带来巨大的损失。

（一）调研设计的技巧

市场调研必须掌握一定的技巧和方法，这些技巧贯穿于调研设计、调研实施和调研结果的整理之中。

1. 调查方案的设计

调查方案是为调查工作制定的基本格式和具体计划。一个完整的调查方案应包括：确定调查的目的，确定调查对象和调查单位，确定调查项目和调查表，确定调查时间、调查期限、调查的组织实施计划。

2. 调研问卷的设计

1）问卷的基本结构

调研问卷的基本结构一般由标题、说明、主体、编码、被访者项目、调研者项目和结束语七个部分组成。

（1）标题。每份问卷都有特定的调研主题，调研人员应该为特定的研究主题确定一个明确的标题，用它开宗明义地表明问卷调研的目的，使被调研者对所要回答什么方面的问题有一个大致的了解。确定标题应简明扼要，易于引起应答者的兴趣。例如"汽车消费状况调研""中国互联网发展状况及趋势调研"等，把调研对象和调研中心内容和盘托出，十分鲜明。尽量不要简单地采用"问卷调研"这样的标题，它容易导致应答者因不必要的怀疑而拒答。

（2）说明。一般在问卷的开头应有一个说明，这个说明可以是一封告调研对象的信，也可以是指导语，语言尽可能简明扼要。访问式问卷的开头一般非常简短，自填式问卷的开头可以长一些，但一般以不超过二三百字为好。这一部分旨在向被调研者说明调研的目的和意义、调研内容、填答问卷的要求和注意事项、保密措施、调研者的身份和表示感谢等。问卷的说明是十分必要的，对采用发放或邮寄办法使用的问卷尤其不可缺少。它可以引起被调研者对调研的重视，消除顾虑，激发参与意识，以争取他们的积极合作。

（3）主体。该部分是调研问卷的核心部分，它包括了所要调研的全部问题，主要由各种形式的问题和答案及其指导语组成，是调研主题所涉及的具体内容。在拟定主体部分问答题时，问题的多少应根据调研目的而定，在能够满足调研目的的前提下越少越好；与调研无关的问题不要问；能通过二手资料调研到的项目不要设计在问卷中；答案的选项不宜太多。

（4）编码。编码是将调研问卷中的每一个问题以及备选答案给予统一设计的代码，是将问卷中的调研项目变成代码数字的工作过程。大多数市场问卷调研均需加以编码，以便分类整理。在大规模问卷调研中，调研资料的统计汇总工作十分繁重，借助于编码技术和计算机可大大简化这一工作。编码既可以在问卷设计的同时就设计好，也可以等调研工作完成以后再进行。前者称为预编码，后者称为后编码。在实际调研中，研究者一般采用预编码。

（5）被访者项目。被访者项目是有关被调研者的一些背景资料。如在消费者调研中，消费者的性别、年龄、民族、家庭人口、婚姻状况、文化程度、职业、单位、收入、所在地区、家庭住址、联系电话等；在对企业的调研中，企业名称、地址、所有制性质、主管部门、职工人数、商品销售额（或产品销售量）等情况。

（6）调研者项目。调研者项目主要包括调研人员姓名、调研地点、调研日期等与调研人员相关的信息，其作用在于明确责任和便于查询、核实。

（7）结束语。结束语也称致谢语，一般放在问卷的最后，用来简短地对被调研者的合作表示感谢，也可以征询一下被调研者对问卷设计和问卷调研本身的看法与感受。当然，不同问卷的结束语略有不同，如邮寄问卷的结束语可能是"感谢您参与本次调研，麻烦您检查一下是否有尚未回答的问题后，将问卷放入信封并投入信箱"。而拦截访问问卷的结束语可能会是"访问到此结束，这里有一份小礼物送给您，请签收。谢谢您，再见"。

以上调研问卷的基本项目是比较完整的，但实际操作中可以只包括问卷所应有的结构内容。例如，征询意见及一般调研问卷可以简单些，只包括标题、主体、结束语等。

2）问卷设计的程序

设计调研问卷是调研准备过程阶段的重要工作之一，同时又是一项创造性的活动，其设计质量如何将直接关系到调研的成败。要保证问卷的设计水平，使其既科学合理，又实际可行，就必须按照一个符合逻辑的程序进行。一般来说，设计调研问卷必须遵照下述程序来进行。

（1）确定调研的目标总体。确定调研的目标总体就是要确定调研主题的范围、调研项目和调研对象（样本的总体）。对调研主题和目的认识得越深入，收集信息的准确性越高。问卷设计者必须明确调研的主题和目的，明确所要针对的是什么问题，在问卷设计的过程中，要不断提醒自己，设计的调研项目、具体的问题都要能反映调研的主题和目的。同时，要分析调研对象的各种特征，调研对象是收集信息的主要来源，因此有必要分析了解调研对象的社会阶层、行为规范等社会特征；文化程度、知识水平、理解能力等文化特征；需求动机、行为意愿等心理特征，作为制定问卷的基础。

（2）确定调研所需资料。收集与问卷相关的资料是问卷设计的一个重要过程。问卷设计者在对调研主题和目的进行深入研究之后，就要将其转化为具体的理论假设与所需获取的信息资料。收集资料时可以采用的方法如下：将需要的资料一一列出，首先分析哪些是主要资料，哪些是次要资料，哪些是调研的必要资料，哪些是可要可不要的资料；再分析哪些资料需要通过问卷来取得，哪些资料可以通过二手资料来取得。这样可以保证问卷内容的完整性，同时在问卷设计时，还要注意收集信息的准确性、可行性和效率性原则。例如，某企业为了解所在行业的利润情况，决定在行业内随机抽取30家企业进行调研，如果问卷中有涉及其商业秘密的问题，很可能遭到拒绝或敷衍回答，这样的问卷准确性、可行性、效率性较差，如遇到这种情况，需要问卷设计者慎重考虑。

（3）确定问卷类型。在实际调研中，问卷的类型和调研方式的选择是否适当影响着调研误差的大小，进而可能影响到调研的质量。

（4）拟定问题，设计问卷。确定了问卷类型后，设计者就可以根据被调研对象的特征拟定问题，按照问卷设计原则设计问卷初稿。其内容主要包括：调研问题的设计、问题答案的设计、提问顺序的设计以及问卷版面格式的设计等。

（5）对问卷初稿进行试调研。设计好的问卷初稿不应直接用于正式调研，必须先进行小范围的试调研，以便对问卷初稿的内容、措辞、问题的顺序等进行全面的检查，找出问卷初稿的不足，及时进行修改。首先，必须将问卷初稿交委托单位过目，听取他们的意见，以求全面表达委托人的调研意向；其次，可以在同事中或经挑选的普通用户当中进行试答。

（6）准备最后的问卷文本。印刷问卷时要注意选择质量合适的纸张。如果问卷的纸张差或印刷质量低劣，可能会使受访者认为这项调研无足轻重，因而无须费时去答复；如果纸质优良、印刷精美，受访者就会认为这项调研意义重大，容易引起他的重视和主动合作。问卷应该印多少张，可以根据研究对象的多少、回收率、有效率的高低确定。回收率是指问卷返回的比率，有效率是指问卷回答的质量是否符合要求，是否符合标准、真实可信。一般的调研问卷总要多印一些，有一定加印数。那么印多少呢？按常规，调研对象多、回收率低、有效率低就多加印些，调研对象少、回收率高、有效率高就少加印些。

（7）实施调研。印刷好的问卷为从市场获得所需的决策信息提供了基础。问卷可以根据不同的数据收集方法，并配合一系列的形式和过程以确保数据准确、高效地收集。

3）问卷设计的方法

问卷设计应达到的要求是问题清楚明了，通俗易懂，易于回答，同时能体现调研的目的，便于答案的汇总、统计和分析。常用方法有以下几种。

（1）自由记述式。自由记述式是指设计问题时，不涉及供被调研者选择的答案，而是由被调研者自由表达意见，对其回答不作任何限制。

（2）填答式。填答式是把一个问题设计成不完整的语句，由被调研者完成该句子的方法。调研人员审查这些句子，确认其中存在的想法和观点。

（3）二元选择式。二元选择式又称是非题，它的答案只有两项，要求被调研者选择其中一项来回答。

例如，您家中是否有汽车？

（　）有　（　）无

这种问题便于填表回答，而且易于统计。但二元选择式两个答案的性质不同，只能知道被调研者的一种态度或一种状况，不能弄清形成这种态度或状况的原因，因而这种提问需要有其他形式的询问作为补充，以使提问更深入。

（4）多元选择式。多元选择式与二元选择式的结构基本相同，只是答案多于两种。被调研者依据问题的要求或限制条件可以选择一种答案，也可以选择多种答案。

例如，您使用过哪种品牌的牙膏？

（　）佳洁士　（　）中华　（　）冷酸灵　（　）高露洁　（　）其他

由于所设答案不一定能表达出填表人的所有看法，所以，在问题最后一般都设有"其他"这个项目。

（5）排序式。排序式是指调研人员为一个问题准备若干答案，让被调研者根据自己的偏好程度定出先后顺序。

例如，您选购纸尿裤时，认为哪一种要素最重要？请按重要程度1、2、3、4的顺序注明到下列答案上。

（　）好用　（　）防漏　（　）经济　（　）耐久

（6）量表式。量表式是指调研人员将提问内容设定若干基准和水平，让被调研者自由选择的方法。量表式将问题的答案按照态度的强弱构建一个连续评分的尺度。

例如，你大学毕业时会选择考研吗？请按同意程度注明到选项上。

（1）肯定不会（　）（2）可能不会（　）（3）没有决定（　）（4）可能会（　）（5）肯定会（　）

4）问卷设计的技巧

（1）问题的设计。问题的设计是调研问卷设计中极为重要的一步，是直接影响调研质量的关键。问题用语不当，就可能使被调研者产生误解，甚至引起反感，得不到预期的调研结果。即使是问题的顺序排列不当，也可能引致不同的答案，影响调研的结果。因此在设计问卷时，必须根据设计问卷的步骤和原则，针对问题的类型反复推敲，力争设计出高水平的调研问卷。

（2）问题的措辞。提问要尽量短而明确，避免使用长而复杂的语句；提问要具有针对性，避免一般性的问题；提问用词要准确；提问要中性化，避免带有诱导性或倾向性的提问；提问应是被调研者能够且愿意回答的，避免令人困窘的问题；提问时要注意时间范围的表达；每项提问只能包含一项内容，避免一问两答；答案应与提问相匹配，避免两者不一致；提问时要避免提出需要被调研者通过推断猜测才能回答的问题；提问时要避免询问超越大多数调研者能力和经历的问题。

（3）问题的排序。一份调研问卷往往是由许多提问组成的。在每个单独提问设计好之后，下一步就要考虑如何将它们按一定的程序纳入问卷之中。如果提问顺序设计得合理，将有助于资料的收集获取；反之，将有可能影响被调研者作答，甚至影响调研结果。

（4）敏感性问题的处理。在调研问卷中，有些问题可能是敏感的、私人的或服从于强烈的社会观念的话题。对于这类问题在进行提问设计时应尽量避免，但有时为了研究的需要又必须了解这类信息。此时，就需注意问题表述的技巧和方式，以减少被调研者的顾虑，得到真实的信息。

（二）调研实施的技巧

在调研实施过程中，应注意好以下环节，把握好调研技巧。

1. 访员培训

在市场调研实施过程中，访员作为信息的收集者，能直接影响调研的质量。因此，访员的培训也是调研过程管理的一个重要环节。

为了保证调研过程的质量、提高访员的工作效率，对访员进行培训是非常必要的。例如，通常在入户访问调研中，训练有素的访员，其入户成功率可达到90%。没有技巧的访员则只能达到10%，而后者所完成的访问，无论如何也不能促成有效的调研。

访员的培训内容应根据调研目的和接受培训人员的具体情况而有所不同。需要进行有关思想道德、性格修养、规章制度和市场调研业务方面的培训。

2. 进入访问状态

1）自我介绍

自我介绍要按规范的形式进行，这是访员和被调研者的首次沟通，对是否能顺利入户而言是一个关键的环节。访员自我介绍时，应该乐观、自信，如实表明访问目的，出示身份证明。有效的开场白可增强潜在的被调研者的信任感和参与意愿。

2）注意仪表

访员要取得被调研者的合作，给被调研者的第一视觉印象很重要，因而要重视自身的仪表修饰。

3）选择时间

为了能顺利地实施入户访问，尽量减少或避免拒访的尴尬现象，访员还应选择适当的入户访问时间。一般工作日，访问可选择在晚上 7:00~9:00 进行；双休日，可选择在上午 9:00~晚上 9:00 进行，但应避开吃饭和午休时间。

4）控制环境

理想的访问应该在没有第三者的环境下进行，但访员总会受到各种干扰，所以要有控制环境的技巧。例如，如果访问时有其他人插话，应该有礼貌地说："您的观点很对，我希望等会儿请教您，但此时，我只对××女士（先生）的观点感兴趣。"访员应该尽力使访问在脱离其他家庭成员的情况下进行，如果访问时由于各种原因，访员得不到被调研者自己的回答，则应该中止访问。

5）保持中立

访员在访问中，除了表示出礼节性兴趣外，不要作出任何其他反应。即使对方提问，访员也不能说出自己的观点。要向被调研者解释，他们的观点才是真正有用的。还要避免向被调研者谈及自己的背景资料。

6）提问和追问

访员在访问过程中应按问卷设计的问题排列顺序及提问措辞进行提问。对于开放题，一般要求充分追问。追问时，不能引导，也不要用新的词汇追问，要使被访者的回答尽可能具体。熟练的访员能帮助被调研者充分表达他们自己的意见。追问技巧不仅给调研提供充分的信息，而且使访问更加有趣。

（三）调研结果的整理分析技巧

调研工作结束后，获得了许多宝贵的原始数据和资料。接着就需要将这些原始资料进行加工整理，以便于统计与分析，得出调研结论。

1. 检查

调研问卷回收后，应先进行检查，确定是否可作为有效的资料。

2. 输入

检验后就可进行数据的输入和统计了。不同规模的原始资料所使用的工具也不相同。若调研问卷比较少时，可采用手工统计；若调研规模大、问卷数量多，必须用计算机进行统计。

3. 制表

数据输入计算机后，一般需要使用表格或图、线等形式统计并表达出来，便于研究分析。

4. 分析

进行资料分析可以使用的方法很多，从现有的分析方法来看，数据分布的领域是宽广的。因此，必须选择合适的分析方法。

5. 报告

整理调查资料和分析数据之后，一般还要形成市场调研报告。它是市场调研成果的集中体现，应按照一定的逻辑顺序进行陈述，并配合表格、图形等展示分析的过程，并列出分析结果。

本 章 小 结

- 市场调研是运用科学的方法，有目的、有计划地收集、整理和分析有关营销的信息，提出建议，以作为营销决策的依据。按照市场调研的范围、目的、主体等不同的标准，市场调研可以划分为不同的类型。
- 市场调研包括对企业宏观环境和企业微观环境两个方面的调研。企业宏观环境调研是对政治法律、经济、社会文化、技术等的调研。企业微观环境调研包括：市场供求现状调研、行业及竞争状况调研、企业发展战略调研、企业内部资源调研、营销组合调研。
- 市场调研的方法分为文案调查法、观察调查法、访问调查法、实验调查法和网络调查法。
- 市场调研策划的过程主要分为四个阶段，即调研策划的准备阶段、调研策划的设计阶段、调研策划的实施阶段、调研策划的结论阶段。

课 后 习 题

1. 市场调研在企业营销决策过程中有何作用？
2. 市场调研主要有哪些类型？
3. 市场调研的基本内容包括哪几个方面？
4. 市场调研的主要方法有哪些？各调研方法有何优点和局限性？

新可口可乐：市场调研，失误在哪里

这是一个经典的商业案例。20世纪80年代，可口可乐公司投入巨资，实施了开发新可乐的市场调查，未曾料想，却引起了轩然大波。

1. 决策的背景

20世纪70年代中期以前，可口可乐公司是美国饮料市场上的霸主，占据了全美约80%的市场份额，年销量增长速度高达10%。然而好景不长，20世纪70年代中后期，百事可乐的迅速崛起令可口可乐公司不得不着手应付这一"后起之秀"的挑战。1975年，全美饮料业市场份额中，可口可乐领先百事可乐7个百分点；而到了1984年，市场份额中可口可乐仅领先百事可乐3个百分点，市场地位的逐渐势均力敌让可口可乐胆战心惊起来。

当时，百事可乐推出了一款非常大胆而又富有创意的"口味测试"广告。在被测试者毫不知情的前提下，请他们对两种不带任何标志的可乐口味进行品尝。由于百事可乐口感甜润、柔和，此番现场直播的广告结果令百事可乐公司非常满意：80%以上的人认为百事可乐的口感优于可口可乐。这个名为"百事挑战"的直播广告令可口可乐一下子无力应付，市场上百事可乐的销量再一次激增。

2. 市场调研

为了着手应战并且找出为什么可口可乐发展不如百事可乐的原因，可口可乐公司开始了历史上规模最大的一次市场调研活动。1982年，可口可乐公司广泛深入10个主要城市中，进行了大约2 000次的访问。通过调查，试图了解口味因素是否是导致可口可乐市场份额下降的重要原因，同时征询顾客对新口味可乐的意见。于是，在问卷设计中，询问了诸如"你想试一试新饮料吗"，"如果可口可乐味道变得更柔和一些，您是否满意"等问题。调研结果表明，顾客愿意品尝新口味的可乐。这一结果更加坚定了可口可乐决策者们的想法——秘不示人的老可乐配方已经不适合今天消费者的需要了！于是，满怀信心的可口可乐公司开始开发新口味可口可乐。

不久，可口可乐公司向世人展示了比老可口可乐口感更柔和、更甜润、泡沫更少的新可口可乐样品。在新可口可乐推向市场之初，可口可乐公司还不惜血本，进行了又一轮的口味测试。可口可乐公司倾资400万美元，在13个城市中，邀请19.1万人参加了无标签的新、老可口可乐口味测试活动，结果60%的消费者认为新可口可乐比原来的好，52%的人认为新可口可乐比百事可乐好，新可口可乐的受欢迎程度一下打消了可口可乐公司原有的顾虑。于是，新可口可乐进入市场只是时间问题了。因为生产线要针对新瓶的变化进行调整，所以可口可乐各地的瓶装商因为加大成本而拒绝新可口可乐。然而可口可乐公司为争取市场，不惜再次投入，终于推出了新可口可乐。

3. 灾难性后果

起初，新可口可乐销路还不错，有 1.5 亿人试用了新可口可乐，然而，新可口可乐配方并不是每个人都能接受，不接受的原因往往并非因为口味的改变，而是受到原可口可乐消费者的排挤。开始，可口可乐对可能的抵制活动做好了准备，不料顾客的愤怒情绪越来越高涨，使新可口可乐的市场推广活动严重受阻。顾客之所以愤怒是认为百年秘不示人的可口可乐配方代表了一种传统的美国精神，而热爱传统配方的可口可乐就是热爱美国的体现，放弃传统配方的可口可乐就意味着一种背叛。

可口可乐公司只好接通 83 部热线电话，雇请大批公关人员好言安抚愤怒的顾客。面临如此巨大的批评压力，公司决策者们随后又一次推出顾客意向调查，其中 30% 的人说喜欢新口味的可口可乐，而 60% 的人却明确拒绝新口味的可口可乐。没办法，可口可乐公司不得不恢复了传统配方的可口可乐的生产，同时也保留了新可口可乐的生产线和生产能力。

尽管可口可乐公司花费了 400 万美元，进行了长达两年的调查，但最终还是失败了。百事可乐公司美国业务部时任总裁罗杰说："可口可乐公司推出新可口可乐是个灾难性的错误。"

资料来源：新可口可乐：市场调研，失误在哪里？百度文库，https://wenku.baidu.com/view/549c7bd0dbe，有改动

思考题：
1. 可口可乐公司为推出新可乐采用了哪些市场调研方法？
2. 可口可乐公司建立在市场调研基础上的决策为什么会失败？

答案要点

模拟实训

第五章

市场进入策划

【学习目标】

知识目标
1. 理解市场总体形势分析的思路
2. 掌握行业结构综合分析的方法
3. 掌握市场进入战略的类型选择

能力目标
1. 理解并掌握市场进入策划的基本过程
2. 能够进行企业市场进入的战略战术设计

奇瑞QQ——年轻人的"第一辆车"

微型客车曾在20世纪90年代初持续高速增长,但自90年代中期以来,各大城市纷纷取消"面的",限制微客。同时,由于各大城市在安全环保方面的要求不断提高,成本的抬升使微型客车的价格优势越来越小。在这种情况下,奇瑞汽车公司经过认真的市场调查,精心选择微型轿车打入市场;它的新产品"QQ"不同于一般的微型客车,是微型客车的尺寸、轿车的配置。

奇瑞把QQ定位于"年轻人的第一辆车",从使用性能和价格比上满足他们通过驾驶QQ所实现的工作、娱乐、休闲、社交的需求。为了吸引年轻人,奇瑞QQ除了轿车应有的配置以外,还装载了独有的"I-say"数码听系统,成为了"会说话的QQ"。虽然只是5万元的小车,但是奇瑞QQ那艳丽的颜色、玲珑的身段、俏皮的大眼睛、邻家小女儿般可人的笑脸,在滚滚车流中是那么显眼,仿佛街道就是它一个人表演的T型台!

奇瑞QQ的目标客户是收入并不高但有知识、有品位的年轻人,同时也兼顾有一定事业基础、心态年轻、追求时尚的中年人。一般大学毕业两三年的白领都是奇瑞QQ潜在的客户。人均月收入2 000元即可轻松拥有这款轿车。许多时尚男女都因为QQ的靓丽、高配置和优性价比就把这个可爱的小精灵领回家了,从此与QQ成了快乐的伙伴。

QQ微型轿车在2003年5月推出,6月就获得良好的市场反应,到2003年12月,已经售出 28 000 多辆，同时获得多个奖项。

资料来源：孙艺萌. 奇瑞QQ——年轻人的第一辆车[J]. 市场营销案例，2005(2)，有改动

思考：奇瑞QQ是如何进入微型车市场的？

随着市场形势的变化，主要微型客车厂家已经把精力转向轿车生产。奇瑞公司瞄准年轻人购车需求，适时推出了QQ轿车，以令人惊喜的外观、配置和价格占领了微型轿车这一细分市场。奇瑞QQ的成功，在于准确的市场进入策划。年轻人对新生事物感兴趣，富于想象力、崇尚个性、追求时尚。虽然由于资金的原因，他们崇尚实际，品牌忠诚度较低，但是对汽车的性价比、外观和配置却十分关注，是容易互相影响的消费群体。奇瑞QQ恰好迎合了他们这一需求。本项目将系统阐述企业有效进入市场的策略设计，具体包括市场竞争格局的分析、市场进入的过程策划、市场进入的战略战术策划三方面内容。

第一节　市场竞争格局的分析

市场进入策划是企业在对市场进行充分调研的基础上，执行的产品、市场决策的过程，一般包括进入市场程序的决策、对市场总体形势的判断、行业结构的综合分析、企业内部状况的评价以及在基础上进行的市场进入战略战术策划等内容。

一、市场总体形势的判断

企业进入市场包括新成立的企业进入已有的市场和老企业进入待开拓的新市场。对于企业来说，进入市场的策划往往是最迫切的，也是最重要的。企业作出市场进入决策前，首先需要对市场的总体形势作出分析与判断。对市场总体形势的判断包括以下两个方面。

（1）市场状态处于卖方市场还是买方市场。

（2）市场平稳还是波动，就波动程度而言，是轻度波动还是恶性波动；就波动状况而言，是过热还是低迷、疲软。

若市场商品从总量到结构都处于供不应求的态势，价格呈上升趋势，市场总体形势对卖方有利，这样的市场就是卖方市场，反之则是买方市场。当经济发展按"不平衡—平衡—不平衡"循环往复地运动时，反映到市场就出现了"波动—平衡—波动"的态势。市场波动分轻度波动和恶性波动。恶性波动常常会导致市场危机的出现。

判断市场总体形势主要依据下列标准。

（1）市场总供应与总需求在总量上的比例。

（2）市场供应结构和需求结构的适应性。

（3）主要商品的供求比例。

（4）市场商品量与仓储量的比例。

(5) 市场价格总水平的稳定状态。

(6) 货币流通状态、币值稳定状态、货币供求比例是否协调等。

企业应对宏观市场形势做出正确的判断，正确的判断是做出正确决策、制定明确战略的前提。市场总体形势的变化既有一定的规律性，又受多种因素的影响而难以完全预料。这就要求企业随时把握市场动态、洞察变化形势，提高自身的应变能力来适应市场形势的变化。

二、行业结构的综合分析

企业和所在行业之间的关系是点和点所在面的关系，行业的现状和发展趋势在很大程度上决定了行业内企业现在和未来收益。因此，行业经营的基本特征和规律，是行业内企业必须遵循的。对行业结构状况进行分析，有助于认识和了解行业内企业的经营环境和背景，这是企业发现投资价值和投资机会，有效开展经营活动的基础。

行业结构（industry structure）是指行业内部各参与者的特性及议价能力。对行业结构分析一般采用美国管理学家迈克尔·波特的行业竞争要素分析方法，即"五力"模型。

（一）"五力"模型的内涵

迈克尔·波特在《竞争战略》一书中认为，行业是由一群生产相近或替代产品的公司所组成的。决定一个企业盈利能力的首要因素和根本因素是行业的吸引力。竞争战略必须从对决定行业吸引力的竞争规律的深刻理解中产生。竞争战略的最终目的是运用这些规律，最理想的是将这些规律进行变换使其对企业有利。在任何行业里，无论是在国内还是在国外，无论是生产一种产品还是提供一项服务，竞争规律都寓于如下五种竞争力量之中：潜在进入者、替代品的威胁、买方的议价能力、供方的议价能力；行业内现有竞争者之间的竞争。迈克尔·波特的"五力"模型如图5-1所示。

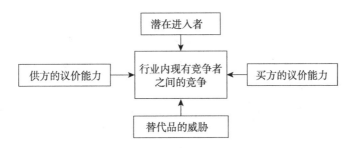

图5-1 迈克尔·波特的"五力"模型

上述五种竞争力量的集合力决定了企业在一个行业里取得超过资本成本的平均投资收益率的能力。这五种竞争力量的强度因行业而异，并可随行业的发展而变化，其结果是各个行业从其内在的盈利能力的角度来看并非都是一致的。在那些五种力量都属有利的行业中，如医药业、软饮料业和出版业等，很多竞争厂商都能赚取具有吸引力的收益，而在那些其中一种或多种力量的压力较为集中的行业，如橡胶业、钢铁业等，尽管管理人员竭尽所能却几乎没有哪家企业赢得具有吸引力的收益。行业盈利能力不是由产品的外观或该产品所包含的技术高低来决定的，而是由行业结构所决定的。

这五种竞争力量也决定了行业的盈利能力，其原因是它们影响了行业内的价格、成本和企业所需要的投资，即影响了投资收益率的诸要素。例如，替代品的威胁影响着企业能够索取的价格；买方的议价能力也可能影响到成本和投资，因为有力量的买方需要成本高昂的服务；供方的议价能力决定了原材料和其他各种投入的成本；行业内现有竞争者之间的竞争强度影响了产品价格，也影响了在诸如厂房设施、产品开发、广告宣传和推销队伍等方面展开竞争的成本；潜在进入者进入市场的威胁限制了价格，并造成了防御进入所需的投资。

新能源汽车的行业竞争结构分析

根据迈克尔·波特提出的"五力"模型，可以对当前新能源汽车面临的行业竞争结构进行分析。

1. 行业内竞争分析

行业竞争一般有如下几种竞争格局：完全竞争、寡头垄断、完全垄断及垄断竞争。而垄断竞争状态下，企业数量多但规模相对较小，更容易出现成长型的公司，这是需要重点关注的。

目前全球车企都在进军新能源，竞争者众多，但尚未形成绝对垄断态势；同时，进入新能源领域有很高的技术门槛，龙头企业需具备更强的产品研发和生产能力，而新的补贴政策有助于提升龙头企业的市场占有率。整体来说，目前行业整体处于垄断竞争状态，已经出现占据较大市场份额的龙头企业，但竞争相当激烈。

2. 供应商分析

大多数行业都会有上游行业，提供原材料给本行业进行加工，然后出售给下游行业或者顾客。上游供应商能否溢价，将影响本行业的盈利能力。如果只能被动接受上游供应商的价格，那本行业的盈利空间就较小。

新能源汽车的上游行业主要有动力锂电池、电控、电机等。其中，动力锂电池又是占成本比重最大的，占整车成本接近30%。而生产锂电池必需的锂矿资源，短期内优质锂资源仍较为集中，基本由SQM、Albemarle、FMC和Talison(天齐锂业)所垄断，目前四大家产能份额仍有60%左右，短期对全球锂价格仍有定价优势。也就是说，新能源汽车行业对上游行业的溢价能力不高。

3. 购买者的溢价能力

如果一个行业提供的产品和服务，其购买者不集中，则整体溢价能力就相对较弱。

新能源汽车的购买者一部分是政府部门,但其受制于政策的限定,另外普通人买车也是分散的,整体溢价能力均较弱。

4. 潜在进入者

一般来说,一个行业的盈利性越高,就会有越多的竞争者进入这个行业,从而盈利空间就会被压缩。

目前,除了通用、特斯拉已进军新能源汽车之外,大众、宝马、福特、丰田等车企也都对新能源汽车开发作出了规划,未来新能源汽车行业的竞争会更加激烈。

5. 替代品

如果一个行业存在替代品的话,那么这个行业的利润空间也会被挤占甚至被代替。

传统汽车和新能源汽车互为替代品,不过有关数据显示,新能源汽车的市场渗透率在不断提高,这说明越来越多的人青睐新能源汽车,加上政策鼓励,新能源汽车代替传统汽车是一个大趋势,而替代新能源汽车的产品尚未出现,这对于新能源汽车行业来说是个好事。

经过分析,可以得出以下结论:新能源汽车行业整体处于垄断竞争,潜在进入者门槛高,也没有明显的替代品,尽管对于上游供应商的溢价能力不高,但对于下游购买者的溢价能力强,有明显的成长性行业特征。

资料来源:新能源汽车的成长性如何,http://blog.jrj.com.cn/4980363238,16020526a.html,有改动

思考:对新能源汽车的行业竞争结构分析有什么意义?

(二)"五力"模型在行业竞争结构分析中的应用

迈克尔·波特的"五力"模型是行业竞争结构分析的有效工具。根据"五力"模型,可以构建一个行业竞争结构分析计分卡,见表5-1。该表格的左边是五种竞争力量及其各自包括的若干描述,右边是对这些描述的态度,企业营销决策人员可以根据自己的态度打分。坚决同意:1分;一般同意:2分;不同意也不反对:3分;一般反对:4分;坚决反对:5分。

每一类关键因素最终得分是按以下公式计算的:

$$每一类关键因素最终得分 = \frac{该关键因素得分}{五种力量分析得分之和} \times 100$$

每一种因素得分的多少说明了该因素对企业影响的大小。某一因素的得分越高,就说明这个因素越应该被认真对待,这个计分卡可供企业高层管理者个人和集体应用。

表5-1 行业竞争结构分析计分卡

竞争力量	描述	得分(1~5分)
潜在进入者	进入这个行业的成本很高	
	我们的产品有很大的差异性	
	需要大量资本才能进入这个行业	
	顾客更换供应者的成本高	

续表

竞争力量	描述	得分（1~5分）
潜在进入者	取得销售渠道十分困难	
	很难得到政府批准经营与我们同样的产品	
	进入这个行业对本企业的威胁性不大	
行业中的竞争者	本行业中有许多竞争者	
	本行业中所有竞争者几乎一样	
	产品市场增长缓慢	
	本行业的固定成本很高	
	我们的顾客转换供应者十分容易	
	在现有生产能力上再增加十分困难	
	本行业没有两个企业是一样的	
	本行业中大部分企业要么成功，要么垮台	
	本行业中大多数企业准备留在本行业	
	其他行业干什么对本企业并无多大的影响	
替代产品	少量顾客购买本企业的大部分产品	
	我们的产品占了顾客采购量的大部分	
	本行业大部分企业提供标准化类似的产品	
	顾客转换供应者十分容易	
买方	少量顾客购买本企业的大部分产品	
	我们的产品占了顾客采购量的大部分	
	本行业大部分企业提供标准化类似的产品	
	顾客转换供应者十分容易	
	顾客产品的利润率很低	
	我们的一些大顾客可以买下本企业	
	本企业产品对顾客产品质量贡献很小	
	我们的顾客了解我们的企业以及可以盈利多少	
	诚实地说，顾客对本企业的供应者影响很小	
供应者	本企业需要的重要原材料有许多可供选择的供应者	
	本企业需要的重要原材料有许多替代品	
	在我们需要最多的原材料方面，我们公司是供应者的主要客户	
	没有一个供应者对本公司是关键性的	
	我们可以很容易地变换大多数的原材料供应者	
	相对于我们的公司来说，没有一家供应者是很大的	
	供应者是我们经营中的重要部分	

资料来源：童臻衡. 企业战略管理[M]. 广州：中山大学出版社，2012，有改动

三、企业内部状况的评价

企业在进入市场时，不仅要对行业竞争状况进行全面的分析，也要对企业自身的情况进行深入的评价。对企业内部状况的分析与评价一般采用SWOT分析方法。

（一）SWOT 分析的含义

SWOT 分析最早由美国旧金山大学 H.Weihrich 教授于 20 世纪 80 年代初提出并被广泛应用于战略管理领域。所谓 SWOT 分析，就是将与研究对象密切关联的内部优势因素（strengths）、劣势因素（weaknesses）和外部机会因素（opportunities）、威胁因素（threats）通过调查分析，依照一定的次序罗列出来，然后运用系统分析的研究方法，将各因素相互匹配，从中得出一系列相应的结论，其中，优势和劣势是就公司及其产品而言的，机会和威胁通常是指公司无法控制的一些外部因素。运用 SWOT 分析既可以严格按照该方法的本来程序量化操作，也可以只用其指导思想把相关因素分类，得出结论。

实践中可以使用 SWOT 分析进行策划分析，以捕捉市场机会。SWOT 分析包括理解和分析自己的优势和劣势，辨明公司业务面临的机会和威胁。然后企业便可以尝试利用自己的优势克服劣势，抓住机会，避免威胁。这是营销方案制订过程中最重要的环节之一。

（二）SWOT 分析的步骤

企业进行 SWOT 分析的具体步骤如下：

1. 收集信息

SWOT 分析实质上是机会威胁分析与优势劣势分析的综合，信息的收集是外部环境资料和内部环境资料两方面的收集。

2. 信息的整理与分析

把收集到的信息分别归类到宏观环境、行业环境和微观环境后，再分析信息的含义，看其是否表明了企业面临的机会或者遭遇的威胁，是否反映了企业的优势或者劣势。

3. 确定企业具体业务所处的市场位置

在资料收集整理完毕后，再看企业某一项具体业务面临的环境是机会多于威胁还是威胁多于机会，企业在这项业务上是处于优势还是处于劣势，在 SWOT 分析图中标出其市场地位。

4. 拟定营销战略

企业某一项业务的市场位置确定后，就可以根据其具体情况制定相应的营销战略和策划方案，决定企业是否应加大对这项业务的投资，产品组合、促销组合各方面有哪些要改进的具体问题等。

（三）企业的 SWOT 综合分析

SWOT 分析的重要贡献在于用系统的思想将似乎独立的因素相互匹配起来进行综

合分析,从而使企业战略计划的制订更加科学全面。

1. SWOT 分析的优点

分析直观、使用简单是 SWOT 分析的突出优点。策划方案是一个企业"能够做的"(组织的强项和弱项)和"可能做的"(环境的机会和威胁)之间的有机组合。SWOT 分析就是在综合了前面两者的基础上,将公司的内部分析与产业竞争环境的外部分析结合起来,形成了自己结构化的平衡系统分析体系。

首先,在形式上,SWOT 分析表现为构造 SWOT 结构矩阵,并对矩阵的不同区域赋予了不同的分析意义。

其次,在内容上,SWOT 分析的主要理论基础也强调从结构分析入手对企业的外部环境和内部资源进行综合分析。

进行 SWOT 分析通常要在一张纸上列出优势、劣势、机会和威胁各项,可以把一页纸分为四个部分,在上两格中填入优势和劣势,在下两格中填入机会和威胁,见表 5-2。

表 5-2 某制鞋厂的 SWOT 分析

	优势	劣势
内部条件	是我国较大的鞋业协会成员 有良好的企业形象 拥有良好的资源 出口销售额较高 拥有新的生产线 组织高级营销培训 质量好,产品结实耐用	在我国国内销售额较低 营销人员较少 被认为是"过时"的公司 需要建立网站 营销主任在公司内缺乏继任人 高成本、高价格
	机会	威胁
外部环境	国际市场需求较大 需求品种较多 公司地理位置优越 国家的政策鼓励	来自韩国、日本的产品 欧盟对中国实行鞋产品反倾销 技术含量较低 不愿买国货的消费偏好

2. 利用 SWOT 分析矩阵确定企业营销战略

SWOT 分析中提出的问题可以帮助策划人员判定本公司及产品是否能够完成营销方案,以及有何限制条件。然后,策划人员便可以充分利用优势,克服或避免劣势,抓住面临的机会,避开威胁或尽量使其损失最小。

实践中,可以通过 SWOT 分析矩阵来确定企业的营销战略,如图 5-2 所示。

1)扩张战略

企业外部环境中的机会很多、威胁较少,同时企业在市场上又具有竞争优势,这时企业应果断采取扩张战略。企业可以考虑将资金与人员集中起来,在这方面的业务上进行重点扩张,推动企业以超常规的速度发展。在不能及时筹集和招聘所需资金和人员时,可以与其他企业进行合并,通过合并来扩大市场份额,取得进一步的优势。企业还可以通过兼并的方式迅速扩张,使企业能够获得现成的设备与人员,加速企业业务的扩大。

图 5-2　SWOT 分析矩阵

2）防卫战略

企业的外部环境中机会多于威胁,但企业在市场中不处于竞争优势,这时企业应采取防卫战略。因为这一业务存在着巨大的市场机会,企业在处于劣势的情况下,一方面应努力克服自身的弱点,努力化劣势为优势;另一方面也可以考虑合资,与优势企业合并以获得更大的优势,或是与同处于劣势的企业合并,互相取长补短以形成优势。

3）分散战略

企业的外部环境较差,威胁多于机会,但企业在市场竞争中处于优势地位,这种情况下企业应采取分散战略。由于市场环境中威胁因素占主要地位,企业应采取多元化经营的战略来分散风险,若企业在该项业务中占有优势,可以考虑采取相关的多元化战略。企业还可以通过合并或兼并来扩大实力,获取规模经济,提高抗风险能力。

4）退出战略

企业外部环境的威胁多于机会,同时企业在市场竞争中又处于劣势,在这种情况下,企业应采取退出战略。在这种很难获得发展的环境下,企业应果断地选择退出该项业务,将资金与人员撤出,投入其他业务,退出障碍比较大的可以将其转卖给其他企业,进行资产重组。

总之,企业通过进行 SWOT 分析,可以确定各项业务所处的具体位置,从而采取相应的对策,促进企业的发展。但是,SWOT 分析最容易出现的不足是精度不够。SWOT 分析采用定性方法,通过罗列 S、W、O、T 的各种表现,易形成一种模糊的企业竞争地位的描述,以此为依据作出的判断,不免带有一定程度的主观臆断。所以,在使用 SWOT 分析时要注意到该方法的局限性,在罗列作为判断依据的事实时,要尽量真实、客观、精确,并提供一定的定量数据弥补 SWOT 分析的不足。

第二节　市场进入的过程策划

面对环境复杂多变、消费者需求差异巨大的市场，任何一个企业，不管它的规模多大、资金实力多雄厚，都不可能满足整个市场上全部顾客的所有需求。在这种情况下，企业只能根据自身的优势，从事某方面的生产营销活动，选择力所能及的、适合自己经营的目标市场，开展目标市场营销。因此，市场进入过程策划的关键就是如何通过对整体市场的分析和评价，对机会所显现的市场进行细分，并对各个细分市场进行优选以决定目标市场。这一策划过程在市场营销学中被称为 STP 分析，即市场细分（segmenting）、选择目标市场（targeting）和市场定位（positioning）。

一、市场细分

市场细分的概念是美国市场营销学家温德尔·史密斯于 20 世纪 50 年代中期提出来的。所谓市场细分，就是指按照消费者需求与欲望把一个总体市场划分成若干个具有共同特征的子市场的过程。因此，分属于同一细分市场的消费者，他们的需求和欲望极为相似；分属于不同细分市场的消费者对同一产品的需求和欲望存在着明显的差别。在市场营销中，很少有一个产品能够同时满足所有客户的需求。既然只能满足一部分客户，那么针对整个市场的营销就是一种浪费。因此，公司必须知道哪些客户对自己是最有价值的，他们的具体需求是什么，如何才能接近他们。市场细分的目的就是从各个细分的消费者群当中，辨认和确定目标市场。然后针对客户的特点采取独特的产品或市场营销战略，以求获得最佳收益。

（一）市场细分的程序

美国市场营销学家尤金尼·E.麦卡锡（Jerome E. McCarthy）提出细分市场的一整套程序，这一程序包括以下七个步骤。

（1）选定产品市场范围，即决定进入什么行业，生产什么产品。产品的市场范围应以顾客的需求，而不是产品本身特性来确定。

（2）列举潜在顾客的基本需求，如房地产公司可以通过调查，了解到一些潜在消费者对本企业的住宅房的基本需求。这些需求可能包括：安全、方便、宁静、庭院设计优美、室内结构合理、工程质量好等。

（3）了解不同潜在用户的不同要求。对于列举出来的基本需求，不同顾客强调的侧重点可能会存在差异。比如，经济、安全是所有顾客共同强调的，但有的用户可能特别重视生活的方便，另外一类用户则对环境的安静、内部结构等有很高的要求。通过这种差异比较，不同的顾客群体可被初步识别出来。

（4）抽掉潜在顾客的共同要求，而以特殊需求作为细分标准。上述所列购房的共同要求固然重要，但不能作为市场细分的基础。如经济、安全是每位用户的要求，就不能作为细分市场的标准,因而应该剔出。

(5)根据潜在顾客基本需求上的差异,将其划分为不同的群体或子市场,并赋予每一子市场相应的名称。例如,西方房地产公司常把购房的顾客分为青年人、老年人等多个子市场,并据此采用不同的营销策略。

(6)进一步分析每一细分市场的需求与购买行为的特点,并分析其原因,以便在此基础上决定是否可以对这些细分出来的市场进行合并,或做进一步细分。

(7)预测每一细分市场的规模。在调查的基础上,预测每一细分市场的顾客数量、购买频率、平均每次的购买数量等,并对细分市场上的产品竞争状况及发展趋势作出分析。

(二)市场细分的方法

企业在进行市场细分时,可采用一项标准,即单一变量因素细分,也可采用多个变量因素组合或系列变量因素进行市场细分。下面介绍几种常用的市场细分方法。

(1)单一变量因素法,即根据影响消费者需求的某一个重要因素进行市场细分。如服装企业,按年龄细分市场,可分为童装、少年装、青年装、中年装、老年装;或按气候的不同,可分为春装、秋装、夏装、冬装。

(2)多个变量因素组合法,即根据影响消费者需求的两种或两种以上的因素进行市场细分。如生产锅炉的企业,主要根据企业规模的大小、用户的地理位置、产品的最终用途及潜在市场规模来细分市场。

(3)系列变量因素法,即根据企业经营的特点并按照影响消费者需求的诸因素,由粗到细地进行市场细分。这种方法可使目标市场更加明确而具体,有利于企业更好地制订相应的市场营销策略。

(三)有效市场细分的评估标准

为评估市场细分是否有效,达到企业预期的目的,需要通过如下的特征来判定。
(1)细分市场必须有足够的规模,以保证企业有利可图。
(2)细分市场必须是可以识别的,具体表现为可以用数据来描述。
(3)细分市场必须确保企业能够进入,并有能力展开经营活动。
(4)不同的细分市场对营销组合应该有不同的反应,否则就没必要去做区分。
(5)细分市场应该具有合理的一致性,即共同的成员应该尽可能有相似的行为方式。

麦当劳的市场细分

麦当劳作为一家国际餐饮巨头,创始于20世纪50年代中期的美国。由于当时创始人及时抓住高速发展的美国经济下工薪阶层需要方便快捷的饮食的良机,并且瞄准细分市场需求特征,对产品进行准确定位而一举成功。

市场细分主要是按照地理细分、人口细分和心理细分等来划分目标市场,以达到企业的营销目标。而麦当劳的成功正是在这些细分要素上做足了功夫。它根据地理、人口和心理要素准确地进行了市场细分,并分别实施了相应的战略,从而达到了企业的营销目标。

1. 根据地理要素细分市场

麦当劳进行地理细分,主要是分析各区域的差异。每年,麦当劳都要花费大量的资金进行认真严格的市场调研,研究各地的人群组合、文化习俗等,再撰写详细的细分报告,以使每个国家甚至每个地区都有一种适合当地生活方式的市场策略。例如,麦当劳刚进入中国市场时,大量传播美国文化和生活理念,并试图以美式牛肉汉堡来征服中国人。但中国人爱吃鸡,与其他洋快餐相比,鸡肉产品也更符合中国人的口味。针对这一情况,麦当劳改变了原来的策略,推出了鸡肉产品。这一改变加快了麦当劳在中国市场的发展步伐。

2. 根据人口要素细分市场

麦当劳主要使用年龄及生命周期阶段对人口市场进行细分,其中,将不到开车年龄的划定为少年市场,将20~40岁的年轻人界定为青年市场,还划定了老年市场。人口市场划定以后,还要分析不同市场的特征与定位。例如,麦当劳以孩子为中心,把孩子作为主要消费者,十分注重培养他们的消费忠诚度。在餐厅用餐的小朋友,经常会意外获得印有麦当劳标志的小礼物。此外,还通过麦当劳叔叔俱乐部,定期开展活动,让小朋友更加喜爱麦当劳。这种成功的人口细分,抓住了该市场的特征与定位。

3. 根据心理要素细分市场

根据人们生活方式划分,快餐业通常有两个潜在的细分市场:方便型和休闲型。在这两个方面,麦当劳都做得很好。例如,针对方便型市场,麦当劳提出"59 秒快速服务",即从顾客开始点餐到拿着食品离开柜台标准时间为 59 秒,不得超过一分钟。针对休闲型市场,麦当劳对餐厅店堂布置非常讲究,尽量做到让顾客觉得舒适自由。麦当劳努力使顾客把麦当劳作为一个具有独特文化的休闲好去处,以吸引休闲型市场的消费者群。

资料来源:MBA 智库网,https://doc.mbalib.com/view/f2adf5fea1bee80ef8f99dbf11130793.html,有改动

思考:麦当劳是如何进行市场细分策划的?

二、选择目标市场

选择目标市场一般是企业在实施市场细分后,选择其中的部分细分市场作为营销对象的决策,即在市场细分的基础上选择一个或者多个细分市场作为目标市场的方案及其措施。

（一）目标市场的选择方式

企业应当根据产品或服务的细分市场的数量、状况、分布以及各细分市场的特征，选择一个或若干个细分市场作为企业主要的营销对象（目标市场）。然而，选择哪些细分市场作为目标市场，不但要依据细分市场的容量、潜力和环境因素，更重要的是研判细分市场的状况是否能最大限度地发挥企业的优势和营销能力。在目标市场选择方面，企业具体可以有下列三种不同的思路。

（1）无差异营销。企业以整个市场作为目标市场，提供单一产品，采用单一营销组合的策略。

（2）集中性营销。企业在市场细分的基础上，集中全部力量于一个或极少几个细分子市场，根据子市场需求设计相应的产品并实施营销组合以增强竞争力的策略。

（3）差异性营销。企业在市场细分的基础上，分别针对各细分子市场的需求，设计不同的产品并采用不同的营销组合策略。

（二）目标市场的切入策划

在框定目标市场后，企业需要对切入目标市场的方式、方法以及切入时机等进行规划和设计。

1. 目标市场的切入方式选择

（1）新产业的切入方式包括以技术优势进入市场、以企业原有声誉进入市场、以填补市场空白的方式进入市场。

（2）原有产业的切入方式包括收购现有的产品或者企业进入市场、内部发展的方式进入市场、与其他企业合作进入市场。

2. 目标市场的切入方法选择

（1）广告宣传法。通过精心策划推出广告，使目标市场上的顾客知晓企业、了解产品，激起其购买欲望、促成购买行为。

（2）产品试销法。通过产品小批量试产、试销。广泛征求用户及顾客的意见和建议，为改进产品及经营提供依据。这种方式可以减少企业经营的盲目性及由此带来的风险。

（3）公共关系法。通过各种形式的公关活动如专项活动、开业庆典、赞助公益事业、策划新闻等赢得目标市场上公众的信赖和支持。

（4）情感联络法。研究表明，消费者在购买时常常是非理性的，会受到情感因素的影响。为此，企业切入目标市场就着重以情感联络的方式加强与目标市场受众的联系和交流，以期获得他们的认同。

（5）利益吸引法。在利益上给购买者以实惠是切入目标市场的有效方法。

（6）权威人士推介法。切入某个目标市场可以巧妙地利用名人效应，达到进入市场的目的。

3. 目标市场的切入时间选择

（1）准备时间。准备时间包括产品设计、试销、批量生产、推销培训、建立销售渠道等在内应花费的时间。

（2）调整时间。当市场形势发生变化时，应及时调整切入的时间，考虑提前或推迟切入目标市场。

（3）切入时机。对于季节性强的产品或者具有特定消费对象的产品，选准时机非常重要。

"斯航"成为明星

斯堪的纳维亚航空公司（以下简称"斯航"）是由挪威、瑞典和丹麦三国合资经营的公司。由于价格竞争、折扣优惠及许多小公司的崛起，斯航在其国内和国际航线上都处于亏损状态。

1982年年初，"斯航"首先设计了一种新的、单独的商务舱位等级，这种商务舱是根据工商界乘客不喜欢与那些娱乐型的旅游者同舱的特点设立的。工商界乘客常常因为一些情况必须改变日程，需要灵活性；他们在旅途中需要读、写，为会议或谈判做准备；他们需要休息或睡觉，以便到达目的地后能够精力充沛地投入工作。换句话说，他们不需要分散注意力或娱乐。旅游者却没有这种压力，对他们来说，旅途就是假期的一部分，而机票价格则是一个敏感的决定因素。设置紧凑的座位和长期预备的机票，使航空公司有可能出售打折的机票，故而使一些人获得了旅行的机会，这些人则把省下的钱更多地花在异国情调的度假生活中。商务旅行者与此不同，他们最重视的是时间和日程表。在"斯航"之前，还没有一家航空公司懂得怎样在同一架飞机上满足这两类顾客不同的需求。

"斯航"的商务舱票价低于传统的头等舱，高于大多数的经济舱，但给予顾客更多的方便。在每个机场，"斯航"都为商务舱乘客设置单独的休息室，并免费提供饮料、观看电影等。在旅馆，为他们准备带有会议室、电话和电传设备的专门房间，并提供免费使用的打字机，使他们能够完成自己的工作，而且房间不受起程时间、时刻表变动及最低住宿时间的限制，所有这些都以经济实惠的价格提供。机场还为商务舱乘客设置了单独的行李检查处，他们不必去和普通乘客一起拥挤地通过安检。在飞机上，他们享有单独的宽大座椅，还装置了一些传统的头等舱才有的装饰品，如玻璃器皿、瓷器、台布等，他们还可享用美味佳肴。

"斯航"开辟了一个独特的市场，并正在赋予它更多的价值。对工商界乘客来说，头等舱太贵，经济舱又太嘈杂、太不舒服。他们可能与旅游者挤在同一舱内，享受旅游者同等的待遇但却花费较高的价格——因为他们不能像旅游者那样，由于不受日程限制而等待减价或折扣机票。商务舱成为对工商界乘客及航空公司双方都很适宜的较好的供需办法。"斯航"由此夺去了竞争者的生意,成为明星。

资料来源:豆丁文库,https://www.docin.com/p-1481236053.html,有改动

思考:"斯航"是怎样选定目标市场的?

三、市场定位

"定位"(positioning)一词出自美国广告专家杰克·特劳特1969年发表在《工业营销》上的论文《定位:同质化时代的市场竞争之道》。后来,他与阿尔·里斯合作,将该思想拓展成一本里程碑式的著作《定位:攻占心智》(1986)。

市场定位就是策划人员在市场细分的基础上确定目标市场,通过各种途径和手段,为企业的产品及形象确定一个有利的竞争位置,并且制订一套详细的方案和措施的过程。

(一)市场定位的作用

市场定位的作用主要有以下四个方面。

(1)市场定位可以创造差异,有利于增强企业的竞争能力,是营销策划的前提。

(2)市场定位是实现市场营销组合策划的基础。市场营销组合策划是企业占领目标市场、进行市场竞争的基本手段,是市场定位战略策划的具体战术。

(3)市场定位是整合营销传播策划的依据。整合营销传播策划的最大优势在于通过多样化的传播或促销手段向目标市场传达同一诉求,实现各种传播资源的合理配置,从而以相对较低的投入产出较高的效益。

(4)通过市场定位有助于树立企业及其品牌形象。以市场定位为依据,以在顾客心目中创立企业、产品或品牌的特定形象为中心,这是一种十分有效的方案及措施。

(二)市场定位的类型

概括而言,市场定位可以分为如下几种类型。

1. 根据具体的产品特点定位

构成产品内在特色的许多因素都可以作为市场定位所依据的原则。如所含成分、材料、质量、价格等。"七喜"汽水的定位是"非可乐",强调它是不含咖啡因的饮料,与可乐类饮料不同。"泰宁诺"止痛药的定位是"非阿司匹林的止痛药",显示药物成分与以往的止痛药有本质的差异。一件皮革皮衣与一件水貂皮衣的市场定位自然不会一样,同样,不锈钢餐具若与纯银餐具定位相同,也是令人难以置信的。

2. 根据特定的使用场合及用途定位

为老产品找到一种新用途,是为该产品创造新的市场定位的好方法。小苏打曾一度被广泛地用作家庭的刷牙剂、除臭剂和烘焙配料,后来有的公司把它当作调味汁和

卤肉的配料，有的公司把它做成冬季流行性感冒患者的饮料。我国曾有一家生产"曲奇饼干"的厂家最初将其产品定位为家庭休闲食品，后来又发现不少顾客购买是为了馈赠，又将之定位为礼品。

3. 根据顾客得到的利益定位

产品提供给顾客的利益是顾客最能切实体验到的，也可以用作市场定位的依据。

4. 根据使用者类型定位

企业常常试图将其产品指向某一类特定的使用者，以便根据这些顾客的看法塑造恰当的形象。

我是江小白　生活很简单

江小白是重庆江记酒庄生产的一种轻口味高粱白酒，以红皮糯高粱为单一原料酿造而成。目标用户定位于新青年群体，在一部分人感叹"年轻人不懂白酒文化"时，江小白则认为是"白酒不懂年轻人"。它抛弃了传统白酒高档的包装，倡导简单纯粹，以印在瓶身的走心文案与消费者互动，在竞争惨烈的白酒市场硬生生杀出了一条血路。

1. 目标人群定位

传统的白酒大多是针对高端人群来设计的，江小白在竞争激烈的白酒行业中，发现了年轻人这一空白市场区域，选择了行业相对较少关注的"80后""90后"年轻一代群体，成功实现了白酒与年轻消费者的"亲密接触"。

2. 产品特点定位

为了适应年轻人的需求，江小白重点打造纯净清香的口感，去除了传统白酒浓香的特点。江小白定位于"青春小酒"，采用单一高粱小曲酒酿造工艺，品质稳定，入口绵甜，后味较长，略带苦味，为小曲清香型白酒。

江小白打造了108种口感，可以加红茶、绿茶、冰块等，而且加完之后不会变浑浊，这种全新的多种混饮喝法也满足了不同人的不同需求，给年轻人带来了不一样的喝酒乐趣，大大满足了年轻消费群体的口感需求。

江小白还抓住"80后""90后"这类消费群体年轻、时尚，同时追求简单而不失高贵的生活特点，在包装上没有采用传统白酒的奢华与高贵的风格，而是采用了洋溢青春、富有时尚的包装，勾画了一个"80后"男孩的卡通人物形象，并配上短小幽默的文字，使包装更加新鲜另类，赢得了年轻消费者的喜爱与青睐。

3. 价格定位

与其他酒类不同的是，江小白只有一级渠道，稍微偏远的地方有两级，顶多有个分销商。另外，江小白比较重视微博营销，没什么费用，而且效率高。所以，江小白的渠道费用可以节省15%左右，这样层层省下来，江小白的定价就很合理。江小白价格定位于中低档白酒，价格在50~100元，既不昂贵又不失档次，更便于年轻消费群体接受。

资料来源：中国工商报网，http://www.cicn.com.cn/zggsb/2018-03/06/cms104941article.shtml，有改动

思考：江小白为什么能够在激烈的白酒市场竞争中杀出重围？

（三）市场定位策划

1. 市场定位策划的内容

1）产品定位

产品定位是在产品定位策划时确定产品各种属性的位置、档次。具体包括：对产品质量、功能、造型、体积、色彩和价格的定位。

2）市场定位

市场定位是指确定产品进入的目标市场。具体包括：市场的地域、气候；消费者的性别、年龄、文化、层次、职业、个性等方面的定位。

3）企业定位

企业定位是对产品定位和市场定位的强化，它通过企业在市场上塑造和树立良好的形象，形成企业的魅力，推动企业的整体营销活动。

2. 市场定位策划的过程

1）市场定位过程的思路

明确潜在的竞争优势；分析目标市场的顾客需求；分析竞争企业已满足的目标市场的需求；分析本企业能够满足的目标市场的需求。

2）选择相对的竞争优势

创造产品的竞争优势；创造服务的竞争优势；创造人力资源的竞争优势；创造形象的竞争优势。

3. 市场定位策划步骤

一般来讲，策划者可以按如下步骤进行策划。

1）分析目标市场的现状与特征

主要通过对目标市场的调查，了解目标市场上的竞争者提供何种产品给顾客、顾客实际需要什么产品。一般是将本企业产品与主要竞争对手的产品，按照消费者最感兴趣的两个主要特征画在坐标轴上，然后寻找坐标轴上有利的位置，以确定产品开发的方向和目标，最常用的两个变量是质量与价格。

2）目标市场的初步定位

在分析了目标市场上的消费者需求及企业产品差异、确定了有效差异的前提下，策划者就要权衡利弊、初步确定企业在目标市场上所处的位置。

3）目标市场的正式定位

如果对目标市场的初步定位比较顺利，没有发生什么意外，说明这个定位是正确

的，可以将其正式确定下来。但是有些时候初步定位也需要矫正，需对质量、包装、广告等方面的策略做相应的改变，这就是重新定位。

总的来说，市场定位策划是企业在寻求市场营销机会，选定目标市场后，在目标消费者心目中树立某一特定位置及形象的行为方案和措施。

第三节　市场进入的战略与战术策划

企业在进入市场的过程中，要应对激烈竞争的市场环境并落地生根，取得不断的发展，必须在组织、目标、资源和各种变化的市场机会之间建立并保持一种可行的适应性管理过程，这就涉及市场进入中战略与战术的具体运用。

一、市场进入的战略与战术

战略是使各个局部行动朝着一致性的方向努力的谋划。战略本身不是一种目标，战略计划要设定目标。战术即执行战略的各种具体部署和方法。战略指导战术。

企业进入市场之所以要进行战略谋划，是因为企业进入市场的行为是企业整体营销行为的一部分。确定市场进入战略是确定具有一致性的市场营销方向的行为。战略将贯穿于企业的一切市场营销活动，战略的全面性、深刻性、系统性、指导性长期支配着企业的市场营销行为。

企业市场进入战略的确定是企业在进入市场前对企业面临的SWOT进行全面分析的结果。一个准备有所作为的新企业要进入一个新的产业市场，它首先要面对各种必须经历的客观障碍，这些障碍包括以下几方面。

（一）产品差异

在信息技术共享的今天，产品差异化已越来越具有难度，当今世界，大多数产品的差异不在产品本身，而在于产品的文化内涵与附加的服务。产品差异迫使入市者耗费巨资去建立自己的忠诚客户群，并借此对其他竞争对手进入市场造成障碍。对于众多拟进入市场者而言，产品差异即成为障碍。

（二）规模经济

产品生产企业进入市场后要想获利必须谋求规模经济，规模经济是某项产品的单位成本随着绝对产量的增长而下降所形成的经济状态。企业规模经济的取得受到两个基本条件的影响：一是自身的生产能力，二是社会需求能力。企业入市要达到理想的规模经济并非易事，涉及企业的研发、采购、制造、营销、服务等各职能部门。根据规模经济的配套理论，如果有一个职能部门不能配套，企业的规模经济就不能实现。规模经济成为企业进入市场望而生畏的障碍。

（三）资本存量

企业进入市场需要大量的资金支持，除了生产设施、设备需要资金外，市场开发也需要大量的资金，同时企业的融资能力和进入资本市场获取资金的能力都受到自身原有资本存量的限制，企业资本存量的多少影响着企业进入市场的可能性与顺利程度。所以，资本存量也是企业进入市场的重要障碍。

（四）流通渠道

产品的市场实现必须建立在流通渠道畅通的基础上。流通渠道通达，产品价值的市场实现顺利，该企业扩大再生产成为可能，否则，该企业往往无法继续生存下去。流通渠道也是企业能否顺利入市的关键因素，忽视了这一因素造成流通阻塞也会成为企业进入市场的障碍。

（五）政府政策

政府政策是维护社会经济及整个生态环境发展的宏观保证。政策上有支持、禁止、限制等不同的态度及其措施，企业进入市场必须在认真研究政策导向的基础上作出决策。企业的发展应以社会总体进步为原则，作出自己进入市场的正确决策，否则，盲目地筹划进入市场有可能正好违背了政府的政策，这样政府政策也成了障碍。

除上述障碍以外，还有区域壁垒、目标市场经济发展程度、文化屏障、顾客心理情感等方面的障碍。克服这些障碍是企业进入市场时要解决的诸多问题中的一部分。

二、市场进入战略类型的选择

市场进入战略一般适用于企业进入市场及其发育成长初期的一段时期内，但也不排斥企业在今后发展成长的较长时期仍然运用相同的战略，这要依企业当时的情况而定。但是，市场进入战略的运用又不是一成不变的，由于时间的推移和企业的变化，企业在进入市场后的成长发展期会变换新的战略。战略的运用存在着一个选择问题，不同时期、不同情况的企业可以选取相应的战略。美国管理学家迈克尔·波特在《竞争战略》一书中提出了三种基本的竞争战略，也适用于市场进入战略的选择，即成本领先战略、差异化战略和集中化战略，如图5-3所示。

图5-3 三种基本的竞争战略

（一）成本领先战略

成本领先战略是指通过一系列措施在产业中实现总成本方面的领先，并以此获得比竞争对手更高的市场占有率。在这种战略的指导下，企业应在原材料成本、研发与技术成本、管理运营成本、服务成本、营销成本等方面力争实现产业中的最低成本。

一方面，成本领先战略通常要求企业具备较高的市场份额，能够实现规模经济，有能力进行产品和新技术的研究与开发，并降低投入成本，减少行政等其他费用。另一方面，实施成本领先战略的企业通常能够获得高于产业平均水平的利润，保持领先地位，能够设置行业进入障碍，有能力削弱替代品的威胁，增强对供应商及客户讨价还价的能力。

宜家如何节约成本

"提供种类繁多、美观实用、老百姓买得起的家居用品"，这是宜家成为业内极少数能够全面掌控供应链的零售厂家的基础。宜家一个产品的诞生需要经过"设计、采购、制造、物流、终端零售"五个过程。"具有竞争力的价格"是宜家提供消费者可接受的产品价格的方法之一。

宜家至今仍在每一个环节都试图寻找不断削减成本的机会。尽管由于更换材料的使用方法、更换包装和运输、提高流水线生产效率等原因，部分产品在产品目录上可能有一定的提价，但涨价产品的数量远低于"更低价格"产品的数量。如何让越来越多的消费者来到宜家商场购物？除了宜家神秘的商场路线设置，物美价廉的产品更为重要。

在宜家有一个测算，如果能够节省1%的物流仓储空间，便能够节省600万欧元。拉克边桌就是一个非常典型的案例。宜家通过与多个供应商合作，开发出一个能够把四个桌腿放到桌子里面的包装方式，使得最后的包装体积比原先减少了一半，也就是说，一辆货车一次能够运载原本双倍的货物。同时，随着中国采购量的提升，拉克边桌已从原来的波兰进口变成在中国本地生产。通过这些改动不但使其零售价格下降了43%，同时每年可以为宜家节省28万欧元的成本。

资料来源：宜家是如何节约成本的，http://news.efu.com.cn/newsview-250931-1.html，有改动

思考：宜家是如何节约成本的？

（二）差异化战略

差异化战略是指将企业生产的产品或提供的服务明显区别于竞争对手，形成在全产业范围中具有独特性质的产品或服务。该战略的重点是创造独特化，使顾客对企业品牌产生忠诚感，甚至愿意支付溢价，使企业能够获得超常收益。差异化战略的形式包括产品及品牌在形象、功能、外观、服务、技术优势、分销渠道的差异。

实施差异化战略的企业具有以下三方面的优势：首先，有利于形成顾客对品牌的忠诚，构成进入壁垒；其次，差异化的产品或服务是其他竞争对手不能以同等价格提供的，因此削弱了顾客的讨价还价能力；最后，差异化能使企业有效地对抗替代品，使企业比竞争对手处于更有利的地位。

保时捷的差异化战略

德国保时捷汽车公司，是世界上最大的特种汽车制造商、德国著名的跑车生产企业。保时捷在国际汽车生产企业当中经济效益最高。

在汽车制造业内，有的以生产豪华、高贵型轿车为主；有的以生产经济、适用型轿车为主；有的以生产强悍、有力型的越野车为主；有的以制造载重汽车为主；有的以制造宽敞客车为主……保时捷有意避开生产通用领域的车辆，而选择了跑车作为主产品。制造跑车的厂家中还有意大利的"法拉利"，于是保时捷创造了具有不同风格特点的跑车，与"法拉利"分别代表着跑车领域的两大流派。

保时捷公司实施差异化战略掌握了以下五个基本要点。

（1）要有一个独特的价值诉求。价值诉求主要有三个重要的方面：一是企业服务于什么类型的客户，二是满足客户什么样的需求，三是企业寻求什么样的相应价格，这三点构成了企业的价值诉求。保时捷公司依据这三点价值诉求，形成了独特的产品定位、独特的客户定位、独特的价格定位，与竞争对手相比有很大差异。

（2）要有一个与众不同的、为客户精心设计的价值链。营销、制造和物流都必须和对手不一样，这样才能形成特色。保时捷公司坚持"911"型跑车的手工制作就是一大特色。

（3）要做清晰的取舍，并且确定哪些事不去做。凡是有利于彰显"狂飙驰骋"风格的事情，如发动机是跑车的"心脏"，保时捷公司一概不惜工本，在这方面作了大量投资；凡是消费者不肯花钱的地方保时捷公司就想方设法省钱，如对于仪表盘的设计和转换装置的安排等就不太在意。制定战略的时候要考虑取舍的问题，这样可以使竞争对手很难模仿你的战略。取舍非常重要，企业要有所为、有所不为。

（4）在价值链上的各项活动，必须是相互匹配并彼此促进的。保时捷公司的实践证明，技术创新是实施差异化战略的重要基础，客户满意是差异化战略的根本。没有"保时捷911"的研发和不断更新，保时捷公司难以维系保时捷车迷的追捧。保时捷公司的优势不是某一项活动，而是整个价值链一起作用，这正是竞争对手难以模仿之处。

（5）战略要有连续性。任何一项战略至少要实施3~4年，如果每年都对战略进行改变的话，就等于没有战略。保时捷公司的差异化战略并不是一成不变的，根据经济形势的变化适当调整差异化战略是非常必要的。保时捷公司向运动型多用途车进军，并在跻身SUV行列之中继续寻求与竞争对手的差异，正是保时捷公司与时俱进的明智之举。

资料来源：百度文库，https://wenku.baidu.com/view/e517df80aa00b52acec7ca25.html，有改动

思考：保时捷公司是如何实施差异化战略的？

（三）集中化战略

集中化战略是指专门为某产业链的一个细分链条、某一地域市场或某个特定的市场群体提供产品或服务。该战略通常要求企业有足够的能力并能高效率地为特定的目标市场服务，因此，这在一定程度上限制了企业市场份额的提高。

实施集中化战略的企业通常具有超过产业平均盈利的潜力；能够避开与竞争对手大范围的抗衡；能够有力攻击竞争对手的弱势并抵抗替代品的威胁。浙江省义乌市集中进行小商品的生产与销售，经过多年发展，呈现出"小商品、大产业、小企业、大集群"的产业发展格局，目前已成为全国乃至世界最大的小商品流通中心之一。

初元：专为病人设计

江中制药集团公司（以下简称"江中集团"）为开发新产品，联合上海焦点广告公司对探病市场进行了调研。

调查结果表明，顾客在给病人送礼的过程中存在几种需求：一是看重"面子"，二是对病人有帮助，三是安全放心。其中，满足第一种需求的产品已经非常充足，如脑白金、黄金搭档、金日洋参、安利蛋白粉、深海鱼油等已形成品牌阵营；针对第二种需求，已有阿胶、血尔等品牌的产品；满足第三种需求的产品主要是各类食品，如核桃粉、蜂蜜等。进一步的分析发现，对病人有帮助的需求市场尚属一个相对空白的市场，不仅现有品牌不够强势，而且这些品牌在消费者头脑中与病人的对应度不高。因此，进入的机会非常大。为此，江中集团决定将满足病人需求的市场定位为下一个目标市场。

为了激活消费者头脑中对病人有帮助的产品认知，并通过品牌的清晰定位来牢牢占领探病品类市场的位置，江中集团将营销和传播聚焦于消费者尚未满足的需求。营销的第一步是设计产品，一个好名字就是广告。江中集团和上海焦点广告公司展开了多轮"头脑风暴"，最终，一个对病人康复有暗示和联想意味的名字"初元"在几百个名字中脱颖而出。一个生病的人最想要的就是恢复元气，回到原来健康的样子。

在为产品取名的同时，江中集团开始了新产品的研发，针对病人手术后伤口愈合以及病体康复推出了两款产品，并同步进行包装设计。根据前期调查，探病送礼花费较高的消费者除了要求礼品包装精美外，还要求礼品适合病人的需要。因此，江中集团将金色、红色作为礼品包装的主打色，其含义是"术后为金，病后为红"。"初元"二字醒目地位于包装正中，高档简洁的设计配合包装背面的图解，有效传递了初元的

定位。

资料来源：初元：蓝海市场的聚焦"赢销"，https://wenku.baidu.com/view/fb6c7d827dd184254b3，有改动

思考：江中集团的"初元"采用怎样的战略快速切入了探病市场？

三、市场进入战术类型的选择

在明确营销策划的战略目标之后，企业进入市场的下一步就是选择有竞争力的战术。可供企业采用的市场进入战术主要包括以下几种类型。

（一）对抗战术

与原市场力量的直接对抗包括正面对抗、特定对抗、价格对抗、开发对抗等。

1. 正面对抗

正面对抗即进入市场的企业与竞争对手以产品对产品、价格对价格、宣传对宣传的方式展开较量。采取这种战术必须十分慎重，如果自己的各方优势不是绝对性地超过竞争对手，则不宜采用这种战术。

2. 特定对抗

特定对抗是正面对抗的一种修正形式。这种战术采取把进攻重点集中在特定的消费群身上，全力以赴地把这部分顾客从竞争对手那里争取过来，然后逐步巩固和扩大市场占有率。

3. 价格对抗

价格对抗即企业进入市场时着力实现规模效益降低成本，从而在进入市场时以低价、降价作为主要手段与某些其他条件基本相当的对手竞争，以便顺利巩固和占领市场。

4. 开发对抗

开发对抗即进入市场的企业不断开发能降低生产成本的工艺，或是提高产品性能和信誉，生产出优势产品，以开发和创造新的价值战胜竞争对手。

（二）紧逼战术

进入市场的企业对竞争对手采取步步为营、步步紧逼的战术，在一步步消耗竞争对手的有生力量和市场地盘后，达到从实力上压倒对方，再战而胜之的目的。

实施紧逼战术的企业必须具备以下条件。

（1）对竞争对手的情况了如指掌。

（2）制订了明确的发展战略和市场开发方案。

(3）具备了开展积极的市场活动所必需的资金和技术。
(4）企业进入市场的发展态势较好。

企业进入市场实施紧逼战术要把握以下要点。
(1）集中资源投向市场范围明确的产业市场，切忌投向范围模糊不清的市场。
(2）在运用此战术的过程中要十分注重培植自身的竞争优势，修补自身的缺陷。
(3）认识紧逼不是目的，实现自身的长期发展战略才是目的，调动企业各个职能部门集中实现企业发展的长期目标。

（三）围歼战术

这是一种对竞争对手在价格上采取控制手段，在产品的种类、款式、型号、规格、花色等方面推出层出不穷的新产品以使竞争对手陷于重重包围之中的战术。进入市场的企业除了对竞争对手采取产品包围外，还可以采取市场包围作战的方式，即在竞争对手毗邻的市场上全面设置网点扩大销售，迫使竞争对手沦为被动防守者。

围歼战术成功的关键在于企业的战略目标和长期作战的营销理念。企业只有坚持长期的投入，才能使围歼战术坚持下去，并且企业的战术构想受其营销理念的支配，只有具备长期作战和持续发展的营销理念的引导，才能取得这一战术的成功。

（四）迂回战术

企业避免任何的正面冲突，绕过对手，进攻对手没有设防或不可能设防的地方。具体安排来说，就是不把竞争的目光只盯在个别产品的局部地区某一时段的胜败得失上，而是把眼光放在更长远的目标上，在市场竞争中采取退一步进两步的方法，从其他侧面与对手展开竞争。

迂回战术就其竞争范围而言更为广阔，就其竞争的内容而言则更为深刻，就其形式而言更为多样。具体而言，可以通过生产经营与本行业无关联的产品来进攻，也可以通过开拓新的地理市场、发展多元化经营来进行绕道进攻，还可以通过采用新技术取代现有产品来进攻。迂回战术形式的选择，要根据竞争领域迂回程度的不同而定。

（五）游击战术

这是打一枪换一个地方的灵活机动的战术，置自身于暗地，便于自我保护，对手则处于明处，易于攻击。游击战术以逐步削弱和瓦解竞争对手、挫伤其斗志、改变双方力量的对比为目的。

游击战术一般分为市场中心和非市场中心两种形式的战术。所谓市场中心的游击战术，即从几个子市场同时发起进攻袭击对手，然后建立自己的市场地位的一种战术。所谓非市场中心的游击战术，就是着眼于非市场的因素突袭竞争对手的战术，如拉拢对手的优秀管理人才、技术人才，收集和占有对手绝密资料和信息，巧取对手的流通渠道等。这种战术相当耗费资源，成本不低。

养生堂进入饮用水市场

大名鼎鼎的海南养生堂公司，其产品"龟鳖丸"和"朵而胶囊"的销量一直长盛不衰。1997年春夏之交，养生堂出人意料地做起了饮用水，这就是现在众人皆知的"农夫山泉"。

当时在杭州，饮用水的竞争十分激烈，早早占有一席之地的有"金义"、"娃哈哈"等名牌，加上其他杂牌有三四十种品牌，竞争激烈，品种繁杂，新牌子进入简直无立锥之地。养生堂究竟能有如何作为呢？

养生堂将推出的饮用水，取名"农夫山泉"，广告语是"千岛湖的源头活水"。在名称上与市场各品牌的纯净水、矿泉水、蒸馏水、太空水等截然不同，颇能引起消费者的好奇心。而千岛湖又是浙江省著名的旅游区，水资源丰富，并且远离工业污染，易于让人产生有利的联想。连续一个月的电视黄金时段广告也很有寓意：以一个中年人对幼年回忆的情景交融来衬托产品的文化内涵，很能打动人；在《钱江晚报》等当地报纸上刊登半版广告，以说理的方式，娓娓地向读者诉说有关水的饮用知识，而产品介绍只是角落里的一小段，好像在科普知识似的。

更妙的是"农夫山泉"的直销队伍纷纷到居民区设点。直观而独特的4升瓶装设计，优惠的价格，立刻引起消费者的购买热潮，并且多数是家庭消费。而此时，"娃哈哈纯净水"的广告越做越猛，不时在报纸上同样刊出半版广告，设计新颖、气派，但与"农夫山泉"相比，略显商业味有余而人情味不足。井冈山演绎的电视广告也在播个不停、唱个不停，但为时已晚。

养生堂"农夫山泉"的成功在于没有"就水做水"，而是"避实就虚"地宣传产品的"独特"。结果是越做越火，赢得了越来越多中年消费者和家庭的青睐。

资料来源：张静. 海南养生堂营销策略成败分析[J]. 漯河职业技术学院学报，2015(1)，有改动
思考：养生堂采用了怎样的市场进入战术？

本 章 小 结

- 市场进入策划是在对市场进行充分调研的基础上进行产品、市场决策的过程。企业进入市场包括新成立的企业进入已有的市场和老企业进入待开拓的新市场。企业作出市场进入决策前，首先需要对市场的总体形势作出分析与判断。

- 对行业结构的综合分析一般采用美国管理学家迈克尔·波特的行业竞争要素分析方法，即"五力"模型，这五种竞争力量是：潜在进入者，替代品的威胁，买方的议价能力，供方的议价能力；行业内现有竞争者之间的竞争。

- 对企业内部状况的分析一般采用SWOT分析。SWOT分析法又称为态势分析法，即把企业的机会、威胁、优势和劣势的分析综合起来全面考虑与评估企业营销环境。S

表示优势，W 表示劣势，O 表示机会，T 表示威胁。SWOT 分析法的意义可以概括为"扬长避短、趋利避害、丢掉包袱、加速发展"。

- 市场进入的过程策划即 STP 策划。其主要内容是策划人员通过了解现状，预测未来，寻求和评价市场机会，对机会所显现的市场进行细分，并对各个细分市场进行优选以决定目标市场，选定目标市场后，企业寻求市场营销机会，在目标消费者心目中树立某一特定位置及形象的行为方案和措施。

- 企业市场进入战略指导企业市场进入战术。市场进入战略的确定是企业在进入市场前对企业面临的 SWOT 进行全面分析的结果。迈克尔·波特的三种基本竞争战略，即成本领先战略、差异化战略和集中化战略，也适用于企业进入市场的战略选择。在确定战略目标之后，企业进入市场还应当慎重选择有竞争力的战术。

课后习题

1. 如何对市场总体形势进行判断分析？
2. 如何进行 SWOT 分析？
3. 市场细分的步骤有哪些？
4. 如何进行目标市场的切入策划？
5. 企业市场进入战略的类型有哪些？

答案要点

海尔成功打入美国市场

1999 年 4 月 30 日，在美国南卡罗莱纳州的小镇坎姆登（Camden），海尔投资 3000 万美元的海尔生产中心奠基。一年多以后，第一台带有"美国制造"标签的海尔冰箱下线，海尔开始了在美国制造冰箱的历史，也成为中国第一家在美国制造和销售产品的公司。

海尔一贯的国际化战略是"先难后易"，即先进入国外最挑剔的市场，占领制高点，然后居高临下进入其他国家市场。但是海尔进入美国市场的战略路线恰恰相反。海尔 1995 年开始向美国出口冰箱。起初是以 OEM 的方式，然后才开始打自己的品牌。而在美国投资建厂则是在近 5 年之后，这时海尔已积累了较多的有关美国市场的知识。从海尔投资的区位来看，1995 年至 1997 年，海尔先后在中国香港、印尼、菲律宾、马来西亚等国家和地区投资建厂。按海尔 CEO 张瑞敏的说法，以上的投资都是海尔为进入美国市场练兵。

企业实施国际化的战略时要考虑两个最基本的问题：是全球化还是当地化？海尔在美国市场上主要采取当地化战略。在洛杉矶建立了"海尔设计中心"，在纽约建立了"海尔美国贸易公司"，在南卡罗莱纳建立了"海尔生产中心"，在美国形成了设计、生产、销售三位一体的经营格局。海尔在美国的人力资源管理也体现出当地化战略。

海尔美国贸易公司和生产中心主要管理人员都是美国人，这些美国管理人员具有极大的自主经营权。而普通员工也基本上全是美国人。

海尔要做有国际竞争力的国际品牌运营商，因此宣传海尔品牌是海尔在美国的一项重要任务。海尔初进美国市场时，只在几个主要机场的手推车上打上"Haier"商标进行宣传。但随后海尔加强了其品牌宣传。海尔在美国开始采用新的广告媒体，包括广告牌、汽车站和电视。海尔最新产品的电视广告在电视上频繁播放。走在洛杉矶、纽约的大街上，可以看到巨大的广告 1-888-76 HAIER，这是海尔在美国推出的免费服务电话，目前已覆盖全美。

海尔在美国的产品战略是先在小型冰箱市场站住脚，再生产和销售海尔的其他产品。美国著名杂志《TWICE》对全美最畅销家电进行了统计，海尔冰箱同 GE 及惠尔浦等世界名牌一起成为美国最畅销产品，其中以海尔为代表的各类小型冰箱销售增长最快，平均速度为 23.9%。海尔的窗式空调机也具有广阔的市场；该产品已占美国市场的 3%，并且占有率在不断上升。

资料来源：道客巴巴，http://www.doc88.com/p-7304380401004.html，有改动

思考题：

1. 海尔成功进入美国市场，其产品战略的选择体现了哪种基本竞争战略？
2. 海尔进入美国市场运用了怎样的战术？

第六章

产品策划

【学习目标】

知识目标

1. 理解产品整体策划的思路与方法
2. 掌握产品生命周期策划的主要方法
3. 掌握产品组合策划的基本方法

能力目标

1. 理解并掌握新产品开发与上市策划的方法
2. 能够根据产品策划理论撰写产品策划方案

小狗吸尘器：好产品才是硬道理

随着人们的环境保护意识和绿色健康意识全面觉醒，以吸尘器为代表的家居清洁健康电器受到广泛关注，其普及程度不断提升，已成为改善生活环境不可或缺的工具。国内品牌小狗电器凭借自身强大的研发能力，打造出完善的产品体系，以出色的产品从吸尘器市场的激烈竞争中突围，成为吸尘器市场的领军品牌。

小狗电器创建于1999年，是一家专注于研发、销售清洁电器的高新技术企业，公司主要基于互联网电子商务模式为消费者提供商品和服务。其产品先后斩获德国iF设计大奖、中国设计红星奖等。

针对吸尘器行业的细分领域，小狗电器专注研发了卧式、无线手持式、无线立式、桶式等多种产品。从外形设计到产品功能，再到人性化操作体验，小狗吸尘器都拥有出色的表现。

在产品研发上，小狗电器瞄准家庭清洁需求，通过对用户需求深入洞察，以及结合国内家庭的使用习惯，研发出适合国内消费者需求的高科技吸尘器。小狗D-531开启了国内无线手持吸尘器的普及时代。小狗D-535无线手持吸尘器的推出，让国内消费者认识到了国产吸尘器的强悍性能，打破了进口品牌对高端产品的垄断。而小狗DX5000大无线吸尘器的横空出世，填补了大户型和别墅型用户的市场空白，引领了吸尘器行业的发展。

小狗电器在产品端的优异表现离不开其对创新科技的掌握。小狗电器研发团队已累计开发数百项技术专利,掌握了国际领先的多级多锥、电机控制技术、空气流道降噪技术、旋风分离技术。这些创新科技累积让小狗电器在新产品研发及产品技术升级上获得了极大的便利。

资料来源:艾肯家电网,http://www.abi.com.cn/news/htmfiles/2018-7/202919.shtml,有改动

思考:小狗电器为何能在竞争激烈的吸尘器市场中脱颖而出?

产品是市场营销组合的基石,也是企业营销策划的起点。产品策划是一种理性的思维活动,它是对产品开发、生产和经营所进行的一系列策划活动。小狗电器通过专注研发和技术创新,实现了吸尘器各类别产品的全面覆盖,并在发展过程中逐步建立了领先行业的核心技术优势,这种以技术为先导的差异化战略使其在同类型的市场竞争中脱颖而出,成为具备与外资巨头分庭抗礼能力的优秀本土家电品牌。本章将详细讲述产品策划的理论与方法,具体包括个别产品策划、产品组合策划、新产品开发策划三方面内容。

第一节 个别产品策划

就个别产品而言,任何一种产品都是多因素的组合体。各种因素的不同组合形态可以形成不同的整体产品,以满足企业市场营销活动的需要。

一、产品整体概念与产品策划

在现代市场营销学中,产品是人们通过创造并用来交换以满足其需要的一切有形和无形的要素。随着市场经济的发展,产品的内涵和外延都在不断扩大,进而出现了产品整体的概念。

(一)产品整体概念的层次

传统的产品概念是指人们通过生产劳动创造出来的具有特定用途和物质形态的实体,如手机、服装、汽车等。而产品整体概念则是在市场竞争日益激烈和顾客权力逐渐增强的背景下产生的。与传统的产品概念相比,产品整体概念有更宽广的外延和更丰富的内涵,具体包括核心产品、形式产品、期望产品、附加产品和潜在产品五个层次。

1. 核心产品

核心产品(core product)又称实质产品,是指向顾客提供的产品的基本效用或利益,从根本上说,每一种产品实质上都是为解决问题而提供的服务。例如,人们购买空调不是为了获取装有某些电器零部件的物体,而是为了在炎热的夏季,满足凉爽舒适的需求。又如,在旅馆,夜宿旅客真正购买的是"休息与睡眠"。任何产品都必须具

有反映顾客核心需求的基本效用或利益。

2. 形式产品

形式产品（basic product）是指核心产品借以实现的形式，如一个旅馆的房间应包括床、浴巾、毛巾、桌子、衣橱、卫生间等。形式产品由五个特征构成，即品质、式样、特征、商标及包装。即使是纯粹的服务产品，也具有与此类似的五个特征。产品的基本效用必须通过特定形式才能实现，市场营销人员应努力寻求更加完善的外在形式以满足顾客的需要。

3. 期望产品

期望产品（expected product）是指顾客在购买该产品时期望得到的与产品密切相关的一整套属性和条件。例如，旅客在寻找一家旅馆时期望干净的床、新的毛巾、台灯和安静的环境。由于大多数旅馆能满足这些最低的期望，所以，旅客通常没有什么偏好并且找最方便的旅馆留宿。

4. 附加产品

附加产品（augmented product）是指顾客购买产品时所获得的全部附加利益与服务，包括安装、送货、保证、提供信贷、售后服务等。例如，旅馆能增加它的产品，包括电视机、洗发香波、鲜花、快速结账、美味晚餐和良好的房间服务等。如今的竞争主要发生在附加产品的层次，这正如美国营销学者西奥多·莱维特指出的："现代竞争的关键，并不在于各家公司在其工厂中生产什么，而在于它们能为其产品增加些什么内容。"

5. 潜在产品

潜在产品（potential product）是指最终可能实现的全部附加部分和新转换部分，或者说是指与现有产品相关的未来可发展的潜在性产品。潜在产品指出了产品可能的演变趋势和前景。许多企业的产品和服务中增加了额外的优惠和好处，如放在旅馆客人枕下的糖果，或摆在旅馆房间桌子上的鲜花等。这些不仅能让客人满意，而且会令他们感到愉悦。

产品整体概念深刻地挖掘了产品的内涵，促使产品策划在某一层面、某一角度进行深入选择，形成产品有别于同类竞争产品的独特个性。如果一项产品其核心产品、形式产品、期望产品、附加产品、潜在产品在五个层面上都比同类产品领先，那么，这一产品的市场地位是不言而喻的，并且可以从多个侧面树立企业形象，确定企业的市场地位。因此，产品整体概念要求企业在产品质量好、外观美的同时，必须注重产品附加价值的开发，全面满足消费者的需求应当成为产品策划的出发点。

（二）产品整体策划

产品整体策划是指企业在准确定位产品的基础上，运用产品整体概念，对产品五重内涵（核心产品、形式产品、期望产品、附加产品和潜在产品）的各项指标进行设计，以使产品更能符合其整体概念。为此，产品整体策划应包括产品整体所涵盖的一切内容，如产品的核心效用、质量、服务、品牌、包装等。具体来说，产品整体策划主要包括如下四个方面。

1. 产品利益策划

消费者购买的实际上是产品的效用和利益，消费者的根本需求是对效用和利益的需求，这是产品策划的基本出发点，就此而言，消费者的需求是产品利益策划的唯一"源泉"。

一个产品的利益点可能有多个，但企业要选择哪一点作为诉求和宣传点却要特别斟酌，其根本原则是一定要让企业的产品利益点得到广大消费者的认可。例如，宝洁公司推出的帮宝适一次性婴儿尿布，在最初进入日本市场时，其宣称的产品利益点是减少母亲的劳动量，让妈妈更省心。尽管这个产品利益点是现实存在的，但却很难得到日本女性消费者的认可，因为妈妈们怎么可以不顾及孩子的感受而只考虑自己的辛苦呢。于是，经过斟酌，帮宝适一次性婴儿尿布调整了产品利益点，转变为更能保护婴儿的皮肤，让婴儿更健康的成长，结果得到了广大消费者的认同。

星巴克咖啡的产品利益点

星巴克于1971年在美国西雅图海岸边开出全球的第一家店，创始人将品牌命名为"星巴克"，构想来自梅尔维利（Melville）的古典小说，小说中叙述着红海及咖啡商人浪漫的海上冒险故事，今天的星巴克则以完全不同的方式，诠释咖啡的浪漫。

然而，一杯星巴克咖啡的价格大约3倍于纽约普通咖啡店咖啡的价格，这并不影响顾客对星巴克的青睐。那么，星巴克卖的是咖啡吗？

典型的星巴克产品组合有20~25种咖啡，每种咖啡都赋以诱人的名称。咖啡豆由盛产阿拉伯高级咖啡豆的原产地（如拉丁美洲、非洲和印度尼西亚等）进口。店内亦提供各种不同的高档调和咖啡、茶饮料和点心，如卡布其诺咖啡、大佐茶……尽管星巴克店内卖的是上好的咖啡，但它的核心价值并非咖啡本身，而是以咖啡为载体的无形附加价值和利益——放松、分享、交流。在这里，咖啡豆的醇香萦绕于室内，别致的桌椅、宾至如归的服务令人倍感亲切。而店堂内精心布置的电子插座以及免费的无线网络，可以方便消费者上网和使用各类随身电子设备。这些独到之处使星巴克培养了一大批忠实"粉丝"。它的店内格局和服务被称为"星巴克体验"，所有竞争对手都想学习模仿，但效果甚微。

要学一个品牌的表面功夫，如外观、店内陈列，都不困难，但要学表面以外的东西，却非易事，而这往往是一个品牌真正要贩卖的东西。

资料来源：百度文库，https://wenku.baidu.com/view/2464f2fd910e，有改动

思考：星巴克咖啡提供给消费者的产品利益是什么？

2. 产品质量策划

产品质量是指一个产品或服务的特色和品质的总和，这些品质特色将会影响到产品去满足各种明显的或隐含的需要的能力。对产品质量的策划，需要考虑两个关键要素：级别和一致性。

首先，在产品策划时必须选择一个质量级别，这里指性能质量，即产品发挥作用的能力，它包括产品的耐用性、可靠性、精密度、修理的简便程度，以及其他有价值的属性。但是企业很少去追求最高的性能质量标准，因为没有几个客户想要或支付得起高质量级别的产品。例如，劳斯莱斯轿车、亚零度冰箱、劳力士表等。相反，企业选择的质量级别往往和目标市场的需要以及竞争产品的质量级别相一致。

除了质量级别以外，高质量还指高水平的质量一致性，即产品质量符合质量标准、没有产品缺陷以及目标性能质量标准的前后一致性。所有企业应努力追求高层次的符合标准的质量。在这种情况下，雪佛兰的质量可以和劳斯莱斯的质量媲美。尽管雪佛兰的性能不如劳斯莱斯，但是它的质量同样能够与客户的希望相吻合，实现物尽其值。

产品质量是市场营销人员的主要产品定位工具之一，因此，在产品策划过程中，营销人员必须选择合适的质量级别和质量一致性对产品进行准确定位，只有这样才能在产品投放市场后引起更多的有效需求。

3. 产品保证策划

产品保证主要是企业对生产和销售产品的质量保证。通常指制造商或销售商在销售产品或提供服务后，对提供服务的一种承诺。约定期内，若产品在正常使用过程中出现质量或与之相关的其他属于正常范围的问题，企业具有更换产品、免费或只收成本价进行修理等责任。也就是说，质量保证是企业对顾客的承诺，在一定时期内承担的义务。这是产品在营销领域的深化。

例如，西安摄影器材城在其网站上作出了这样的产品质量保证。

（1）正品授权承诺，100%正品，假一赔十，7天无条件退换货。

（2）优质服务，从网站购买器材之日起（外地顾客以货品签收日为准）7天内（VIP会员15天内），产品出现质量问题，请及时与客服联系，进行退换（以上日期为自然日，包含公休日及国家法定节假日）。

（3）网站保证所售出的商品都是通过正规渠道采购的，顾客享有与其他途径购买的商品同样的服务。

企业在建立质量保证体系的同时，还必须向顾客交代清楚产品保证的适用范围或使用期限，并注意对自身责任的限制。这也是企业做好产品保证策划的关键问题。

4. 产品服务策划

产品服务就是有型产品销售后提供的附加服务。产品服务策划就是通过附加服务为有形的产品提升价值,或者通过附加内容为核心服务提供价值。

企业在进行服务策划时,应力求在三个方面下功夫:一是确定目标市场对服务的具体预期,以实现或超出该预期为基础;二是设计一个良好的甚至追求卓越的服务战略;三是在与消费者打交道时,要始终如一地提供承诺的服务水平。如果上述三个方面都比竞争对手做得好,那么企业在所服务的领域就占据了竞争优势,应该继续发扬。

河南豫弘重工

河南豫弘重型机械有限公司(以下简称"豫弘重工")是一家以矿山机械设备的研发、制造、销售、售后服务为主体的大型企业,主要产品有破碎砂石设备系列、工业磨粉设备系列、选矿设备系列、石灰水泥设备系列。

曾几何时,国际重工巨头凭借雄厚的金融资本和高端的技术优势,一度垄断了中国的机械制造市场。经过多年的卧薪尝胆,"国字品牌"已具备了与"洋品牌"抗衡的强大实力。在竞争激烈的矿山机械行业,豫弘重工以良好的信誉、一流的品质和优质的服务异军突起,成为备受客户青睐的明星企业。

豫弘重工之所以能在激烈的市场竞争中脱颖而出,得益于三件制胜法宝:信誉、品质和服务。良好的信誉是一种持久的竞争优势,在这个人们无比关注"诚信"的时代里尤为重要。20多年的兢兢业业,使公司赢得了业内人士和新老客户的齐声赞誉。豫弘重工始终以"产品的技术品质要保持行业领先水平;产品的质量品质要达到客户满意的水平"的品质标准要求自己。一流的品质离不开技术的创新。公司非常重视科研投入,每年将6%以上的销售利润用于新产品的研发,高薪聘请行业专家,重金培养专业人才,并与国内多所知名高校、多家科研机构建立了战略合作关系,共同研发项目。优质的服务是公司的生命线。公司坚持无论售前、售中还是售后,都要为客户提供全方位、周到、便捷、高效的服务。

信誉至上、品质卓越、服务贴心,铸就了豫弘重工今日的辉煌。

资料来源:中国工控网,www.gongkong.com/news/201209/47577.html,有改动

思考:豫弘重工是如何获得成功的?

二、产品生命周期与策划

产品生命周期理论是美国经济学家雷蒙德·弗农(Raymond Vernon)1966年在其《产品周期中的国际投资与国际贸易》一文中首次提出的。产品生命周期(product life cycle,PLC),是指产品的市场寿命,即一种新产品从开始进入市场到被市场淘汰的整个过程。

为加深对这一概念的理解,应明确以下三点。

(1)产品生命周期是指产品的市场寿命,而不是产品的使用寿命。有些产品品种

的使用寿命很短，而市场寿命却很长，如火柴等。而有些产品品种的使用寿命较长，而市场寿命却很短，如服装、手机、计算机等更新换代很快的产品。

（2）产品生命周期是指产品品种的市场生命过程，而不是指产品种类的市场寿命。相对而言，只有产品中的某一个特定品种，才会有市场生命周期问题，如车辆、船舶、某种服装、某种食品等。

（3）产品生命周期不能等同于产品在流通领域内停留的时间。观察某种产品生命周期的最后阶段，不能以流通领域中是否存在此产品为标准，而应观察其销售情况和其他因素。

（一）产品生命周期阶段及其判定

典型的产品生命周期一般可分为四个阶段：引入期、成长期、成熟期和衰退期，如图6-1所示。对于处在生命周期不同阶段的产品，其营销策划的基本思路也有所不同。

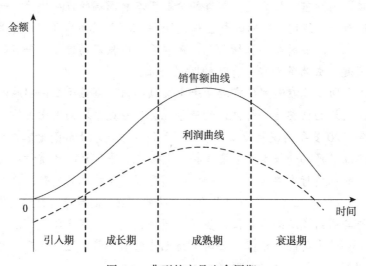

图6-1 典型的产品生命周期

从图6-1中可以看出，产品生命周期曲线与正态分布曲线相类似。但应该注意的是，这只是理论上的概括，实际上许多产品生命周期曲线变异较大，这是由多种因素影响所致。有些产品可能引入期很短而迅速进入了成长期，如奥运会期间发行的纪念品；有些产品可能刚经过成长期，还没有经过较为稳定的成熟期，就提前进入了衰退期；还有的产品在经过成熟期后由于采取得力措施，产品又重新焕发生命活力，而进入新一轮的再生周期。

互联网产品的生命周期

通常，互联网产品的生命周期是从引入期到成长期，到成熟期再到衰退期。在产品引入期活跃用户慢慢增长,成长期活跃用户快速增长,成熟期活跃用户慢慢下降,衰退期活跃用户趋于一个比较平稳的水平。

产品引入期是指产品从最初的设计、生产到进入市场进行测试。在这个阶段通常会有少量的竞争产品出现,产品处于刚刚起步阶段,需要不断测试并完善。

产品成长期是指产品取得了一定的成功。在这个阶段通常会有大量的竞争产品出现,产品处于功能完善阶段,需要十分注意,否则稍不留神就可能直接被淘汰了。

产品成熟期是指产品经历成长期并已经稳定进入市场。在这个阶段通常面临很大的竞争压力,产品已经基本定型,这个时候面临很大的风险,通常需要资本的支持,如各种补贴都是直接烧钱。

产品衰退期是指产品开始进入淘汰阶段。在这个阶段产品已经没有太大的竞争力,活跃用户也在慢慢减少,这个时候通常由竞争产品主导市场,如果竞争产品是自家产品同样可以重新主导市场。

以上对于互联网产品生命周期的介绍主要是从单一产品角度,另外还有针对某一类产品而言。例如,WEB1.0 升级成 WEB2.0;从 BBS、BLOG 到 SNS 等的变化。对于互联网产品的生命周期,从最初的调研立项、研发开发、测试发布、销售运营等方面都需要考虑周详,也需要安排好相应的人员。

资料来源:人人都是产品经理,http://www.woshipm.com/it/207855.html,有改动

思考:互联网产品的生命周期与一般实体产品有什么不同?

由于产品生命周期会随着市场形势不断变化,在市场营销过程中,企业必须经常了解自己的产品正处于生命周期的什么阶段,以便及时制订出相应的营销策略。因而,对产品生命周期阶段的判定,是一项十分重要的工作,它往往也是进行产品策划的重要前提。常用的产品生命周期判定方法主要有:类比判定法、特征判定法、产品普及率判定法、销售增长率判定法等,见表 6-1。

表 6-1 常用的产品生命周期判定方法

常用判定方法	解释	注意事项
类比判定法	这是把要判定的产品与某种比较类似的产品的发展情况进行对比,并得出结论的一种判定方法。采用这种方法简单易行,常为咨询人员所用	判定人员一定要熟悉所涉及的产品。所选择的类比产品要与被判定的产品有相似的背景,以增加两个产品之间的可比性
特征判定法	这是根据目前人们已经掌握的产品上市后,在不同阶段中所表现的一般特征与企业某一产品的当前状况进行对比,并得出结论的一种判定方法	易于掌握,也常为咨询人员所用。采用此方法对判定人员的判断能力与经验有较高的要求
产品普及率判定法	这是根据目前人口或家庭的平均普及率,对某一产品的生命周期进行判断的一种判定方法。此方法主要适用于高档耐用消费品。根据经验数据,产品普及率小于 5%时为引入期;普及率在 5%~50%时为成长期;普及率在 50%~90%时为成熟期;普及率在 90%以上时为衰退期	采用此方法,需要掌握大量的统计资料,并且要注意排除各种假象

常用判定方法	解释	注意事项
销售增长率判定法	这是一种根据销售增长率进行判断的方法。根据经验数据，增长率在0.1%~10%时为引入期或成熟期(成熟期后期的增长率可能是零或负数)；增长率大于10%为成长期；增长率小于零则为衰退期。这种划分标准是一种典型的理想方式，并非所有产品都是如此，特别是当增长率在0.1%~10%时，要结合其他特征分析，判断产品是属于引入期还是成熟期	要结合被判定产品的其他特征和因素进行分析。此方法并非适合所有的产品

（二）产品生命周期各阶段的营销策划

按照典型的产品生命周期阶段划分，企业需要对产品处于引入期、成长期、成熟期、衰退期哪一周期阶段进行仔细分析，并依据所处阶段的市场特征实施相应的营销策划。

电子企业的产品策略

北京某电子企业，拥有职工600多名。20世纪80年代，该厂产品一度畅销全国，是同行业里的一家知名企业，年销售金属膜电阻近2 000万元。该厂产品完全按国际标准生产，质量可靠，被评为部级优质产品，商标被评为全国著名商标。

进入20世纪90年代，市场情况发生了变化。该厂生产的金属膜电阻因受到南方生产厂商的强烈冲击，销售收入一路下滑。该时期金属膜电阻的销售量增长缓慢，产品的销售利润开始下降，在市场上竞争非常激烈，各种品牌、款式的同类产品不断出现。为了应对这种局面，该厂实施了逐步的技术改造，通过生产线的改进来降低生产成本，应对市场上的激烈竞争。同时为了改进企业的利润结构，该厂从国外引进了先进的实芯电阻生产设备。实芯电阻的技术含量比较高，生产工艺要求也非常高。由于国内具备类似生产条件的企业只有两家，实芯电阻在市场上供不应求。为了能够快速建立知名度、占领市场，同时尽快收回投资，该厂在实芯电阻上市时采取了高价格、高促销费用的策略。这一策略使该厂迅速成为市场领先者。

进入21世纪后，实芯电阻逐渐取代了金属膜电阻的市场地位，消费者对该产品逐渐熟悉，消费习惯也已经成熟，因此企业的销售量获得了快速增长。随着销售量的增长，该厂的规模不断扩大，产品的成本也降低了，市场上的竞争者不断涌现，该厂的领导者又开始为企业的进一步发展寻求市场营销策略的改变。

资料来源：百度文库，https://wenku.baidu.com/view/781ddba2b9f，有改动

思考：金属膜电阻在20世纪90年代处于哪个产品生命周期阶段？实芯电阻在21世纪初处于产品生命周期的哪个阶段？

1. 引入期的特征及策划思路

1）引入期的产品及市场特征

（1）消费者对该产品不了解，大部分人不愿放弃或改变自己以往的消费行为，因此产品的销售量小，单位产品成本较高。

（2）尚未建立理想的营销渠道和高效率的分配模式。

（3）价格决策难以确立，高价可能限制购买，低价则可能难以收回成本。

（4）广告费用和其他营销费用开支较大。

（5）产品的技术、性能还不够完善。

（6）利润较少，甚至出现经营亏损，企业承担的市场风险较大。但这个阶段市场竞争者较少，企业若能建立有效的营销系统，即可以将新产品快速推进，进入市场发展阶段。

2）引入期的策划思路

该时期策划的基本思路是突出一个"快"字，即尽可能快地进入和占领市场，在尽可能短的时间内实现由引入期向成长期的转轨。因此，在产品引入期，企业营销策划的重点主要集中在促销与价格方面。一般有以下四种策略可供选择。

（1）先声夺人。先声夺人即以高价格和高促销费用推出新产品。实行高价格是为了在每一单位销售额中获取最大的利润，高促销费用是为了引起目标市场的注意，加快市场渗透。成功地实施这一策略，可以赚取较大的利润，尽快收回新产品开发的投资。实施该策略的市场条件是：市场上有较大的需求潜力；目标顾客具有求新心理，急于购买新产品，并愿意为此付出高价；企业面临潜在竞争者的威胁，需要及早树立品牌。

（2）愿者上钩。愿者上钩即以高价格、低促销费用将新产品推入市场。高价格和低促销费用结合可以使企业获得更多利润。实施该策略的市场条件是：市场规模相对较小，竞争威胁不大；市场上大多数用户对该产品没有过多疑虑；适当的高价能被市场接受。

（3）密集渗透。密集渗透即以低价格和高促销费用推出新产品。其目的在于先发制人，以最快的速度打入市场，该策略可以给企业带来最快的市场渗透率和最高的市场占有率。实施这一策略的条件是：产品市场容量很大；潜在消费者对产品不了解，且对价格十分敏感；潜在竞争比较激烈；产品的单位制造成本可随生产规模和销售量的扩大迅速下降。

（4）以廉取胜。以廉取胜即企业以低价格和低促销费用推出新产品。低价格是为了促使市场迅速地接受新产品，低促销费用则可以实现更多的净利润。企业坚信该市场需求价格弹性较高，而促销弹性较小。实施这一策略的基本条件是：市场容量较大；潜在顾客易于或已经了解此项新产品且对价格十分敏感；有相当的潜在竞争者准备加入竞争行列。

2. 成长期的特征及策划思路

1）成长期的产品及市场特征

（1）消费者对新产品已经熟悉，销售量增长很快。

（2）大批竞争者加入，市场竞争加剧。

（3）产品已定型，技术工艺比较成熟。

（4）建立了比较理想的营销渠道。

（5）市场价格趋于下降。

（6）为了适应竞争和市场扩张的需要，企业的促销费用水平基本稳定或略有提高，但占销售额的比率下降。

（7）由于促销费用分摊到更多销量上，单位生产成本迅速下降，企业利润迅速上升。

2）成长期的策划思路

进入成长期，营销策划主要强调一个"好"字，即不断提高产品质量，改进服务，树立良好的企业及品牌形象，抓住难得的市场机会，扩大市场占有率。具体说来，可以采取以下营销策略。

（1）改进产品。根据用户需求和其他市场信息，不断提高产品质量，努力发展产品的新款式、新型号，增加产品的新用途。

（2）建立品牌形象。促销策略的重心应从建立产品知名度转移到树立品牌形象，主要目标是建立品牌偏好，争取新的顾客。

（3）密集分销。利用尽可能多的分销渠道销售商品，扩大商业网点。在扩大产品规模的基础上，适当降低价格。

（4）开辟新市场。不断细分市场，吸引更多的消费者，扩大市场份额。

企业采用上述部分或全部市场扩张策略，会加强产品的竞争能力，但也会相应地加大营销成本。因此，在成长阶段，面临着"高市场占有率"或"高利润率"的选择。一般来说，实施市场扩张策略会减少眼前利润，但加强了企业的市场地位和竞争能力，有利于维持和扩大企业的市场占有率，从长期利润观点看，更有利于企业发展。

3. 成熟期的特征和策划思路

1）成熟期的产品及市场特征

（1）产品的销售量增长缓慢，逐步达到最高峰，然后缓慢下降。

（2）市场竞争十分激烈，竞争者之间的产品价格趋向一致。

（3）各种品牌、各种款式的同类产品不断出现。

（4）在成熟期的后段，消费者的兴趣已开始转移，企业利润开始下降。

2）成熟期的策划思路

成熟期是产品迅速普及阶段，这一阶段表现为"两高一低"，即生产量和销售量很高，但销售量增长幅度变慢，市场竞争异常激烈。因此，在这一时期策划人员应系统地考虑产品、市场和营销组合改进等主动进攻的策略。具体策划思路如下：

（1）产品改进策略。企业可以通过对产品特性的改进，来满足现有顾客不同的需要，或者是吸引新顾客，从而使销售量重新上升。产品改进可以采取的方式有以下几种。

其一，质量改进，主要是完善产品的功能，增强其耐用性、可靠性和方便性等。

其二，特点改进，主要是在产品的尺寸、重量、材料、添加物、附件等方面增加新的特点，扩大产品的多功能性、安全性和方便性等。例如，给家用电器配上遥控装置，以增强使用的方便性。

其三，式样改进，即通过改进式样来增强产品的美感。如服装商推出新款式的流行服装，汽车制造商定期推出新的车型等。

其四，服务改进，服务是产品的重要组成部分，是影响产品销售的重要因素之一。企业可以通过增加新的服务项目、提供新的服务方式等来吸引消费者。

（2）市场改进策略。市场改进可以采取的主要方式有以下几种。

其一，扩大产品使用者的数量，即通过努力把非使用者转变为该产品的使用者。

其二，增加产品使用者的使用频率。企业可以通过营销努力使顾客更频繁地使用该产品。例如，牙膏商可以诱导消费者由每天刷两次牙改为每次饭后刷牙；洗发水制造商可以暗示用户洗头时洗两次比一次更有效等。

（3）营销组合改进策略。企业可以通过改变营销组合的一个或几个因素，来刺激消费者购买，增加销售。例如，通过降低价格、完善销售渠道、扩大广告宣传、增加服务项目和采取新的促销形式等方法，延长产品的生命周期。对成熟期的产品，有的营销学者认为，营销组合各因素的效果从大到小依次为：价格、广告和促销、产品质量、服务。企业可以根据产品的特点和市场的实际情况来灵活地加以改进。

4. 衰退期的特征和策划思路

1）衰退期的产品及市场特征

（1）产品销售量由缓慢下降变为迅速下降，消费者对该产品已不感兴趣。

（2）产品价格降到最低点。

（3）多数企业无利可图，纷纷退出市场。

（4）留在市场上的企业，通常采取削减促销费用、简化分销渠道、调低价格、处理存货等措施，以维持微利或保本经营。

2）衰退期的策划思路

产品一旦进入衰退期，从战略上看已经没有留恋的余地。经营者需要审时度势，采取适当的策略予以淘汰。

（1）维持策略。维持策略即企业继续保持原有的细分市场，使用相同的分销渠道、定价及促销方式，沿用过去的营销策略，将销售量维持在一个较低的水平上，待到时机合适，再退出市场。

（2）收缩策略。收缩策略即企业放弃无利可图的产品品种、细分市场和分销渠道，大幅度缩减促销费用，把资源集中使用在最有利的市场和最易销售的品种与款式上，以求获取尽可能多的利润。

（3）放弃策略。对于衰退迅速、完全无利可图的产品，企业应当果断地停止生产，致力于新产品的开发。但企业在淘汰疲软产品时，到底采取立即放弃、完全放弃还是转让放弃，应慎重抉择、妥善处理，力争将企业损失减少到最低。

J牌小麦啤酒的生命周期策略

国内某知名啤酒集团（以下简称"J牌集团"）利用其专利成果开发出具有国内领先水平的J牌小麦啤酒。这种产品泡沫更加洁白细腻、口味更加淡爽柔和，更加迎合啤酒消费者的口味需求。为尽快获得大份额的市场，迅速取得市场优势，J牌集团把小麦啤酒定位于零售价2元/瓶的中档产品，包装为销往城市市场的500ML的专利异型瓶装和销往农村、乡镇市场的630ML普通瓶装两种。合理的价位、精美的包装、全新的口味、高密度的宣传使J牌小麦啤酒上市后，迅速风靡本省及周边市场，并且远销到江苏、吉林、河北等外省市场，当年销量超过10万吨，成为J牌集团一个新的经济增长点。J牌小麦啤酒迅速从诞生期过渡到高速成长期。高涨的市场需求和可观的利润回报率使竞争者也随之发现了这座金矿，本省的一些中小啤酒企业不顾自身的生产能力，纷纷上马生产小麦啤酒。一时间市场上出现了五六个品牌的小麦啤酒，而且基本上外包装都是抄袭J牌小麦啤酒，酒体仍然是普通啤酒，口感较差，但凭借1元左右的超低价格，亦在农村及乡镇市场迅速铺开，这很快造成小麦啤酒市场竞争秩序严重混乱，J牌小麦啤酒的形象遭到了严重损害，市场份额也严重下滑，形势非常严峻。J牌小麦啤酒因此而从高速成长期，一部分市场迅速进入了成熟期，销量止步不前，而另一部分市场由于杂牌小麦啤酒低劣质量的严重影响，消费者对小麦啤酒不再信任，J牌小麦啤酒销量也急剧下滑，产品提前进入衰退期。

资料来源：搜狐网，http://www.sohu.com/a/83268745_251661，有改动

思考：面临严峻的市场形势，该集团对J牌小麦啤酒应该如何决策？维持、放弃，还是重塑？

第二节　产品组合策划

为满足目标市场需求、扩大销售、分散风险，企业往往生产或经营多种产品。究竟生产经营多少种产品才算合理，这些产品应当如何搭配？怎样才能既满足不同消费者的需求，又使企业获得稳定的经济效益？这就需要对产品结构进行认真的研究和选择，并根据企业自身能力条件，确定最佳的产品组合。

一、产品组合的含义

产品组合是市场营销学中一个非常重要的概念。产品组合是指一个企业生产经营的全部产品的组合方式，即全部产品的结构。产品组合是企业为面向市场，对所生产经营的多种产品进行最佳组合的谋略。其目的是使产品组合的长度、宽度、深度及关联性处于最佳结构，以提高企业竞争能力并取得最佳经济效益。

（一）产品线与产品项目

与产品组合密切相关的两个概念是产品线和产品项目。

1. 产品线

产品组合通常由若干产品线组成。产品线也称产品系列或产品大类，是指在功能、结构等方面密切相关，能满足同类需求的一组产品，每条产品线内一般会包含若干个产品项目。

2. 产品项目

产品项目也称产品品种，是指产品线中各种不同品种、规格、型号、质量和价格的特定产品。产品项目是构成产品线的基本元素。例如，某企业生产电视机、电冰箱、空调和洗衣机4个产品系列，即有4条产品线。其中，电视机系列中的29英寸彩色电视机就是一个产品项目。

（二）产品组合的特性

产品组合的特性主要指其长度、宽度、深度和关联度。

1. 产品组合的长度

产品组合的长度是指一个企业的产品组合中产品项目的总数。产品组合的平均长度，可以由产品项目总数除以产品线数目得到，它表示企业生产经营的产品品种的多少和复杂程度的高低。产品项目多，则产品组合长度长；产品项目少，则产品组合长度短。仍以宝洁为例，宝洁公司的产品组合共有产品项目31个，则其产品组合的长度为31。

2. 产品组合的宽度

产品组合的宽度是指一个企业的产品组合中拥有的产品线的数目，它表示企业生产经营的产品种类的多少和范围大小。产品线多，则产品组合宽；产品线少，则产品组合窄。如宝洁公司的产品组合有6条产品线，即洗涤剂、牙膏、肥皂、尿布、除臭剂和咖啡，则其产品组合的宽度为6。

3. 产品组合的深度

产品组合的深度是指一个企业产品线中的每个产品项目有多少具体的品种（如花

色、规格、大小、口味等)。例如,宝洁公司的佳洁士牌牙膏,假设有三种规格和两种配方,则佳洁士牌牙膏的深度为 6。一般地,用各种品牌的花色品种规格总数除以品牌数,即可求得一个企业的产品组合的平均深度。

4. 产品组合的关联度

产品组合的关联度是指企业各条产品线在最终用途、生产条件、分销渠道或其他方面的相关程度。它表示企业生产经营的产品之间相关性的大小,以及对企业经营管理水平要求的高低。例如,某企业生产电视机、电冰箱、空调等产品,则产品组合的关联性较大;若该企业同时生产化妆品和服装,那么,这种产品组合的关联性就很小。

海尔集团的产品组合

海尔集团现有家用电器、信息产品、家具集成、工业制造、生物制药等,共 6 条产品线,表明产品组合的宽度为 6。产品组合的长度是企业所有产品线中产品项目的总和。根据标准不同,长度的计算方法也不同。如海尔现有 15 100 种不同类别、型号的具体产品,表明产品组合的长度是 15 100。产品组合的深度是指产品线中每一产品有多少品种。例如,海尔集团的彩电产品线下有宝德龙系列、美高美系列等 17 个系列的产品,而在宝德龙系列下,又有 29F8D-PY、29F9D-P 等 16 种不同型号的产品,这表明海尔彩电的深度是 17,而海尔宝德龙系列彩电的深度是 16。产品组合的关联度是各产品线在最终用途、生产条件、分销渠道和其他方面相互关联的程度。例如,就海尔集团所生产产品的最终使用和分销渠道而言,这家公司产品组合的关联度较大;但是,海尔集团的产品对消费者来说有各自不同的功能,就这一点来说,其产品组合的关联度较小。

资料来源:百度文库,https://wenku.baidu.com/view/2b7d5721d5721d5bbfd0a7856739b.heml,有改动

思考:你如何评价海尔的产品组合策略?

二、产品组合的评价

为寻求最佳的产品组合,企业应该采用科学有效的方法对其现有产品结构进行分析与评价。目前,常用于产品组合评价与规划的方法主要有波士顿矩阵(BCG)分析方法和通用(GE)矩阵分析方法。

(一)波士顿矩阵

波士顿矩阵是由美国波士顿咨询公司首创的研究增长与市场份额的一种分析工具。该分析方法把企业全部产品按其市场成长率和相对市场份额的大小,在坐标图上

标出其相应位置（圆心），如图 6-2 所示。其中，横坐标表示相对市场份额，即各项业务或产品的市场占有率和该市场最大竞争者的市场占有率之比。比值为 1 就表示此项业务或产品是该市场的领先者。纵坐标为市场成长率，表明各项业务的年销售增长率。一般大于 10%的年增长率被认为是高的，以 10%为界分成高低两档。

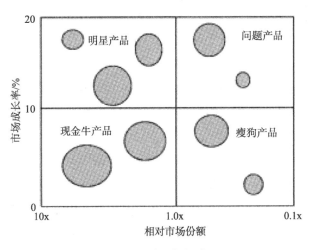

图 6-2　波士顿矩阵

在图 6-2 中，圆圈表示企业现有的各项不同的业务或产品，圆圈的大小表示它们销售额的大小。圆圈的位置表示它们的市场成长率和相对市场份额所处的地位。通过波士顿矩阵分析，可将企业的产品结构划分为以下四种类型。

1. 明星产品

它是指处于高市场成长率、高相对市场份额象限内的产品群，这类产品需要加大投资以支持其迅速发展。采用的发展战略是：积极扩大经济规模和市场机会，以长远利益为目标，提高相对市场份额，加强竞争地位。明星产品的管理与组织最好采用事业部形式，由对生产技术和销售两方面都很内行的经营者负责。

2. 现金牛产品

它是指处于低市场成长率、高相对市场份额象限内的产品群，这部分产品已进入成熟期。其财务特点是销售量大，产品利润率高、负债比率低，可以为企业提供资金，而且由于市场成长率低，也无须增大投资，因而能为企业回收资金，支持其他产品，尤其是明星产品投资的后盾。对这一象限内的大多数产品，相对市场份额的下跌已成不可阻挡之势，因此可采用收获战略：所投入资源以达到短期收益最大化为限。把设备投资和其他投资尽量压缩；采用榨油式方法，争取在短时间内获取更多利润，为其他产品提供资金。对于这一象限内的销售仍有所增长的产品，应进一步进行市场细分，维持现存市场增长率或延缓其下降速度。对于现金牛产品，适合于事业部形式的管理，其经营者最好是市场营销型人物。

3. 问题产品

它是处于高市场成长率、低相对市场份额象限内的产品群。前者说明市场机会大，前景好，而后者则说明在市场营销上存在问题。其财务特点是利润率较低，所需资金不足，负债比率高。例如，在产品生命周期中处于引入期、因种种原因未能开拓市场局面的新产品即属此类问题产品。对问题产品应采取选择性投资战略，即首先确定对该象限中那些经过改进可能会成为明星产品的进行重点投资，提高相对市场份额，使之转变成明星产品；对其他将来有希望成为明星产品的则在一段时期内采取扶持策略。因此，对问题产品的改进与扶持方案一般均列入企业长期计划中。对问题产品的管理组织，最好是采取智囊团或项目组织等形式，选拔有规划能力、敢于冒险、有才干的人负责。

4. 瘦狗产品

它是处在低市场成长率、低相对市场份额象限内的产品群。其财务特点是利润率低、处于保本或亏损状态、负债比率高，无法为企业带来收益。对这类产品应采用撤退战略：首先应减少批量，逐渐撤退，对那些市场成长率和相对市场份额均极低的产品应立即淘汰；其次是将剩余资源向其他产品转移；最后是整顿产品系列，最好将瘦狗产品与其他事业部合并，统一管理。

在本方法的应用中，企业经营者的任务，是通过波士顿矩阵的分析，掌握产品结构的现状及预测未来市场的变化，进而有效地、合理地分配企业经营资源。在产品结构调整中，企业的经营者不是在产品到了"瘦狗"阶段才考虑如何撤退，而应在"现金牛"阶段就考虑如何使产品造成的损失最小而收益最大。

运用波士顿矩阵指导零售户的卷烟经营

一个普通零售户所经营的卷烟商品品种少则几十个，多则上百个，这些卷烟商品零售价覆盖了高、中、低各个不同的价位，既有来自本地产的卷烟商品，又有来自外地产的卷烟商品。在如此多品种的卷烟商品面前，哪些卷烟商品需要成为零售户重点培育的对象？哪些卷烟商品能够为零售户带来稳定的卷烟销量和持续的经营利润？哪些卷烟商品能够为零售户带来较高的经营利润？哪些卷烟商品能够成为零售户新的利润增长点？通过运用波士顿矩阵可以为此找到答案。

第一步，先分析，再归类。根据波士顿矩阵分析原理，从某一个零售户的日常经营数据中对其所经营的卷烟商品品种进行全面、细致、周到的分析，找出哪些卷烟商品是明星产品，哪些卷烟商品是瘦狗产品，哪些卷烟商品是问题产品，哪些卷烟商品是现金牛产品，即根据市场成长率和相对市场份额这两个重要参数对零售户所经营的卷烟商品品种进行先分析，再归类。

第二步，针对性地制订和实施不同的培育方案。明星产品和问题产品是零售户重点培育的目标对象，现金牛产品是零售户维持现状的目标对象，瘦狗产品是零售户逐渐淘汰的目标对象。以明星产品和问题产品为例，明星产品有可能成为零售户下一阶段的现金牛产品，为零售户提供稳定的卷烟销量和持续的经营利润，对于这些卷烟商品策划人员需要指导零售户加大这些卷烟商品的推广力度（如通过把这些卷烟商品放在店内较为醒目的位置进行展示积极向消费者推荐这些卷烟商品等形式，提升这些卷烟商品的销量），并提升这些卷烟商品的进货量；相对于明星产品，问题产品主要以新上市的卷烟商品居多，对于这些卷烟商品，消费者的认知度还不够，策划人员需要做的是重点向零售户介绍这些卷烟商品的相关卖点，特别是新上市的卷烟商品更加需要对零售户进行较为详细的指导和培训，以便于零售户在向消费者积极推荐新上市的卷烟商品时，能够准确地把相关卖点传递给消费者，让消费者了解和接受。对明星产品、问题产品、现金牛产品、瘦狗产品这些不同性质的产品类型，策划人员需要有针对性地制订和实施不同的培育方案，指导零售户在日常经营中将主要精力放在培育以明星产品和问题产品为代表的核心产品上，在保持现金牛产品稳健销售的同时，减少对瘦狗产品的各项投入力度。

资料来源：根据作者教学编写整理而成

思考：波士顿矩阵为什么能够应用于零售户卷烟经营分析？

（二）通用矩阵

针对波士顿矩阵所存在的局限，美国通用电气公司于 20 世纪 70 年代开发了新的企业业务组合分析方法，通常被称为通用矩阵，如图 6-3 所示。相对于波士顿矩阵，GE 矩阵有了较大的改进，在两个坐标轴上增加了中间等级，增加了分析考虑因素。它运用加权评分法分别对企业各种产品的行业吸引力和业务实力进行评价。

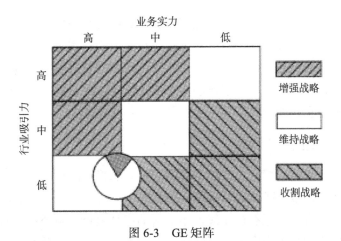

图 6-3　GE 矩阵

在图 6-3 中，横坐标表示业务实力，包括市场占有率、产品质量、营销能力、生产能力、生产效率、成本、开发及管理水平等；纵坐标表示行业吸引力，包括市场规模、市场增长率、利润率、竞争强度、技术与能源要求、通胀因素的影响等。圆圈表示企业的业务或产品，圆圈大小表示市场的规模，圆圈中的阴影部分表示企业在这个市场的占有率。

矩阵中业务实力和行业吸引力分别划为高、中、低三档，形成九个方格，实际分为三个部分。左上角的表示业务实力强、行业吸引力大。对于这些业务，企业应采取增加投资、积极开发的增强战略。对角线上的表示业务实力和行业吸引力属中等水平。对于这些业务，企业应采取保持现有市场占有率的维持战略。右下角的表示业务实力和行业吸引力都较差，企业必须采取压缩和不考虑长远利益的收割战略。GE 矩阵的具体战略如图 6-4 所示。

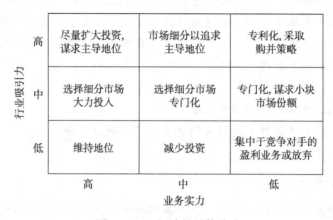

图 6-4　GE 矩阵的具体战略

三、产品组合的优化

企业可以采取多种方法发展及优化其产品业务组合：拓展产品组合的宽度，扩大企业的经营领域，实行多样化经营，分散企业投资风险；增加产品组合的长度，使产品线丰满充裕；加强产品组合的深度，占领同类产品的更多细分市场，满足更广泛的市场需求，增强行业竞争力；加强产品组合的关联度，使企业在某一特定的市场领域内加强竞争和赢得良好的声誉。常用的产品组合优化策略如下：

（一）扩大产品组合策略

扩大产品组合策略包括开拓产品组合的宽度和加强产品组合的深度。前者指在原产品组合中增加产品线，扩大经营范围。例如，某企业在家电类产品的基础上开始生产通信类产品。后者指在原有产品线内增加新的产品项目。当企业预测现有产品线中的产品项目销售额和盈利率在未来可能下降时，就应当考虑在现有产品线中增加新的产品项目，如某家电企业推出智能型的新款洗衣机。

（二）缩减产品组合策略

市场繁荣时期，较长较宽的产品组合会为企业带来更多的盈利机会。但是在市场不景气或原料、能源供应紧张时期，缩减产品线反而能使总利润上升，因为剔除那些获利少甚至亏损的产品线或产品项目，企业可集中力量发展获利多的产品线和产品项目。

（三）产品线延伸策略

每一企业的产品都有特定的市场定位，如美国的"林肯"汽车定位在高档汽车市场，"雪佛兰"汽车定位在中档汽车市场，而"斑马"则定位于低档汽车市场。产品线延伸策略指全部或部分地改变原有产品的市场定位，具体有向下延伸、向上延伸和双向延伸三种实现方式。

1. 向下延伸

有些生产经营高档产品的企业逐渐增加一些较低档的产品项目，称为向下延伸。如我国著名白酒品牌"五粮液"，在原有高档产品的基础上向中低档产品扩展，陆续推出了五粮春、五粮醇、金六福、浏阳河、铁哥们、京酒、火爆酒、东方龙等数十个品牌，产品线从单价四五百元的高档产品，覆盖到了一百元左右的中档产品和二三十元的低档产品。

2. 向上延伸

有些企业原来生产经营低档产品，逐渐增加高档产品，称为向上延伸。如我国方便面行业著名品牌"华龙"，创立之初定位目标消费群为8亿农民和3亿工薪消费者，主推零售价在1元以下的产品，如108、甲一麦、小康家庭等。后来，"华龙"开始向高端市场进军，推出了价位相对较高的"今麦郎"系列产品。

3. 双向延伸

有些生产经营中档产品的企业，掌握了市场优势以后，逐渐向高档和低档两个方向延伸，称为双向延伸。如假日酒店（Holiday Inn）就采用这两种手段来延伸其产品线。公司将它国内的酒店划分为5个独立的连锁店以针对五个不同的利益细分市场——高级的皇冠广场，传统的假日酒店，可欠费的Express，商务假日Select和假日Suites & Rooms。不同品牌的连锁店有不同的营销计划和重点，为不同旅客开发不同的品牌以满足各种独特的需要。

产品线延伸存在双重效应，有利有弊。从有利方面看，可以满足更多消费者的需求，迎合消费者求异求变的心理、适应不同层次价格的需求以及可以减少企业开发新产品的风险等。但其负面作用是，降低品牌忠诚度、产品的不同项目难以区分、引起成本增加等。因此，把握好产品线延伸的度至关重要。企业生产经营中应当及时关注产品利润率的情况，集中生产利润较高的产品，削减那些利润低或者亏损的品种。当需求紧缩时，缩短产品线；当需求旺盛时，延伸产品线。

（四）产品线现代化策略

产品线现代化策略是强调把现代科学技术应用于生产经营过程，并不断改进产品线使之符合现代顾客需求的发展潮流。如果产品组合的长度、宽度和深度都很适宜，但是，生产方式已经落后，或者产品跟不上现代顾客需求的潮流，就会影响企业生产和市场营销效率。例如，某公司的机床如果还是 20 世纪 80 年代的老面孔，就会使公司败在产品线较为新式的竞争者手下。

当企业决定实施产品线现代化策略时，面临的主要问题是：通过渐进方式还是快速方式实现产品线的技术改造。渐进地实现产品线现代化可以节省资金，但容易被竞争者发现和模仿；快速地实现产品线现代化，可以快速产生市场效果，并对竞争者形成威胁，但需要在较短的时间内投入大量的资金。

（五）产品线号召策略

有的企业在产品线中选择一个或少数几个产品项目进行精心打造，使之成为颇具特色的号召性产品去吸引顾客。有时候，企业以产品线上的低档产品型号进行特别号召，使之充当开拓销路的廉价品。例如，大金（Daikin）空调公司就曾经发布过一种只卖 750 美元的经济型空调，而它的高档产品要卖 3 000 美元，从而吸引顾客购买。

华龙方便面的产品组合策略

2003 年，位于河北省邢台市隆尧县的华龙集团以超过 60 亿包的方便面产销量排在国内方便面行业第二位，仅次于康师傅，形成与康师傅、统一三足鼎立的市场格局。华龙真正地由一个地方方便面品牌转变为全国性品牌。

作为一个地方性品牌，华龙方便面为什么能够在康师傅和统一这两个巨头面前取得全国产销量第二的成绩，从而成为国内方便面行业的新秀呢？从市场角度而言，华龙的成功与其市场定位及营销策略等密不可分，而其中产品组合策略的设计更是居功至伟。

华龙目前拥有方便面、调味品、饼业、面粉、彩页、纸品六大产品线，也就是其产品组合的宽度为 6。方便面是华龙的主要产品线。

最初，华龙将目标市场定位于河北省及周边省份的农村市场。由于农村市场本身受经济发展水平的制约，不可能接受高价位的产品，华龙就推出适合农村市场的"大众面"系列，该系列产品由于其超低的价位，迅速为华龙打开了进入农村市场的门槛。几年后，华龙积累了更多的资本和更足的市场经验，又推出了面向全国其他市场的中高档系列方便面，如中档的"小康家庭""大众三代"，高档的"红红红"等。2002 年起，华龙开始走高档路线，开发出第一个高档面品牌——"今麦郎"。华龙开始大力开发城市市场中的中高价位市场，此举在如北京、上海等大城市大获成功。

如今，华龙的产品组合非常丰富，其产品线的长度、深度和宽度都达到了比较合理的水平。它共有十几种产品系列，上百种产品规格。其合理的产品组合，使企业充分利用了现有资源，发掘现有生产潜力，更广泛地满足了市场的各种需求。华龙丰富的产品组合有力地推动了其产品的销售，促进了华龙方便面行业老二地位的形成。

资料来源：道客巴巴，http://www.doc88.com/p-2052371866049.html，有改动

思考：华龙方便面是以怎样的产品组合策略占领市场的？

第三节　新产品开发策划

在当今激烈竞争的市场环境下，大多数企业面临着产品生命周期越来越短的压力。企业要在同行业中保持竞争力并能够占有市场份额，就必须不断地开发出新产品。因此，新产品开发具有战略决策性质，是企业的一项重大经营管理决策。它决定了企业的经营方向。

一、新产品的概念与分类

从市场营销角度看，新产品是一个相对广泛的概念，既指绝对的新产品，又指相对的新产品；既可以对市场而言，又可以对企业而言。也就是说，只要是产品整体概念中任何一个要素的创新、变革或改造，都可以被理解为新产品。所以，这里的新产品是指在企业经营活动中一切新开创的产品，大体可分为以下四种。

（一）全新新产品

全新新产品是指采用新原理、新结构、新技术、新材料等制成的新产品。例如，1867年—1960年世界公认的新产品有电子计算机、真空管、打字机等。

（二）换代新产品

换代新产品是指在原有产品基础上，部分采用新技术、新材料制成的，性能有显著提高的新产品，也称部分新产品。例如，从普通电熨斗到蒸汽电熨斗，从普通电话机到可视电话机等。

（三）改良新产品

改良新产品是指采用各种改良技术，对现有产品的性能进行改进，提高其质量，以求得规格型号的多样和款式花色的翻新。例如，潜水手表、药物牙膏等。

（四）仿制新产品

仿制新产品是指市场上已有同类产品，本企业仿制竞争者的产品，也称本企业的

新产品。例如,20 世纪 90 年代浙江某品牌饮用水推出之后深受广大消费者的喜爱,于是,各种品牌的饮用水纷纷登台亮相。

二、新产品开发与上市策划

实践表明,在企业新产品发展过程中,有两个环节最为重要:一个是新产品的开发过程,另一个则是新产品的上市过程。为此,企业应采取有效的措施对这两个阶段进行详尽的策划。

(一)新产品开发策划

新产品开发是一项复杂又极具风险的工作,它直接关系到企业经营的成功与失败。据统计,开发新产品从构思到投入市场,成功率只有 1%~2%。因此,为了提高新产品开发的经济效益,必须按照一定的科学程序来进行。新产品开发的主要流程如下:

1. 产品构思

产品构思是指企业对准备向市场推出的产品加以研究、发展。新产品的开发工作始于产品构思,即寻求一种能够满足某种需要或欲望的产品。构思过程不是一种偶然的发现,而是有计划探索的结果。

2. 筛选构思方案

新产品构思的好坏,对新产品开发能否成功影响很大。因此,征求到创新的构思以后,还要进行抉择和取舍,即组织构思的筛选。

3. 建立产品概念

这是开发新产品过程中最关键的阶段,目的在于把产品构思转变为使用时安全、能增进消费者利益、制造上经济的、具有为顾客乐于接受的物质特征的实际产品。

汰渍洗衣粉的诞生——先有概念后有产品

1837 年,两位来自欧洲大陆的移民威廉·波克特和詹姆斯·甘保在美国辛辛那提市正式签订合伙契约并成立了宝洁公司。目前,宝洁公司的全球雇员已超过 11 万,在全球 70 多个国家设有工厂及分公司,经营的品牌达 300 多个。在宝洁公司众多品牌中,汰渍是颇具传奇色彩的一个。

汰渍洗衣粉被称作"洗衣奇迹",自从 1946 年推出以来,经过了 60 多次技术革新及市场开拓。由于采用了新的配方,洗涤效果比当时市场上所有其他产品都好,再加上合理的价格,汰渍现已成为全球最大的洗衣粉品牌之一。

1993 年,宝洁在中国的汰渍品牌小组成立,小组从消费者需求与习惯研究中得到的数据显示，消费者关心的洗衣粉功能的前三位是日常清洁、去油、衣领和袖口清洁，再通过概念开发座谈会和消费者深度访谈后，宝洁确定了两个待选概念：一个是油迹去无痕；另一个是领干净，袖无渍。在随后的概念测试阶段，由产品研究部开发配方，进行匿名产品测试，通过将品牌总体评价、功能评价、购买意向的测试分数与当时中国市场上两个主要的洗衣粉品牌白猫和活力28做比较，得出两个概念皆有上市成功可能的结论。然而最终，汰渍品牌小组选择了"去油污"的概念。

在宝洁，永远是先有概念后有产品。宝洁推出的其实不是一个产品，而是一个概念、一个说法。产品只是概念的载体，如果调研发现消费者确实需要这个产品，宝洁就去开发这个产品。

资料来源：董新春. 市场营销策划实务[M]. 北京：北京理工大学出版社，2010，有改动

思考：汰渍洗衣粉针对中国市场的开发思路是什么？

4. 商业分析

一旦生产者决定了产品概念，接着进行的是评价该产品在商业上的吸引力。商业分析是指对预计的销售额、成本和利润进行审视，判断其是否与生产者的目标相符合。如果确能令生产者满意，则进行下一阶段的开发研制工作。

5. 开发研制

经过市场分析以后，产品由概念进入实际研制过程。这一阶段企业要试制出新产品样品或实体模型。一般来说，样品生产要经过设计和实验、再设计和再实验的反复过程，还要进行品牌和包装设计，一直到符合生产和市场营销的要求为止。若是实体模型，既要具备产品概念中所描述的特征，又要以经济的成本和可行的技术制造出来。

6. 市场试销

产品样品经过实验室试验以后，还要经过消费者或用户的试用，以帮助企业进一步修改产品设计，确定新产品是否值得投入市场。

7. 正式上市

试销成功后的新产品就可以批量生产，正式推向市场。新产品开发这一典型流程提示我们，新产品开发的创意与策划过程应该从产品构思开始，经评价筛选变成初步的方案，再经过不断的检测，最后变成正式的方案。至于是否成功，企业还须在上市时间、上市地点、上市目标等方面作出精心的营销策划。

（二）新产品上市策划

有研究统计，在中国，平均每小时都有两个新产品推上市场，平均每小时也有至少两个产品退出市场。因而，在新产品上市过程中，恰当地把握新产品上市的时机、地点和目标对新产品成功上市至关重要。

1. 上市时机选择

综观企业成功的新产品上市经验，把握上市时间十分重要。

（1）先于竞争者上市。这是指新产品在研制出以后，立即上市。其特点是同类产品的竞争者很少或几乎没有，或潜在竞争对手的条件尚未成熟。先于竞争者上市可以"先入为主"。

（2）同于竞争者上市。这是指市场一有变化，企业就闻风而动，同时也开发这种新产品。由于各方面条件水平相当，很可能同时完成一项产品的构思、试制、上市。其特点是共同承担风险，共享利润成果。

（3）迟于竞争者上市。这是指虽然新产品已经成型，但决策者们却迟迟不将其公之于众，他们期待着更详尽的调查和更高的接受率，同时尽量避免上市失败给企业带来损失，这样就将风险转嫁给了竞争对手。如果产品销路好就立即推出，如果产品销路不好就立即退出。这种方法，即所谓的"后发制人"。

联合利华的 AdeZ 饮料

2006 年，联合利华在英国推出一款名为 AdeZ 的果汁+大豆型饮料，这是联合利华多年来在英国市场推出的首款该类型产品。推出前，联合利华曾投入 1 440 万英镑用于研发和推广。然后这款代表了联合利华新品类的产品在英国市场仅上市一年多便草草收场，全部销售额尚不足以弥补当初的投入。

区别于其他果汁类产品，AdeZ 的最大卖点是添加了大豆元素。AdeZ 声称在它的产品中加入了大豆提取物，因此 AdeZ 有大豆高蛋白、低脂肪的好处，却无大豆通常有的苦涩口味。

然而英国市场上，已经有两大强有力的竞争对手，即 Innocent 和 PJ（Pete & Johnny's），它们占据了此类功能果汁市场的 85%份额，而且两个竞争对手都十分活跃，产品种类丰富，营销手法出奇创新。

在强大对手面前，后来者 AdeZ 的优势难以凸显。一位功能饮料专家总结，仅靠添加某种单一成分难以成为功能性产品的重点。而 AdeZ 的卖点显得单一，而且生产商联合利华是一家多元化发展的公司，无法以专业饮料制造者的身份令消费者信服，让 AdeZ 借力而上。面临强敌却无突出优势，只能令联合利华选择从英国功能果汁市场退出，理智地止损。

资料来源：豆丁文库，https://www.docin.com/p-614508409.html，有改动

思考：联合利华的 AdeZ 饮料上市为什么失败了？

2. 上市地点选择

上市的地点即推出新产品的地域，是在当地或异地，一个地区或几个区域，国内或国外等。一般资金雄厚、人力充足的企业会撒开大网，向整个地区推出，巩固成果，

而中小型企业很少能拥有大范围的销售网络,面铺得太大会造成力量分散,最好从某个地区入手,边巩固成果边向其他地区扩展。

3. 上市目标确定

产品的最终享用者是顾客。因年龄、性格、性别的不同,他们的购买需要也不相同。企业选准目标群,并根据他们的特点制定方针对策,方能"有的放矢"。否则,过于大众化的产品反而备受冷落。例如,化妆品以女士为主要对象,玩具以幼儿和青少年为中心,选错目标就会适得其反。

小护士缘何销售受挫

世界最大的化妆品公司——欧莱雅集团2003年12月12日在北京宣布:收购中国护肤品品牌"小护士",这是欧莱雅在中国收购的第一个本土品牌。"小护士"被欧莱雅收购后,欧莱雅雄心勃勃表示要将"新小护士"打造为中国第一大护肤品牌。不但要增加新的"小护士"产品系列,还要引入欧莱雅成功的零售终端管理模式,将"小护士"推向一线城市,采用专柜销售。

然而,被人为抬高身份的"新小护士"似乎有些不争气,并没有给"东家"带来期望的回报。在欧莱雅开拓的现代销售渠道中,如大卖场、超市这些原"小护士"没有进入的领域,"新小护士"市场份额有所增长;但是原"小护士"赖以生存壮大的二三线城市分销渠道却因不合欧莱雅掌控渠道的一贯做法,在减少萎缩。这种固有渠道萎缩的直接结果就是"新小护士"整体市场份额的下滑。

事实上,"小护士"当初是以"问题皮肤的解决专家"打入市场的,主打防晒护肤品。除了成功选择细分市场和进行产品定位外,"小护士"的成功还有赖于深度分销和灵活的销售政策,全国二三线城市的近3万个销售网点共同成就了"小护士",让"小护士"一度冲击成为中国第三大护肤品牌。可以说,"小护士"的成功是一种放低身段、量上的成功,是一种适应国情的销售策略的成功。

被纳入欧莱雅体系后,"新小护士"与欧莱雅的大众消费品卡尼尔牵手,在产品种类和销售渠道上都进行了欧莱雅式的改造,"新小护士"的销售重心偏移了。但是消费者却没有跟着偏移。脱离了原来的群众基础,又得不到新市场的青睐,"新小护士"的处境一时尴尬,在很长一段时间内成了欧莱雅的收购之痛。

资料来源:百度文库,https://wenku.baidu.com/view/32ac777702020740bf1e9b01.html,有改动

思考:"小护士"被收购后为什么没有达到欧莱雅料想的上市效果?

本 章 小 结

- 产品是市场营销组合中最重要、最基本的因素。企业有必要从顾客真正的需求

出发，诠释产品的概念和内容。根据产品的整体概念层次，策划和设计产品的利益、质量、保证和服务等属性，提高产品的综合竞争力。

- 随着需求的不断变化，产品的消费、销售会出现一个周期性的变化，任何一种产品最终都会有淘汰的时候。典型的产品生命周期阶段包括引入期、成长期、成熟期和衰退期四个阶段。企业需要分析和把握产品生命周期的不同阶段，根据各阶段的营销特征，进行相应的营销策划。

- 产品组合是企业提供给市场的全部产品结构。对企业产品组合的评价，可以使用波士顿矩阵和 GE 矩阵。为满足市场需求，企业必须不断发展产品组合。企业可以依据产品组合的长度、宽度、深度和关联度等特性，对产品组合进行优化和调整，并采用相应的产品组合策略。

- 新产品开发策划是有目的、有计划、有步骤地发展新产品的计划。新产品开发具有战略决策性质，是企业的一项重大的经营管理决策。它决定了企业经营的方向。新产品的开发与上市策划构成新产品策划的主要内容。

课 后 习 题

1. 何谓产品整体概念？如何基于产品整体概念进行产品策划？
2. 如何针对产品生命周期不同阶段进行营销策划？
3. 如何对产品组合进行分析和评价？
4. 企业可以采用哪些策略进行产品组合优化？
5. 如何进行新产品的上市和推广策划？

答案要点

九毛九的产品策略

广州市麦点九毛九餐饮管理有限公司（以下简称"九毛九"）是经营山西风味面食和菜系的餐饮连锁集团，尤以"手工面食"著称，凭借其特色的产品和经营管理手段，很快在餐饮行业中崭露头角，并踏入快速发展的连锁扩张之路，分店遍及广州、深圳、佛山、天津等地。

1. 产品研发注重差异化，因地域和季节有分别

面对当前激烈的市场竞争，为了突出产品的优势和特色，九毛九坚持走"手工面食之路"。目前，九毛九的面食分为面条、饼类和饺子等多种类型，而这些不同种类的面食又可以用煮、煎、炸、烙等不同的方式去烹调和加工，再加上西红柿、羊肉、红烧牛肉、炸酱等多种汤卤，可以满足食客的多层次需求。

由于地域和年龄不同，不同的消费群体饮食习惯就会不同。从地域上看，北方人普遍比较喜欢吃面条、饺子，南方人则比较喜欢吃饼类，山西人比较喜欢汤水较少的菜品，而广东人喜吃米饭和喝汤。而从年龄上看，中老年人偏爱吃面条和饺子，年轻

人则较热衷吃饼类食品。在产品研发时，九毛九都会把这些因素考虑进去。例如，同属广东省的广州分店和深圳分店的菜谱会一样，但是跨省之间如广州分店、北京分店、海口分店的菜谱就会不一样。

另外，九毛九的面食产品又会按照季节分为夏季和冬季两个系列，具体会按照当地的气候来划分，如在广州，每年的4月—10月天气相对炎热，就使用夏季菜谱，菜品偏向清淡，并且会加上一些夏天的凉菜菜品；而到了当年的11月至下一年的3月时，天气转冷，则使用冬季菜谱，菜品以砂锅、锅仔类居多。

正因为研发菜品时要考虑诸多因素，所以九毛九要研发一款新产品之前，都要事先去考察市场。在决定是否要推出一款新的面食产品时，要先后经过研发部一线调查人员、研发中心经理、老总等人员的试吃和挑选，然后大家再一起讨论决定。

2. 选材、工艺双管齐下，造就特色面食

除了注重产品研发方面，九毛九还在面粉的选择和制面工艺两方面下手，争取制作出具有特色的差异化产品以赢得消费者。因为在机器批量生产时代，想要在种类繁多的同质化面食产品中脱颖而出，就必须有自己的特色，才能受到消费者的青睐。

面粉分为高筋面粉、中筋面粉、低筋面粉及无筋面粉等种类，筋度不一样，做出的面的柔韧度就不一样，又由于不同地域生产的面粉不一样，所以九毛九对面粉的选择非常挑剔。需要出去采购面粉时，通常是由研发中心人员先从上百种不同的面粉中挑一些出来进行筋度配比，再经过多次试验后，从中挑选7~8种出来，接着由研发中心经理挑5~6种出来，最后由老总再挑3~4种出来。然后，由老总、供应商、研发人员等人员一起讨论决定，再验证试用。

有了好的原料后，还要注重生产的过程。正如九毛九的口号"中华真功夫，手工出劲道"所说的一样，为了满足各分店批量生产的需求的同时，又能坚持面食的纯手工制作，九毛九在企业内部建立起了"面条大学"，不惜每年巨额投资上百万来统一培养手工面食制作人才。手工制作出的面食，在口感上有着与众不同的劲道、柔韧和爽滑，再配上西红柿、羊肉、红烧牛肉、炸酱等多种汤卤，可以为顾客提供口味多样、口感极佳的特色面食。

3. 差异化和标准化相结合，不改本色

九毛九的面食正是因为有自己核心的特色才赢得了市场。为了避免九毛九在扩张的过程中出现各个连锁分店之间产品风格不一而损坏品牌形象的情况，九毛九强调用手工制作进行标准化生产，而其标准化生产是通过对内部面食制作人员进行统一的培训来实现的。

在开发新的市场时，九毛九通常会提前派出厨师团队进行3~5个月的前期实地调查，了解当地消费者的口味习惯，然后再将各个分店的面食产品根据当地的习俗进行相应的调整，调整的幅度一般不超过40%，以免丢掉九毛九的产品特色。而为了更方便进行产品的研发，九毛九在广州、北京、海口等地都设有地方分店总厨委，由对各大菜系都了解的厨师团队来根据不同地方的口味和消费者的饮食习惯来对九毛九的产品进行定位，然后设计出适合各个地方分店的菜谱。

优质的产品背后是一个强大的团队,在这个团队里有着一群诚实朴素、务实肯干的"九毛九人",让九毛九不仅免受了餐饮业"转型之风"的影响,反而业绩不断上升。九毛九,这个庞大的"面食连锁帝国",正在这群普通人组成的团队的支撑下稳稳地走向未来。

资料来源:360doc 个人图书馆,http://www.360doc.com/content/14/0305/15/535749_357945722.shtml,有改动

思考题:
1. 九毛九公司采用了怎样的市场竞争战略?
2. 九毛九公司的产品策略具有哪些启示?

第七章

价格策划

【学习目标】

知识目标

1. 掌握价格策划的程序与要求
2. 掌握新产品定价的主要方法
3. 理解修订价格的主要策略
4. 了解企业价格变动的原因

能力目标

1. 初步具备价格策划的基本能力
2. 能够应用定价方法及策略进行价格方案设计

周大发的绝招

万全超市(化名)总经理周大发(化名)最近遇到了烦心事:几个月来,随着附近几个大型商场开业,原本红红火火的万全超市渐渐失去了昔日繁华。超市由原来平均每天100万元的营业收入一下缩水为40万元。这可急坏了周大发,又是推行低价限时抢购活动,又是推行"买一送二"大行动,但始终都没有成效,商场面临着顾客流失、关门退市的危险。周大发暗自下定决心:短时间内必出奇招,扭转乾坤。

很快,周大发就找到了扭转乾坤的绝招,在万全超市的门口打出了大幅广告:"凡在万全超市购物,若在同城其他商场发现同一种商品价格低于万全超市的售价,万全超市承诺:消费者可持购物发票获得双倍差价的补偿。"广告一出,全城哗然,消费者骤增,没过几日,商场的生意又恢复了往日繁华,甚至超过以往的火爆。周大发凭栏远望,心中狂喜!

过了一段时间,万全超市出现了前来要求双倍差价补偿的几个消费者,原因是附近几家商场已将一些低成本、低价格的商品调价。于是,周大发设立了特别行动小组对其他商场的价格进行监测,每星期汇总并调整一次价格,这样几乎就能够保证自己的价格一直处于最低状态。一时间,风平浪静,周大发也逍遥自得。

水面平静,水下却是暗流涌动。周大发沉浸在胜利的喜悦中浑然不觉。时间一长,问题出现了:一是前来要求双倍差价补偿的消费者陆续增加;二是营业收入稳定增长,毛利却逐渐下滑。并且从特别行动小组处得到消息：近期其他几家受到冲击的商场正在密谋联合反击。

这天，周大发被眼前的景象惊呆了：超市还没开门，门口已经排起了长龙，前来要求双倍差价补偿的消费者占据了整个大厅，队伍还在增加……周大发派人调查，才知道原来其他商场的工作人员或亲属，这两天集中到万全超市购买了个别品种的商品，付款后迅速通知他们的商场打出同品名、同规格商品的低价收银单，然后集中在今天发难——要求"双倍退差"。52度500mL新包装五粮液酒万全超市每瓶价格339元，而有的商场竟开出了每瓶299元的收银发票，每瓶价格相差40元，加上双倍的差价，每瓶就要退还80元……面对如此阵势，周大发真不知该如何收场！

资料来源：亚豆文库，https://www.docin.com/p-584877846.html，有改动

思考：周大发定价"绝招"的问题出在哪里？

价格是企业参与竞争的重要手段，其合理与否会直接影响企业产品或服务的销路。万全超市针对竞争对手林立的情况，采取了"若在同城其他商场发现同种商品价格低于万全超市售价，可持购物发票获得双倍差价补偿"这一"定价绝招"。不料此"绝招"只获得了短暂的效果，之后却问题连连。这与万全超市不了解价格策划的实质，盲目实施价格策略不无关系。企业营销活动中的价格策划不是对定价方法与技巧的"拍脑袋"决策，更不是其简单组合，而是要将企业的价格工作作为一个整体来统一把握，综合考虑企业的营销策略、目标市场及其品牌定位，以及顾客、竞争和市场营销环境等因素。本章将系统阐述企业定价的基本方法与技巧，主要包括制定、修订和变动价格策划。

第一节　制定价格的策划

在市场营销组合中，价格是能够为企业带来收入的唯一要素，其他要素只产生成本。与产品、渠道和促销等营销组合要素不同的是，价格是最灵敏、最灵活的要素；而且，它能够向市场传递所期望的价值定位。因此，定价策略直接决定着企业市场份额的大小和盈利率的高低，并与其他营销策略相结合共同影响营销目标的实现。随着营销环境的日益复杂，制定价格的难度越来越大，不仅要考虑成本补偿问题，还要考虑消费者接受能力和市场竞争状况。

一、价格策划的界定

价格策划是企业在一定的市场环境下，为实现长期的经营目标，协调配合其他营销组合要素，对价格进行决策的全过程。因此，从某种意义上说，价格策划是企业营销策划的整体谋划，应站在整体的、全局的立场上分析问题。

（一）价格的含义与分类

狭义地看，价格是一种产品或服务的标价。广义地看，价格是消费者为了换取获得和使用产品或服务的利益而支付的价值。

根据产品有无物质形态，价格可以分为有形产品价格和无形资产价格两类。有形产品是指消费品、生产资料等有实物形态和物质载体的产品，包括农产品、工业品、房屋等建筑产品等；无形资产是指长期使用而没有实物形态的资产，包括专利权、非专利权、商标权、著作权、土地使用权、商誉等。

需要特别指出的是，下列价格也应包含在产品价格的范围内。

1. 地产价格

地产价格即土地价格，指经营者为获取土地所有权或使用权，向土地所有者或出让者支付的费用。

2. 科技产品价格

科技产品价格是指科技产品进入市场后，因科技出让方转让其科技成果，而从受让方获取的技术使用费用。科技产品价格是以价值为基础受供求影响形成的。

3. 信息产品价格

信息产品是指一定时间、条件下，经过人们收集、加工、整理、融会贯通的经济活动消息、情报、市场行情、数据、知识、经验等高智力劳动成果。信息产品价格通常以信息咨询费、信息资料价格表示。

（二）价格策划的要求

价格的制定应当遵循一些必要的原则。概括地讲，主要有以下三个方面。

1. 价格策划应重视整体协调

价格策划应遵循整体性和系统性原则，联系市场实际情况，以整个企业为背景，综合考虑企业的产品成本、企业资源、企业营销策略，处理好不同产品或服务价格的协调，以及具体价格制定与企业整体价格政策的协调。

2. 价格策划应善于出奇制胜

企业进行价格策划一定要体现与竞争对手不一样的定价思路、定价方法、定价策略，把握定价优势，先发制人，占据有利的市场地位。

3. 价格策划应具有动态思维

成功的价格策划是与市场动态和企业目标相一致的构思及策划。企业要根据内外部环境的变化，对企业原有的战略、政策及策略进行适时的、适当的修正或调整。

二、价格策划的程序

完整的价格策划程序主要包括以下几个方面。

（一）分析价格策划环境

价格策划环境是指作用于企业生产经营活动的一切外界因素和力量的总和，包括经济环境、市场环境和企业经营环境等，对这些环境的认真分析和研究是制定价格策略的基本要求。

（二）确定价格策划目标

定价目标是企业在价格策划时有意识要达到的目的。定价目标是企业经营目标在价格策划中的表现，它是企业策划方案首先要解决的问题。企业的定价目标是以满足市场需要和实现企业盈利为基础的，它是实现企业经营总目标的保证和手段。同时，又是企业定价策略和定价方法的依据。不同的企业有不同的目标，就是同一企业在不同的发展时期也有不同的定价目标。

从价格策划的角度，定价目标是整个价格策划的灵魂。定价目标一般有利润最大化目标、市场占有率目标、树立企业形象目标、应付和防止竞争目标、获取当前最高收入或利润目标、维持生存目标等。以下简要介绍几种价格策划。

1. 以维持企业生存为目标的价格策划

其具体包括两种情况：一是从企业长远利益出发，在竞争中避免价格战和其他风险；二是在竞争激烈的情况下，产品销路不畅，大量积压，资金周转不灵，企业常用低价竞销方式维持生存。

2. 以获取利润为目标的价格策划

一是以获取最大利润为目标，并不一定是高价。综合考虑各种因素，以总收入减去总成本的差额最大化为定价基点，确定单位商品价格。二是以获取合理利润为目标，兼顾企业目标和社会目标。

3. 以保持或扩大市场占有率为目标的价格策划

市场占有率目标在运用时存在保持和扩大两个互相递进的层次。保持市场占有率的定价目标的特征是根据竞争对手的价格水平不断地调整价格，以保证足够的竞争优势，防止竞争对手占有自己的市场份额。扩大市场占有率的定价目标就是从竞争对手那里夺取市场份额，以达到扩大企业销售市场乃至控制整个市场的目的。

企业可以采取低价或高价两种占领方式来提高商品的市场占有率。企业在新产品上市初期，可以采用高于竞争对手的商品价格，利用消费者求新、求名等心理，高价获取最大利润。当企业没有明显的竞争优势时，可以通过提高产品质量、降低产品成本，以低价打开销路，提高商品的市场占有率。

4. 以抑制和应付市场竞争为目标的策划

这种价格策划是把竞争者价格和领导者价格作为基础，一般采用如下几种方式：实力较弱的企业以低于竞争者的价格定价或追随市场领导者的价格进行定价；实力雄厚的企业以高于竞争者的价格定价。

聪明的画家

在比利时的一间画廊里，一位美国画商正和一位印度画家讨价还价，争辩得很激烈。其实，印度画家每幅画的底价为 10~100 美元。但当印度画家看出美国画商购画心切时，对其所看中的 3 幅画单价非要 250 美元不可。美国画商对印度画家"敲竹杠"的宰客行为很不满意，"吹胡子、瞪眼睛"地要求降价成交。印度画家也毫不示弱，竟将其中的一幅画用火柴点燃，烧掉了。美国画商亲眼看着自己喜爱的画被焚烧，很是惋惜，随即又问了剩下的两幅画卖多少钱。印度画家仍然坚持每幅画要卖 250 元。从对方的表情，印度画家看出美国画商还不愿意接受这个价格。这时，印度画家气愤地点燃了火柴，竟然又烧毁了一幅画。至此，酷爱收藏字画的美国画商再也沉不住气了，态度和蔼多了，乞求说："请不要再烧最后这幅画了，我愿意高价买下。"最后，竟以800 美元的价格成交。

资料来源：王树林. 攻心夺人的营销心理学[J]. 企业销售，1999(6)，有改动

思考：案例中画家的定价是如何体现定价目标的？

（三）设计价格策划方案

制订价格策划方案是价格策划内容的具体体现，它包括产品成本估计和需求的测算以及竞争对手的价格、产品的分析等。

1. 成本核算

可从这些方面思考：与特定的定价决策相关的增量成本和可避免成本是什么；包括制造、顾客服务和技术支持在内的销售增量变动成本（不是平均成本）是什么；在什么样的产量水平下半固定成本将发生变化，这个改变值是多少；以某个价格销售产品，什么是可避免的固定成本；等等。

2. 确认消费者

弄清这些问题：哪些是潜在的消费者，他们为什么购买这个产品；对于消费者来讲，产品或服务的经济价值是什么；其他因素（如，很难在替代品之间作比较，购买产品代表一种地位和财富，预算限制，全部或部分成本可以由他人分担等）是如何影响消费者的价格敏感性的；顾客感受到的价值的差异以及非价值因素的差异是如何影响价格敏感性的；如何根据差异将消费者划分成不同的市场；一个有效的营销和定位

战略如何影响顾客的购买愿望；等等。

3. 确认竞争对手

收集竞争对手的这些信息：目前或潜在的能够影响该市场盈利能力的竞争对手是谁；谁是目前或潜在的关键竞争对手；目前市场上，竞争对手的实际交易价格（与目录价格不同）是多少；从竞争对手以往的行为、风格和组织结构看，他们的定价目标是什么；他们追求的是最大销售量还是最大利润率；与本公司相比，竞争对手的优势和劣势是什么；他们的贡献毛利是高还是低，声誉是好还是坏，产品是高档还是低档，产品线变化多还是少；等等。

数据收集阶段的三个步骤要分别独立完成。否则，如果负责收集顾客信息（第二步）的人员相信增量成本相对于价值来讲比较低（第一步），就会倾向于保守地估计经济价值。如果计算成本（第一步）的人员相信消费者价值很高（第二步），就会倾向于将产品的成本定得较高。如果收集竞争信息（第三步）的人员知道消费者目前偏爱的产品是什么（第二步），就会忽略那些尚未被广泛接受的高新技术带来的威胁。

（四）选择合适的定价方法

定价方法是根据定价目标确定产品基本价格范围的技术思路。常见的定价方法有成本导向定价法、需求导向定价法和竞争导向定价法三种。

1. 成本导向定价法

在成本的基础上加上一定的利润和税金来制定价格的方法称为成本导向定价法。由于产品形态不同以及在成本基础上核算利润的方法不同，成本导向定价法可分为以下几种形式。

1）成本加成定价法

成本加成定价法，是在单位产品完全成本的基础上，加上一定比例的利润和税金，构成单位产品价格。采用成本加成定价法，也可以按成本利润率来确定的。其计算公式为

$$单位产品价格 = （完全成本 + 利润 + 税金）÷ 产品产量$$

或

$$单位产品价格 = 完全成本 \times （1 + 成本利润率）÷ （1 - 税率）$$

其中

$$成本利润率 = 要求提供的利润总额 ÷ 产品成本总额 \times 100\%$$

采用成本加成定价法，确定合理的成本利润率是一个至关重要的问题，而成本利润率的有效确定，必须研究市场环境、竞争程度、行业特点等多种因素。某一行业的某一种产品在特定市场以相同的价格出售时，成本低的企业能获得较高的利润率，并在激烈的市场竞争中有较大的回旋空间。

成本加成定价法的优点是：计算简便，成本资料可直接获得，便于核算；价格能

保证补偿全部成本并满足利润要求。

成本加成定价法的缺点是：定价所依据的成本是个别成本，而不是社会成本或行业成本，因此，制定的价格可能与市场价格有一定偏离，价格难以反映市场供求状况和竞争状况，定价方法也不够灵活。这种定价方法适用于经营状况和成本水平稳定的企业，适用于供求大体平衡、市场竞争比较缓和的产品，一般卖方市场条件下使用较多。

2）目标成本加成定价法

目标成本加成定价法，是以目标成本为基础，加上预期的目标利润和应缴纳税金来制定价格的方法。上述涉及的完全成本是企业生产经营的实际成本，是在现实生产经营条件下形成的成本支出，它同将来的生产经营条件没有必然的联系。而目标成本则属于预期成本或计划成本，它同制定价格时的实际成本会有一定差别。

目标成本加成定价法的计算公式为

单位产品价格 = 目标成本 × （1 + 目标利润率） ÷ （1 - 税率）

或

目标成本 = 单位产品价格 × （1 - 税率） ÷ （1 + 目标利润率）

目标利润率 = 预期目标总利润 ÷ （目标成本 × 目标销售量） × 100%

目标成本并不是实际成本，它受预期定价、预期利润、目标利润率、目标销售量以及税率等多种因素的影响。其中税率是法定的，企业无修改的权力。所以，确定目标成本必须建立在对价格、成本、销售量和利润进行科学预测的基础上，不能凭主观想象，才能使定价与实际相符合，以实现预期利润。

3）边际贡献定价法

边际贡献是指产品销售收入与产品变动成本的差额，单位产品边际贡献指产品单价与单位产品与单位产品变动成本的差额。边际贡献弥补固定成本后如有剩余，就形成企业的纯收入，如果边际贡献不足以弥补固定成本，那么企业将发生亏损。在企业经营不景气、销售困难、生存比获取利润更重要时，或企业生产能力过剩、只有降低售价才能扩大销售时，可以采用边际贡献定价法。

边际贡献定价法的原则是，产品单价高于单位变动成本时，就可以考虑接受。因为不管企业是否生产、生产多少，在一定时期内固定成本都是要发生的，而产品单价高于单位变动成本，是为了使产品销售收入减去变动成本后仍有剩余，可以弥补固定成本，以减少企业的亏损（在企业维持生存时）或增加企业的盈利（在企业扩大销售时）。这种方法的基本计算公式是

单位产品价格 = （总变动成本 + 边际贡献） ÷ 总销售量

4）盈亏平衡定价法

盈亏平衡定价法又称收支平衡定价法，是使用盈亏平衡原理实行的一种保本定价方法。

盈亏平衡点产量的计算公式为

盈亏平衡点产量 = 固定成本 ÷（单位产品价格 – 单位变动成本）

当企业的产量达到盈亏平衡点产量时，企业不盈不亏，收支平衡，保本经营。保本定价的计算公式为

保本定价 = 固定成本 ÷ 盈亏平衡点产量 + 单位变动成本

如果企业把价格定在保本定价上，则只能收回成本，不能盈利；若高于保本定价便可获利，获利水平取决于高于保本定价的距离；如低于保本定价，企业无疑是亏损的。因此，也可以将盈亏平衡定价法理解为，它规定了在产量一定的情况下，什么价格是保证企业不亏本的下限价格。

瑞安航空的"附加费清单"

美国西南航空（South-west Airlines）一直是廉价航空界的标杆，但其实爱尔兰瑞安航空（Ryanair）比它还要赚钱，其销售回报率一度高达12.8%。除了控制成本和效率，瑞安航空还是发明和收取各种附加费用的高手。

2006年，瑞安航空成为全球第一个单独收取行李托运费的航空公司，当时每托运一件行李需支付3.5欧元，如今已经上升至25~35欧元。瑞安航空对此举的解释是，这将从整体上为不托运行李的乘客节省9%的票价，因此获得了旅客们的欢迎。但实际上，即便只有小部分乘客托运行李，瑞安也能从中轻松赚取数亿欧元。

通过常规的价格转嫁更高的成本，通常不易，但是如果为成本参数引入附加费，则会解决这一问题。如今，瑞安航空这一长串可选择的附加费用清单还包括：2%的信用卡手续费、6欧元的行政管理费、10欧元的保留座位费、50欧元的携带体育装备或者乐器费用……在非高峰期，它们的影响通常有限。但在高峰期，这些附加费会提高企业的利润并抑制旅客需求，从而控制航班超订或者超载的风险。

资料来源：[德]赫尔曼·西蒙（Hermann Simon）.定价制胜：大师的定价经验与实践之路[M].蒙卉薇，孙雨熙译.北京：机械工业出版社，2017.

思考： 瑞安航空的定价手段好在哪里？

2. 需求导向定价法

需求导向定价法是以消费者对产品价值的理解程度和需求强度为依据的定价方法。主要的需求导向定价法有以下两种。

1）感知价值定价法

所谓感知价值，也称认知价值，就是根据消费者对某种商品的感知价值来制定价格。感知价值定价法是指企业不以成本为定价依据，而以消费者对商品价值的认知及感受程度为定价依据。

使用这种方法定价，企业首先应以各种营销策略和手段，影响消费者对产品的认知，形成对企业有利的价值观念，然后再根据产品在消费者心目中的价值来制定价格。

感知价值定价法的关键在于准确计算有关商品提供的全部市场感知价值。企业如果过高估计消费者的感知价值，便会制定出偏高的价格，这样会影响商品的销量；反之，如果企业低估了消费者的感知价值，其定价就可能低于应有的水平，企业可能会因此减少收入。所以，企业必须做好市场调研，切实了解消费者的购买偏好，准确地估计消费者的感知价值。

消费者获得的价值是这么算出来的

美国卡特彼勒（Caterpillar）公司是一家生产和销售大型机械与拖拉机的公司。它的定价方法十分奇特。市场上大型拖拉机的价格多为 20 000 美元，然而该公司的同类产品却卖 24 000 美元，虽然高出 4 000 美元，销量却更大。

该公司是这样通过各种宣传手段向顾客说明原因的。20 000 美元是与竞争者同一型号的机器的价格。3 000 美元是为产品更耐用多付的溢价。2 000 美元是为产品可靠性更高多付的溢价。2 000 美元是为公司服务（如维修服务）更佳多付的溢价。1 000 美元是为保修期更长多付的溢价。28 000 美元包括一揽子价值的产品价格。其中 4 000 美元是给客户的折扣。所以 24 000 美元是最终的价格。

这样，卡特彼勒公司的经销商就能向顾客解释为什么卡特彼勒公司的拖拉机比竞争者贵了。顾客从中认识到，虽然他被要求多付 4 000 美元的溢价，但事实上他得到了 4 000 美元的折扣。

资料来源：根据作者教学编写整理而成

思考：卡特彼勒公司是如何定价的？其定价手段高明在哪里？

2）需求差异定价法

根据需求的差异，对同种产品或服务制定不同价格的方法称为需求差异定价法，在经济学领域也称"价格歧视"。需求差异定价法的主要定价方式有因顾客而异、因式样而异、因时间而异、因用途而异四种方法。

实行需求差异定价法要具备一定的前提条件：一是市场能够根据消费者的需求强度不同进行细分；二是细分后的市场在一定时期内相对独立，互不干扰；三是竞争者没有可能在企业以高价销售产品的市场上以低价销售；四是价格差异程度不会导致消费者的不满或反感。

美国运通公司的差别定价

1992 年，美国运通公司对所有的客户，包括餐馆、服装店、航空公司、酒店业都实行3%的提成比率,这遭到了它们的联合抵制。于是,美国运通公司求助于麦肯锡公司。麦肯锡给美国运通公司开出的"药方"很简单,就是差别性定价:把餐馆行业的服务提成比率降低到2%,把服务行业的提成比率降低到2.5%,与此同时把航空公司和酒店业的服务提成比率提高到3.5%。美国运通公司采纳了麦肯锡的建议,结果获得了丰厚的利润。有趣的是,美国运通公司就这项建议而支付给麦肯锡的酬劳竟高达300万美元。就麦肯锡公司而言,这本身就是一种差别性定价,因为麦肯锡公司知道美国运通公司可以支付这么高的价格,没有超出其支付能力。

资料来源:于恩军,徐鲁君. 差别定价策略[J]. 企业管理,2000(12),有改动

思考:美国运通公司采用了哪种需求差异定价方法?

3. 竞争导向定价法

竞争导向定价法是根据竞争者产品的价格来制定企业产品价格的一种方法。常用的有以下两种方法。

1)随行就市定价法

随行就市定价法即企业根据同行业企业的平均价格水平定价。在市场竞争激烈的情况下,这是一种与同行和平共处、比较稳妥的定价方法,可以避免风险。

餐饮业的竞争导向定价

作为餐饮企业,可以采取以同类餐饮产品的市场供应竞争状态为依据,以竞争对手的价格为基础的定价方法。这种方法是以竞争为中心,同时结合餐饮企业自身的实力、发展战略等因素的要求来确定价格。由于不同的餐饮连锁加盟企业对餐饮市场竞争有不同的判断,这种定价方法大致可分为以下两类。

1. 率先定价法

这是一种主动竞争的定价方法,一般为实力雄厚或产品具有特色的餐饮企业所采用。在制定价格时,餐饮企业首先将市场上竞争产品价格与企业估算价格进行比较,分为高于、一致、低于三个层次;其次将企业产品的性能、质量、成本、产量等与竞争企业进行比较,分析造成价格差异的原因;再次根据以上综合指标确定本企业产品的特色、优势及市场定位,在此基础上按定价所要达到的目标,确定产品价格;最后要跟踪竞争产品的价格变化,及时分析原因,相应调整本企业的价格。这种方法所确定的餐饮食品的价格若能符合市场的实际需要,率先定价的餐饮企业会在竞争激烈的市场环境中获得较大的收益,居于主动地位。

2. 追随核心定价

这是根据餐饮市场中同类产品的平均价格水平,或以竞争对手的价格为基础的定价方法。在餐饮市场营销活动中,由于"平均价格水平"易被消费者接受,认为是合

理的价格,而且也能保证企业获得与竞争对手相对一致的成本利润率,使许多企业倾向于与竞争者保持一致的价格,尤其在少数实力雄厚的企业控制市场的情况下,大多数中小企业市场竞争力有限,无力也不愿与生产经营同类产品的大企业进行正面竞争,就跟随大企业同类产品的价格,从而制定大致相仿的价格并随其价格变化而相应地调整本企业的价格。

资料来源:全球品牌网,https://canyin.globrand.com/zixun/830.html,有改动

思考: 餐饮业为什么适宜采用竞争导向定价?

2)密封投标定价法

密封投标定价法是采购机构(招标方)刊登广告或发函说明拟购品种、规格、数量等具体要求,邀请供应商(投标方)在规定的期限内投标。有意投标的供应商需要将详细标明企业状况、可供商品各项指标等情况的投标标书密封送达采购机构。采购机构在规定的日期开标,一般选择报价最低、最有利的供应商成交,签订采购合同。这是一种竞争性很强的定价方法。一般在购买大宗物资、承包基建工程时,发表招标公告,由多家卖主或承包者在同意招标方所提条件的前提下,对招标项目报价,招标方从中择优选定。

(五)选择定价策略

定价既是科学、又是艺术。如果说定价方法是从量的方面对产品的基础价格做出科学的计算,那么定价策略则是从艺术角度,根据市场具体情况制定出灵活机动的价格。常见的定价策略有新产品定价策略、心理定价策略、地理定价策略、产品组合策略、折扣定价等。本章将在后续内容对此进行讨论。

(六)确定并执行最后价格

根据定价目标、选择某种定价方法所制定的价格并不是该产品的最终价格,而只是该产品的基本价格。为了提高产品的竞争力及对顾客的吸引力,还应考虑一些其他的因素,根据企业规模的大小、营运能力和产品的特点,选择符合自身发展目标的价格策划方案,对基本价格进行适当调整。企业价格方案的执行应是原则性和灵活性相结合。原则性是指企业要按照价格方案执行,任何人不得随意更改价格;灵活性是指定价方案也是随市场和消费者需求的不断发展而变化的。

休布雷公司的定价策略

休布雷公司在美国伏特加酒的市场上,属于营销出色的公司,其生产的史密诺夫酒,在伏特加酒的市场占有率达到 23%。20 世纪 60 年代,另一家公司推出一种新型伏特加酒,其质量不比史密诺夫酒差,每瓶价格却比它低 1 美元。

按照惯例，休布雷公司有三种定价策略可选择。

（1）降低1美元，以保住市场占有率。

（2）维持原价，通过增加广告费用和销售支出来与对手竞争。

（3）维持原价，听任其市场占有率降低。

由此看出，不论休布雷公司采取上述哪种策略，公司都处于市场的被动地位。

但是，休布雷公司的市场营销人员经过深思熟虑后，却采取了对方意想不到的一种策略。那就是，将史密诺夫酒的价格再提高1美元，同时推出一种与竞争对手新伏特加酒价格一样的瑞色加酒和另一种价格更低的波波酒。

这一策略，一方面提高了史密诺夫酒的地位，同时使竞争对手的新产品沦为一种普通的品牌。结果，休布雷公司不仅渡过了难关，而且利润大增。实际上，休布雷公司上述3种产品的味道和成分几乎相同，只是该公司懂得以不同的价格来销售相同的产品策略而已。

资料来源：豆丁文库，https://www.docin.com/p-1049770237.html，有改动

思考：面对竞争对手产品降价，休布雷公司是如何应对的？这样做的依据是什么？

三、新产品价格策划

新产品定价的难点在于无法确定消费者对于新产品的感知价值。如果价格定高了，难以被消费者接受，影响新产品顺利进入市场；如果定价低了，则会影响企业效益。常见的新产品定价策略，有三种截然不同的形式，即撇脂定价、渗透定价和满意定价。

（一）撇脂定价

利用高价产生的厚利，可以使企业能够在新产品上市之初迅速收回投资，减少了投资风险。这一定价策略就像从牛奶中撇取其中所含的奶油一样，取其精华，所以称为"撇脂定价"。一般而言，对于全新产品、受专利保护的产品、需求价格弹性小的产品、流行产品、未来市场形势难以测定的产品等，可以采用撇脂定价策略。

爱普丽卡打入美国市场

爱普丽卡是日本专门生产童车的一家小公司，其产品在日本国内很畅销，1980年公司将这种产品拿到美国去推销。当时美国市场上也有各种各样的童车，价格最贵的仅为58美元一辆，而爱普丽卡童车到美国后，每辆定价高达200美元，这一昂贵的价格简直把人给吓住了，美国商人拒绝经销。

爱普丽卡公司没有被严峻的形势所吓倒，它们相信自己童车的质量，坚持不降低

价格,力争在美国市场上树立自己童车的"优质、高档、名牌"的产品形象,以高价高质给美国的消费者留下良好的第一印象。它们坚信美国的消费者终会喜欢它们的产品的,且有能力接受这一价格。为此,它们广为宣传,派推销员向消费者介绍产品的优良质地。经过努力,爱普丽卡童车终于在美国市场上打开销路,1981年爱普丽卡童车在美国市场上销出5万辆,以后销量年年上升,1985年售出20万辆,获利润1 800万美元。

资料来源:道客巴巴,http://www.doc88.com/p-717866037267.html,有改动

思考:爱普丽卡童车打入美国市场采用了什么定价策略?

需要注意的是,撇脂定价也存在某些缺点。

(1)高价产品的需求规模毕竟有限,过高的价格不利于市场开拓、增加销量,也不利于占领和稳定市场,容易导致新产品开发失败。

(2)高价高利会导致竞争者的大量涌入,仿制品、替代品迅速出现,从而迫使价格急剧下降。此时若无其他有效策略相配合,则企业苦心营造的高价优质形象可能会受到损害,失去一部分消费者。

(3)价格远远高于价值,在某种程度上损害了消费者利益,容易招致公众的反对和消费者抵制,甚至会被当作暴利来加以取缔,诱发公共关系问题。

从根本上看,撇脂定价是一种追求短期利润最大化的定价策略,若处置不当,则会影响企业的长期发展。因此,在进行新产品价格策划时,特别是在消费者日益成熟、购买行为日趋理性的今天,采用这一定价策略必须谨慎。

(二)渗透定价

这是与撇脂定价相反的一种定价策略,即在新产品上市之初将价格定得较低,吸引大量的消费者,扩大市场占有率。利用渗透定价的前提条件是新产品的需求价格弹性较大且新产品存在规模经济效益。低价可以使产品尽快被市场接受,并借助大批量销售来降低成本,获得长期稳定的市场地位;微利阻止了竞争者的进入,增强了自身的市场竞争力。

这种方法的适用条件如下:

(1)制造新产品的技术已经公开或者易于仿制,竞争者容易进入该市场。企业利用低价排斥竞争者,占领市场。

(2)企业新开发的产品,在市场上已有同类产品或替代品,但是企业拥有较大的生产能力,并且该产品的规模效益显著,大量生产定会降低成本,收益有上升趋势。

(3)供求相对平衡,市场需求对价格比较敏感。低价可以吸引较多的顾客,可以扩大市场份额。

采用撇脂定价还是渗透定价,应根据市场需求、竞争情况、市场潜力、生产能力和成本等因素综合考虑。

包玉刚的低价秘方

1955 年，包玉刚成立环球航运公司，并花费 377 万美元购买一艘已经使用了 27 年的旧货船，开始了航运经营事业。那时世界经济兴旺，单程运费很高，但包玉刚不为暂时的高利润所动摇，从经营一开始就坚持采取低租金、长期合同的定价方法和经营方针。他不仅希望用低价策略吸引顾客、增强竞争能力，而且还希望用这种方式避免投机性业务，最大限度地减少风险。包玉刚正是在这种经营思想的指导下获得成功的。他将刚买到的第一艘船以比同行低得多的价格长期租给一家信誉好、财务可靠的租船户，然后再凭长期租船合同向银行申请长期低息贷款。这样，包玉刚利用诚实低价不仅获得了顾客和银行的青睐，而且依靠这种经营艺术使得他在短短的 30 年内就一跃成为世界著名船主之一。

资料来源：何英俊. 他们如何成功？——经营兵法七则[J]. 国际市场，1994(1)，有改动

思考：包玉刚是如何通过定价赢得市场的？

（三）满意定价

当不存在适合于撇脂定价或渗透定价的环境时，公司一般可采取满意定价。这是一种介于撇脂定价和渗透定价之间的折中定价策略，其新产品的价格水平适中，同时兼顾生产企业、消费者和中间商的利益，能较好地为各方面所接受。正是由于这种定价策略既能保证企业获得合理的利润，又能兼顾中间商的利益，还能为消费者所接受，所以称为满意定价。这种定价策略的基础是产品质量高于其价格，可为所有参与竞争的企业利用。

这种定价策略的优点是：满意定价对企业和顾客都是较为合理公平的，由于价格比较稳定，在正常情况下盈利目标可按期实现。其缺点是：价格比较保守，不适于竞争激烈或复杂多变的市场环境。这一策略适用于需求价格弹性较小的商品，包括重要的生产资料和生活必需品。

以上三种新产品定价策略利弊均有，并有其相应的适用环境。企业在具体运用时，采用哪种策略，应从企业的实际情况出发，如生产能力、市场需求特征、产品差异性、预期收益、消费者的购买能力和对价格的敏感程度等，综合分析，灵活运用。

第二节　修订价格的策划

在营销活动中，从来不存在一种适合任何企业、任何市场、任何时间的战略、政策和策略。成功的价格策划是那些与市场动态和企业经营总体目标相一致的构思与举措。而且，企业应当根据不断变化的内外部环境与条件，对原有的战略、政策及策略进行适时、适当的修正。

一、修订不同生命周期的产品价格

对于不同生命周期阶段的产品应进行相应的产品价格策划,以更好地适应市场的要求,并取得竞争优势。

(一)产品引入期价格策划

产品上市之初,市场处于开发期,大多数消费者对新产品的价格敏感性都相对较低。因此常用的价格策略有以下几种。

1. 赠品或免费试用

通过赠品或产品免费试用,可以让消费者乐意参与企业产品或服务的体验,进而在试用的基础上增加对产品或服务的好感和购买欲望。这是加快企业新产品市场开发的最便宜且最有效的方法。然而,值得注意的是,不是所有新产品都可以采用试用形式来促销。例如,对于大多数创新的耐用品,以及一些复杂的新产品(如个人电脑),采取让利吸引顾客试用的方法并不能有效地在消费者心目中树立产品形象,应该采取更加直接的方法,在顾客首次购买之前向他们介绍产品。

2. 直销

对于购买支出费用较大的新产品,往往通过直销人员来培养顾客。因而,企业需要培训直销人员,让他们学习如何了解顾客的需要,以及怎样向顾客解释产品将如何满足他们的需要。如果新产品非常复杂,即使产品确实能满足顾客需要,顾客也可能因为不太确信产品能够提供的利益而拒绝购买。

3. 通过分销渠道促销新产品

有一些新产品没有足够大的单位顾客销售额,不值得厂家直销,一般通过分销渠道间接销售。但是培养顾客、降低他们风险的问题并不随着把产品交给分销商而消失。企业可以通过对批发商和零售商采取较低的引导性价格,以鼓励或说服分销商积极地促销新产品。

(二)产品成长期价格策划

处于成长期的产品,顾客的注意力不再单纯停留在产品效用上,开始精打细算地比较不同品牌的成本和特性。除非一个成功的新产品能够完全保护自己不被竞争者模仿,否则竞争会在成长期增加。随着竞争的出现,原来的创新者以及后进入者都设定自己的竞争地位,并设法保护它。

1. 产品差异化定价策略

产品差异化定价策略既可以针对特定的消费群,也可以针对全行业。由于产品有独特的价值和属性,此时定价的任务是收取由于产品的差异化而应得的回报。如果只有个别企业采用产品差异化定价策略，企业可在对产品评价很高的细分市场使用撇脂定价的方法。反之，如果行业普遍实行产品差异化定价策略，企业应采用适中价格或渗透价格来吸引顾客，从巨额销量中得到回报。

2. 低成本产品定价策略

与产品差异化定价策略一样，低成本产品定价策略既可能是个别企业实施的战略，也可能是行业普遍实施的战略。如果公司依靠销售量大创造成本优势，就应该在成长期采用渗透定价占领市场，给以后的竞争者进入市场制造障碍。如果市场对价格不很敏感，可能无法通过渗透定价获得保持成本优势所需的足够多的市场。此时，宜采用适中定价，这与追求成本领先也是步调一致的。

（三）产品成熟期价格策划

产品生命周期中最长的阶段是成熟期。虽然这一阶段受环境影响，决策的伸缩余地变小，但有效定价仍是必不可少的。成熟期有效定价的着眼点是尽可能地创造竞争优势。成熟期竞争加剧，顾客越来越精明，不过企业仍可在此之前很好地找到改进定价有效的方法，以便在成熟期保持利润。

1. 适时调整价格

在成熟期，需求主要来自重复购买消费者，竞争趋于稳定，微小的价格变动可以大幅度增加利润。

2. 改进成本控制

在成熟期，更准确地分摊销售的追加成本能发现大幅度增加利润的机会，并砍掉那些没有回报却带来损失的投资。

3. 扩展产品线

在成熟期，随着竞争加剧，顾客日益精明，企业为基本产品定价的可调整范围缩小了，不过可以通过销售更有利可图的辅助产品或服务来调整自己的竞争地位（成为差异产品或成本领先的生产商）。

4. 重新评价分销渠道

进入成熟期，多数制造商开始重新审视自己的批发价格，着眼降低分销商的毛利。因为此时的重复购买消费者知道他们需要的是什么，他们更多地考虑成本，而不是把批发商或零售商的建议和促销作为采购的指导。

（四）产品衰退期价格策划

需求急剧下降表明市场进入了衰退期。这种下降趋势可能是地区性的，也可能是行业性的；可能是暂时的，也可能是永久的。这种趋势对价格的影响取决于行业消除过剩生产能力的难易程度。

在衰退期一般有三种战略可供选择：紧缩战略，将资源紧缩到自己力量最强大的产品线上；收割战略，通过定价获得最大现金收入；巩固战略，加强自己的竞争优势，通过削价打败弱小的竞争者，占领他们的市场。

跨境电商卖家如何以产品生命周期为产品定价

在跨境电商平台上销售产品，要想获得不错的销量，除了提供优质的产品和服务外，价格对于消费者来说至关重要，因此，卖家掌握一定的定价技巧就很有必要。下面，以产品的生命周期为时间轴，解析各个时间段的定价策略。

1. 新品上架期

卖家在上架新品时，切忌采用低价吸引流量的方法，而应从产品本身出发，客观分析产品，然后根据产品本身制订定价方案，大概有以下两种方案。

第一种方案，新品自带光环，有非常明显的优势，又刚好是市场上受消费者追捧的热销品，卖家可以将价格定高一些，待产品热度逐渐消减，再酌情降价。

第二种方案，新品自身优势不明显，与同类产品相比竞争力较弱，这种情况下，为了让产品迅速打开市场，卖家可将价格定低一些。但是，必须在充分考虑产品的成本及利润的基础上定价，否则非但赚不到应得的利润，反而会让买家低估商品的价值，甚至怀疑你在卖假货。

2. 产品成长期

在新品上架期，无论选择哪种定价方案，能顺利走到产品成长期，卖家都积累了一定的忠实粉丝；同时，产品在销量、好评、星级分数等指标上也有了一定的基础。通常情况下，销量应该处于稳步上升阶段，这个时候，卖家可以稍微提高一下价格，当然一定要找一个说得过去的理由。这里的提价有个宗旨，就是将价格控制在比竞争对手的稍微偏低一点的范围。

3. 产品成熟期

成熟期的产品销量已经相当稳定，排名、流量、星级评分、销量等各方面的指标都很不错，在市场上积累了不少的人气，各方面的数据都显示是一款爆品，这时产品更多的是代表品牌形象与店铺定位，卖家可以将价格定得比市场价高一些。

4. 产品衰退期

盛极而衰是所有行业的发展规律，具体到单一产品的销售亦是如此。当产品在市场火过后，就会慢慢地进入衰退期，消费者的忠诚度也会随之下降，市场需求也会逐渐减弱，销量与利润会大不如从前，那么卖家们也没必要继续强推这个产品。如果还有库存的，可以进行清仓处理。如满减、打折、包邮、搭卖等。

此外，卖家在掌握了以上定价策略后，还应充分考虑可能影响定价的相关因素。如市场因素、运输费用以及广告营销费用等。

资料来源：雨果网，https://www.cifnews.com/ask/article/1584，有改动

思考：跨境电商卖家如何依据产品生命周期来为产品定价？

二、修订不同销售区域的价格体系

由于我国市场幅员辽阔，各地收入与消费差异又非常大，因此在制定价格体系时，必须考虑这些差异，并采用不同的价格政策来保证整体市场的均衡发展。

对收入水平较低、购买力不强的地区，宜适当调低价格，同时对折扣、运输仓储费用等放宽限制，努力扶持分销商的发展和市场的发育；此外，对于市场容量较大、具有发展潜力，而由于当地消费者对品牌和产品认知不足，销售量增长迟缓的地区，要配合广告宣传，适当修订价格策略和价格水平，以迅速打开市场、扩大销量。在实际运作中，可选择的区域价格模式有以下几种。

（一）统一送货价格

最终价格是固定的，不考虑买方与卖方的距离，运费完全由卖方承担。其目的是迅速促成交易，增加销售，使平均成本降低足以补偿多出的运费开支，以达到市场渗透，在市场竞争中站稳脚跟。

（二）可变送货价格

产品的基本价格是相同的，运输费用在基本价格之上另外再加。因此，对于不同地方的顾客来说，产品的最终价格要依他们距离卖方的远近而定。

如果基本价格是确定的，运输费用是后来加上的，这叫离岸价格（自提价）；如果最终价格是确定的，其中包括运输费用，这叫到岸价格（到货价）。

在离岸价格和到岸价格这两种方法之间还有一些折中方法，如基点定价、地区定价、全国统一零售价。

1. 基点定价

选取某个城市为基点城市，追加从这个基点城市运往各个城市的运输费用。如果选定的基点城市不止一个，那么这种定价方法就是多基点定价。

2. 地区定价

在一个地区性的市场上制定统一的价格，这种方法简单易行。

3. 全国统一零售价

同一品种、同一质量的商品，在全国范围内取消地区差价，实行统一价格。这样既能保证全国价格形象的统一，又能兼顾不同区域经销商的利益差别。日用消费品一般常采用这种定价方式。

同价不同款的袜子受欢迎

20世纪初,日本人盛行穿布袜子,石桥便专门生产经销布袜子。当时由于大小、布料和颜色的不同,袜子的品种达100多种,价格也是一式一价,买卖很不方便。有一次,石桥乘电车时,发现无论远近,车费都是一样的。由此他产生灵感,如果袜子都以同样的价格出售,必定能大开销路。然而,当他试行这种方法时,同行全都嘲笑他,认为如果价格一样,大家便会买大号袜子,小号的则会滞销,那么石桥必赔本无疑。但石桥胸有成竹、力排众议,仍然坚持统一定价。由于统一定价方便了买卖双方,深受顾客欢迎,布袜子的销量达到空前的数额。

资料来源:百度文库,https://wenku.baidu.com/view/4bdf7658f242,有改动

思考:布袜子为什么可以实施统一定价?

三、通过各种折扣定价方法修订价格

在实际定价过程中,企业经常需要根据具体情况,采用直接或间接的折扣方式,对基本价格作出一定的调整,以争取顾客、扩大销量。

(一)按照销售政策给予各种价格折扣

按照销售环节确定基本价格体系并按照销售区域适当调整以后,还需要根据销售政策的有关内容对各级通路价格折扣作出明确的规定。产品零售价格亦可在通路价格折扣的基础上进行灵活调整。

1. 按销售规模给予价格折扣

为鼓励增加销量,可按产品销售规模制定价格折扣,具体方法如下:

(1)按照客户销售实绩或潜在实力而将客户分为不同的等级,分别确定不同的价格折扣率。如A级客户(大客户)价格折扣率是a%,B级客户(普通客户)价格折扣率是b%,C级客户(小批量进货者)依定价出货。

(2)非累计数量折扣。价格折扣根据一次购买的数量多少而定。

(3)累计数量折扣。根据一定时期内的累计进货量计算价格折扣。

2. 按销售回款给予价格折扣

销售回款是一个非常敏感而又非常关键的问题,处理得不好,轻则影响企业的预期利润,重则造成呆账、死账拖垮企业。因此,在制定价格体系和价格政策时,就应该鼓励经销商及时回款,甚至提前付款。提前付款可享受较高的价格折扣,按期付款可享受正常的价格折扣,延期付款则不能享受价格折扣甚至要加收滞纳金或罚金。

3. 按销售季节给予价格折扣

生产销售有明显淡旺季的产品，可根据销售的季节性规律调整价格折扣，以促进生产的均衡性和资金流动的均衡性。

打 1 折商店

据悉日本东京有一家银座绅士西装店。这里是首创"打 1 折"销售的商店，曾经轰动了东京。这家商店是这样对服装进行定价的。

首先公布某款服装打折销售的时间：第 1 天打 9 折，第 2 天打 8 折，第 3 天第 4 天打 7 折，第 5 天第 6 天打 6 折，第 7 天第 8 天打 5 折，第 9 天第 10 天打 4 折，第 11 天第 12 天打 3 折，第 13 天第 14 天打 2 折，最后两天打 1 折。从商店发布的销售信息上看，最后两天来这里买这款服装是最优惠的。然而，事实果真如此吗？

信息发布出去之后，第 1 天来店的客人并不多，如果前来也只是看看，一会就走了，但这也为打折事件做了良好的宣传。从第 3 天开始，客人开始一群一群地光临，到了第 5 天打 6 折时，客人就像洪水般涌来开始抢购，以后接连几天客人都爆满。还没等到打 1 折，商店里该款服装就全卖完了。

资料来源：百度文库，https://wenku.baidu.com/view/384fbdaab0717fd5360cdcb8.html，有改动

思考：该家商店的定价策略会使其"亏本"吗？为什么？

（二）心理折扣定价策略

这是一种根据消费者心理要求所使用的定价策略，是运用心理学的原理，依据不同类型的消费者在购买商品时的不同心理要求来制定价格，以诱导消费者增加购买，扩大企业销售量。

自动降价　顾客盈门

在美国波士顿城市的中心区，有一家名为法林的自动降价商店，它以独特的定价方法和经营方式而闻名。

这家自动降价商店里的商品摆设与其他商店并无区别。架子上挂着一排排各种花色、式样的时装，货柜上分门别类地摆放着各类商品，五花八门，应有尽有。商店的商品并非低劣货、处理品，但也没有什么非常高档的商品。

这家商店的商品不仅全都标有价格，而且标着首次陈列的日期，价格随着陈列日期的延续而自动降价。在商品开始陈列的头 12 天，按标价出售，若这种商品未能卖出，则从第 13 天起自动降价 25%。再过 6 天仍未卖出，即从第 19 天开始自动降价 50%。

若又过 6 天还未卖出，即从第 25 天开始自动降价 75%，即价格 100 元的商品，只花 25 元就可以买走。再经过 6 天，如果仍无人问津，这种商品就送到慈善机构。

该店利用这种方法取得了极大的成功，受到美国人及外国旅游者的欢迎。从各地到波士顿的人都慕名而来，演员、运动员，特别是妇女，格外喜欢这家商店，波士顿的市民更是这家商店的常客。商店每天接待的顾客比波士顿其他任何商店都多，熙熙攘攘，门庭若市。现在，自动降价商店在美国已有 20 多家分店。

资料来源：张志斌."自动降价商店"中的玄机[J]. 生意通，2006(8)，有改动

思考：法林自动降价商店采用了什么定价策略？

心理折扣定价策略具体包括以下四种。

1. 整数定价策略

这是指在定价时，把商品的价格定成整数，不带尾数，使消费者产生"一分钱一分货"的感觉，以满足消费者的某种心理，提高商品的形象。

这种策略主要适用于高档消费品或消费者不太了解的某些商品。例如，一台电视机的定价为 2 500 元，而不是 2 499.98 元。

2. 尾数定价策略

这是指在商品定价时，取尾数，而不取整数的定价方法，使消费者购买时在心理上产生大为便宜的感觉。

3. 分级定价策略

这是指在定价时，把同类商品分为几个等级，不同等级的商品，其价格有所不同。这种定价策略能使消费者产生货真价实、按质论价的感觉，因而容易被消费者接受。

采用这种定价策略，等级的划分要适当，级差不能太大或太小。否则，起不到应有的分级效果。

4. 声望定价策略

这是指在定价时，把在顾客中有声望的商店、企业的商品的价格定得比一般的商品要高，是根据消费者对某些商品、某些商店或企业的信任心理而使用的价格策略。

在长期的市场经营中，有些商店、生产企业的商品在消费者心目中有了威望，认为其产品质量好、服务态度好、不经营伪劣商品、不坑害顾客等。因此，这些经营企业的商品可以定价稍高一些。

低价不好销，高价反抢手

美国亚利桑那州的一家珠宝店，采购到一批漂亮的绿宝石。由于数量较大，店主

担心短时间销售不出去，影响资金周转，便决心只求微利，以低价销售。本以为会一抢而光，结果却事与愿违。几天过去，仅销出很少一部分。后来店老板急着要去外地谈生意，便在临走前匆匆留下一纸手令：我走后若仍销售不出去，可按 1/2 的价格卖掉。几天后老板返回，见绿宝石销售一空，一问价格，却喜出望外。原来店员把店老板的指令误读成"按 1~2 倍的价格出售"，他们开始还犹豫不决，就又提价一倍，没想到，绿宝石却一售而空。

资料来源：百度文库，https://wenku.baidu.com/view/a895a68429ea81c758f5f61fb7360b4c2e3f2a33.html，有改动

思考：该珠宝店销售成功采用的是一种什么定价策略？

5. 招徕定价策略

这是指在多品种经营的企业中，对某些商品定价很低，以吸引顾客，目的是招徕顾客购买低价商品时也购买其他商品，从而带动其他商品的销售。

奇妙的一元拍卖

某地铁站里有家每日商场，每逢节假日都要举办一元拍卖活动，所有拍卖商品均以 1 元起价，报价每次增加 5 元，直至最后定夺。但这种由每日商场举办的拍卖活动由于基价定得过低，最后的成交价就比市场价低得多，因此会给人们一种"卖得越多，赔得越多"的感觉。岂不知，该商场用的是招徕定价策略，它以低廉的拍卖品活跃商场气氛，增大客流量，带动了整个商场的销售额上升。这里需要说明的是，应用此方法所选的降价商品，必须是顾客都需要而且市场价为人们所熟知的才行。

资料来源：百度文库，https://wenku.baidu.com/view/laad1921c5da50e2534d7f3f.html，有改动

思考：该商场的定价策略有何启示？

采用招徕定价策略时，必须注意以下五点。

（1）降价的商品应是消费者常用的，最好是适合于每一个家庭应用的物品，否则没有吸引力。

（2）实行招徕定价的商品，经营的品种要多，以便使顾客有较多的选购机会。

（3）降价商品的降价幅度要大，一般应接近成本或者低于成本。只有这样，才能引起消费者的注意和兴趣，才能激起消费者的购买动机。

（4）降价品的数量要适当，数量太多商店亏损太大，数量太少容易引起消费者的反感。

（5）降价品应与因伤残而削价的商品明显区别开来。

除采用低价招徕定价策略外，也有反其道而行之的，有的店铺采用高价招徕定价策略，引发消费者的好奇心，也带动其他商品的销售。

醉翁之意

珠海九州城里有只 3 000 港币的打火机。许多观光客听到这个消息，无不为之咋舌。如此昂贵的打火机，该是什么样子呢？于是，九州城又增加了许多慕名前来一睹打火机"风采"的顾客。

这只名曰"星球大战"的打火机看上去极为普通，它真值这个价钱吗？站在柜台前的观光者人人都表示怀疑，它被搁置在柜台里很长时间无人问津，但它旁边的 3 港币一只的打火机却购者踊跃。许多走出九洲城的游客坦诚相告：我原是来看那只"星球大战"的，不想却买了这么多东西。

无独有偶，日本东京都滨松町的一家咖啡屋，竟然推出了 5 000 日元一杯的咖啡，就连一掷千金的富商听之也大惊失色。然而消息传开，抱着好奇心理的顾客蜂拥而至，使往常冷冷清清的店堂一下子热闹了，果汁、汽水、大众咖啡等饮料格外畅销。

资料来源：百度文库，https://wenku.baidu.com/view/8ca67a9f0408763231126edb6f1aff00bed57033.html，有改动

思考：上述两家商店运用了怎样的定价策略？

（三）通过季节折扣修订价格

这是企业对在销售淡季购买季节性产品的买方给予一定价格折扣优惠，以鼓励买方在淡季购买产品来减少企业的库存和资金占有的定价策略。在实际操作中，企业会根据产品淡旺季的情况和消费者购买的时间、数量，来决定是否给予折扣、折扣多少。例如，航空公司会在旅游淡季对乘坐飞机的旅客在原价基础上给予一定的折扣。

这种定价策略在一定程度上有助于企业保持均衡生产、加速资金周转和节省仓储费用。因此，在零售业中很受欢迎。许多商店推出的"换季大甩卖"就属于这种类型。

一贱惹得众人爱

初秋的一个中午，在某市一个喧闹的集贸市场上，一名个体商贩正在高声叫卖："大品牌新式男女夏装，八折、七折卖啦！"围观的人们先是疑惑，后来一看衣服面料、做工都不错，价格还比大商场里卖的同类商品便宜不少，一时间，你一件、我一件买去了不少，真是"一贱惹得众人爱"。

当时有位记者问商贩："你这样卖不是赔本吗？"他回答说："做生意要算大账，算活账。这批夏衣马上要过时令了，不处理就压在手里。现在处理它每件贴上几十元钱，但是可以早一点用收回的钱去买时令的时装，每件可能还多赚上一二百块呢？"说完，他就又忙他的生意去了。

资料来源：根据作者教学编写整理而成

思考：案例中的个体商贩在经营中运用了什么定价策略？

第三节 变动价格的策划

企业在产品价格确定后，由于客观环境和市场情况的变化，经常会对价格进行调整。一般来说，企业的价格变动策划包括主动变动价格策划和被动变动价格策划两种情况。按照调整后价格与原价相比的高低又分为降价和涨价策划。本节主要讨论企业如何主动变动价格和如何应对降价大战的策划。

一、企业主动变动价格策划

由于市场竞争及企业内部因素在不断变化，企业必须适时对制定的价格进行主动的调整。这种调整可能是企业为达到某一经营目标而进行的，也可能是受制于市场环境和竞争对手的改变而进行的。

（一）企业主动变动价格的契机

企业主动变动价格包括主动提高价格和主动降低价格，一般而言，企业会在成本增加或产品供不应求的情况下考虑涨价。当企业的产品在市场上处于不能满足所有消费者的需要时，可能会涨价以减少或限制需求量。企业在涨价时，应通过一定的渠道让消费者知道涨价的原因，并听取他们的反馈，企业的推销人员应帮助顾客找到经济实用的方法。当然，当企业面临生产能力过剩、市场供大于求、市场份额下降等情况时也需要通过降低价格以获得更高的市场占有率。

（二）正确预估价格变动的反响

价格无论是提高还是降低，无疑都将会影响消费者、竞争者、分销商或供应商的利益，也会引起政府和新闻媒体的注意，企业必须事先进行预估分析，预计各方面的反应，以便采取相关措施，达到价格变动的预期目的。

1. 预估消费者对价格变动的反应

消费者对于价格变动未必能像企业所希望的那样正确理解。对于降价，消费者的看法可能是：这种产品将要被淘汰；这种产品有缺点或者质量有问题，销售情况不太好；这个企业在财务方面有些麻烦；这个价格还会进一步下降，应该继续观望。这是对降价的消极反应，是发动降价的企业最不希望出现的。降价要达到效果，必须调动消费者的积极反应，使其认为现在正是购买的大好时机，产品价格降了但品质没有下降，购买没有后顾之忧。

涨价通常会阻碍销售，但也可能给销售带来某些积极的意义：这种产品是非常热销的，如果不马上购买就可能买不到或者还要涨价；这种产品代表了一种非同寻常的优良价值。但是，产品不同，消费者对涨价的反应有所不同，对非常昂贵的产品和经常购买的日用消费品，大多数人对价格都比较敏感的，涨价会引起消费者的不安和不满。而对不经常购买的某些非生活必需品，有些消费者几乎不在意它的价格高低，因此涨价一般不会引起消费者抵制。此外，消费者的收入状况不同对涨价的反应也不同，高收入者比低收入者较能接受涨价。

2. 预估竞争者对价格变动的反应

产品越同质化，竞争者的反应速度越快。竞争者越多，反应越复杂。如果竞争者在生产规模、市场地位、营销目标、竞争策略、销售模式和销售政策方面存在关键性的差异，他们所作出的反应也大不相同。

1）调查竞争者的竞争目标、经营状况与竞争实力

例如，竞争者最近的销售状况及其与经营目标的差距，资金周转与经营利润的财务状况，生产能力的利用与闲置状况等。因为竞争对手的经营目标与经营状况不同，所以应对价格变动的措施反应也不同。如果竞争者经营目标的重点是提升市场份额，那么他很可能要跟进降价而不跟进涨价。如果他的经营目标是竭力达成既定的利润指标，他很可能采取非价格反应。

2）掌握竞争者对企业价格变动动机和意图的认知

例如，对一个企业降价的动机，竞争者可能作出不同的解释，并导致不同的反应。如果竞争者推测某企业降价是试图悄悄地争夺市场，那么他很可能迅速采取价格反击。如果认为降价是因为企业经营情况不佳，他可能不会作出降价反应，而会在媒体上宣称其市场销售和经营效益良好，承诺其不会降价，并预测整个市场价格将会保持稳定。

3）竞争者的反应还与调价产品的技术特性及消费者购买行为特性有关

产品越同质化，越需要价格差异化和品牌差异化。这样才有利于消费者选择，有利于产品销售。因此当一个企业提高同质化产品价格时，竞争者可能不跟进，以突显其价格优势，维持或巩固其市场份额。如果提价对整个行业是有好处的，他们就会跟进。但降低同质化产品价格时，竞争者很可能迅速跟进。在非同质的产品市场上，竞争者对价格变更所做的反应有更多的自由选择。如果顾客选择产品主要考虑的是质量、可靠性、服务等因素，而价格差异的敏感度较小，竞争者一般不会跟进降价，但如果价格是顾客购买决策的重要影响因素，竞争者就会跟进。

消费者和竞争者对价格变动的反应是影响企业价格变动能否成功的关键，当消费者和竞争者出现企业预期的反应时，企业无疑应该发动价格变动，当消费者和竞争者未出现企业所希望的反应时，价格变动就达不到预期的效果。

3. 预估社会各界对价格变动的反应

在分析价格变动的反应时，企业还应该分析分销商、供应商的反应，要做好宣传引导工作，取得分销商和供应商对价格变动的支持和配合。

在分析价格变动的反应时,企业还有必要关注政府的反应,是赞同、干涉,还是默许。争取政府支持和赞同,将有利于企业推进价格变动;遭到政府干涉,可能导致价格变动的流产甚至引起法律制裁。在得不到政府支持的情况下,如果企业决意进行价格变动,也要尽可能争取政府默许或不表态,避免政府干预。

在分析价格变动的反应时,企业还需要密切关注新闻媒体的反应,要尽可能争取和引导媒体的正面宣传与报道,避免负面报道和恶性炒作。最为理想的是企业通过媒体以新闻的形式公布价格变动信息,以提高价格变动的权威性与正面效应,同时减少广告投入,降低价格变动的负面效应。

(三)合理策划价格变动的范围和幅度

在经过上述认真分析研究之后,确认需要发动价格变动时,还须认真进行产品价格弹性分析,测算价格变动带来的销量变化、市场变化和收益变化,从而决定价格变动的范围和幅度:是全线全面调整还是部分产品调价;是一步到位大幅调价还是小幅分步调整;价格变动的幅度多大最合适;价格变动的频率多高最好等。一般来说,价格变动的范围和幅度事关企业经营业绩的高低成败,有关职能部门应做好相关数据的测算、相关方案的比较,最终决策还是需要能够承担经营责任的企业负责人作出。

(四)合理策划价格变动的时机与地点

在价格变动范围和幅度确定之后,还需要研究推出新价格的时机、地点等技术性、策略性问题。选择合适的时机和地点推出价格变动措施将有利于价格变动的顺利实施。既可以选择在一个地点事先爆破、各地响应的方式;也可以采取一声令下,遍地开花的方式,给竞争对手一个措手不及。究竟采取何种方式,取决于营销决策者价格变动的目的与动机、决心和信心。前一种方式比较慎重,带有试探性,后一种方式比较果断,更具坚定性。

沃尔玛的"低价"策略

沃尔玛能够迅速发展,除了正确的战略定位以外,也得益于其首创的"低价销售"策略。每家沃尔玛商店都贴有"天天廉价"的大标语。同一种商品在沃尔玛比其他商店要便宜。沃尔玛提倡的是低成本、低费用结构、低价格的经营思想,主张把更多的利益让给消费者,"为顾客节省每一美元"是它们的目标。沃尔玛的利润通常在30%左右,而其他同类零售商的利润率一般都在45%左右。沃尔玛每星期六早上会举行经理人员会议,如果有分店报告某商品在其他商店比沃尔玛低,则可立即决定降价。低廉的价格、可靠的质量是沃尔玛的一大竞争优势,吸引了一批又一批的顾客。

资料来源:根据作者教学编写整理而成

思考：沃尔玛为什么针对市场竞争及时变动价格？

二、企业应对降价大战策划

在现今供过于求的市场形势下，降价远多于涨价，而且应对涨价的决策与措施方案比较容易出台，风险也较小，即涨价会明显随同全行业一起受益，不涨价也可以获得更多的市场份额。但降价的情况就要复杂得多。因此，这里主要介绍目前备受关注的如何应对降价大战的问题。

（一）分析竞争者降价的原因

在作出反应行动前必须认真分析下面这些问题：竞争者发动降价的目的和动机是什么，它是想悄悄地夺取市场，利用过剩的生产能力，适应成本的变动状况，还是要领导一个行业范围内的价格变动；竞争者推出的降价是短期行为还是长期战略；如果本企业对此不作出反应，其他企业是否将作出反应；市场份额和利润将会发生什么样的变化；降价产品处在产品生命周期的什么阶段；降价产品在企业产品组合中的地位如何；市场对于这种产品的价格敏感程度有多大；等等。

（二）应对降价的策略

在深入分析上述问题之后，结合企业自身资源状况、营销目标和竞争策略，可以选择以下应对方式。

1. 维持原价不参与降价

在以下几种情况下，竞争者尤其是市场领导者可以维持原来的价格和利润幅度，不参与降价。如果降价会失去很多的利润或维持原价不会失去很多的市场份额以及不降价失去的市场份额可以重新获得，那么不降价能留住优秀的忠诚顾客，仅流失一些注重价格和短期利益的顾客。

2. 采取非价格措施进行反击

如果简单地维持原价不足以应对降价威胁，同时企业不想采取跟进降价或采取价格反击，可以在维持原价的基础上采取非价格反击措施。如改进产品、完善服务、加强广告投放和沟通、开展公关活动和促销活动，以便使顾客能看到本品牌产品的更多价值。在正确策划和运作下，以非价格措施反击，有时市场效果比降价还要好得多，并且可以维持更好的品牌与产品形象。

3. 推出新品或提高价格

有实力的市场竞争者，如市场领导者和市场挑战者，可以推出一些新品或提高产品价格，以此应对进行降价攻击的品牌及其产品。

4. 降价反击维护市场地位

在下列情况下，可以果断地采取降价措施应对价格大战：产品的成本将随着销量增加而下降；不降价将失去很多的市场份额，因为市场对该产品的价格是比较敏感的；一旦失去市场份额，便要使尽全力去重新获得市场份额，而这是比较困难的且会减少企业的利润。有些企业降价的同时，也会降低产品的质量、服务和减少广告投入以维持利润，但这种做法将最终损害它们的长期市场份额，所以降价的同时应该努力去维持产品的品质和价值。

5. 跟进降价共同受益

如果降价是合理的，是对产业、市场、消费者均有益的，而且产品又同质化，跟进降价是明智的选择。如果不跟进降价，损失的反而是自己。处在市场跟随者地位的企业尤其需要采取降价跟进策略。

科龙的定价策略

2001年3月，就在彩电市场大打价格战、空调降价的风声也越来越紧时，科龙却一反常态，宣布全面上调其冰箱的价格，在业界引起普遍的关注。科龙集团提价冰箱涉及20余款。尽管最高升幅达到8%，平均升幅4.5%，然而市场销售却并未因此降温，经销商打款提货的销势更旺。

对于提价，科龙方面称有以下三点原因。

（1）品牌拉力。据权威评估机构公布的数据，科龙的品牌价值已达到96.18亿元。科龙集团还加强了传播攻势，在中央电视台黄金广告时段投标成功，并投入5 000万元强化品牌传播，给其冰箱产品足够的拉力。

（2）好卖的产品当然提价。科龙、容声冰箱在2000年发起技术战，投下巨额资金，开发新品，两大品牌冰箱在2001年1月、2月的销售业绩比上年同期增长了15%，部分市场出现脱销、供不应求的状况，因此，科龙集团冰箱营销本部"顺应经济规律"对20余款新品提价。

（3）冰箱提价后，市场反应良好，自然要坚持提价。

资料来源：百度文库，https://wenku.baidu.com/view/59341b274b35eefdc8d333e2.html，有改动

思考：面对家电业降价大战，科龙集团的冰箱为什么反而涨价？

实际上，在价格大战爆发的时候，企业往往难以有充分的时间和信息深入分析可供企业选择的方案。竞争者可能已经花费了相当多的时间准备这次降价行动，但是企业还是不得不在一两天内（甚至不得不在几小时内）作出决定性的反应。此时只有一种办法可以缩短价格反应的决策时间，那就是提前预计竞争者的价格变动并做好应对方案。

总而言之，价格战在很多行业都难以避免，尤其是随着市场竞争的加剧，一些企业为了生存会失去理智，要想避开价格战的冲击关键是企业要明确自身的目标和定位，有周密的战前准备，这样就可以在竞争对手发起进攻的时候明明白白地去经营，掌握主动权。

本 章 小 结

- 在市场营销组合要素中，价格是唯一能产生收入的因素，其他因素均表现为成本。价格也是营销组合中最灵活的因素，制定价格策略不仅要考虑成本补偿问题，还要考虑消费者接受能力和竞争状况。

- 价格策划是企业在一定的环境下，为实现长期经营目标，协调配合营销组合其他方面的策略，对价格进行决策的全过程。完整的价格策划程序包括以下几个方面：分析价格策划环境，确定价格策划目标，设计价格策划方案，选择合适的定价方法，选择定价策略，确定并执行最后价格。

- 定价方法是根据定价目标确定产品基本价格范围的技术思路。常见的定价方法有成本导向定价法、需求导向定价法和竞争导向定价法三种。新产品定价的难点在于无法确定消费者对于新产品的理解价值。常见的新产品定价策略，有三种截然不同的形式，即撇脂定价、渗透定价和满意定价。

- 成功的价格策划是那些与市场动态和企业经营总体目标相一致的构思及举措。修订价格策略具体包括三种情况：修订不同生命周期的产品价格，修订不同销售区域的价格体系；通过各种折扣定价方法修订价格。

- 企业在产品价格确定后，由于客观环境和市场情况的变化，经常会对价格进行调整。企业进行价格变动策划包括主动变动价格策划和被动变动价格策划。按照调整后价格与原价相比的高低又分为降价和涨价策划。

课 后 习 题

1. 价格策划的程序包括哪些内容？
2. 制定价格可选择哪些基本方法与策略？
3. 如何对处于生命周期不同阶段的产品价格进行修订策划？
4. 企业如何根据竞争者的反应进行价格变动策划？

答案要点

案例讨论

大受欢迎的昂贵礼物

1945年，圣诞节即将来临时，为了欢度战后的第一个圣诞节，美国居民急切希望能买到新颖别致的商品作为圣诞礼物。美国的雷诺公司看准这个时机，不惜资金和人力从阿根廷引进了当时美国人根本没见过的原子笔（圆珠笔），并且在短时间内把它生产出来，在给新产品定价时，公司的专家们着实费了一番心思。

当时，雷诺公司研制和生产出来的原子笔成本每只仅有 0.5 美元。但专家们认为，这种产品在美国市场是第一次出现，奇货可居，最好是采用撇脂定价策略，把产品价格定得大大高于产品的成本。这样定价不仅可以利用战后市场物资缺乏的状况和消费者求新求好的心理，还能切中人们礼物应新奇高贵的心理特点，用高价来刺激顾客购买，从而把推出这种新产品的市场销售利润尽可能多地捞到手。同时，由于原子笔的生产技术并不复杂，如果竞争者蜂拥而上，雷诺公司也可以再降价，仍然具有价格调整空间和主动权。

于是，雷诺公司以每只原子笔 10 美元的价格卖给零售商，零售商又以每只 20 美元的价格卖给消费者。尽管价格如此昂贵，原子笔却由于其新颖、奇特和高贵而风靡全国，在市场上十分畅销。后来其他厂家见利眼红，蜂拥而上，产品成本一度下降到 0.1 美元一只，市场零售价也仅卖到 0.7 美元，但此时雷诺公司已经大赚一笔了。

资料来源：道客巴巴，www.doc88.com/p-584798228837.html，有改动

思考题：

1. 雷诺公司运用了什么价格策略使其获取成功？
2. 对于新产品而言，消费者可能存在哪些购买心理？
3. 你从该案例中获得了哪些启发？

第八章

市场布局策划

【学习目标】

知识目标

1. 掌握市场布局的依据和内容
2. 理解区域市场布局的主要类型
3. 理解商圈的构成及形成因素

能力目标

1. 掌握商圈划定与分析的方法
2. 具备初步设计市场布局方案的能力

沃尔玛的网点扩张

在沃尔玛创业之初,创始人山姆·沃尔顿面对像西尔斯、凯玛特这样强大的竞争对手,采取了以小城镇为主要目标市场的发展战略。在20世纪60年代,美国的大型零售公司根本不会在人口低于5万人的小镇上开分店,而山姆·沃尔顿的信条是即使是5 000人的小镇也照开不误。而且,山姆·沃尔顿对商店选址有着严格的要求。首先要求在围绕配送中心600千米辐射范围内,把小城镇逐个填满,然后再考虑向相邻的地区渗透,这样正好使沃尔玛避开了和那些强大对手的直接竞争,同时抢先一步占领了小城镇市场。待到凯玛特等竞争对手意识到沃尔玛的存在时,后者已经牢牢地在小城镇扎下了根,并开始向大城市渗透。

资料来源:百度文库,https://wenku.baidu.com/view/502e016ab84,有改动

思考:沃尔玛采取了怎样的市场布局战略?

制定科学合理的市场布局战略,对于企业快速进入市场,赢得竞争优势具有重要的意义。沃尔玛在创业之初,根据自身的实际情况,采取了在竞争较弱的市场先行布局的战略。首先,沃尔玛优先将店铺开设在商业网点相对不足的地区或竞争程度较低的地区,这样可以避开强大的竞争对手,站稳脚跟。其次,较偏远的地区或城市郊区的租金低廉、开店成本低,沃尔玛在该地区容易形成优势,取得规模效益。本章将系统阐述市场布局策划的方法,主要包括市场布局的含义、区域市场布局的规划、商圈的划定与分析等内容。

第一节　市场布局概述

市场布局即决定产品在市场上的分布面以及选择产品进入市场的主要渠道。市场布局的主要任务是确定布局方针、制定渠道策略、选择经营理念、实行分销控制。

一、市场布局的原则

一般来说，企业进行市场布局应遵循以下三个基本原则。

（一）最大限度地满足消费需求

市场布局应着眼于消费者，从消费者的消费水平和习惯出发，以满足消费者利益为目标进行布局设计，最大限度地满足消费需求。

（二）最为有效地分销企业产品

市场布局必须有利于流通，要综合考虑中心集镇、交通要道、主要产区、消费水平、消费习惯、市场沿革等多种因素。市场布局必须最为有效地分销企业的产品。

（三）最为经济地控制营销成本

在宏观上把握好市场布局，避免资源浪费，一是考虑全局，注意整体利益和局部利益的协调；二是考虑长远，注意近期效益与中长期效益的统一。

10万亿市场　电商巨头纷纷布局农村市场

在城镇市场遇到天花板、增速明显放缓、传统电商领域创业愈加艰难之后，电商巨头纷纷将目光转向市场空间广阔的农村市场。有人预言，国内电商的下一个爆发点将是农村电商。

目前，电子商务的受益者主要是城市人口，而中国还有大约6亿农村人口，他们一向被认为是离互联网最远、发声最少的一个群体。据预测，农村电商是一个拥有十万亿级规模的市场，包括农业生产资料、农产品销售和农民工业品消费等一系列环节。其中，仅农产品销售的市场规模就超过5万亿。

阿里巴巴早在2014年就推出了"千县万村"计划。农村淘宝自2014年10月开出第一个村点以来，截至2016年5月已经在全国29个省（区市）328个县开出了16000余个村点。京东亦从2015年初开始在全国建立自营的"县级服务中心"，同时又以加盟形式开设"京东帮服务店"。苏宁物流已经实现对全国近3 000个区县城市的覆盖，超过90%的区域可实现次日送达。农民对电商这一新的购物方式正随着大批返乡大学生和农民工的口耳相传而日益接受，电商的便利性、产品多样化和低廉的价格也让他们开始尝到甜头。

资料来源：新网，http://www.xinnet.com/xinzhi/63/138870.html，有改动

思考： 电商巨头纷纷布局农村市场体现了什么市场布局原则？

二、市场布局的依据

在进行市场布局时，企业需要对产品性质、区域性质、人口与购买力、购物便利性、交通条件、竞争状况、环境障碍和发展趋势等方面要素进行综合考量，作出最有利于企业发展的决策。

（一）产品性质

产品的价格、产品的体积与重量、产品的式样、产品的物理性质和化学性质、产品的技术复杂性、产品的标准化程度等都将影响市场布局。产品是渠道适应性的衡量尺度，在市场布局时要选择和产品匹配的渠道。产品与渠道的适应性并不仅仅是为一个给定的产品配置一个适当的渠道，一旦新渠道被评估，新渠道也会要求对产品重新设计或重新构想，为了在一个新渠道取得成功，产品通常要"准备适应渠道"。

（二）区域性质

在市场布局时，市场区域的范围大小、顾客的集中程度等都将影响产品在市场上的分布面以及选择产品进入市场的主要渠道。市场区域宽广，可用较长、较宽的渠道；地理范围较小的市场，可用较短、较窄的渠道；顾客较为集中的市场，可用较短、较窄的渠道；顾客较为分散的市场，多用较长、较宽的渠道。

（三）人口与购买力

市场布局时需要对进入区域的人口增长率、人口密度、收入情况、家庭特点、年龄分布、民族、学历及职业构成等方面的现状和发展趋势做调研。通过这些统计资料调查，有利于把握市场布局区域内未来人口构成的变动倾向，并为市场布局提供有用的第一手信息。购买量较小，一般需要较长、较宽的渠道与之适应，故消费者市场多用此类渠道。反之，顾客一次购买批量较大，如生产者市场、社会集团市场，则可用较短、较窄的渠道。

（四）购物便利性

市场布局一般应考虑到消费者购物的便利性，尤其是以食品和日用品为经营内容的企业，应满足消费者就近购买的要求，以地理上方便消费者购买来进行市场布局。

（五）交通条件

交通是否便利，地理位置是否优越，也是市场布局的一个重要因素，方便的交通要道、区域内的交通条件等，都将影响到产品在市场上的分布面。

（六）竞争状况

在市场布局中，要考虑竞争对手的状况，他们是如何分布产品的、他们使用了哪些渠道，他们的渠道中哪些产生了较快增长、哪些遭遇到了抵抗。通常，企业使用与竞争者品牌相同或类似的渠道。竞争特别激烈时，则应寻求有独到之处的销售渠道。例如，竞争者普遍使用较短、较窄的渠道分销产品时，企业一反常规使用较长、较宽的渠道。

（七）环境障碍

经济不景气时应减少流通环节，国家政策、法规严格控制的产品和专卖性产品在市场布局时也应减少产品的分布面和流通渠道。

（八）发展趋势

市场布局时还要考虑自身的发展趋势，企业要取得成功，必须不断地在新的区域开拓新的网点，在网点布局时应尽量避免网点重叠，在同一区域重复建设。否则，势必造成内部相互竞争，影响到自己的发展。

物流企业进军海外市场

随着国内电商的增速逐年放缓和跨境电商的迅猛发展，以及国内利好政策的不断出台，我国物流企业正加速"出海"，融入全球供应链市场。

目前，"四通一达"（申通快递、圆通速递、中通快递、百世汇通、韵达快递五家民营快递公司的合称）等国内物流公司已陆续抢滩海外市场，加快海外布局。顺丰控股与美国联合包裹成立合资公司的事项已获监管审批。阿里旗下菜鸟网络也宣布将与阿联酋航空等多家航空公司签署包机协议。

除了快递物流之外，中远海运、海航等运输企业此前也已经在全球海运市场和航空市场展开一系列国际并购，全面参与到国际竞争中。特别是海航的海外并购已经不仅仅局限于物流领域，还广泛涉及房地产、酒店、金融、科技等领域，在多方面持续增强竞争力。

有关专家表示，我国快递物流企业加速出海与跨境电商的巨大市场潜力不无关系。"一带一路"倡议的推进，为我国物流业的海外发展创造了巨大市场空间。尤其是跨境电商的异军突起，促使与之配套的跨境物流成为物流业境外投资热点。跨境物流是发展跨境电商的核心支撑,"海外仓"、"最后一公里"快递服务、"跨境集运"等模式的发展成为我国物流企业海外布局新契机。

资料来源:搜狐网,https://www.sohu.com/a/205566216_123753,有改动

思考:我国物流企业纷纷布局海外市场的依据是什么?

三、市场布局的内容

通常情况下,企业实施市场布局主要围绕两方面问题展开:一是决定产品在市场上的分布面,这涉及企业能否将市场做大、做强;二是选择产品进入市场的分销渠道,这涉及企业能否将市场做深、做透。

(一)决定产品在市场上的分布面

企业决定产品在市场上的分布面,要受到一系列主、客观因素的制约。从销售渠道策划的角度来说,市场营销人员要考虑以下问题:分销的是何种产品,面对的是何种市场,顾客购买有何特点,企业的资源、战略以及中间商的状况。

(二)选择产品进入市场的分销渠道

分销渠道是指某种产品或服务在从生产者向最终顾客转移过程中所经过的各个环节;或从企业通过中间商到达最终顾客的全部市场营销机构或个人。其起点是生产者的销售,终点是最终顾客消费该产品,处在二者之间的,是取得这种产品和服务的所有权或帮助所有权转移的所有组织和个人,称为中间商。是否使用中间商、使用中间商的数目、中间商的选择等都是需要策划的内容。

1. 分销渠道的类型

根据中间商参与程度的不同,分销渠道可以划分为不同的类型。

1)直接渠道与间接渠道

生产者在与消费者联系过程中,按是否有中间商参加,可将分销渠道分为直接渠道和间接渠道。直接渠道指制造商直接把商品销售给消费者,而不通过任何中间环节的销售渠道。直接渠道的形式主要有:定制、销售人员上门推销、通过设立门市部销售等。间接渠道指生产者通过中间商来销售商品。绝大部分生活消费品和部分生产资料都是采取这种分销渠道的。

2)长渠道与短渠道

按生产者生产的商品通过多少环节销售出去,可将分销渠道分为长渠道和短渠道。长渠道是指生产者在产品销售过程中利用两个或两个以上的中间商分销商品。短渠道是指生产者仅利用一个中间商或自己销售产品。短渠道能减少流通环节,流通时间短,费用省,产品最终价格较低,能增强市场竞争力;信息传播和反馈速度快;由于环节少,生产者和中间商较易建立直接的、密切的合作关系。但短渠道迫使生产者承担更

多的商业职能，不利于集中精力搞好生产。

3）宽渠道与窄渠道

当企业将产品销向一个目标市场时，按使用中间商的多少，可将分销渠道划分为宽渠道和窄渠道。分销渠道的每个环节或层次中，使用的中间商越多，渠道就越宽；反之，渠道就越窄。根据分销渠道宽窄的不同选择，可以形成以下三种策略。

（1）密集分销策略。密集分销策略指尽可能通过较多的中间商来分销商品，以扩大市场覆盖面或快速进入一个新市场，使更多的消费者可以买到这些产品。但是，使用这一策略的生产者所付出的销售成本较高，中间商积极性较低。

（2）独家分销策略。独家分销策略指企业在一定时间、一定地区只选择一家中间商分销商品。生产者采取这一策略可以得到中间商最大限度的支持，如价格控制、广告宣传、信息反馈、库存等。其不足之处是市场覆盖面有限，而且当生产者过分信赖中间商时，就会加大中间商的砍价能力。

（3）选择分销策略。选择分销策略指在一个目标市场上，依据一定的标准选择少数中间商销售其产品。选择分销策略可以兼有密集分销策略和独家分销策略的优点，避开两个策略的缺点。

百雀羚的渠道调整

创立于1931年的百雀羚，毫无疑问是20世纪30年代中国护肤时尚风潮的引领者。在历经80多年后，百雀羚正凭借卓越的产品研发和强劲的渠道布局实现品牌重塑与复兴。

建立品牌必须渠道先行，没有渠道，再好的产品也无法销售出去。因此，百雀羚在品牌复兴过程中，在渠道上彻底放弃了以前依赖的三四线市场流通渠道，而把资源大量集中到一二线市场的终端，包括大型商超、专卖店等。其中，大型商超是重中之重。百雀羚进驻了家乐福、沃尔玛、大润发、华润万家、人人乐等大型KA（重点客户）卖场，而类似于中百等LKA（地方性重点客户）也有百雀羚的大面积陈列。依托于商超这一大平台，百雀羚迅速地实现了销售额飞速增长。

专营店渠道也是百雀羚的重点。百雀羚已经进驻了娇兰佳人等大型化妆品连锁店，不管是在大型的区域连锁店，还是在小型的化妆品店，抑或是在屈臣氏，都很容易找到百雀羚的产品。为了专营店渠道，百雀羚还专门推出了气韵、海之秘等品牌。

此外，在渠道选择上，百雀羚还坚持出现在年轻人所在的地方，积极耕耘电商渠道。早在2010年，百雀羚就在天猫开设了官方旗舰店，交由第三方运营公司负责。专业的运营团队让价格亲民的百雀羚在天猫上如鱼得水。为此，百雀羚还推出过针对线上渠道的专供系列。例如琥珀计划推出的面膜系列、三生系列的首发等。

如今，实施集团化运作的百雀羚已形成百雀羚、气韵、海之秘、三生等多品牌阵营,抱着"消费者在哪里,品牌就去哪里"的理念,还开辟了电视购物渠道,未来势必形成更加多元化的渠道发展之路。

资料来源:新浪网,http://k.sina.com.cn/article_6420164439_17eabef57001004i6t.html?from=fashion,有改动

思考:百雀羚在品牌复兴中采取了怎样的渠道布局策略?

2. 分销渠道的设计

分销渠道设计是为实现分销目标,根据企业及产品的实际情况,对各种备选渠道结构进行评估和选择,从而开发出新型的分销渠道或改进现有渠道的过程。依据不同的产品类型,应当采用相应的分销渠道设计方案。

1)快速消费品的分销渠道设计

快速消费品是指消费者消耗较快、需要不断重复购买的产品,典型的如日化用品、食品饮料及烟草等。快速消费品购买者人数多、购买频率高、采购决策快、使用时限短、对消费的便利性要求较高,品牌知名度对于销售是非常重要的因素。相对于耐用消费品,消费者对快速消费品的敏感度不高,产品的可替换性大。

快速消费品一般通过具有高覆盖率和多种渠道并存的分销网络来接近消费者,以达到高铺货率。区域分销模式目前已经成为快速消费品行业的主要分销模式。根据一级批发商的背景和其他条件挑选最合适的,发展成为分销商,从而实现区域及当地分销,减少了中间层次,将传统模式的二、三级合并,并通过与直销的结合,提高了销售的主动性。在此基础上,拥有多种产品、多种品牌的公司各下属企业采用统一的销售渠道,让客户实现一站采购,公司的区域分销中心和全国销售总部相连形成有计划、有组织、控制良好的体系,在销售中心与关键最终客户之间建立反馈,提高销售体系的反馈速度。这种联合分销模式广泛地被跨国企业所采用,如联合利华、可口可乐、百事可乐、宝洁等公司。

2)工业品的分销渠道设计

工业品购买者人数较少、购买数量较大、购买集中,但购买频率较低,需要较强的技术支持与服务,采购可经过或不经过分销渠道环节。采用分销渠道时,渠道一般较短,形式简单,且人员推销起重要作用。例如,挖掘机、电梯、机床等机械产品,通常都是经由厂家设置的办事处或特约经销商及代理商等,通过业务人员直接与客户接触,实现产品的广泛推销。

工业品分销渠道模式可分为直接式和间接式两种。对于客户集中度高、分布面窄、而且是大宗产品和大型装备类产品的工业品,一般采取直销。但随着大企业公开采购、基于互联网的商务采购平台越来越多,更多的客户也引导厂商走向直接渠道。一般针对客户分散、单个客户采购量小、地域分布面较广等情况,需要采取间接渠道。目前,直接式分销渠道模式在工业品销售中占主要地位,特别是生产大型机器设备的企业大

都是向用户直接销售产品。

3）耐用品的分销渠道设计

耐用品周转时间长，购买时选择性较大，渠道一般较长，产品的毛利较高，多为选择性分销。如冰箱、彩电、洗衣机等产品，出厂后往往经由多级批发，最后通过商场、超市或专营店等进行售卖。

耐用品在选择分销商时，应着重考察其规模、实力、分销网络和经营管理的能力等，强调区域划分和人员对渠道的支持与服务。由于耐用品周转慢、存储时间长、占用资金较多，故对分销商要求较高。在分销过程中，企业往往按区域甄选符合要求的大型经销商或代理商，并与之建立长久稳定的合作关系。但是有些产品，如家具，则多采用直营方式。

4）其他产品类别的分销渠道设计

非耐用品：饮料、食品、胶卷、洗涤用品等。由于市场需求量大，流转迅速，因此多采用批发加零售的方式，以尽量减少中间环节。渠道末端往往密集地深入市场的各个角落。

便利品：副食品、电池、饮料、卫生纸等消费者日常消耗量较大的产品。这类产品需要方便购买，且周转迅速，故分销时渠道的中间环节较少，有的甚至由厂家直接送货上门。便利品的铺货范围一般极为广泛和密集。

选购品：服装、化妆品、家电等消费者需要反复衡量与对比之后才能决定购买的产品。这类产品的零售网点一般比较集中，可经由一定的渠道环节逐级送达。

特殊品：药品、汽车、香水、高档服装等消费者必须精挑细选的产品。通常多采用直营方式，设立直营店、专卖店等，由厂家的销售人员直接向消费者推销。

威莱的渠道模式

威莱是一家音响企业，成立后仅用不到一年的时间，便在全国建立起了1 300家专卖店（而同期行业内专卖店超过千家的企业不超过3家），并登上了行业销售前三名的宝座。在音响行业销量整体下滑的背景下，威莱的快速成功更像是一个神话。

威莱的成功，首先归功于其采用的渠道策略。威莱首先出台了VI（视觉识别）系统、SI（空间识别）系统，然后采取先支持各地开设样板店、再吸引更多分销商加盟的方式。同时，根据市场不同，采取不同的应对策略，一级城市以家电连锁超市为主要渠道，快速建立自己的店中店。二级城市以特许专营店为主，三级城市（县、镇）则以店中店、专柜为主建立网络，并考虑与彩电、空调、冰箱等大型家电销售点，以及音像制品销售点联合开设专柜或店中店，从而降低基层店的进入门槛。

在这种渠道策略下，威莱的网点扩张速度惊人，甚至创造了一天开10家店的奇迹。渠道扩张的成功，直接带来了销售的增长和品牌知名度的提升。很快，威莱的销售量就开始每月以指数级快速增长了。

资料来源：百度文库，https://wenku.baidu.com/view/c496b328915f804d2b16c150.html，有改动

思考：音响属于何种产品类型？威莱是怎样为其设计分销渠道的？

第二节　区域市场布局

面对同样的市场环境、相同的市场机遇和风险，为什么有的企业能够销量提升迅猛，获得长足发展，而另一些企业却销售停滞不前，甚至陷入困境？究竟是什么导致了众多企业的成功和失败？又是哪些关键因素造就了成功企业的营销制胜呢？那就是对区域市场的把控、对产品的布局以及相匹配的营销资源等方面的综合运用。其中，如何根据市场特性进行产品布局，起着最为关键的作用，这是保证区域市场营销成功的根本法则。

一、区域市场布局的原则

区域市场布局是企业规划区域市场的重要能力。企业在制订各区域市场战略布局规划前一定要深入了解，使制订出的产品布局、渠道布局、客户布局等规划与各区域市场现状高度符合。具体来说，企业进行区域市场布局应该坚持以下四个原则。

（一）整体原则

选择市场的切入点，要从市场的整体格局出发，包括产品的价格体系、利润设计、推进节奏等。例如，一款产品开始时直接进行市场运作，等销售范围不断扩大时才发现没有给分销商留下足够的利润空间，后被迫降低企业利润。市场是一盘棋，需要有整体操盘的思路和想法。

（二）集中原则

对于基础不是很好、容量不是很大的市场，在进行市场投入建设时，必须坚持集中原则，不能过于分散。例如，可以在为数不多的几条街进行集中铺货，营造较为强势的销售氛围，这样才能在一定的区域内产生影响力。

（三）滚动原则

当小范围的销售成功之后，可以总结经验，然后再向其他区域复制推广。由于市场具有风险性，第一轮铺货后的问题可能会遗留到下一轮，经销商只能"将错就错"。坚持滚动原则，能够降低经营风险，提高销售成功率。

（四）连片原则

顾客都有从众心理，当周围都在销售一款产品时，会自然而然地认为这款产品好

卖；反之，则很少有顾客愿意"做第一个吃螃蟹的人"。因此，经销商要将自己的网点连成片，只要有了销售的氛围，那么就能将片区内所有的终端纳入进来，使网络更加紧密。

上海建工加快形成"1+5+X"国内重点区域市场布局

上海建工集团为提高国内市场份额，大力推进地域结构调整，加快形成"1+5+X"国内重点区域市场布局。

"1"即以上海为中心的长三角区域实行同城化市场开放策略，形成区域一体化的经营格局。"5"即以天津为中心的京津地区、以广州为中心的珠三角地区、以沈阳为中心的东北地区、以武汉和南昌为中心的中原地区、以成都和重庆为中心的西部地区五大重点区域实行深度开发策略，形成优先发展的经营格局。"X"即着力关注济南、青岛、郑州、长沙、福州、昆明、南宁等若干重点城市，在做好项目、打响品牌的基础上，逐步推进市场开发。要调整充实经营力量，做深做细重点城市的经营前期工作，不断增强经营开拓的渗透能力，加快推进重点城市由"做好项目"向"经营城市"转变。

资料来源：上海建工加快形成"1+5+X"市场布局[N]. 城市导报，2011-3-24（2），有改动

思考：上海建工集团的区域市场布局有何借鉴意义？

二、区域市场布局的类型

如何根据区域市场的相关特性，进行市场布局呢？根据区域市场的发展和竞争状态，可以将区域市场分为导入型市场、成长型市场、成熟型市场和机会型市场四种，企业可以据此制定相应的区域市场布局战略，如图8-1所示。

图8-1 区域市场布局战略

（一）导入型市场

导入型市场是指竞争较为激烈，甚至竞争对手占有明显优势的区域市场。在该类市场上，要想提升销量，最好依靠尖刀型产品。尖刀型产品类似于军事战争中的先锋队，成员无须多，无论是产品价格还是功能卖点、包装工艺、渠道和终端的利润等，

都明显优于竞争对手,具备很强的杀伤力。

尖刀型产品适宜采取"耕耘"和"掠夺"相结合的复合增长方式,其要点如下:

1. 与竞争对手区隔定位

竞争对手具有较好的市场基础,其产品定位已经明确,并为大多数消费者所接受。因此,我方应区隔定位,对区域市场进行系统规划,依靠尖刀型产品,集中力量,进行战略性投入来开拓市场,迅速提升销量,以便建立局部有利市场,然后再采用"集中与滚动"的方式逐步开发。

2. 有效利用渠道渗透和终端拦截

通过渠道渗透和终端拦截等手段,切割竞争对手的市场份额,瓦解其分销网络,同时加大终端的促销力度,如进店费用、陈列和返利等,引导其主推我方产品。如果对手跟进,则由于其份额较大,需要资源投入多,会削减其核心市场的营利性,从而减少对我方核心市场的冲击力度;如果其不跟进,则我方逐步建立优势,发展壮大。

3. 利用区域市场的辐射效应

即便是重点运作的市场,也要注意利用区域市场的辐射效应,采用"中心造势,周边取量"的模式以提高资源的投入效率,即在地区经济、文化中心区域,进行重点运作和造势,形成热销局面,拉动周边受其辐射影响的地区市场。

4. 设立竞争壁垒

在开拓市场的同时,要不断有意识地设立竞争壁垒,确保市场的优势地位和份额的绝对领先,这样就能建立消费者对我方品牌的识别和忠诚。例如,国内某著名照明企业,在开发中部区域市场时,一方面通过节能灯与一般白灯泡的对比实验来教育消费者,激发节能灯的需求;同时积极传播"如何识别好的节能灯"等引导理性购买的内容,从而屏蔽那些质量差、价格低的跟随者。

丰田汽车如何进入美国市场

在 20 世纪 60 年代以前,日本制造在美国往往是"质量差、劣质产品"的代名词,那时的美国不管是经济还是科技,都遥遥领先于世界各国,在汽车行业也不例外。通用和福特几乎称霸美国汽车市场,对于初出茅庐的丰田汽车来说,想要进军美国市场无疑是以卵击石。那么后来丰田公司是如何进入美国市场的呢?

通过深入的市场调查,丰田公司发现,美国的汽车市场并不是铁板一块。随着经济的发展和人民生活水平的提高,美国人的消费观念和方式正在发生变化。在汽车的消费观念上,美国人民已经摆脱了把汽车作为身份象征的消费观念,而是逐渐把汽车作为一种单纯的交通工具,许多移居郊外的富裕家庭还考虑购买第二辆车作为辅助。而且,由于当时发生了石油危机,再加上交通堵塞,停车困难,引发了对低价、节能车型的要求。而美国汽车企业则是继续生产高耗能、体积宽的车型,这显然已经不满足消费者的需求。

于是,丰田公司考虑定位于美国小型车市场,但是又发现德国大众牌小型车在美国很畅销。后来丰田公司又花大量的精力去调查,终于发现大众牌小型车的缺点:暖气设备不好、后座空间太小、内部装饰差,遭到美国众多客户的抱怨。

最终,丰田把市场定位于生产适合美国人需要的小型车,以国民化汽车为目标,吸收其长处而克服其缺点,如按"美国车"进行改良的"光冠"小型车,性能比大众牌高两倍,车内装饰也高出一截,连美国人个子高、手臂长、需要驾驶室大等因素都考虑进去了。

资料来源:搜狐网,http://www.sohu.com/a/209438013_100057402,有改动

思考:丰田汽车进入美国市场的切入点是什么?是如何发现的?

(二)成长型市场

成长型市场是指发展潜力较大、销量上升,且处于竞争优势地位的区域市场。在该类市场上,由于竞争对手可能已经占据了一定的市场份额,某些市场甚至开始被竞争对手所瓦解,因此,我方应主要依靠有效的产品组合和品牌推广来抢夺竞争对手的份额,挤压中小竞争对手的空间,确保自身的可持续发展和合理利润的回报。

具体来说,我方应以提高各梯队产品的"单产"为主,精耕细作、系统开发、有序维护,以保证市场基础和竞争优势的不断巩固,实现可持续增量的良性发展。其要点如下:

1. 构造梯队型产品组合

根据渠道细分产品,组成梯队型产品组合,每个梯队的产品一般由三种产品组合而成,分别是销量型产品、利润型产品、战术型产品。

1)销量型产品

销量型产品的主要任务是提升品牌的市场占有率,属于畅销产品,但不一定能够给企业带来可观的利润。但是,企业通过销量产品可以提升品牌影响力,抢占市场占有率,形成市场规模效应、分摊生产管理成本。

2)利润型产品

利润型产品是企业获取主要利润的产品,一般都是价格较高但不会太高的产品(中档偏上),既有利润,又有销量,但销量不是太大,能够形成稳定的现金流和稳定的利润。

3)战术型产品

战术型产品是专门用来打击竞争对手的产品,往往是针对竞争品牌畅销产品的低价产品,使竞争品牌的产品优势被削弱。战术型产品一般情况下都不会以盈利为目的。

2. 以战略型产品提升品牌形象

战略型产品是最能够代表品牌形象的产品，往往是该品牌系列产品中的最高档次产品，价格很高，用来支撑品牌形象。例如，很多酒水品牌都拥有自己的顶级产品，动辄数百元，甚至上千元不等，这类产品主要是用来展示品牌形象的，真正卖出去的并不多，企业也不会对形象产品有销量方面的要求。

各梯队产品在各自渠道上由战略型产品进行统领，加强终端的陈列、展示和促销等方面的力度，以及管理的标准性、统一性。从表面上看，产品是分散的，但是若站在各自渠道上看，却是集中的、系统的，达到一种形散神聚的功效。

梯队型产品布局如图 8-2 所示。

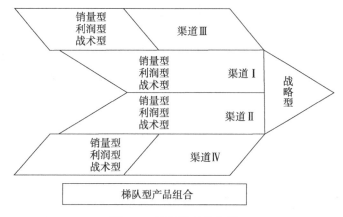

图 8-2　梯队型产品布局

（三）成熟型市场

成熟型市场一般属于防御型市场，是指企业的产品在市场上占据着很大的市场份额，无论是品牌还是产品在当地都具备很强的影响力，其他品牌的产品难以进入，即使进入了在一段时间内也难以大有作为的区域市场。

对于成熟型市场而言，为了防止竞争者进入或者扰乱市场，造成销量提升受阻，一般采取产品布局的群狼营销战术，也就是说每个产品在这个市场上都能占据一定的地位与角色，高、中、低全方位的包围，甚至可以采取经销商买断、包销、贴牌等手段，使对手根本没有机会介入该市场的缝隙。

处于成熟型市场的企业，必须保持灵敏的反应速度，避免对手抓住某个特殊空隙借机进入该市场。

盛美半导体设备打入国际成熟市场

2017 年，盛美半导体设备（上海）有限公司在美国纳斯达克证券市场 IPO（首次公开募股）上市，打破了15年来国际上没有设备企业在纳斯达克上市的沉寂，也代表中国半导体设备企业登上了美国资本市场的尖峰。

半导体加工环节中超过1/3的工序是清洗，占设备销售市场的7%~8%，全球销售额为30~40亿美元。设备清洗领域主要由美国、日本、奥地利等国家的公司所控制。这是一个成熟而垄断的细分市场，盛美作为一个创业企业，靠什么打入成熟的市场？

盛美选择了一条差异化的道路，即面对同一个应用、同一个技术挑战，要比大公司做得好，或做出大公司没有的特色。盛美成立之初，为了能同内地较"幼稚"的半导体产业链接轨，搁置了手中最先进的技术，将盛美的技术方向最终定位于相对简单的单片清洗设备方向。搁置是一种"以退为进"。很快，盛美就将清洗技术爆破方向锁定在硅片清洗这一世界性难题上。通过坚持不懈的研发，盛美攻克了在50纳米小粒情境下清洗的关键课题，从而有条件向16纳米、10纳米、7纳米的深度不断挺进。

技术差异化、选择进入市场的时机及全球专利保护，被称为集成电路设备企业的独门"秘籍"。国产设备要在技术上获得突破，应以市场为导向，研发新颖别致的技术，并寻找合适的市场切入点，快速进入国际市场。盛美正是牢牢把握住了这一方向，从而顺利打入成熟的国际市场。

资料来源：搜狐网，https://www.sohu.com/a/237951829_205169，有改动

思考：盛美为什么能够打入成熟的国际市场？

（四）机会型市场

在竞争对手占据优势、而消费需求有待继续开发的市场上，实现销售增量的方式应该是"跑马圈地"式的外延扩张。作为"智猪博弈"模式中的小猪，最明智的策略是跟随领先者，其增量策略要点如下：

（1）贴近竞争对手，只要对手在哪里进行投入，我方就跟随到哪里。采用性能相似、相对低价的产品组合，并在终端陈列与促销上贴近对手，将营销资源集中在经销商和终端激励上，加大渠道推力，实现终端拦截。

（2）最大限度地嫁接渠道资源，制定高张力的渠道政策，在保证不向我方精耕细作的核心市场窜货的前提下，加大经销商的返利和折扣力度，或采用底价操作的总经销制等短期手段，激发经销商的积极性。

（3）保持资源投入的盈亏平衡，作为地力贫瘠市场上的跟随者，进行战略性的前期投入是不值得的，必须坚持见利见效的原则。

猎豹汽车布局城镇市场

近年来，我国城市化进程不断加速，一线城市的汽车保有量快速攀升，加之限购、限行、限贷等政策频频出台，以及广大二三四线地区的购车需求持续攀升，让众多汽车厂商和经销商开始加快渠道下沉，到区域市场的广阔天地去寻求发展，已成必然的

选择。

不少汽车经销商反映,"一线城市地价高,人工费高,竞争激烈,开店成本也高,资金链要求很苛刻,反而不如到三四线城市去淘金。"而这也是大多数自主品牌的共识。避开在一线城市与合资品牌的争锋,积极响应国家城镇化号召,深入二三四线城市开辟营销渠道,不失为一个稳妥而高效的策略。

2014年3月,猎豹汽车宣布启动"猎豹汽车代理店发展计划",在全国各地级市和部分百强县正式启动代理店加盟发展计划,面向广大二三四线市场,既为当地的民间游资提供一个低门槛的增值机会,又助力猎豹汽车快速完善其销售网点布局,迅速吸引行业广泛关注。

猎豹汽车该计划负责人表示:"这次开发的代理店发展网络是在猎豹汽车现有的经销店网络之外设立的,目的就是对销售网络空白地带进行补充,从而贯彻执行猎豹汽车的营销策略,让更多城镇消费者能开上高性价比的好车,也希望能与广大加盟商共赢,一起把握住新城镇化发展过程中的又一轮购车热潮。"

资料来源:皮卡中国,http://www.pikacn.com/news/20144/544.html,有改动

思考:猎豹汽车为何选择城镇市场进行布局?

第三节 商圈规划与分析

商圈分析是对商圈(trading area)的构成、特点和影响商圈规模变化的各种因素进行综合性的研究。商圈分析对零售企业具有十分重要的意义。它有助于企业合理选择店址,在符合设址原则的条件下,确定适宜的设址地点;有助于企业制订市场开拓目标,明确哪些是本企业的基本顾客群和潜在顾客群,以不断扩大商圈范围;有助于企业有效地进行市场竞争,在掌握商圈范围内客流来源和客流类型的基础上,开展有针对性的营销。

一、商圈的概念与构成

商圈也称零售交易区域,是指以零售商店所在地域为中心,沿着一定的方向和距离扩展而形成的吸引顾客的辐射范围。简言之,就是零售商吸引其顾客的地理区域,也就是来店购买商品的顾客所居住的地理范围。

一般人常把商圈与商业区域(business district)混合使用,实际上两者是有区别的。商圈是一个零售商店的顾客所来自的地理区域,而商业区域则是消费者会前往购物的地理区域内的商店群。

商圈一般由以下三部分组成。

(一)主要商圈

主要商圈(primary trading area)是最接近零售商店并拥有高密度顾客群的区域,

通常商店 70%的顾客来自主要商圈。

（二）次要商圈

次要商圈（secondary trading area）是位于主要商圈之外、顾客密度较小的区域，约包括商店 20%的顾客。

（三）边缘商圈

边缘商圈（fringe trading area）是位于次要商圈以外的区域，在此商圈内顾客分布最少，商店吸引力较弱，包含大约 10%的顾客。规模较小的商店在此区域内几乎没有顾客。

二、商圈分析的目的

商圈分析的目的是使零售商明确其商店经营所辐射的地理区域范围，以协助零售商选择适当的零售地点。

（1）掌握目标顾客的行为特征。通过商圈分析，可以让零售商更了解所在地区居民的人口统计特性、消费心理以及生活形态等。

（2）确定产品组合及促销重点。例如，某超市集团，其产品组合应类似，但由于坐落地点及地区特性不同，每家分店的产品组合须做不同的搭配。由此可知，配合顾客特性的不同，会促使零售店有不同的产品组合。

（3）分析商圈是否重叠。规划中的新店是否会带来新顾客或抢走现有的商店顾客？如果商圈重叠，则规划中的商圈可能侵蚀现有商店的顾客；如果属于同家公司而侵蚀自己的顾客，就会浪费公司资源；如果不属于同家公司，则会增加更多竞争。

（4）测算开店规模。商圈分析有助于连锁店计算在某一地理区域内应开设几家店，并能够发现商圈内开店的障碍因素，包括：道路设施、治安、法规及城市规划方面的限制；人口拥挤；顾客生理及心理上的障碍；交通拥挤；等等。

（5）了解其他方面情况。例如，针对商店周围，了解在某一地区内同性质竞争商店的数量（竞争是否激烈）、将来的变动趋势、供应商位置、运输是否方便（交通状况）、可否利用物流中心一次补齐所需物品、停车场是否宽广等。

实体商业为何如此看重"商圈分析"

很多市场经营活动中，都会涉及商圈分析，如：某银行要建立一个支行，想了解周边小微企业的贷款需求，有哪些竞争银行，需要做商圈分析；某开发商要建一个大型的商场，需要了解商圈内消费者的消费习惯、品牌偏好、业态偏好，其他商场的经营现状，需要做商圈分析；某快餐店需要开分店，想了解商圈内消费者的口味偏好、价格承受能力、其他餐饮店经营得如何，也需要做商圈分析。

商圈分析是合理选址的基础工作。商家在选择店址时，总是力求以较大的目标市场，来吸引更多的目标顾客，这首先就需要经营者明确商圈范围，了解商圈内人口的分布状况以及市场、非市场因素的相关信息，在此基础上，进行经营效益的评估，衡量店址的使用价值，选定适宜的地点，使商圈、店址、经营条件协调融合，创造经营优势。

商圈分析是实体商业制订竞争经营策略的基本前提。在日趋激烈的市场竞争环境中，价格竞争手段仅仅是一方面，同时也很有限，很多商家在竞争中为取得优势，已广泛地采取非价格竞争手段，诸如改善商店形象，进行企业形象设计与策划，完善售后服务，等等。这些都需要经营者通过商圈分析，掌握客流来源和客流类型，了解顾客的不同需求特点，采取竞争性的经营策略，投顾客之所好，赢得顾客信赖，也即赢得竞争优势。

商家的经营方针、策略的制订或调整，总要立足于商圈内各种环境因素的现状及其发展趋势。通过商圈分析，经营者可以明确哪些是本店的基本顾客群，哪些是潜在顾客群，力求在保持基本顾客群的同时，吸引潜在顾客群，制定市场开拓战略，不断延伸经营触角，扩大商圈范围，提高市场占有率。

资料来源：东方网，http://mini.eastday.com/a/170914051055543.html，有改动

思考： 实体商业为什么必须重视商圈分析？

三、影响商圈形成的因素

影响商圈形成的因素是多方面的，主要可以归纳为企业外部环境因素和企业内部因素。

（一）企业外部环境因素

1. 家庭与人口

零售店所处外部环境的人口密度、收入水平、职业构成、性别、年龄结构、家庭构成、生活习惯、文化水平、消费水平，以及流动人口的数量与构成等，对于零售店商圈的形成具有决定性的意义。

2. 地理状况

零售店所处的外部环境是市区还是郊区，是工业区还是商业区，是人口密集区还是人口稀少区等，对商圈的形成都有着重要的影响；另外，零售店所处的外部环境是否有大沟、河流、铁路、高速公路、高架桥、山梁阻隔，也会影响到商圈的形成。

3. 交通状况

零售店周边交通状况的优劣，如道路状况、公交状况、电车或地铁状况等，对商圈的形成有着重要的影响。例如规模相同的百货店 A 和 B 相距 100 米，A 的交通便利，

B 的交通非常不便利，那么 A 的商圈就大，B 的商圈就小。

4. 城市规划

城市规划对零售店商圈的形成有很大的影响。如果零售店选址于城市的市级商业中心规划区，其商圈就可能辐射全市；如果选址于区域商业中心规划区，其商圈一般只辐射区域性的地方。另外，城市交通、住宅、产业等方面的规划对零售店的商圈也会有很大的影响。例如某大型百货位于老城区商业中心，人流大、店铺多、商业旺盛但道路狭窄、交通不方便，如果在城市规划中其道路状况得到改善，那么该百货的商圈将会变大；如果政府规划了新的商业中心，那么该百货的未来的商圈将会变小。

5. 商业聚集

商业聚集是指在零售店的周边各种商业机构的聚集情况，它一般有三种情况，这三种情况都会对零售店的商圈产生很大的影响。

（1）不同业态零售企业的聚集，如百货店、超市、家电专卖店、家居店等聚集在一起，这时企业一般不产生直接竞争，而是形成扎堆效应，能使市场产生更大的吸引力，吸引更多、更远的消费者，使零售店的商圈辐射范围变大。

（2）相同业态零售企业的聚集，如同一商圈内有多家规模、内容相近的大型超市，这时商圈内就会产生直接竞争，考验企业的经营能力；同时，由于竞争而给消费者提供了更多对比、选择的机会，从而会产生扎堆效应，吸引更多、更远的消费者。不过，同业态的零售企业如果在同一商圈内过度聚集，就会引发过度竞争、恶意竞争，其后果将会是谁也占不到便宜，甚至是数败俱伤。

（3）不同行业的商业企业的聚集，如零售企业、餐饮企业、娱乐企业、电信企业、金融企业等聚集在一起，这是一种多功能型的聚集情况，将会产生极大的扎堆效应，有效扩大企业的商圈辐射范围。

（二）企业内部因素

1. 零售店的规模

一般来说，零售店的规模越大，其经营的商品就越多，其商圈就越大；反之，其商圈就越小。当然，零售店的规模并非越大越好，应该视所在地区的具体情况而定。

2. 零售店的业态

业态对零售店的商圈也会产生很大的影响。例如在同一地点，便利店的商圈就很小，超市的商圈就会大很多，而大型百货店、家电专业店的商圈又会更大。

3. 零售店的市场定位

同一零售店，如果市场定位不同，其目标顾客也会有所不同，其商圈范围就会有所改变。例如同一百货店，如果定位于中低档的流行百货，其商圈不会很大，如果定位于中高档的时尚百货，其商圈就可能辐射全市范围。

4. 零售店的经营管理水平

零售店的经营管理水平高、信誉好，其知名度和美誉度就高，吸引顾客的范围就会变大；如果其经营管理水平低、服务不好，口碑就会很差，吸引顾客的范围就会变小。

5. 零售店的营销策略

一家零售店的营销策略会影响其商圈大小。零售店如果将产品售价降低，有可能吸引较远的顾客专程来采购。

消费者愿意到较远的零售店购物，另一个理由是该零售店提供的产品组合有独到之处。此外，当零售店进行特别的促销活动，或是服务特别好时，也会有扩大商圈的效用。

6. 零售店经营的商品种类

1）便利品

便利品指消费者经常购买或花费很少时间去比较及购买的产品。一般产品价格较低，在许多地方都可以买到，如报纸、汽水、口香糖等。出售这类商品的零售店一般商圈范围较小。

便利品又可区分为经常性购买产品、冲动性购买产品和紧急性购买产品。

（1）经常性购买产品。经常性购买产品是指消费者规律性采购的商品，消费者在超级市场、便利店等许多地方都能买得到，如糖、盐、米及牙膏。

（2）冲动性购买产品。冲动性购买产品是指消费者不会事先规划或主动寻找的产品，这类产品要在许多地方销售以方便购买，超市、连锁性药店、便利店的结账柜台附近经常可看到冲动性购买产品，如口香糖、巧克力、糖果和流行杂志等。

（3）紧急性购买产品。紧急性购买产品是指当消费者需要的时候，购买的急迫性非常高。例如，台风来临前的手电筒、罐头食品，或是下雨时的雨伞等。

2）选购品

选购品指消费者购买的过程中，通常会比较产品的可靠性、价格、款式、质量等信息的产品，如家具、衣服和家电。通常出售这些商品的零售店一般商圈范围较大。

3）专门品

专门品指具备某些特性或独特的品牌的产品，高级轿车、订制西装、名牌音响等都属于专门品。专门品零售店的商圈范围往往非常大。

星巴克的选址原则

目前，星巴克在中国内地已经进入了100多座城市，门店总数量超过3 000家。

根据星巴克最新公布的开店计划，它在2022年9月前在中国的门店数量将达到6 000家。这意味着，星巴克从2015年开始在中国市场实施的每年近500家店的扩张速度，还将持续下去。

星巴克作为一个外来品牌，刚进入中国市场时，其实并没有知名度，其策略是"先布局，再选址"。它首先从中国一线城市布局，而且会优先选择高端商业区，让消费者认可它是咖啡界的高端品牌。形成一定的知名度和品牌影响力之后，二三线城市经过发展也有了消费实力和需求，再在二三线城市布局。

星巴克在选址的时候主要从以下六个方面进行考虑：

1. 人流量原则

星巴克每选择一个商圈以后都会测算人流量，这其中包括：单位时间内经过的人数，经过人群中目标客户群体的比例，人流走动的主要线路和次要线路，人流经过此区域的停留时间和停留意图。根据人流量分析来选择聚客点，把与聚客点相隔不远的位置作为门店选址的地方。

2. 目标性原则

星巴克瞄准受过高等教育的中高收入人群。星巴克的定位是追求品味、时尚的中高收入人群，目标群体年龄段大概在16~45岁。

3. 可见性原则

星巴克重视店面形象设计的鲜明和醒目。在星巴克看来，店面就是最好的招牌，消费者走在大街上能否一眼就看到门店，对利润增长点非常重要。

4. 便利性原则

星巴克门店所处的位置交通必须方便。星巴克会考虑商圈所覆盖的范围，周边的停车位多少，车辆进出是否方便，是否靠近地铁口，周边商务人士来店是否方便，等等。

5. 经济性原则

尽管星巴克的营业利润很高，但是它同样会考虑运营成本问题。因为星巴克所有的配料需要单独配送，而且要求很苛刻，只有在一个城市里多开几家店铺才能通过平摊来降低运营成本。

6. 稳定性原则

星巴克会选择商圈成熟、配套规范、业务量良好的区域。因此，选址时会从大的环境进行考虑，如该地区政府3~5年的城市规划，是否会有拆迁、修地铁，周边大楼是否重建，周边商圈成熟度以及未来几年商务人士是否会减少等问题。

资料来源：赢商网，http://news.winshang.com/html/055/9979.html，有改动

思考：星巴克选址主要考虑了哪些商圈因素？

四、商圈的划定方法

在实际运作过程中，主要可以通过三种方法确定商圈。

（一）参照法

参照法是指零售企业可以参照某一类似的市场或地区已有店铺的商圈规模大小来确定自身商店的商圈范围。该方法在使用上为尽可能接近本店铺所在地区的实际情况，可根据参照市场或地区店铺在经营规模、经营特色上的不同，以及居民人口分布、城市建设、交通设施状况、商业布局等方面的差异，进行合理的修正，以便取得较为准确的商圈零售饱和度指数。关于零售饱和度指数的计算方法，将在后文中讲述。

（二）顾客调查法

顾客调查法是指零售企业抽取具有代表性的顾客进行调查及访谈，获得顾客相关的地址数据，并依据地理绘图来确定商圈。实施该方法时，值得注意的是访谈的时间，不仅要分布于每周周末，每天的访谈也应散布于各个时段，这样可避免某一顾客群体被遗漏。在经过调查和访谈获得顾客的地址后，应将地址在详细的街道图上标出，绘制成顾客来源图（customer origin map），再据以界定出商圈。如图8-3所示。

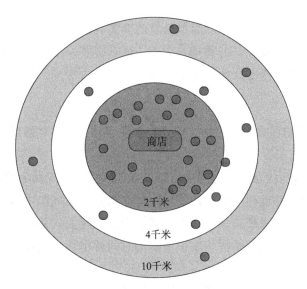

图8-3　顾客来源图

从图8-3中可以看出，一家商店吸引顾客的力量与顾客到商店的距离成反比。顾客距离商店越近，该商店对其吸引力越大；反之，顾客越不可能惠顾该商店。

如何根据顾客特性划定商圈

对现有商店商圈的大小、形状和特征可以根据顾客的相关特性及出行规律等来较为精确地确定。在国外，由于顾客一般用信用证和支票购物，可以据此查知顾客的地址、购物频率、购物数量等情况。国内可以通过售后服务登记、顾客意向征询、赠券等形式收集有关顾客居住地点的资料,进而划定商圈。

但是,对于一家尚未设立的连锁店铺而言,由于缺乏商圈统计的基本资料,当然更谈不上顾客的支持程度了。因此,在划定商圈时,可以以设店地区居民的生活形态及具有关联性的因素为出发点,并配合每天人口的流动情形,深入探讨该地区人口集中的原因,以及其流动的范围,以此作为基本资料来从事商圈的设定。

尤其是一家大规模的连锁经营企业,其商圈的设定并不像一般小型商店是徒步商圈,可能顾客会利用各种交通工具前来,因此对于设店地区内工作、学习的人员流动性、购物者的流动性、城市规划、人口分布、公路建设、公共交通等均要加以观察,并配合有关的资料,运用趋势分析来进行商圈设定。

资料来源:豆丁文库,https://www.docin.com/p-1476007479.html,有改动

思考:针对现有商店和新开商店,划定商圈时考虑的顾客因素有何不同?

(三)商圈计量法

参照法和顾客调查法都是相对简单易行的商圈划定与分析方法。但依靠其确定商圈存在着界定模糊、精度不高的弊端。为此,还有必要采取更为精确的计量方法来划定商圈。常用的商圈计量方法主要包括瑞利法则和哈夫法则。

1. 瑞利法则

1929年,美国学者威廉·瑞利(Willian J. Reilly)通过对得克萨斯州内150多个商圈的调查分析,基于万有引力的概念提出了一套法则,称为"零售吸引力法则",也称"瑞利法则"。瑞利认为,商圈规模由于人口的多少和距离商店的远近而有所不同,商店的吸引力是由最邻近商圈的人口和里程距离两方面发挥作用的。城镇人口越多,则说明该城镇越发达,对周边地区顾客的吸引力也就越大。某城镇离周边特定区域的距离越远,此特定区域顾客前往该城镇所需的时间就越长,则其对此特定区域顾客群的吸引力也就越小。

瑞利法则的基本内容是:在两个城镇之间设立一个中介点,顾客在此中介点可能前往任何一个城镇购买,即在这一中介点上,两城镇商店对此地居民的吸引力完全相同,这一地点到两城镇商店的距离即是两城镇商店吸引顾客的地理区域。

该法则可用公式表示为

$$D_{AB} = \frac{d}{1+\sqrt{\frac{P_B}{P_A}}}$$

式中　D_{AB}——A城镇商圈的限度;P_A——A城镇人口数量;P_B——B城镇人口数量;d——城镇A和B城市的里程距离。

【例 8-1】 假设 A 城镇拥有人口 9 万人，B 城镇拥有人口 1 万人，A 城镇距离 B 城镇为 20 千米。则

$$D_{AB} = \frac{20}{1+\sqrt{\frac{1}{9}}} = 15(千米)$$

瑞利法则的假设前提是：两个城镇的主要道路状况一样；两个城镇零售店的经营绩效差异不大；两个城镇人口分布相似。只有通过以上三种假设，才能求得完整商圈而不变形。而现实中这样的条件是几乎不可能存在的。因此，瑞利法则存在一定的局限，企业如果据此去判断一个地方的投资价值显然过于片面。这种片面性决定了瑞利法则只适合在一些市场竞争环境较为单纯的情况下应用。

2. 哈夫法则

哈夫法则是美国加利福尼亚大学的经济学者戴维·哈夫（David L. Huff）于 1963 年提出的预测城市区域内商圈规模的空间模型。哈夫法则是从不同商业区的商店经营面积、顾客从住所到该商业区或商店所花的时间及不同类型顾客对路途时间不同的重视程度这三个方面出发，来对一个商业区或商店的商圈进行分析。哈夫认为，一个商店的商圈取决于它的相关吸引力，商店在一个地区，以及其他商店在这个地区对顾客的吸引力能够被测量。在数个商业区（或商店）集中于一地时，顾客惠顾哪一个商业区（或商店）的概率，是由商业区（或商店）的规模和顾客到该商业区（或商店）的距离决定的，即一个商店对顾客的相关吸引力取决于两个因素：商店的规模和距离。商店的规模可以根据营业面积计算，距离为时间距离和空间距离。大商店比小商店有更大的吸引力，近距离商店比远距离商店更有吸引力。

哈夫法则的数学模型可表示为

$$P_{ij} = \frac{\dfrac{S_j}{(T_{ij})^\lambda}}{\sum_{j=1}^{n}\dfrac{S_j}{(T_{ij})^\lambda}}$$

式中 P_{ij}——i 地区的消费者在 j 商店或商业区购物的概率；S_j——j 商店的规模（营业面积）或 j 商业区内某类商品总营业面积；T_{ij}——i 地区的消费者到 j 商店或商业区的时间距离或空间距离；λ——通过实际调研或运用计算机程序计算的消费者对时间距离或空间距离敏感性的参数；$\dfrac{S_j}{(T_{ij})^\lambda}$——$j$ 商店或 j 商业区对 i 地区消费者的吸引力。

【例 8-2】 假设一个消费者有机会在同一区域内的三个超市中任何一个超市购物，三个超市的规模和三个超市与该消费者居住点的时间距离见表 8-1。

表 8-1　三个超市的规模和三个超市与该消费者居住点的时间距离

超市	规模/平方米	时间距离/分钟
A	50 000	40
B	70 000	60
C	40 000	30

如果 $\lambda=1$，三个超市对该消费者的吸引力分别是：

A 的吸引力是：50 000/40=1 250

B 的吸引力是：70 000/60≈1 166.67

C 的吸引力是：40 000/30≈1 333.33

该消费者到每个超市购物的概率分别是：

到 A 的概率 = 1 250/（1 250+1 166.67+1 333.33）≈0.333

到 B 的概率 = 1 166.67/（1 250+1 166.67+1 333.33）≈0.311

到 C 的概率 = 1333.33/（1 250+1 166.67+1 333.33）≈0.356

哈夫法则的假设前提是：消费者光顾卖场的概率会因零售店卖场面积的不同而变化，卖场面积同时代表商品的齐全度及用途的多样化；消费者到某一零售店卖场购物的概率受其他竞争店的影响，竞争店越多，概率越小。

哈夫法则最大的特点是更接近于实际，将过去以都市为单位的商圈理论具体到以商业街、百货店、超市为单位，综合考虑人口、距离、零售面积规模等多种因素，将各个商圈地带间的吸引力强弱、购物比率发展成为概率模型的理论。

但是，哈夫法则也存在一定的局限性。在哈夫法则中，将到卖场的时间作为阻力因素，而将卖场的面积作为卖场的吸引力，但如果仅用卖场的面积作为卖场的吸引力，那么相同面积的百货店、超市、商业街就具有相同的魅力，这显然过于武断。哈夫法则通过市场调查计算出 λ 值，但是不同地区的商业情况和消费文化各有不同，这就使得各地区的参数差异较大，难以正确反映实际情况。另外，对于各数值的计算标准也将直接影响该模型的计算精度。

五、商圈分析的要点

划定基本商圈之后，经营者还需对商圈的构成情况及影响商圈规模变化的因素进行调查和分析，以便为选择店址，制订和调整经营方针和策略提供依据。

（一）人口统计分析

人口统计分析即对商圈内的人口增长率、人口密度、收入情况、家庭特点、年龄分布、民族、学历及职业构成等方面的现状和发展趋势进行调查分析。通过这些统计调查，有利于把握商圈内未来人口构成的变动倾向，并为市场细分和企业定位提供有用的第一手信息。有很多渠道可以收集这些人口变动信息，如我国的人口普查，普查结果以各种形式发布。上面除了对每个家庭进行基本的人口统计外，还对一定比例的家庭进行深入的问卷调查，这就意味着可以借此了解有关区域家庭住房情况、家庭财产、就业情况和家庭收入等。但是，人口普查每 10 年才进行一次，而且不能及时公布，因而很难满足商圈分析的需要。此外，零售商也可以从各地的统计年报中获得相关信息，或请专门的市场调查公司帮助收集有关信息。需要注意的是，在商圈分析中，要注意分析有没有人口增加的潜在趋势。在一个人口逐渐增加的新区开店较易成功，在一个人口逐渐减少的老区开店较易失败。

（二）经济基础和购买力分析

在进行商圈分析时，零售商应该考察以下一些经济因素：各行业从业人员的比例、运输网络、银行机构、经济周期波动对地区或行业的影响、某些行业或企业的发展前景等。在分析中，一个有关需求的指标尤其应引起重视，这就是购买力指数。比较不同商圈的购买力指数，可为发现潜在的消费市场提供依据。

$$购买力指数 = A \times 50\% + B \times 30\% + C \times 20\%$$

式中　A——商圈内可支配收入总和（收入中去除各种所得税、偿还的贷款、各种保险费和不动产消费等）；B——商圈内零售总额；C——具有购买力的人口数量。

（三）竞争状况分析

零售饱和度是判断某个地区商业竞争激烈程度的一个指标。通过计算或测定某类商品销售的饱和度指数，可以了解某个地区同行业是过多还是不足，以决定是否选择在此地开店。通常位于低度饱和地区的商店，其成功可能性较高度饱和地区的商店要大，因而分析商圈饱和度指数对于新开设商店店址的选择很有帮助。

零售商店饱和度指数以零售营业额/平方米来表示，数值越高，表示该地区的零售商机越佳。零售饱和度指数（IRS_i）的计算公式为

$$IRS_i = \frac{C_i \times RE_i}{RF_i}$$

式中　IRS_i——i 地区的零售饱和度指标；C_i——i 地区的潜在顾客人数；RE_i——i 地区每一顾客平均购买额；RF_i——i 地区经营同类商品店铺的总面积。

【例 8-3】假设某新设商场所在地区有潜在顾客 140 000 人，每人在该店平均消费 80 元。该地区有竞争店 8 家，营业总面积为 175 000 平方米，则该地区零售业中，商场的零售饱和度指数为

$$IRS = 140\,000 \times 80 / 175\,000 = 64（元/平方米）$$

用该数字和其他地区测得的零售饱和度指数相比，即可知成功概率的大小。

【例 8-4】对某项目的商圈进行分析，三个备选地区的零售饱和度指数见表 8-2。

表 8-2　三个备选地区的零售饱和度指数

项目	A 地区	B 地区	C 地区
潜在顾客人数	80 000	50 000	30 000
每一位顾客平均购买额/元	10	15	20
经营同类商品店铺的营业面积/平方米	25 000	30 000	10 000
近期列入计划的经营同类商品的商店面积/平方米	8 000	6 000	7 000
零售饱和度指数	24.24	20.83	35.29

表 8-2 中，C 地区零售饱和度指数最高。在不同的商圈中，应选择在零售饱和度指数较高的商圈选址。

同时，分析零售饱和度指数，还可从公式得知：

第一，IRS 值高，表明该市场尚未饱和，存在较大获利空间，成功概率大；IRS 值低，表明该市场已经饱和，获利空间有限，不易成功。

第二，企业能否进入某一市场，应以供求因素为基础。

第三，IRS 值也是测量现有商业企业销售效益的重要指标。

以我国百货店为例，一般来说，IRS<10 000 元/平方米，在大中城市一般会发生亏损；10 000 元/平方米≤IRS≤20 000 元/平方米，属于保本经营；IRS>20 000 元/平方米，可实现盈利。IRS 值越高，则利润水平越高。

（四）基础设施状况分析

基础设施是指为社会生产和居民生活提供公共服务的物质工程设施，是用于保证国家或地区社会经济活动正常进行的公共服务系统。主要包括交通、通信、供水供电、商业服务、园林绿化、环境保护、文化教育等设施和条件。

区域内的基础设施为商店的正常运作提供了基本保障。连锁经营的零售企业需要相应的物流配送系统，这与区域内的交通发展状况密切相关。有效的物流配送还依赖于顺畅的通信系统。此外，商店的发展还与区域内软性基础设施有关，包括相关法律、法规、执法情况的完善程度等。这些基础设施状况在商圈规划时都需要认真分析。

麦当劳的商圈分析

麦当劳市场目标的确定需要通过商圈调查。在考虑餐厅的设址前，必须事先估计当地的市场潜能。

1. 确定商圈范围

麦当劳把制订经营策略时确定商圈的方法称作绘制商圈地图。绘制商圈地图首先要确定商圈范围。一般说来，商圈范围是以这个餐厅为中心，以 1~2 千米为半径，画一个圆，作为它的商圈。如果这个餐厅设有汽车走廊，则可以把半径延伸到 4 千米，然后把整个商圈分割为主商圈和副商圈。商圈的范围一般不要越过公路、铁路、立交桥、地下通道、大水沟，因为顾客不会越过这些阻隔到不方便的地方消费。

商圈确定以后，麦当劳的市场分析专家便开始分析商圈的特征，以制定公司的地区分布战略，即规划在哪些地方开设多少餐厅最为适宜，从而达到通过消费导向去创造和满足消费者需求的目标。因此，商圈特征的调查必须详细统计和分析商圈内的人口特征、住宅特点、集会场所、交通和人流状况、消费倾向、同类商店的分布，对商圈的优缺点进行评估，并预计设店后的收入和支出，对可能的净利润进行分析。

在商圈地图上，他们最少要注上这些数据：餐厅所在社区的总人口、家庭数；餐厅所在社区的学校数、事业单位数；构成交通流量的场所（包括百货商店、大型集会场所、娱乐场所、公共汽车站和其他交通工具的集中点等）；餐厅前的人流量（应区分平日和假日），人潮走向；有无大型公寓或新村；商圈内的竞争店和互补店的店面数、座位数和营业时间等；街道的名称。

2. 进行抽样统计

在分析商圈的特征时，还必须在商圈内设置几个抽样点，进行抽样统计。

抽样统计可将一周分为三段：周一至周五为一段；周六为一段；周日为一段。从每天早晨 7 点开始至午夜 12 点结束，每两小时为一个单位，计算通过的人流数、汽车和自行车数。人流数还要进一步分类为男、女，青少年、中老年，上班和下班的人群等，然后换算为每 15 分钟的数据。

3. 实地调查

除了进行抽样统计外，还要对顾客进行实地调查，也称作商情调查。实地调查可分为两种：一种以车站为中心，另一种以商业区为中心。同时，还要提出一个问题：是否还有其他的人流中心。答案应当从获得的商情资料中挖掘。以车站为中心的调查，可以是到车站前记录车牌号码，或者乘公共汽车去了解交通路线，或从车站购票处取得购买月票者的地址；以商业区为中心的调查，需要调查当地商会的活动计划和活动状况，调查抛弃在路边的购物纸袋和商业印刷品，看看人们常去哪些商店或超市，从而准确地掌握当地的购物行动圈。

通过访问购物者，调查他们的地址、向他们发放问卷、了解他们的生日；然后把调查得来的所有资料一一载入最初画了圈的地图。这些调查得来的数据以不同颜色标明，最后就可以在地图上确定选址的商圈。

资料来源：百度文库，https://wenku.baidu.com/view/062dc106a6c30c225901e32.html，有改动

思考：麦当劳的商圈分析包含了哪些要点？

本 章 小 结

- 市场布局即决定产品在市场上的分布面以及选择产品进入市场的主要渠道。市场布局要综合考虑产品性质、区域性质、人口与购买力、购物便利性、交通条件、竞争状况、环境障碍和发展趋势。
- 区域市场布局要根据市场及产品的类型作出决策。对于成熟型市场，一般采取

产品布局的群狼营销战术；对于成长型市场，以提高各梯队中拳头产品"单产"为主的集约型增长方式布局；对于导入型市场，提升销量最好是依靠尖刀型产品布局；对于机会型市场，在竞争对手占优势、而消费需求有待培育的待开发性市场上，最明智的策略是跟随领先者布局。

- 商圈是零售商吸引其顾客的地理区域，也就是来店购买商品的顾客所居住的地理范围。商店的商圈一般由主要商圈、次要商圈和边缘商圈三部分组成。商圈的划定方法主要有参照法、顾客调查法和商圈计量法。

- 商圈分析是零售企业选择店址，制订和调整经营方针和策略的重要依据。企业应从人口统计分析、经济基础和购买力分析、竞争状况分析、基础设施状况分析等方面对商圈的构成及变化情况展开分析。

课后习题

1. 什么是市场布局？市场布局应遵循哪些原则？
2. 市场布局的依据主要有哪些？
3. 商圈分为哪几个层次？影响商圈形成的因素有哪些？
4. 划定商圈主要有哪些方法？
5. 如何进行商圈分析？

都市丽人：中国的商业奇葩

在低迷的服装行业，有一家企业，2014年新增了1 000余家店铺，总共拥有7 000多家店铺、保持78天的库存周转天数、每天净赚116万元。这就是都市丽人。当国内服装行业一片哀鸿，实体门店已经被电子商务冲击得七零八落的时候，一个卖内衣的都市丽人竟然在全国330多个城市开设了7 000多家门店，而且，这个开店的速度还在以每年1 000家的速度增长。

中国的本土内衣产业早就已成规模。这个产业以集群方式显现，包括广东汕头、福建深沪、广东佛山的南海盐步、广东中山小榄、深圳公明、浙江义乌等。都市丽人究竟凭借什么秘诀在众多内衣品牌中杀出而率先崛起？秘密就在于其营销渠道——扁平渠道模式的成功。

1. 多元化店铺选址，主推社区店

植根于大众市场、崛起于三四线的都市丽人，其店铺业态也有其非常本地化的特征，其以30~50平方米的小店为主，区别于之前150~200平方米的服装及体育用品店。这种布局的好处是把店铺开到了社区、交通枢纽和学校，让这些门店贴近消费者。

2. 强力掌控门店

很多加盟店，因为加盟商的混乱与难以掌控，最终倒在了千家店的门槛上。都市丽人广泛分布于全国 300 多个城市、各个区域的直营店特别是加盟店，如何强力掌控？都世丽人实行扁平化业务模式，不涉及分销商或分隔多层的加盟商。并采取单店加盟模式，单店所有销售系统、监控及送货都由总部直接负责。

3. 期货加现货的采购模式

现货采购指的是都市丽人每周下单、每周快递给店面货品的制度。为了刺激销售，都市丽人仿照 ZARA、H&M 等快时尚品牌的做法，每年不断推出新款。每个季度，都市丽人都会准备新品发布会，但是对于文胸、内裤等主流产品，采用只能看货不能订货的模式；对于一些季节性产品，如家居服、保暖衣、打底裤等，则可以在订货会现场订货。订货会现场预订的为"期货"，在店内系统每周根据公司供应的货品进行下单的，为"现货"预订，其中现货预订占到加盟店总订货量的 65%~70%。

为了应对这种现货制度，在备货上，都市丽人通常会将库存产品以"334"形式备货。即三成是原材料在原料厂仓库（如布、锦纶等），三成为半成品在代工厂（如花边、肩带、罩杯等），四成为现货在都市丽人仓库。由于内衣产品的相近性，如果某产品销售不佳，这种"334"的模式还能够将近六成原料或者半成品用作其他系列产品。

资料来源：中国经营网，http://www.cb.com.cn/mbschool/2015_0604/1136445.html，有改动

思考题：

1. 都市丽人采用了什么样的渠道布局策略？
2. 都市丽人的市场布局有哪些值得同类企业借鉴之处？

第九章

市场推广策划

【学习目标】

知识目标

1. 掌握市场推广的元素与工具
2. 理解市场推广策划的目标及程序
3. 掌握网络市场推广的方法

能力目标

1. 能够应用市场推广工具进行市场推广策划
2. 能够运用网络推广方法设计网络推广方案

海澜之家的市场推广策略

海澜之家股份有限公司（以下简称"海澜之家"）成立于2002年，是一家主要采用连锁零售模式，销售男性服装、配饰与相关产品的服装企业。

海澜之家在成立之初，就提出要打造民族服装的自主名牌。海澜之家利用自身资源，有效把控服装的成本和品质环节，严格执行国际服装行业生产标准，实现"高品质、中价位"。在做好产品的同时，海澜之家还十分注重品牌的形象，相继聘请了主持人吴大维、内地演员印小天、杜淳以及青年演员林更新做形象代言人。代言人的年龄层次体现了海澜之家目标群体的阶层。

海澜之家最初将自己定位于"男人的衣柜""一年逛两次海澜之家"，将目标客户群体锁定在25~40岁的男性。随着选择新生一代演员林更新作为最新代言人，海澜之家品牌开始走向年轻化，目标群体的年龄层前移，其品牌定位也从"男人的衣柜"转移到国民品牌。

海澜之家通过立体和平面广告宣传，扩大品牌知名度，且"海澜之家，男人的衣柜"广告语更是深入人心，紧紧将品牌与目标群体联系起来。在广告投入方面，海澜之家通过在央视投放广告、参加国际服装服饰博览会、赞助受欢迎的综艺等形式推广品牌。央视平台和国际服装服饰博览会等给人一种高端大气的印象，将平台和品牌相联系，海澜之家的品牌在潜移默化中形成。

海澜之家将主要市场投放在三四线城市，将自己与高档品牌拉开一定距离，又将自己脱离了低档行列，价格在多数目标群体能承受的范围内。海澜之家还根据男性目标群体购物目的性较强，有自己的主见，更追求服装的舒适度，较为反感旁人干扰等特征，首创了"无干扰，自选式"的购衣模式，为顾客提供轻松自在的购物环境，形成海澜之家独特的购物体验。

资料来源：市场营销案例分析：海澜之家，百度个人账号"识微看舆情"，https://baijiahao.baidu.com/s?id=1620242296535626842&wfr= spider&for=pc，有改动

思考：海澜之家是如何进行市场推广的？

现代市场营销不仅要开发合适的产品，制定合适的价格，与合适的经销商、零售商和顾客沟通，还必须善于利用广告、销售促进、公共关系、人员推销、网络推广等推广工具进行整体策划，以推广产品，从而迅速提升企业的总体销售业绩。海澜之家在重视产品设计的同时，通过精准选定目标群体，以"名人效应+广告投放"的方式，塑造了"高品质、中价位"的男人衣柜形象。市场推广策划是对推广活动的每个环节进行一系列策划的系统工程。本章将系统讲述市场推广策划的程序与方法，主要包括市场推广的元素与工具、市场推广策划的内容与程序、网络推广策划的步骤及方法三方面的内容。

第一节 市场推广策划概述

市场推广是指企业为扩大产品市场份额，提高产品销量和知名度，而将有关产品或服务的信息传递给目标消费者，激发和强化其购买动机，并促使这种购买动机转化为实际购买行为的一系列措施。从广义来看，市场推广是整合营销沟通的一个组成部分。

一、市场推广的元素

市场推广不只是一次单一的活动或事件，而是一系列元素有机配置和运转的过程。概括来说，市场推广主要包含五个方面的元素：陈列、演示、解说、利益点、全员参与。

1. 陈列

合理的商品陈列可以起到展示商品、刺激销售、方便购买、节约空间及美化购物环境的作用。从根本上说，市场终端只包含了三个方面：商品（礼品）、展台（POP）、人。因此，终端陈列也包含商品陈列、礼品陈列、POP陈列、人员态势四个方面。做好这四方面的陈列，可以提高品牌形象，获得消费者的最终信任。

2. 演示

演示是最能使消费者产生"最终信任"的催化剂，演示也是创造产品差异化的最好方式。演示包括产品演示和礼品演示两部分。

1）产品演示的注意事项

一般来说，进行产品演示时要注意如下几点：要体现出差异化；要尽可能独立演示；要体现出科技感，与最时尚的产品靠近；要浅显易懂，便于顾客理解；要尽可能也让顾客成为演示中的一部分。

2）礼品演示的注意事项

进行礼品演示时，要注意以下几个方面：要进行堆码演示；要与产品进行联合演示；要让顾客参与到这种演示中，并进行互动；要设置演示环境。

3. 解说

在任何情况下，解说都必须以技术为支撑，但在销售点，解说人员的行为举止有时甚至比技术更重要。技术和行为两者相得益彰，对终端销售影响巨大。一个优秀的促销人员应该将两者有机结合，让顾客产生专家般的信赖感。

解说的方法有很多种技巧：FABE（features advantages benefits evidence）推销法、顾问式导购法、利益点推介法、SPIN（situation problem implication need-payoff）销售法等。其中，对终端销售比较有效的是 FABE 解说方法，对大客户销售比较有效的是 SPIN 销售法。

（1）FABE 推销法

FABE 推销法是一种非常典型的利益推销法，其中，F 代表特点（features），A 代表优势（advantages），B 代表利益（benefits），E 代表证据（evidence）。其标准句式是："因为（特点）……从而有（功能或优势）……对您而言（利益或好处）……你看（证据）……"。

FABE 推销法通过发现顾客最感兴趣的各种产品特征，并分析这些特征所产生的优点，找出这些优点能够带给顾客的利益，最后提出证据。通过这四个关键环节的销售模式，解答消费诉求，证实该产品确能给顾客带来利益，巧妙地处理顾客关心的问题，从而顺利实现产品的销售诉求。

以 FABE 法推介冰箱

以冰箱的省电作为卖点，按照 FABE 的销售技巧，销售人员可以这样向顾客进行介绍：

（特点）"你好，这款冰箱最大的特点是省电，它每天的用电才 0.35 度，也就是说 3 天才用 1 度电。"

（优势）"以前的冰箱每天用电都在 1 度以上，质量差一点可能每天耗电达到 2 度。现在的冰箱耗电设计一般是 1 度左右。你比较一下就可以知道一天可以为你省多少的钱。"

（利益）"假如 0.8 元一度电，一天可以省 0.5 元，一个月省 15 元。就相当于省下你的手机月租费了。"

（证据）"这款冰箱为什么那么省电呢？"

（利用说明书）"你看它的输入功率是 70 瓦，就相当于一个电灯的功率。这款冰箱用了最好的压缩机、最好的制冷剂、最优化的省电设计，因此它的输入功率小，非常省电。"

（利用销售记录）"这款冰箱销量非常好，你可以看看我们的销售记录。假如合适的话，我就帮你试一台机。"

资料来源：百度百科，https://baike.baidu.com/item/FABE%E9%94%80%E5%94%AE%E6%B3%95/5057788，有改动。

思考：通过 FABE 法进行产品促销需要注意什么问题？

2）SPIN 销售法

SPIN 销售法其实就是情景性问题（situation）、探究性问题（problem）、暗示性问题（implication）、解决性问题（need-payoff）四个英语词组的首位字母合成词。因此 SPIN 销售法就是在营销过程中职业地运用实情探询、问题诊断、启发引导和需求认同四大类提问技巧来发掘、明确和引导客户需求与期望，从而不断地推进营销过程，为营销成功创造基础的方法。

SPIN 销售法可以帮助销售人员发现客户现有背景的事实，引导客户说出隐藏的需求，放大客户需求的迫切程度，同时揭示自己决策的价值或意义。使用 SPIN 策略，销售人员还能够全程掌控长时间销售过程中客户细微的心理变化。

以 SPIN 法销售保险

以某保险产品销售为例，成功的销售人员所采用的 SPIN 推销程序大致如下：

首先，利用情景性问题（如先生从事什么职业？……）来了解客户的现有状况以建立背景资料库（收入、职业、年龄、家庭状况……），销售人员通过资料的收集，才能进一步导入正确的需求分析。此外，为避免客户产生厌烦与反感，情景性问题必须适可而止地发问。

接着，从业人员会以探究性问题（如你的保障够吗？对产品内容满意吗？……）来探索客户隐藏的需求，使客户透露出所面临的问题、困难与不满足，由技巧性的接触来引起准保户的兴趣，进而营造主导权，使客户发现明确的需求。

下一步，销售人员会转问暗示性问题，使客户感受到隐藏性需求的重要与急迫性，由销售人员列出各种线索以维持准保户的兴趣，并刺激其购买欲望。

最后，一旦客户认同需求的严重性与急迫性，且必须立即采取行动时，销售人员就可以提出解决性（需求-代价）问题，让客户产生明确的需求，以鼓励客户将重点放在解决方案上,并明确解决问题的好处与购买利益。

资料来源:百度文库,https://wenku.baidu.com/view/05b06eeaf8c7,有改动

思考:使用 SPIN 法进行产品销售应当注意哪些问题?

4. 利益点

利益点是指企业或产品能够让人接受的特点,它能给人带来直接利益或间接利益。在销售终端,销售人员必须明确利益点并将之准确传递出去,才能打动消费者,促成交易。具体而言,在销售终端,只有将产品利益、赠品利益、企业利益、服务利益等四大利益发挥到最大化,才能"放大产品拉力",决胜在产品之外,才能使顾客愿意购买。

5. 全员参与

全员参与包括:人员明确分工、制订工作推进计划、随时保持沟通、不断进行人员激励、战前总动员、任务分解与下达等内容。进行推广活动时,企业所有分支机构都应该采用同样的策略、同样的产品、同样的价格,在销售终端传递同一个声音,确保信息发布最大化、利益点最大化,并要调动所有的资源,尤其是人力资源,使人员发挥最大效力。

二、市场推广的工具

市场推广是一种双向沟通活动,其核心是传递信息,拉近卖者与消费者之间的关系,使消费者相信卖者,并自觉自愿地购买其产品或服务。迅速打开市场的推广工具主要有广告、销售促进、公共关系和人员推广,见表 9-1。此外,还有直接销售推广和网络推广等。

表 9-1 市场推广的主要工具

广告	销售促进	公共关系	人员推广
纸质和电台广告	竞赛、游戏	报刊宣传	抽奖销售
外包装广告	兑奖、彩票	演讲	样品
包装中插入广告	赠品	讨论会	现场演示
电影画面广告	样品	年度报告	礼品
宣传小册子	展销会	慈善捐款	展销会
招贴和传单	展览会	捐赠	
工商名录	赠券	出版物	
广告复制品	回扣	关系事件	
广告牌	低息融资	游说	
陈列广告牌	招待会	确认媒体	
销售点陈列	折扣交易	公司杂志	
视听材料	退费优待		
标记和标示语	印花积点		
录像带	商品搭配		

伊利的世博营销制胜之道

2010年5月，上海世博会开幕。这场举世瞩目的世界级盛会引发了人们极大的关注。对上海世博会赞助商来说，这更是一场比拼企业营销传播能力的竞赛。伊利集团充分运用"世博会唯一乳制品企业"的营销优势，制定了线上线下兼顾、内外兼修的营销战略，以"公益""绿色"为营销支点，重新定义牛奶的"世博标准"，提升品牌形象，在全国范围内不断掀起世博营销的高潮。

在线上宣传活动方面，伊利注意到电视媒体的力量依旧强大。有关调查数据显示，有85%的受众是通过电视媒体了解上海世博会各项信息的，有29%的受众选择通过电视观看上海世博会，仅次于选择亲临现场的46%。因此，伊利选择以与中央电视台合作为主的广告传播战略，借助其强大的传播影响力，全方位地宣传伊利作为"世博牛奶"的品牌理念。

在线下营销活动方面，有了北京奥运会营销的成功经验，伊利的世博营销显然是有备而来的。早在2007年，"世博未开，营销先行"，伊利"世博牛奶"便携手世博吉祥物"海宝"，伴随着上海世博会宣传走遍了中国各地，将伊利"世博牛奶"的品牌诉求嵌入消费者的心智。除了在上海世博会园区外开展各种的营销活动外，伊利还加大了在上海世博会园内的营销力度，精心策划各种营销活动。针对来自国内外每天高达30多万的消费人流，伊利在原有43个固定销售点的基础上，特意增加了100多个流动售卖车，这些流动售卖车分布于园区内各个热点场馆以及人数较多的地方，让参观上海世博会的消费者能够随时随地享受伊利"世博标准"牛奶。

伊利还借助上海世博会，顺利地完成了"以华东为龙头，盘活全国一盘棋"的营销布局，通过创新的体验式营销模式，吸引消费者参与到分享世博、分享"世博标准"牛奶活动中，将"中国馆""世博牛奶"概念融合到一起，引入社区普通人的家庭。

以上海世博会为营销平台，伊利将事件传播、品牌形象推广、产品销售促进等多种营销手段整合、统摄到"世博标准"牛奶的品牌核心诉求之下，整合营销传播取得了预期的营销效果，有力地巩固了伊利品牌的市场地位。

资料来源：网易，http://money.163.com/10/1220/11/6OBGIH2C002529IR.html，有改动

思考：伊利在"世博营销"中运用了哪些市场推广策略？

1. 广告

广告是一种高度大众化的信息传播方式，借助现代传媒，可以充分展示广告信息的表现力。广告媒体除了传统的报纸、电视、广播、杂志四大媒体外，还包括书籍、直接邮寄、户外广告牌、霓虹灯、公交车身及互联网等。利用广告形式传播信息，既可扩大产品销售，又能树立企业形象。但广告的促销成本较高，尤其是电视广告。

与广告宣传的目的相联系，广告有四种基本属性：告知、劝导、辨别和提示。新

产品上市之际的广告宣传应注重告知,略带劝导;当大部分消费者对产品有兴趣、但尚未付诸购买行动时,在广告中就需要充分劝导;当同类产品竞争激烈时,广告宣传的重点就要放在帮助消费者辨别产品特点及供应商上,并设法使消费者选择本企业的产品;当产品的社会保有率很高、销售量主要由更替或周期性需求决定时,为提醒消费者适时更替,广告信息的着眼点应放在提示和鼓励更新消费方面。

广告推广根据传递信息风格的不同,可以分为理性诉求和感性诉求。理性诉求是站在消费者的立场上看待问题,是企业对目标市场的消费者的理解,要消除消费者对产品的顾虑,促使他们产生购买欲望,最终达成交易。感性诉求也是一种理解和沟通,只不过更注重在感情因素上的理解和沟通。

宝洁公司的广告策略

"世界一流产品,美化您的生活"——这是宝洁公司在世界各地推广其品牌的承诺。在宝洁的广告策略中,每个品牌都被赋予了一个概念,如海飞丝的去屑、潘婷的保养、飘柔的柔顺等,然后通过广告传播不断强化。例如,海飞丝使用"头屑去无踪,秀发更出众"的广告语彰显个性;潘婷的个性在于对头发的营养保护,于是就有"富含维他命原 B5,能由发根渗透至发梢,补充养分……";而"洗发护发一次完成,令头发飘逸柔顺"的广告,则强调了飘柔的个性。

不仅如此,宝洁还把概念的攻略延伸应用到与竞争对手争胜的广告中。例如,在舒肤佳香皂进入中国之前,力士香皂已是市场上的优势品牌,其产品定位是"美容护肤"。宝洁显然需要重新制造一个概念,通过市场分析与提炼,于是赋予舒肤佳香皂"美容+杀菌"的概念,并且还通过"中华医学会认证"的权威性来增加人们的认可度。后来在强大的广告攻势下舒肤佳的销量一直上涨。

事实上,制造概念成为宝洁打入中国日化市场的一个撒手锏。从宝洁在中国推出的第一个产品海飞丝开始,屡获成功,这使我们认识到制造概念不是凭空捏造,而是切实找准产品与市场的定位及其表达,并且作为营销与广告的基础策略之一。

资料来源:百度文库,https://wenku.baidu.com/view/c8fd0c7fb636,有改动

思考:宝洁公司的产品广告策略为什么能够获得成功?

2. 销售促进

销售促进,也称营业推广,是指企业运用各种短期诱因,鼓励消费者购买和销售企业产品或服务的推广活动。

销售促进的关键就是利益促销,由于利益是一般消费者追求的重要目标,所以利用该需求来刺激目标市场,比较容易达到促销的目的。销售促进通常是刺激需求迅速增长的短期工具,销售促进的对象是最终消费者、中间商或推销人员。在销售促进中,

产品购买者可以获得较直接的经济利益,如价格折扣、批量折让、现金优惠等。销售促进的方式有多种,现代企业经常使用销售促进来提高市场推广中其他要素的有效性,特别是提高广告和人员推广的效率。研究表明,销售促进会产生更迅速的反应,这正好弥补了广告的不足。

亚都加湿器打开天津市场

20 世纪 90 年代初,亚都超声波加湿器在北京地区拥有很高的知名度与市场占有率,但在天津市场上却受到冷遇。对此,亚都公司市场部人员进行了深入的思考:京津两地纬度基本相同,气候条件也差不多,同样是大都市,居民收入水平与消费水平也差不太多,两地传媒对新生事物同样敏感,该产品在天津应该很有市场。究竟是什么原因导致亚都加湿器在天津市场销售不畅呢?

为深入了解情况,亚都公司市场部人员借阅了大量描述天津市民生活的通俗读物,并派人去天津各主要商场了解其购买意向及同类产品的销售情况。同时,广泛听取天津商界有关人士的意见和建议,并与天津市相关新闻记者座谈,比较天津地区发行量在前十位的报纸编排风格、发行范围、广告价格等。一个个促销方案被提出、否定,又形成新的方案。经过多轮反复,最终形成了一个"亚都加湿器向天津市民有偿请教"的活动方案。

活动开始的 10 天内,亚都公司收到天津市民 1 200 多封来信,获取了 4 000 余条各种建设性意见。亚都公司随即向这些消费者回复了"感谢函",并随函寄出"感恩卡",消费者凭卡可特价购买"亚都"加湿器一台。加上其他配套措施,天津市场终于被打开了。在活动开展的两个月内,亚都公司卖出了 4 000 台加湿器,相当于过去 3 年在天津市场销售量的 10 倍。

资料来源:百度文库,https://wenku.baidu.com/view/ac830a3310661ed9ad51f366.html,有改动

思考:亚都公司在此次活动中主要选择了何种销售促进工具?还可以通过零售商采用哪些销售促进工具来吸引消费者?

3. 公共关系

公共关系又称形象推广,它是营销策划者通过公关活动,有计划、主动地争取与其他企业以及公众之间的相互了解、理解、谅解和协调,从而塑造良好的企业形象和产品形象。

在市场推广中,公共关系已经越来越受到企业的重视。相对于其他市场推广手段,公共关系对销售的直接作用并不明显,但公共关系手段如果运用得当,不仅能改善企业与公众的沟通和联系,而且还能促进品牌形象的提升。在克服突发事件对企业营销活动的负面影响方面,公共关系尤其具有独特的功效。法国白兰地就是借新闻媒介之冕,

免费宣传产品,提高了产品的声誉和身价,使白兰地这一名酒迅速进入了美国市场。

法国白兰地进入美国市场

20世纪50年代,法国白兰地已经享有一定声誉。但是,法国白兰地公司在把名酒白兰地打入美国市场时,并没有采用常规的推销手段进行宣传,而是策划了一次别开生面的活动。当时,恰逢临近美国总统艾森豪威尔67岁寿辰,法国白兰地公司决定将窖藏69年之久的白兰地作为贺礼赠送给艾森豪威尔,并特邀法国著名艺术家设计制作专用酒桶,届时派专机送往美国,在总统寿辰之日举行隆重的赠酒仪式。

法国白兰地公司将上述活动消息通过各种新闻媒介传播给美国大众并进行了连续报道,这些报道吸引了千百万人,成为华盛顿市民的热门话题。当贺礼由专机送到美国时,华盛顿竟出现了万人围观的罕见景象。关于名酒驾到的新闻报道、专题特写、新闻照片挤满了当天各大报纸的版面。法国白兰地就在这种氛围中昂首阔步"走上"了美国国宴和市民餐桌。

资料来源:百度文库,https://wenku.baidu.com/view/0f866cccc8d376eeaeaa31ea.html,有改动

思考:法国白兰地是通过何种市场推广手段进入美国市场的?

公共关系的涉及面很广,对象泛指企业外部各个方面。公共关系的对象众多但载体不多,传媒既是公共关系的主要载体,又是公共关系的对象。离开了传媒,公共关系的效果就很难体现。公共关系的基本目的是通过信息沟通,使企业在社会公众和目标市场形成良好的形象。为了提升形象,企业应运用多种方式,利用某些活动和事件,向社会公众传递有关企业的信息,并使大众传媒宣传、报道有利于本企业的各种情况。同时,企业不仅要向社会公众展示视觉形象,还需通过企业行为体现其经营宗旨和理念。

4. 人员推广

人员推广是一种最为古老的推销方式,即企业派专职或兼职的推销人员直接向可能的购买者进行的推销活动。人员推广将企业的市场营销策略落实到销售人员与潜在顾客之间的沟通中,通过销售人员的展示、示范、解答等工作,说服顾客接受销售人员推广的产品和推广行为,最终使消费者作出购买该商品的决定,达到推广销售的目的。

一般来说,人员推广离不开广告和公共关系的支持,而广告、公共关系的最终效果也要通过人员推广来实现。在传统的人员推广观念中,推销人员往往是以牺牲买者的利益为代价的,形成一种"一边倒"的局面。而现在更为流行的观念是强调推销人员和买者之间建立和谐的关系。这种人员推广方式不追求销售速度,不强调暂时激增的销售量,而是通过与顾客建立长期持久的联系,致力于培育顾客参与和忠实的态度。

现场示范　以形服人

金秋时节的一天，上海东风沙发厂在上海体育馆附近的空旷地上，将五彩"龙凤"席梦思床垫平放在地，并开来10吨重的压路机，好奇的人们从四面八方围拢来看热闹，只见那合抱粗的滚筒，伴随机器的"隆隆"声，朝"龙凤"席梦思毫不留情地碾压过去，接连往返4次。直径仅几厘米的盘香弹簧能挺得住如此重压吗？人们不禁暗暗担忧。然而，出乎意料，质量检验人员当场拆开检验，1.5米宽的一张席梦思，共288个弹簧，竟无一损坏，几何图形完好，目击者无不咋舌赞叹。从此，"龙凤"席梦思名噪一时，工厂每天要收到本市及外地求购"龙凤"席梦思床垫的信件达四五十封。

无独有偶，德国西部一家以生产茶几见长的玻璃制品公司，为了使自己新推出的茶色玻璃钢茶几在市场上一炮打响，也使出了不同凡响的示范促销策略。他们在公司的销售大厅门前摆开摊子，摆好茶几，把煮沸的开水不停地往茶几面上浇，同时还用空酒瓶子不停地往茶几上面砸，但茶几却安然无恙。该公司连续示范表演时间还不到半年，产品已在德国市场上安营扎寨，成了人们争相抢购的紧俏货。

资料来源：豆丁文库，https://www.docin.com/p-1811662038.html，有改动

思考：上述两家公司在产品营销时运用了何种市场推广手段？

三、市场推广策划的含义与分类

市场推广是一项系统性非常强的工作。企业需要根据市场目标和发展需要，综合运用各种市场推广元素，制订有效的推广活动方案，并选择恰当的市场推广工具实施方案，并对活动方案执行的效果进行评估。这就需要进行市场推广策划。

（一）市场推广策划的含义

市场推广策划是指在企业的营销战略指导下，通过各种市场推广手段开展推销和联络宣传等活动，以形成影响消费者购买其商品和服务的战略性促销方案的活动过程。

市场推广策划具有以下几个方面的特征。

1. 目的性

市场推广策划是为了有效提高产品在消费者心目中的知名度和美誉度，进而实现产品推广和忠实顾客的增加，完成产品的销售。因此，市场推广策划具有很明显的目的性。

2. 创新性

市场推广策划活动要想在瞬息万变的市场中获得成功，自身必须具有区别于其他策划的创新之处，即必须具有明显的闪光点以吸引顾客的注意力，进而促进商品购买。

3. 整合性

一般来说，市场推广策划是一种综合运用营业推广和促销手段等进行的市场运作行为，具有较强的资源整合性。

4. 组合性

新产品上市或者一个产品准备进入新市场时，仅依靠一时的促销活动和广告宣传是绝对不够的，还要在企业营销策划战略指导下，采用由众多营销手段组成的战役性营销方案，才能达到比较好的市场促销效果。

5. 经济性

市场推广策划活动旨在拉近与消费者的距离，促进与消费者的沟通而获得消费者的信赖，从而打开市场，取得最佳的经济效益。因此，市场推广策划具有明显的经济性特征。

6. 销售延续性

产品的推广一般可以带动企业相关产品的销售。因此，市场推广策划具有促进衍生产品销售的作用，具有一定的销售延续性。

（二）市场推广策划的分类

一般来说，市场推广策划可以分为单一市场推广策划和整体市场推广策划两类。

单一市场推广策划就是针对广告、销售促进、公共关系和人员推广等市场推广手段中的任何一个工具，进行相对独立的策划。例如，对某一新产品上市实施的人员推广。

整体市场推广策划是指企业在推出一个重要的新产品、新项目或是促进一个销售遭遇困境的老产品的销售时，把广告、销售促进、公共关系和人员推广等市场推广手段进行全方位的、立体的整合，从而形成的一个完整的市场推广活动。

依云矿泉水的市场推广

说到依云，很多人除了认可依云水的品质好，更多地还会联想到这是一种高端生活品质的象征，消费者一旦建立起这种感受，就会形成品牌价值认同感和购买习惯，这正是依云赞助网球、高尔夫赛事的核心价值所在。

依云（Evian），在拉丁语里是"水"的意思，它是法国达能集团旗下的一款高端饮用水品牌。依云水创始于1789年，其水源地为法国的依云小镇，背靠阿尔卑斯山地区。如今，这个两百多年的老品牌依旧生机勃发，不断向消费者传递青春、天然、健康的生活理念。这个来自法国小镇的矿泉水，是如何变得家喻户晓的呢？

作为高端饮用水品牌，依云多年来一直与网球大满贯赛事有着极深的渊源。依云是温网、美网、澳网的官方赞助商，世界四项网球大满贯赛事中，依云赞助了三项。由此不难看出，借势网球是依云品牌推广的重要战略。依云之所以如此看重网球，在于网球这项运动的核心价值与依云长期以来的品牌定位不谋而合。网球运动是身体健康、精力充沛、心态年轻的代名词，与网球结合，对塑造依云的品牌形象十分有利。

网坛美女莎拉波娃是依云的品牌代言人，也曾代言过依云的 Live young（活出年轻）活动。依云之所以选中莎拉波娃，正是因为她的自然魅力和公众威信力与依云所倡导的生活理念不谋而合。莎拉波娃曾表示："我认为年轻是一种精神，在展现自我的同时，能够成为这一活动的代言人，我感到非常高兴。我自己平时很喜欢喝依云水，对于依云所倡导的活出年轻的生活理念也非常赞同，因此加入这一活动是顺理成章、自然而然的事情。"

作为国际高尔夫体坛的传统赛事，依云大师赛（Evian Master）与美国女子公开赛并列为女子职业高尔夫巡回赛（LPGA）奖金最高的赛事。依云大师赛的举办地正是在这座以依云水而享誉全球的法国小镇。依云大师赛已有 20 多年的漫长历程，借助这一赛事，依云把天然、纯净、年轻、健康的品牌价值传递给了更多的赛事观众以及消费者。

在依云大师赛正赛开始前的依云大师赛青少年杯，也是依云展现年轻态品牌形象的舞台。依云会为有潜力的青少年球员提供个人赛和队际赛，将高尔夫这项自律、优雅、快乐的运动普及给更多的青少年，以此充分体现依云品牌的年轻主张——"将年轻作为一种精神和生活方式，一种由运动所呈现的价值"。

除了借助网球、高尔夫等体育活动进行品牌推广外，依云也没有忽视新媒体的力量。如今，依云的核心消费群体都是在新媒体方面活跃的群体。依云通过 Facebook、Twitter、You Tube 等有影响力的社交平台，不断扩大自身的影响力。

资料来源：禹唐体育，http://www.ytsports.cn/news-6640.html?cid=11，有改动

思考：依云水运用了哪些市场推广手段进行品牌推广？

第二节　市场推广策划的程序

市场推广策划是对企业市场推广活动的每一个环节进行一系列策划的系统工程。市场推广策划的程序可以分为以下五大环节。

一、确立市场推广的目标

市场推广的目标群体包括消费者、零售商和销售人员，见表 9-2。确定市场推广目标，必须先了解与之配合的营销渠道目标和企业的基本营销目标。市场推广的特定目标，必须随着目标市场形态的不同而各具特色。

在明确推广目标与推广思路，选择市场推广策划方案时，还要考虑该策划方案是否就是最适合企业发展的，是否与一些关键的因素相适应。

表 9-2　市场推广的目标

消费者	零售商	销售人员
1. 鼓励使用者更多使用和大量购买 2. 争取未使用者试用	1. 诱导其多储存新产品 2. 鼓励使用者在淡季购买 3. 鼓励储存相关产品项目 4. 排除竞争性促销 5. 建立零售商对品牌的忠诚度 6. 获取新的零售出口	1. 鼓励销售新产品或新式样 2. 鼓励寻找更多的潜在顾客 3. 刺激淡季销售

二、选择市场推广的工具

不同的市场推广工具可以达到不同的目标,推广工具也在不断地推陈出新。不同的产品在选择市场推广工具时不尽相同,必须考虑促销目标、市场环境、竞争状况、产品特征、销售渠道等。

1. 生活用品

生活用品是消费者在居所附近零售店能够买到的满足生活需要的产品,如药品、食品、日用百货、化妆品等可大量生产的产品。其特点是销售量大,价格低廉,名牌、品牌的货品较多。

此类产品经由推销人员直接推销的情形不多,主要是经过中间商来分销。一般消费用品最常利用的市场推广工具是广告,与其他产品比较,生活用品是拉式促销策略(重点放在非人员销售等广告宣传活动上的促销策略)最能发挥效力的产品。而就市场推广而言,几乎所有市场推广方法都可以适用生活用品,一般学者也对这部分消费品的市场推广手段研究最多。

时 新 商 场

湖北十堰市时新商场是一个以经营纺织品为主的商场。20 世纪 90 年代初,由于受纺织品销售不景气的影响,生意比较平淡。尤其是大批的鞋类积压,使商场举步维艰。其中仅旅游鞋就占用了 40 万元资金。为了摆脱被动局面,该商场决定对折销售旅游鞋,并在十堰市最具影响的《车城文化报》上宣称:此举措是以加速资金周转、盘活资金为目的,商场将亏损 10 万元。

当这个消息传播出去以后,该商场的鞋柜每天顾客熙熙攘攘,鞋柜前里三层外三层,这种情况持续了 15 天,该商场的旅游鞋全部销售一空。结果,不仅没有亏损,反而赚了 5 万元。

资料来源:豆丁文库,https://www.docin.com/p-330144623.html,有改动

思考: 时新商场是如何走出销售困境的?

2. 工业品

企业为生产而购入的资产称为工业品,包括原材料、零件、消耗品及各种设备等。工业品与消费品的不同点在于:销售交易单位大;顾客对象有限且为少数;购买动机是理性的,很少为情绪所左右;销售面窄,多是厂商与客户直接交易。由于工业品在营销中常采用直销的方式,因而人员推广被认为是最重要的促销方式,有的企业甚至只通过人员推广来获取订单。

需要注意的是,工业品的购买方式与生活用品有很大的差异。工业品的购买通常主要由一个团队(也称为"采购中心")来负责进行,而且购买者、使用者、收益者等与购买决策有关系的人一般情况下是不一致的。因此,对工业品的市场推广要善于发现作出采购决策的关键人物,并注重相关信息对采购决策者的传递和作用。

关系销售为何行不通

某公司的推销员王军目前正在销售一种家庭用的食品加工机。通过朋友的引荐,他认识了当地某大型商场的采购部经理张先生。张先生是一位大学毕业生,从事采购工作多年,业务精通,擅长计算,头脑清楚,反应敏锐,总是从公司利益出发去考虑问题,多次受到商场领导的表扬,有望升为商场副总经理。

王军通过耐心地介绍产品和谈判交易条件,终于使张先生成为他的客户,并保持了数年的关系。这数年间,王军在征得公司同意的情况下满足了张先生提出的许多要求,如保证交货时间、次品退换、延长保修期、指导营业员掌握产品使用方法和销售技巧、开展合作广告等。王军还注意加强感情投资,经常与张先生交流沟通,并在张先生和妻子、孩子生日时送上鲜花和纪念品,双方的关系日益密切。可是,有一天,张先生突然通知王军,停止购进他销售的食品加工机,因为另一家企业提供了性能更加优异的改进型的同类产品。王军听了十分生气,认为张先生一点不讲感情,办事不留余地,是个不可交的人,从此断绝了与张先生的联系,也断绝了与该商场的生意关系。

资料来源:百度文库,https://wenku.baidu.com/view/17eged326fff705cc170a2b.html,有改动

思考:如何评价王军的销售策略?他应该如何改进?

3. 选购品

选购品是指消费者在不同的商店,比较其设计、品质、价格等条件后才购买的货品。高价的衣料、装饰品即属于此类。

此种产品的生产特色是多样式、小产量,无法大批量生产。一般生产选购品的厂商规模也小。与消费品相反,选购品对促销渠道的支配力量不强。

消费者购买选购品时的决策动机,是以设计及色彩为主,购买与否多与产品直接相关,对于广告或促销手段的依赖程度不高。与消费品比较起来,可以说选购品是一

种最难让营销人员发挥其促销手段的产品。

"限客进门"销售法

意大利的菲尔·劳伦斯开办了一家7岁儿童商店，经营的商品全是7岁左右儿童使用的各类用品。商店规定，进店的顾客必须是7岁的儿童，大人进店必须有7岁儿童做伴，否则谢绝入内，即使是当地官员也不例外。商店的这一招不仅没有减少生意，反而有效地吸引了顾客。一些带着7岁儿童的家长进门，想看看里面到底卖的是什么，而一些身带其他年龄孩子的家长也谎称孩子只有7岁，来进店选购商品。如此一来，菲尔的生意越做越红火。后来，菲尔又开设了20多家类似的商店，如新婚青年商店、"戴眼镜"商店、"左撇子"商店等。妇女商店谢绝男顾客入内，却使不少过路女性很感兴趣，进店来看究竟。"戴眼镜"商店只接待戴眼镜的顾客，其他人只得望门兴叹。"左撇子"商店只提供各种"左撇子"专用的商品，但并不反对人们冒充"左撇子"进店。所有这些限制顾客的做法，反而都起到了促进销售的效果。

资料来源：百度文库，https://wenku.baidu.com/view17ea49db5f80f76cbb137ee06effgaef8941e48e6.html，有改动

思考：菲尔的销售方法有何巧妙之处？

4. 特殊品

特殊品是指消费者愿意花费更多的精力去购买的有特殊性质或品牌标识的消费品。对这类商品，消费者在购买时会对其品质、性能、制造者、品牌、样式等方面特别加以重视。例如，钢琴、组合音响、摄影器材、摩托车、小汽车、商品房等。

特殊品一般都具备独有的特征或品牌标识，产品的价格弹性较小。有相当多的购买者愿意为这类商品作出特殊的购买努力，因而，从事此类产品的销售也必须具备专业知识才行。此外，特殊品的品牌信用非常重要。为此，企业应注意争创名牌产品，以赢得消费者的青睐，要加强广告宣传，扩大本企业产品的知名度，同时要切实做好售后服务和维修工作。

力帆摩托如何成功进入越南市场

1998年，在通过对国际摩托车市场的全面考察后，重庆力帆集团发现邻国越南几乎人手一辆摩托车，摩托车的消费市场巨大，于是力帆把目光投向了越南。然而，当时的越南市场，日本摩托车一手遮天，本田、铃木、川崎、雅马哈四大品牌占据了98%的越南市场，剩下的2%是俄罗斯产的摩托。面对日本这个强大的竞争对手，力帆知难而进，依然决定进军越南市场。

力帆通过市场研究发现，日本摩托车品质好，但价格高，因此力帆首先打价格牌，但仅靠低价不可能有长久的竞争力，要在越南市场上和日本品牌竞争，力帆必须打出自己的品牌。怎样才能吸引越南消费者的目光呢？力帆想到了一个绝招：让力帆摩托车手驾驶力帆摩托车在越南河内飞越红河，并在越南中央电视台投入30万美元作为广告费，此举引发越南各大媒体争相报道。红河是越南的母亲河，力帆自己的赛车手驾驶力帆牌摩托飞跃红河，引起了巨大轰动，现场吸引了10万观众。力帆还请来了越南顶级的歌星、影星进行现场表演。力帆摩托车从此在越南名声大震，并成为越南人购买摩托车的首选。

力帆还打出了另一张牌——足球，力帆邀请越南头号球星黎玄得到力帆俱乐部来踢足球。2001年10月，黎玄得在重庆踢进了一个球，这是越南球星在海外踢进的第一个球。当时越南所有的媒体都报道了黎玄得在力帆进球的事，并把他奉为民族英雄。同时也让越南全国人民知道并认识了力帆摩托，一时间力帆摩托深入人心！

经过3年的拼杀，力帆摩托车在越南市场的份额上升到了70%，而日本摩托车则下降到了30%，力帆摩托在越南市场大获全胜。

资料来源：360doc 个人图书馆，http://www.360doc.com/content/18/0418/00/53488731_746509317.shtml，有改动

思考：力帆集团采用哪些市场推广策略打入越南市场？

三、制订市场推广的方案

市场推广策划方案是表达和传送市场推广策划内容的载体，一方面是市场推广活动的主要成果；另一方面也是企业进行营销活动的行动计划。制订市场推广方案时应考虑以下几个因素。

1. 市场推广的费用

不同的企业市场推广活动的形式内容不同，市场活动投入力度也不同，策划人员应该依据企业的业务特点对拿出多少费用开展市场推广活动给出建议。市场推广费用一般包括如下几个方面。

（1）直接推销费用：直接销售人员的薪金、奖金、差旅费、训练费、交际费及其他相关费用。

（2）推广费用：广告媒体的成本、产品说明书的印刷费用、赠奖及展览会的费用、推广部门的薪金等。

（3）仓储费用：租金、维护费、折旧、保险、包装费、存货成本等。

（4）运输费用：主要是托运费用，如果是自有运输工具运输则要计算折旧、维护费、燃料费、牌照税、保险费、司机薪金等。

（5）其他市场营销费用：营销管理人员的薪金等。

2. 参加者的条件

促销刺激可以提供给任何人或选择出来的一部分人。例如，特别优惠可提供给每一个人或仅给予购买量最大或消费量很大的人。抽奖可能限制某一情况，如不适用于公司成员的家属或某一年龄以下的人。

3. 市场推广活动的媒体分配

策划者必须决定如何把市场推广方案向目标观众传送。假设推广是一种赠券优惠，则至少有四种方式可使顾客获得赠券：置于商品包装内；在商店或超市内发放；用邮寄方式派送；在广告媒体上获得。

每一种方式包含不同的到达率和成本。例如，置于包装内主要送达经常使用者，而邮寄虽有较高的成本，却可送达非品牌使用者。

4. 市场推广时间的长短

另一决策就是推广的时间要多久。如果推广的时间太短，则一些顾客可能无法重购或因太忙而无法使用这个优惠。如果推广时间太长，则消费者可能认为这是长期降价，而使优待失效，同时会对品牌品质产生置疑。

有关专家研究指出，最佳的频数为每季节有3周的优待活动，而最佳的时间长度是平均购买周期。当然，这种情况会随着促销目标、消费者购买习惯、竞争中的策略和其他因素的不同而异。

5. 市场推广的时机

市场推广经理通常要根据销售部门的要求建立市场推广的程序。而这个程序须由地区营销管理层依据整体地区营销策略来研究和评估，此程序是一项规划工具，应仔细安排，以使生产和销售人员能相互协调。

四、市场推广策划方案的实施

策划的关键在于实施，能否将策划思想贯彻下去是实施中的重要工作，这也是考察市场推广策划执行力的关键问题。一个好的策划创意要经过各部门的配合，涉及与消费者、零售商、销售人员等的沟通，才能将策划思想贯彻下去。实施的期限包括前置时间和销售延续时间。

1. 前置时间

前置时间是指开始实施这种方案前所必需的准备时间。它包括最初的计划工作、设计工作、销售材料的准备等。

2. 销售延续时间

销售延续时间是从开始实施到大约95%的采取此促销办法的商品已在消费者手里所经历的时间。

五、市场推广的效果测评

效果测评分为阶段性测评和终结性测评。阶段性测评是在方案实施过程中对前一阶段实施的效果进行测评，并为下一阶段提供方向和指导。终结性测评是在方案实施完结后进行总结性测评，以便了解整个方案的实施效果。

EyeMo 滴眼剂的市场推广方案

多年以来，EyeMo 在中国香港地区的滴眼剂市场领域中始终保持着领先地位。在相关消费者调查中，EyeMo 一直是名列第一的品牌，并且拥有极高的广告知晓度。不过，作为市场领导者，EyeMo 也面临着一些挑战。

首先，过去几年的销售额显示，整个滴眼剂市场规模呈现缩减趋势，与此同时，EyeMo 品牌的增长也进入停滞期。此外，消费者调查数据显示，最经常使用 EyeMo 滴眼剂的 30~39 岁年龄组的人，恰好属于上一代的滴眼剂使用者。年龄在 20~29 岁的白领女性，由于频繁使用电脑，被认为是最经常使用滴眼剂的人，但这些人却更喜欢竞争对手品牌的年轻形象。

为此，EyeMo 公司对 20~29 岁的白领女性进行了深入的调查，试图了解她们的消费习惯，以便制订更恰当的市场推广方案。调查主要从三方面进行。

首先，她们关心什么？调查显示，对她们中的大多数人来说，一份典型的工作意味着至少在办公室待上 8 小时，并且长时间在电脑前和日光灯下工作，她们通常感到眼睛疲劳和发痒，而几滴滴眼剂则可以缓解这些症状。不过，她们也认为，这是无关紧要的小毛病，一忍了之。但是，令她们无法忍受的是不好的个人形象和不受人欢迎。

其次，跟她们交流的最有效的方式是什么？数据表明，现有的网上活动中，电子邮件的使用率是 100%，并且一些聊天工具也使用比较广泛。

最后，她们是如何使用媒体的？对于 EyeMo 的目标受众来说，互联网和电子邮件不仅仅是为了完成工作进行信息搜索的工具，也是获取许多乐趣和相关资讯的渠道。

在以上调查的基础上，EyeMo 公司决定针对目标受众的特点制订一份市场推广方案，该方案的目标是：将市场推广的重点转移到经常使用滴眼剂的人群；创造出使滴眼剂的必要性的驱动力；转化 EyeMo 品牌形象以吸引年轻的用户；维护长期顾客关系。

资料来源：百度文库，https://wenku.baidu.com/wiew/94469ae590c69ec3d4bb75d3.html，有改动

思考：如何评价该公司的市场推广方案目标？下一步需要进行哪些工作？

第三节　网络推广策划

网络推广（web promotion）是伴随互联网和信息技术的普及应用而出现的一种新

型企业市场推广方式。与传统的市场推广方式不同，网络推广的目的是使用户通过访问企业网站，使用网站的服务，更深入地了解企业的产品、服务，以达到提升企业形象、促进销售、增进顾客关系、降低服务成本的目标。

一、网络推广策划的含义

网络推广策划就是通过一种或多种网络推广手段的有机结合对商品、服务甚至人员进行一定的宣传和推广，而其中的媒介就是网络。

网络推广的概念有广义和狭义之分。从广义上讲，企业从开始申请域名、租用空间、网站备案、建立网站，直到网站正式上线就算是介入了网络推广活动；从狭义上讲，网络推广一般是指企业基于互联网运用各种手段而进行的宣传推广活动，以达到提高品牌知名度的效果。确切地说，这也是互联网营销的一部分，即通过互联网的推广最终达到提高转化率的目的。

根据推广范围和投入方式的不同，网络推广策划可以分为如下两种类型。

1. 对外推广和对内推广

1）对外推广

顾名思义，对外推广就是指针对站外潜在用户的推广。主要是通过一系列手段针对潜在用户进行营销推广，以达到增加网站 PV（页面浏览量）、IP（互联网协议地址）、会员数或收入的目的。

2）对内推广

与对外推广相反，对内推广是专门针对网站内部的推广。例如如何提高户浏览频率、如何激活流失用户、如何增加频道之间的互动等。

很多人忽略了对内推广的重要性，其实如果对内推广使用得当，效果不比对外推广差。毕竟在现有用户基础上进行二次开发，要比开发新用户容易得多，投入也会少很多。

2. 付费推广和免费推广

1）付费推广

付费推广就是需要付出一定费用才能进行的网络推广。例如，各种网络付费广告、竞价排名、杂志广告、CPM（千人成本）、CPC（付费广告）、CPs（按销量付费）广告等。进行付费推广时，一定要考虑性价比，要让有限的经费达到应有的推广效果。

2）免费推广

一般来说，免费推广是指在不用额外付费的情况下就能进行的网络推广。目前，这样的推广方法较多，如微博推广、论坛推广、软文推广、资源互换等。

二、网络推广策划的方法

常用的网络推广策划的方法很多,企业需要根据优势条件、自身需求、营销目的、目标客户特性、预算分配等综合选择。目前,企业经常使用的网络推广方式有搜索引擎推广、微博推广、论坛推广、网络广告推广、网络新闻和网络事件推广、软文推广、微信推广等。

(一)利用搜索引擎进行推广

搜索引擎是互联网的一大奇迹,它使浏览者可以方便地在互联网这个信息大海洋中找到自己所需的信息,也给信息提供者提供了一种受众广、针对性强且效率高的发布途径,现在越来越多的企业和个人都通过搜索引擎来发现新客户,利用搜索引擎广告或者通过搜索引擎优化(search engine optimization,SEO),使自己的网站在搜索引擎中的排名靠前,以增加客户发现并访问网站的可能性。搜索引擎广告是需要向搜索引擎支付广告费的,一般有固定付费和竞价排名两种。固定付费是以年或月为单位,对固定的广告位或固定移动范围的广告位支付费用;竞价排名则是根据对所选关键词出价的高低,对其网站进行排名,出价越高,排名越靠前,并按点击次数收费。面对激烈的市场竞争,对现有网站进行 SEO,是非常有必要的。

美联航空的搜索引擎营销

美国联合航空公司(United Airlines)(简称"美联航空")曾充分利用搜索引擎营销手段,在消费者形成机票购买决策前就与之充分互动,将消费者最想预先知晓的机票信息做最有效地传达,在广告预算没有增长的情况下,搜索引擎营销产生的销售业绩增长超过两倍。

美联航空通过调研获知,有 65%的消费者在作出旅行决定前,会进行至少 3 次的搜索;有 29%的消费者会进行 5 次以上的搜索。而用户关注的信息主要体现在三个层面:价格、服务和关于航空公司的详细信息。为此,美联航空针对这三个层面的信息,分别对关键词的选择以及结果的呈现方式做了优化,使消费者在决策前知晓相关的信息,从而带动了机票销量的促进。

美联航空的经验表明,搜索引擎可以告知客户在购买周期内关注的细节是什么。而如果能够把握这些细节,在营销活动中提升与客户的信息传达能力,并且时刻优化这些信息的呈现,让营销人员与用户保持互动循环,就能对销售产生实际的促进作用。

资料来源:豆丁文库,https://www.docin.com/p-1658687792.html,有改动

思考:美联航空的搜索引擎营销有何启示?

（二）利用微博进行推广

越来越多的微博博主通过发送微博来达到销售产品的目的。博主通过发表各种形式的微博（可以是纯文字、视频、语音或是这三种相结合）与浏览者沟通，浏览者也可以评论并发表自己的意见，所以互动是微博的核心，而且微博有很强的身份识别性，针对性强，便于实现精准营销。伴随着微博在互联网中的走俏，越来越多的企业在微博中开辟官方账号，试水微博营销。以新浪微博为例，2009年10月，欧莱雅开通新浪官方微博，并首次将一年一度的"欧莱雅媒体风尚大奖赛"在该微博中进行全程直播。2010年3月，戴尔官方微博"@戴尔中国"在新浪正式启动。戴尔在平台中提供了产品信息、企业新闻、促销活动和电脑知识等信息，并开设有奖问答及"戴尔中小企业网络营销圆桌论坛"等活动，与广大网友积极互动。截至2016年，我国微博企业账号数量达到130万，覆盖行业超过60个，覆盖有效粉丝量高达5.9亿人。

海尔公司的微博营销

如今，在微博圈，有一家公司，其官方微博活跃在各个热门微博中，统率着80万官方微博，而且影响力与日俱增，被网友形象地称为"蓝V总教头"。这就是海尔的官方微博（@海尔）。

作为一家传统企业，海尔是如何涉足网络新媒体营销的呢？早在2012年，海尔CEO（chief executive officer，首席执行官）张瑞敏就定下了海尔发展史上的新阶段：网络化战略阶段，并开始了不断的探索。海尔意识到了微博市场的庞大，首先启用了官微对品牌进行宣传。海尔官微大多单向发布与海尔相关的新闻，以跟踪时事热点新闻为主。人们经常可以在很多热门微博下面看到有海尔的热门评论，这样不仅增加了海尔的曝光度，也提升了海尔在微博的热门程度。

海尔以前的新浪微博粉丝曾经达到100多万，但是却也有很多"僵尸粉"，海尔亲自砍掉了这些"僵尸粉"后，剩下了活跃的粉丝。尽管这些活跃粉丝的数量不大，但是互动性却非常好，大部分都是"真爱粉"。海尔旗下拥有100多个微博账号和200多个微信公众号，新媒体矩阵非常庞大，但在运营风格上，海尔新媒体坚持塑造独立人格，努力让自己变得有趣，时刻与粉丝互动。海尔也会跟其他官方微博进行互动，这让网友对海尔这个有趣的官微十分喜欢。在这种情况下，海尔即使是打广告，人们也是愿意接受的，因为在人们心中，海尔已经是像朋友一般的存在，所以甚至在一些情况下会主动@海尔官微，对海尔进行宣传。

资料来源：商状元—商业新知，https://www.shangyexinzhi.com/Article/details/id-34763/，有改动

思考：海尔为什么选择微博来进行营销？

（三）利用论坛进行推广

互联网的普及推动了论坛的迅猛发展，几乎每个门户网站都设有论坛。论坛强调的是互动，有共同爱好、共同需求的网友可以在各类不同的论坛里就自己感兴趣的主题进行交流，坦诚相见、互通有无，相对于商业媒体而言，论坛可以说是网友心中的一处"净土"。

利用论坛推广时，首先，要根据自己产品的特点，选择合适的、人气比较旺的且与自己产品主题相符的论坛；其次，能否成功地传达自己想要传达的信息，关键在于论坛帖子的设计，可以利用头像和签名档适当进行宣传，也可以把博客中的文章转载到论坛里发布，并插入自己网站的超链接；最后，帖子发出后，如果不及时跟踪维护的话，可能很快就沉下去了，尤其是人气很旺的论坛，因此，要及时地"顶帖"，使帖子始终处于论坛的首页，让更多的人能看到这些信息。

安琪酵母粉的市场推广策略

安琪酵母股份有限公司是目前国内最大的酵母生产企业。酵母在人们的常识中是蒸馒头和做面包使用的必需品，很少直接食用。而安琪酵母公司却开发出酵母的很多保健功能，并生产出可以直接食用的酵母粉。

要推广酵母粉这种人们完全陌生的食品，安琪酵母公司首选了论坛推广方式。于是，公司开始在新浪、搜狐、TOM等有影响力的社区论坛里制造话题。之所以这样做，是因为在论坛里，单纯的广告帖永远是版主的"眼中钉"，也会招来网友的反感，制造话题比较让人能够接受。

当时，有很多关于婆媳关系的影视剧在热播，婆媳关系的关注度也很高。因此，公司策划了《一个馒头引发的婆媳大战》事件。帖子以第一人称讲述了南方的媳妇和北方的婆婆关于馒头发生争执的故事。帖子贴出来后，引发了不少的讨论，其中就涉及了酵母的应用。这时，由专业人士把话题的方向引到酵母的其他功能上去，让人们知道了酵母不仅能蒸馒头，还可以直接食用，并有很多的保健美容功能，如减肥。由于当时正值6月，正是减肥旺季，而减肥又是女人永远的关注点。于是，论坛上的讨论让这些关注婆媳关系的主妇同时也记住了酵母的一个重要功效——减肥。

为了让帖子引起更多的关注，公司决定选择权威的网站，利用其公信力将帖子推到好的位置。为此，选择了新浪女性频道中关注度较高的美容频道，并把相关的帖子细化到减肥沙龙板块。果然，有了好的论坛和好的位置，立即引发了更多普通网友的关注。

除了在论坛进行营销，安琪酵母公司又在新浪网、新华网等主要网站发布新闻，而这些新闻又被网友转发到论坛里作为谈资。这样，产品的可信度就大大提高了。在接下来的两个月时间里,安琪酵母公司的电话量陡增。消费者在百度上输入了"安琪酵母"这个关键词,页面的相关搜索里就会显示出"安琪即食酵母粉""安琪酵母粉"等十余个相关搜索,安琪酵母因此获得了较高的品牌知名度和关注度。

资料来源:百度文库,https://wenku.baidu.com/view/aff2c07d1711cc7931b716ed.html,有改动

思考:安琪酵母粉采用了怎样的市场推广方式?有何启示?

(四)利用网络广告进行推广

网络广告是指在互联网上发布的所有以广告宣传为目的的信息。随着互联网的迅猛发展,网络广告已经成为网络推广的一种主要形式。与传统的四大传播媒体(报纸、杂志、电视、广播)广告及近来备受垂青的户外广告相比,网络广告具有得天独厚的优势,如传播范围广、不受时空限制、交互性强、效果可量化、能有效监控、投放灵活、有针对性、有文字语音视频等多种载体、费用相对比较低等。

网络广告是实施现代营销媒体战略的重要一部分,是主要的网络营销方法之一,在网络营销方法体系中具有举足轻重的地位。事实上,多种网络营销方法也都可以理解为网络广告的具体表现形式,并不仅仅限于放置在网页上的各种规格的 Banner 广告,如电子邮件广告、搜索引擎关键词广告、搜索固定排名等都可以理解为网络广告的表现形式。在选择网络广告时,企业应根据自己的产品情况、经济能力选择合适的网站、合适的广告位和时段进行投放。

肯德基如何投放网络广告

1987年,肯德基在中国的第一家餐厅正式营业,以此为起点,肯德基开始逐步融入中国社会,并打造出适合中国国情的营销模式。作为国际连锁餐饮行业的领导品牌之一,肯德基无论是在全球品牌推广还是在本土化营销方面都做得有声有色。

几年前,肯德基还很少使用网络营销媒体,而更倾向于电视、平面等传统媒体;但近年来已经有了很明显的变化,肯德基在网络营销方面的投入一直呈快速上升趋势。

肯德基的网络营销举措主要体现在网络广告投放、内容及频道合作。肯德基选择网络合作伙伴主要考虑三个因素:第一是网站的内容质量,内容质量好的网站才能对消费者形成足够强烈的吸引力,并有利于品牌的渗透;第二是品牌的融合度,即合作网站的品牌与肯德基品牌之间是否有可以借鉴、利用的地方;第三是网站流量是否达到肯德基的要求。例如,肯德基与网易圣诞、新年贺卡站的合作,就是双方内容合作的一个很好的例子。网易贺卡站流量很高(12月一般每天流量在3 200万左右,圣诞节期间流量会迅速跃升10倍),贺卡设计质量也很出色,肯德基就借助年末、年初节日较多的机会,通过网易贺卡给客户提供一些回报,加深其对肯德基的品牌印象。肯德基之所以与网易合作,除了网易能提供高质量的内容,并拥有大用户流量外,双方

的品牌契合也是促成合作的一个关键因素。

网络媒体已经被肯德基视为一个全国范围的营销媒介，已经不再是传统媒体的一个辅助。肯德基在推出其有史以来最大的炸鸡排——豪霸鸡排时，就第一时间在网易首页投放了一则富媒体广告。由于广告表现力很强，产品本身又有非常好的炒作点，因此这则广告获得了非常好的宣传效果，备受网络用户关注。肯德基通过这些成功的网络营销活动，大大提高了其在中国的知名度，加深了消费者对肯德基的认同感，扩大了市场占有率，促进了销售。

资料来源：Hi现场，https://www.hixianchang.com/201806/20566.html，有改动

思考：肯德基是怎样投放网络广告的？

（五）利用网络新闻和网络事件进行推广

随着互联网的快递发展，新闻网站正成为我国媒介版图中的重要组成部分。许多受众不再是通过传统媒体，而是通过新闻网站获取新闻。网络新闻就是基于互联网，以互联网为传播介质的新闻。如果能很好地利用网络新闻，不但能使品牌的美誉度大幅提升，还能有力地促进市场销售。

网络事件营销其实是事件营销的一个专业分支，是企业、组织主要以网络为传播平台，通过精心策划、实施可以让公众直接参与并享受乐趣的事件，并通过这样的事件达到吸引或转移公众注意力，改善、增进与公众的关系，塑造企业、组织良好的形象，以谋求企业的长久、持续发展的营销传播活动。

支付宝的"锦鲤"营销

2018年国庆期间，支付宝官方微博发出一条"祝你成为中国锦鲤"的微博，启动"中国锦鲤"转发抽奖活动，中奖者即为"中国锦鲤"，引发网友疯狂转发。"锦鲤"一词也因此走红，成为"好运"的象征。

活动期间，由200多商家组团提供的、价值300万的"中国锦鲤全球免单大礼包"在微博上6小时转发破百万，成为微博史上转发量最快破百万的企业微博，最终这条微博共收获了400多万转、评、赞，2亿曝光量。此后，诸多企业、自媒体纷纷效仿，一股覆盖线下线上的"锦鲤"营销热潮就此兴起。转发"锦鲤"成为社交场景中的一种流行趋势。

支付宝"锦鲤"活动成为微博有史以来势头最大、反响最热烈的营销活动之一。作为"锦鲤"式营销活动的首创者，支付宝功不可没。之所以这样说，不仅是因为这一营销事件有200多商家的参与，更重要的是打破了许多记录，而商家也在这种极高的曝光量背后获得了巨大的收益，支付宝也收获了百万粉丝，可谓共赢。

资料来源：根据作者教学编写整理而成

思考：支付宝为什么发起"锦鲤"式营销？

（六）利用软文进行推广

软文推广是指通过由企业的市场策划人员或广告公司的文案人员负责撰写的"文字广告"对企业及其进行网络推广。与硬广告相比，软文之所以叫作软文，精妙之处就在于一个"软"字，好似绵里藏针，收而不露，克敌于无形。

利用软文推广对企业而言具有很多优点。软文可以通过门户网站的软文发布平台进行发布，当消费者想了解相关信息时，可以去搜索相关信息，而通过各大门户网站的报道能够有效地提升企业的形象和可信度。企业还可以把发布到门户网站的软文链接到公司网站上，起到很好的品牌烘托作用。此外，软文不像电视广告、杂志广告等那样需要长期和大量的金钱投入，软文只要发布一次，就可以长久地运用，达到促进销售及宣传的效果。

茅台酒的软文营销

说到茅台，很多人都会竖起大拇指，不管你是不是喝酒的人，都知道茅台是好酒，是酒中的上品，价格昂贵。虽说"酒香不怕巷子深"，然而再好的酒，如果不进行宣传营销，也无法让人们认识到它的好。

那么，茅台酒是如何做到人尽皆知的呢？网络软文营销！2003 年以来，茅台酒厂的名誉董事长季克良就连续亲自撰写并发表了《茅台酒与健康》《告诉你一个真实的陈年茅台酒》《世界上顶级的蒸馏酒》等一系列的文章。

《茅台酒与健康》一文中旁征博引，借用了很多名人的例子，以此说明茅台酒对健康的重要。因为说得有理有据，令很多读者不得不相信茅台酒真的能够治病。

《告诉你一个真实的陈年茅台酒》则是一篇采访稿。在这篇采访稿中，季克良再次阐述了茅台酒的特殊工艺和茅台酒的主要成分，加深了人们的印象。

《世界上顶级的蒸馏酒》可以算得上是前两篇文章的升华版。文中从茅台的成分种类、酿造工艺、保健功能等几大方面进行叙述，以证明茅台酒就是世界上顶级的蒸馏酒。

虽然网络中有一些关于茅台酒大宣传的批评，但这并不影响其营销效果，季克良写的这些文章就是为了广而告之，依靠大众软文营销这个重要的手段，靠大众媒体软文引导达到口碑传播的目的。这些文章一经发表就被各大网络媒体争相转载，释放出巨大的引爆力。

资料来源：新浪微博"乔选红"，https://qiaoxuanhong.com/94.html，有改动

思考：茅台酒为什么要进行软文推广？其效果好在哪里？

（七）利用微信进行推广

微信推广是伴随微信的普遍应用而兴起的一种新型网络推广方式。微信推广实质

上是借助安卓系统、苹果系统的手机或者平板电脑中的移动客户端进行的区域定位营销，是商家通过微信公众平台，结合微信会员管理系统展示商家的产品和服务信息，形成线上线下互动并引发购买的营销方式。

微信推广主要分为微信朋友圈推广与微信公众号推广两种形式。微信朋友圈推广是一种基于熟人或者准熟人的强关系模式，它是用户以微信朋友圈作为宣传推广的平台，潜移默化地影响朋友圈好友，起到品牌宣传、产品展示、信息交流的作用，从而赢得目标客户的信任和喜爱，进而增加购买和转化率。微信公众号推广是一种基于点对点的精准信息传播方式，它是商家通过微信公众号向目标客户群推送文字、图片、语音等方面的商业信息，并与之进行沟通和互动，形成粉丝经济效应，达到传播品牌形象和推广产品的目的。

小米的微信推广策略

北京小米有限公司（以下简称"小米"）成立于 2010 年 4 月，是一家专注于智能手机自主研发的移动互联网公司，定位于中低端市场。小米首创了基于互联网用户开发手机操作系统，发烧友参与改进的模式。小米手机超高的性价比也使其每款产品成为当年最值得期待的智能手机。

小米开通微信公众号仅仅 3 个月，粉丝就超过了 100 万。小米为微信服务号设置了 3 个导航标签，即：最新活动、自助服务和产品。点击任一标签会自动弹出回复，点击"自助服务"可以查订单、查小米之家的位置等，而点击"产品"，关于小米产品的疑问就可以在微信上得到解答。小米自己开发的微信后台可以自动抓取关键词回复，但小米的客服人员还是会进行一对一的回复，这大大提升了用户的品牌忠诚度。

起初，小米试图通过新浪微博把粉丝导到微信上来。小米的两个官方微博账号当时已有 300 多万粉丝。从理论上分析，应该会有相当一部分小米微博用户关注其微信，但实际上用微博来推微信账号的效果并不理想。小米微信粉丝中大约只有 10%来自新浪微博，而有 50%的粉丝来自小米官方网站，另外还有 40%的粉丝来自小米的站内活动。

因此，小米提出，通过官方渠道把自有用户转化为微信粉丝才是"拉粉"王道。小米的官方"拉粉"分为两个阶段：第一阶段是直接广告"拉粉"。小米官网每周会有一次开放购买，每次活动时，会在官网上放上微信的推广链接以及微信二维码。通过官网发展粉丝效果很好，最多时一天可以发展 3 万~4 万个粉丝。第二阶段实行活动"拉粉"。小米会定期举行有奖活动来激活用户。例如，关注小米微信即可以参与抽奖，抽中小米手机、小米盒子，或者可以不用排队优先买到比较紧俏的机型等，这些方法对吸引粉丝也非常有效。

小米认为，做营销就是做服务，良好的服务可以发展一批铁杆粉丝，再由这些粉丝通过口碑可以发展更多的新用户。因此，小米将微信公众号定位为服务的角色，而不是营销，但实际上，服务和营销是联系在一起的。

资料来源：古润红. 小米手机的微信营销策略研究[J]. 经营管理者，2016(30)，有改动

思考：小米公司的微信推广策略有什么启示？

综上所述，网络推广的方法很多，不同的方法各有自身的优缺点，经常需要多种方法综合运用。而网络是个虚拟的世界，到底哪些方法的组合最适合、最有效，需要企业进行长期的测试，找到以后再加大这个组合的投资，把效果放大，这样才能达到事半功倍的效果。

三、网络推广策划的步骤

网络营销的成功与否更多是取决于网络推广的运作。如何更好地策划网络推广方案，必须考虑以下几个步骤。

（一）分析自身与竞争对手的网络营销现状

"知己知彼，百战不殆"。在做任何网络推广方案之前，都必须对自身与竞争对手有一个详细了解。自己的优势在哪里？自己哪些方面不如竞争对手？竞争对手做了什么？竞争对手正在做什么？它们下一步又想做什么？例如，分析双方网络推广的媒介、使用的具体推广方式、实际效果评估、搜索收录情况，以及链接、PR（网页级别）值、IP、PV等数据查询。

（二）列出潜在客户群体

哪些人群是本企业潜在的客户群体?应通过对相关群体进一步地细化，如年龄大小、性别、数量、学历、收入情况、兴趣爱好、上网习惯等，并根据目标人群的习惯等来制订网络推广方案。

（三）选择网络推广方法及策略

对收集的资料进行分析，确定网络推广方法及策略，详细列出将使用哪些网络推广方法，如搜索引擎推广、微博推广、论坛社区发帖、网络广告投放、软文推广、微信推广等，对每一种网络推广方法的优劣及效果等进行分析并考虑具体的实施方案。

（四）明确每一阶段的目标

企业应密切跟踪网络推广活动的进展，并重点关注以下几个方面。

（1）每天IP访问量、PV浏览量。

（2）各搜索引擎收录数量。

（3）外部链接每阶段完成数量。

（4）网站的排名、PR值权重。
（5）关键词、各搜索引擎排名情况。
（6）网络推广实际转化的客户数量。
（7）网络品牌形象。

（五）工作进度及人员安排

好的方案还要有好的执行团队，依据方案制作详细的计划进度表，控制方案执行的进程，对推广活动进行详细罗列，安排具体的人员来负责落实，确保方案得到有效的执行。

（六）确认网络广告预算

网络推广方案的实施，必然会有广告预算，要通过规划控制让广告费用发挥最大的网络推广效果，定期优化账户结构，减少资金浪费，让推广的效果最大化。

（七）效果评估监测

安装监控工具，对数据来源、点击等进行监测跟踪，帮助企业及时调整推广的策略，并对每一阶段进行效果评估。

（八）预备网络推广方案

市场并非一成不变，当计划跟不上变化时，就不能依照原来的网络推广方案完全执行下去。提前制作风险预备方案，当市场变化时，才不至于手忙脚乱。计划没有变化快，真正可执行的网络推广方案不是一成不变的，作为网络营销的策划者要时刻关注这些变化。针对市场的变化、行业的变化、企业的变化实时调整、优化自己的方案，让自己的网络推广效果达到最大化，好的网络推广方案加上有效的执行团队方能达到自己的预期效果。

互联网产品在生命周期不同阶段的推广策略

互联网产品是指网站为满足用户需求而创建的用于运营的功能及服务，它是网站功能与服务的集成。例如，新浪的产品是"新闻"，腾讯的产品是"QQ"，博客网的产品是"博客"，网易的产品是"邮件"。如何根据产品生命周期的不同发展阶段来为互联网产品选择相应的推广策略呢？

1. 引入期的推广策略

引入期一般是指新产品研发成功上线到正式进入市场的阶段，互联网公司一般称之为测试阶段。此阶段的典型特征是：网民对新产品的概念十分陌生，对产品功能、特点及优势等不理解或持怀疑、观望的态度。所以此时的推广策略应该侧重于新产品

的解释说明。有以下几种具体方法:

(1) 软文推广。在产品未上线之前和上线初期进行软文推广是一种有效的推广手段。但要注意,此时的软文应以产品的功效宣传为主,从某种程度上给用户一种好奇感,以使之产生期待的心理并最终尝试使用。

(2) 邀请推广。这种方式适合知名度大的网站,为了抢注到一个好的用户名或二级域名,用户往往会通过各种手段获得邀请码,如果再配合一些手段,如邀请送积分等就可以产生一传十,十传百的效应。

2. 成长期的推广策略

成长期是指产品初步推广成功后,转入大面积推广的阶段,这是产品整个生命周期中最重要的阶段。互联网产品的可复制性强,一个产品的成功往往会导致众多的跟风者蜂拥而上,所以互联网产品的成长期明显要比传统行业短很多,因而这一时期的推广策略应以速度快、范围广、力度大为主要特点,用产品的最核心价值来吸引最核心的用户群体。这一阶段适用的具体策略有以下几种:

(1) 陈列广告。可以采用 Banner 广告、视频广告、交互广告、弹出广告等吸引流量。重点在于有的放矢,充分利用互联网的优点来选择最适合的广告发布商。

(2) 邮件营销。虽然说现在邮件营销已经过度滥用,但在基数巨大的情况下效果还是明显的。尤其利用邮件群发维护老客户是一个比较好的选择,但通过邮件营销开发新客户相对有难度。

(3) 搜索引擎营销。通过购买搜索引擎上的某个关键词,进行产品呈现和流量引导。这是效果最明显的推广手段,但成本也很高,如果竞价后的产品不能及时产生收入就需要考虑推广成本的问题。

(4) 病毒式营销。策划一个有创意的内容,让大众主动愿意传播品牌和营销的信息。该营销方式的重点在于如何选择或创造一个具有广泛传播性质的"病毒源"。

(5) SEO。SEO 是一个需要长期坚持的工作,从成长期开始就应该注重 SEO 工作,尤其是重点关键字的优化和长尾关键词的选择。

成长期是产品推广的重要阶段,除上述常用的推广方法外还有很多可供参考,如:友情链接、线下活动、分类目录、在线黄页、分类广告、信息发布、通用网址、电子书等。具体的推广方法可以根据产品的特点来灵活选择。

3. 成熟期的推广策略

成熟期是指经过成长期以后,用户的规模已经达到一定的数量,浏览量趋于稳定或缓慢增长的阶段。此阶段的推广策略应以建立品牌形象为主。具体策略有以下几种:

(1) 软文推广。与引入期不同,此时的软文重点在于品牌整体形象的包装,以便让品牌更深入人心。

(2) 联盟营销。在各大广告联盟上发布产品或与一些知名网站进行内容合作,让众多网站协助呈现内容,推广产品。如果能找到优质的合作伙伴长期合作,则是一个双赢的过程。

（3）社交媒体营销。利用各种社交媒体平台进行品牌形象展示及流量引导，以提升品牌的认知度。

（4）网络公关。利用互联网的高科技表达手段营造品牌形象。

4. 衰退期的推广策略

衰退期是指产品逐渐老化，转入新产品更新换代的时期。一个产品的衰退并不是立即下线而是经历一个阶段。在寻找到新的机会或转型之前，以前的用户需要留住，客户关系不能放弃，公司的利润还得保持。此时期的推广应以内部推广为主，可以通过提供附加服务、多做活动等方式尽量留住用户，以延长退出时间。

互联网产品在生命周期不同阶段的推广策略的难点在于对生命周期的判断上，生命周期的不同阶段并没有一个明显的分割，这就需要决策者积极了解市场行情，洞察行业趋势，了解竞争对手动态，通过数据分析给生命周期的划分提供科学依据。

资料来源：豆丁文库，https://www.docin.com/p-1996203771.html，有改动

思考：互联网产品的市场推广应注意哪些问题？

本 章 小 结

- 市场推广是指企业为扩大产品市场份额，提高产品销量和知名度，而将有关产品或服务的信息传递给目标消费者，激发和强化其购买动机，并促使这种购买动机转化为实际购买行为的一系列措施。市场推广的元素主要包括陈列、演示、解说、利益点和全员参与。

- 市场推广是一种双向沟通活动，其核心是传递信息，拉近卖者与消费者之间的关系，使消费者相信卖者，并自觉自愿地购买其产品或服务。迅速打开市场的推广工具主要有广告、销售促进、公共关系和人员推广，此外还有直接销售推广和网络推广等。

- 市场推广策划是指在企业的营销战略指导下，通过多种市场推广手段开展推销和联络宣传等活动，以形成影响消费者购买其商品和服务的战略性促销方案的活动过程。一般来说，市场推广策划可以分为单一市场推广策划和整体市场推广策划两类。

- 市场推广策划是对企业市场推广活动的每一个环节进行一系列策划的系统工程。市场推广策划的程序可以分为确立目标、选择工具、制订方案、方案实施和效果测评五大环节。

- 网络推广策划就是通过一种或多种网络推广手段的有机结合对商品、服务甚至人员进行一定的宣传和推广。网络推广策划可以利用搜索引擎、微博、论坛、网络广告、网络新闻和网络事件、软文、微信等手段进行推广。

课 后 习 题

1. 市场推广主要包括哪些元素？

2. 市场推广的工具主要有哪些？
3. 市场推广的目标一般有哪些？
4. 市场推广策划包括哪些程序？
5. 网络推广策划的方法有哪些？

百雀羚：一个老品牌的年轻化之路

"百雀羚"是上海百雀羚日用化学有限公司旗下品牌，至今已有80多年的历史。作为国货中的老品牌，百雀羚曾经是社会名媛贵族的首选护肤佳品，多次荣获"上海市著名商标"称号。但随着时间的推移，外资品牌扎堆入华，新创护肤品牌迅速崛起，再加上百雀羚的产品、营销手段跟不上时代步伐，百雀羚的品牌显得老化，在年轻一代消费者心中留下一个"传统老式国货"的印象。

为了摆脱这一印象，重新占领年轻一族的消费市场，百雀羚开始了漫长的年轻化营销之路。近年来，百雀羚凭借着别具特色的市场推广策略，在激烈的化妆品市场竞争中"杀"出了一条专属于自己的营销道路，已连续多年成为天猫"双十一"销售额美妆护肤品类冠军。

1. 实施品牌的年轻化定位

曾几何时，提起百雀羚，人们想到的只有那款铁盒香脂。为了打破消费者心中的老旧印象，2008年百雀羚推出草本系列护肤产品，赋予了品牌"草本护肤"的新概念，并相继研发出五行本草系列产品。为了迎合产品"天然安全、草本护肤"的定位，百雀羚特邀香港设计师设计了天圆地方瓶系列，也就是人们熟悉的绿色瓶身包装，品牌形象深入人心。

为了让品牌年轻化形象走入消费者心中，从2016年开始，百雀羚利用广告在市场推广上频频发力。从母亲节《1931》的复古广告，3分钟剧情7次反转的《三生花》，到让人脑洞大开的鬼畜古典风广告剧《四美不开心》和《四美不开心之平行世界》，这些画风清奇的创意广告，让百雀羚成功完成了品牌年轻化的打造。

2. 选择年轻时尚的形象代言人

为塑造年轻、时尚、国际化的品牌形象，提升品牌影响力，百雀羚在明星代言人的选择上煞费苦心。从2010年开始，百雀羚启用莫文蔚代言草本护肤系列，迅速打响回归消费者视野的第一枪。身为艺人，莫文蔚既有鲜明的演艺风格，行径又具有"国际范儿"。百雀羚想要通过莫文蔚告诉消费者：百雀羚和莫文蔚一样坚持自我，并同时在保持中国元素的前提下给大众更多的惊喜。

随后，百雀羚又聘请歌坛天王周杰伦担任品牌代言人，并担任首席体验官，聘请李冰冰作为品牌的首席品鉴官，百雀羚开启了双星代言的模式。随着代言广告的热播，沉睡在消费者心中已久的经典百雀羚似乎一夜之间"复活"了。可以看出，百雀羚对代言人的选择，都是为以年轻、时尚、国际化的形象贴近消费者作出的努力。它选择的代言人，是陪伴80后、90后长大的青春偶像，也是他们心中的一份情怀。

3. 冠名赞助综艺节目

为扩大在消费者中的品牌知名度和影响力，百雀羚不断进行电视节目的冠名。从2012年到2015年，百雀羚连续冠名《中国好声音》，依次投入了7 000万、1.53亿、1.8亿、2.6亿的广告费用，占据独家特约位置。用这一黄金资源，百雀羚不断将品牌影响力扩大，甚至一度盖过冠名商加多宝。

开启年轻化战略后，备受年轻人关注的网络剧也成为百雀羚关注的领域。2016年，百雀羚宣布独家冠名爱奇艺年度IP大剧《幻城》，首席体验官周杰伦编曲、献唱主题曲《不该》，并拍摄全新广告大片在《幻城》播出之时全球首播，另外品牌还为《幻城》手绘漫画助力传播。尽管该剧播出后遭到不少吐槽，但百雀羚却实实在在地又刷了一次存在感。

4. 开展跨界营销活动

为了推进年轻化进程，百雀羚频繁推出各种活动，抓热点、搞跨界，想更多地出现在年轻人的视野中。例如，国产动画片《大鱼海棠》上映后，一度成为话题焦点，百雀羚最先跟进，以"百雀齐望 梦成海棠"为主题，推出了"鱼跃棠开""鱼跃三生"等定制套装。

"老奶奶"级别的百雀羚一直不服老，甚至还有一颗"少女心"，这几年来一直变着法子刷存在感，只为年轻人重新注意它。为此，百雀羚曾经一次性签约36名美妆红人、当红博主、意见领袖，希望通过携手更多的新媒体平台、数字化媒体等助力品牌，展开全新的消费者沟通模式。

5. 将营销演绎到极致

为更好地将产品概念和中国文化实现融合，强化草本品牌的概念，百雀羚开展了"北纬30度，向天然致敬"的营销活动。百雀羚先推出首部天然纪录大片——《仅在北纬30°可见的风景》，用"北纬30度"的概念将百雀羚品牌和北纬30度沿线的古老文明联系在一起。随后，百雀羚又发起"守护天然"的行动，联合良品铺子、苏泊尔、比亚迪等各大品牌共同发起守护天然的倡议，传递天然而舒适的生活方式。

为了让人们能真切体验天然的力量，百雀羚还精心打造了一辆"全天然巴士"并在杭州推出。这辆天然巴士将场景化营销和互动体验营销完美结合，消费者可以在体验天然环境的同时，与品牌进行互动，体验品牌的产品，感受到百雀羚一直传递的"天然草本"概念。

资料来源：陈文. 百雀羚玩转品牌年轻化[J]. 声屏世界·广告人，2018(6)，有改动

思考题：
1. 百雀羚为实现年轻化之路采用了哪些市场推广方式？
2. 百雀羚的市场推广策略有哪些启示？

答案要点

模拟实训

第三篇　综合技能篇

营销策划技能是建立在对营销策划理论知识和实务操作掌控基础之上的综合性能力。伴随着信息经济和新媒体技术的快速发展，营销策划的应用也不断向纵深发展。品牌正成为企业获取差别利润与卓越价值的综合战略手段。向网络营销进军业已成为企业无法回避的经营趋势，网站的建立与运营、网络商店的设计与经营等成为企业开展营销策划所必备的技能。

营销策划书是企业营销策划方案的书面表达形式，集中体现了营销策划的实践成果，同时也是企业未来营销活动的指导性文件。在所有营销策划技能中，最终的落脚点是营销策划书的撰写。营销策划书撰写的能力及质量也成为对策划人员营销策划综合技能最直接、最客观的评价标准。

本篇主要包括品牌策划、网络营销策划和营销策划书的撰写三部分内容。其主旨是使学生系统掌握品牌策划和网络营销策划的基本技能，并通过对营销策划书范本的介绍和评析，掌握不同营销策划方案的撰写方法与技巧，为从事营销策划相关工作打下坚实的基础。

第十章

品 牌 策 划

【学习目标】

知识目标

1. 理解品牌命名策划的基本标准
2. 掌握品牌标识策划的主要原则
3. 掌握品牌定位策划的主要方法
4. 掌握品牌延伸策划的主要方法

能力目标

1. 理解品牌使用策划的方法并能进行实例分析
2. 掌握品牌再定位的主要方式及实施技巧

方太的品牌运作

方太集团创建于1996年,目前业务涉及厨房电器、集成厨房及海外事业三大领域。其中,FOTILE方太品牌专注于高端厨电业务,其高端吸油烟机、高端燃气灶、高端消毒柜连续多年市场占有率遥遥领先。而高端吸油烟机市场占有率更位居前列。2005年9月,方太荣获"中国名牌"称号;2008年,方太蝉联"中国消费者第一理想品牌"称号;2011年,方太荣膺厨电行业的首个"全国质量奖";2012年,方太获得工信部C-BPI(中国品牌力指数)"抽油烟机"和"燃气灶"行业第一品牌称号。2017年其厨电销售收入突破100亿元(不含税),成为中国厨电业首个破百亿的企业。

方太为什么能在品牌林立的厨电行业取得如此瞩目的业绩?这得益于方太的一系列成功的品牌运作。

1. 独具匠心的品牌设计

方太创建品牌的过程,简单讲就是"三名"主义。一是"取名","方太"笔画简单、容易记忆、朗朗上口,其具有较高的品牌联想符合度。第二是"借名",方太邀请香港亚视的节目主持人方太女士拍摄广告片,当时的广告词是"炒菜有方太,除油烟更要有方太",这个广告对于方太最初开拓市场起到了很大的作用。第三是"淡名",由于产品品牌核心价值的关系,包括方太女士的年龄关系,方太品牌逐渐淡化她的形象。2009年始,方太同刘谦合作——再借名。

方太在品牌标志设计上也颇具特色。"FOTILE方太"的配色采用蓝绿色，将汉字和英文用粗细对比的手法来设计，同时在英文的"O"字母设计中将细的概念融入，体现粗中有细的概念。方太整个标志在稳重的前提下追求一种个体的解放思维，摒弃了传统厨卫用品中一味的死板传统。

2. 精准有效的品牌定位

方太自创立之初就确立了"专业化、高端化、精品化"的市场定位，始终坚持"品牌+产品"共进，立志成为中国家电行业第一个高端品牌。

专业化，方太起步时规模小，资金也非常少，所以方太只能专注于吸油烟机，而这后来也成为方太的一个长期定位。

高端化，方太初创时，发现行业内全国有几百家企业都集中在中低端层级，彼此以价格战博弈。高端领域品牌的缺位刺激方太着手于此。

做高端市场，对于产品的要求就是：必须精品。所以，精品化成为自然而然的定位。例如，一个水槽洗碗机，红圈圈出的边，在工艺中被称为八边八棱，就是这么小小的八边八棱，一个师傅进行手工打磨，平均需要95分钟才能完成，总共经过10道工序，精确度控制在1.82毫米以内，倾斜度为45°。可以说，方太在每一件产品上都力求精品，以高端的品牌定位和产品卖点吸引用户，抢占消费者心智。

3. 特色鲜明的品牌文化

2008年，方太以高度的文化自信导入以"儒家文化"为核心的中华优秀传统文化，初步形成了传统文化与现代管理相结合的品牌管理模式。

近年来，方太通过"造汉字"、中秋宋词TVC（电视商业广告）、国漫等形式，将产品特点融入传统文化的同时，不断诠释"因爱伟大"的品牌主张。倡导公众在"关爱家人"的同时，通过慈善公益、文化传播来积极践行这一主张，将关爱延伸到他人。

围绕"因爱伟大"的品牌主张和核心指导策略，方太已经推出了一系列让人记忆犹新的营销项目，与消费者进行文化内涵与情感关怀兼备的深度沟通。例如，传递爱与正能量的"油烟情书"，注入中国元素的"陪着你住进童话里"，将创意IP化的"妈妈的时间机器""阅读·阅美"等。

资料来源：根据作者教学编写整理而成

思考：方太的品牌运作有哪些成功经验？

在日趋激烈的市场竞争中，企业如何以鲜明的形象个性吸引用户？如何从众多竞争者中脱颖而出呢？成功企业的答案是"品牌"。方太集团以其独具特色的品牌设计和品牌管理成为高端厨具市场的领导者。企业围绕着品牌问题，需要作出一系列的决策。如是否需要品牌，使用谁的品牌，怎么使用自己的品牌，如何规划品牌的发展。要解决这些问题，就必须进行品牌策划。本章将系统阐述品牌策划的基本思路与方法，主要包括品牌基础策划、品牌使用策划和品牌发展策划三方面内容。

第一节　品牌基础策划

一个企业如果想通过树立品牌来构建自身的竞争优势，就必须深刻理解品牌的基本含义，实施品牌基础策划，否则对品牌的策划就会失去方向，达不到企业的策划目标。品牌基础策划主要包括品牌命名策划、品牌标识策划和品牌定位策划。

一、品牌的基本含义

（一）品牌的概念

品牌是市场竞争的产物，是企业及其产品与顾客之间建立起的桥梁。相对于产品竞争，品牌竞争是更高层面的竞争。无论是消费者个体还是提供产品和服务的组织，每天都与品牌发生着千丝万缕的联系，它无时无刻不在满足着、影响着、左右着人们的感官、需求和愿望。那么究竟什么是品牌呢？

品牌一词来源于古斯堪的纳维亚语"brandr"，原意为燃烧，原指在马、牛等动物身上打上烙印，以表明其所有者。20世纪50年代，美国著名的广告大师大卫·奥格威（David Ogilvy）第一次提出了品牌的概念，但品牌至今仍然没有一个统一的定义，理论界和实践领域对品牌内涵的理解可谓百家争鸣。

1. 标识说

这一视角从品牌具有识别功能的角度切入，认为品牌是具有区隔功能的特殊符号。如美国营销学家菲利普·科特勒（Philip Kolter）认为，品牌是一个名字、称谓、符号、设计或是上述的综合，其目的是使自己的产品或服务有别于其他竞争者。

2. 形象说

这一视角认为品牌是由诸多品牌信息综合而成，是各种信息反映的整体形象。如著名广告大师大卫·奥格威认为，品牌是一种错综复杂的象征，它是品牌的属性、名称、包装、价格、历史、声誉、广告风格的无形组合。

3. 体验说

这一视角强调品牌是消费者对其使用该品牌产品或服务所积累的体验。如凯文·莱恩·凯勒（Kevin Lane Keller）提出，品牌是顾客对一个产品或服务和其供应商的所有体验与感知的总和。

4. 资产说

这一视角从品牌价值的角度切入，认为品牌的本质是一种资产。如戴维·阿克（David A. Aaker）认为，品牌是在产品和服务之上的附加价值，是重要的无形资产。

5. 关系说

这一视角从品牌与消费者沟通的角度切入，认为品牌是与消费者经由互动形成的一种关系。如苏珊·福尼亚（Susan Founier）认为，消费者与品牌之间的关系与人际关系类似，存在平常朋友关系、好朋友关系、恋爱关系、亲属关系等15种关系类型。

（二）品牌的分类

根据不同的分类标准，品牌可以划分为不同的类别。例如，根据品牌知名度的辐射区域，可将品牌划分为地区品牌、国内品牌、国际品牌；根据产品生产经营所属环节，可将品牌划分为制造商品牌和中间商品牌；根据品牌产品所属行业，可将品牌划分为服务业品牌、网络信息业品牌、日用化工业品牌等；根据品牌的原创性与延伸性，可将品牌划分为主品牌、副品牌等；根据品牌的本体特征，又可将品牌划分为企业品牌、城市品牌、国家品牌等。在品牌管理过程中，管理者尤其需要区分的是产品品牌、服务品牌和企业品牌。

产品品牌是指有形的实物产品品牌，主要包括三部分：一是品牌名称，是可以用文字表达并能用语言传递的部分；二是品牌标识，是品牌中可以识别但不能读出来的部分，包括各种符号、色彩、字母或图案等；三是法律上的专有权，品牌一经在法律上注册，就成为具有专属权的商标。

随着市场经济的发展，在产品品牌的基础上，又演化出服务品牌和企业品牌。服务品牌是以服务而不是以产品为主要特征的品牌，如商业服务品牌、餐饮服务品牌、航空服务品牌、金融服务品牌、旅游服务品牌等。但是，无形的服务总是以有形的产品为基础的，并且往往同时与有形产品共同形成品牌要件。企业（公司）品牌是以企业（公司）作为品牌整体形象而被消费者感知。产品品牌是企业品牌的基础，但企业品牌高于产品品牌，它是依靠企业的总体信誉而形成。企业品牌与产品品牌可以是相同的，如海尔、索尼、奔驰（Benz）等；也可以是不同的，如美国通用汽车公司旗下就有很多不同的产品品牌。

二、品牌命名策划

品牌名称是构成品牌的一个基本的和必不可少的元素。好的品牌名称既可以引起消费者的独特联想，又能反映产品的特点，有强烈的冲击力，增强消费者的购买欲望。因此，品牌名称是品牌的代表，是品牌的灵魂，体现了品牌的个性和特色。

在品牌命名时，策划人员应当遵循以下几个主要标准。

1. 易于识别，便于记忆

品牌名称必须易读、易认、易记。例如，青岛、999、燕京、白沙、小天鹅、方太、圣象等品牌名称，都非常简单好记。国际商用机器公司（International Business Machines，

IBM）是全球十大品牌之一，身为世界上最大的电脑制造商，它被誉为"蓝色巨人"。它的全称不但难记忆，而且不易读写。于是，该公司设计出了简单的IBM的字体造型，对外传播，有助于造就其高科技领域领导者的形象。

2. 新颖独特，富有个性

好的品牌要有独特的风格，不要模仿他人的风格，更不要与其他的品牌雷同，应有自己的个性。在我国市场上，品牌名称雷同的现象较为严重。例如，以"熊猫"为品牌名称的有很多，熊猫电视、熊猫香烟、熊猫乳品、熊猫烟花等均属于不同企业。因此，在品牌名称选择上要善于标新立异、与众不同。福建七匹狼SEPTWOLVES（男士服装与香烟），其品牌命名借用了一部台湾电影《七匹狼》的名字，并且深入地进行品牌文化挖掘，将狼的勇敢、自强、桀骜不驯等特征与目标人群风格紧密联结。

3. 突出功能，暗示利益

尽管品牌名称不允许直接用来表达产品性能和质地。但很多品牌名称都与产品本身有着某些联系，能暗示有关产品的某些优点或特点。例如，脑白金、五粮液、雪碧、高露洁等。固特异用于轮胎，准确地展现了产品坚固（而）耐用的属性。奔驰一开始时被译为"笨死"，香港人将其译为"平治"，这两个名称没有强调汽车的任何利益属性，而直到被译为"奔驰"以后，奔驰才在中国大地上飞驰起来。

4. 寓意深刻，引发联想

品牌名称要能让人联想到产品的品质，在语义上丰富并激发消费者的正面联想。例如，金利来，原来取名"金狮"，在香港人说来，便是"尽输"。香港人非常讲究吉利，面对如此忌讳的名字，自然无人光顾。后来，曾宪梓先生将Goldlion分成两部分，前部分Gold译为金，后部分lion音译为利来，取名"金利来"之后，情形大为改观，吉祥如意的名字立即为金利来带来了好运。我国服装业的"红豆"品牌也是一个成功的例子。"红豆"一词在我国唐代诗人王维的诗中，表达了人们之间相思和爱慕的真挚感情。红豆服装借助"红豆"这一寓意深刻、情意浓重的品牌名称"红"了起来。

5. 遵循规则，避免歧义

品牌命名应当符合国际市场规则及惯例，避免出现外文歧义。我国的绝大多数品牌，由于只以汉字命名，在走出国门时，一些品牌采用汉语拼音作为变通措施，被证明也是行不通的，因为外国人并不懂拼音所代表的含义。例如，长虹，以其汉语拼音CHANGHONG作为附注商标，但CHANGHONG在外国人眼里却没有任何含义。然而，有些品牌具备了全球战略眼光。例如，海信，注册了"HiSense"的英文商标，它来自high sense，是"高灵敏、高清晰"的意思，这非常符合其产品特性。同时，high sense又可译为"高远的见识"，体现了品牌的远大理想。

宏碁电脑的品牌命名

宏碁（Acer）电脑 1976 年创业时的英文名称叫 Multitech，经过十年的努力，Multitech 刚刚在国际市场上小有名气，但就在此时，一家美国数据机厂商通过律师通知宏碁，指控宏碁侵犯该公司的商标权，必须立即停止使用 Multitech 作为公司及品牌名称。

经过查证，这家名为 Multitech 的美国数据机制造商在美国确实拥有商标权，而且在欧洲许多国家都早宏碁一步完成登记。

商标权的问题如果不能解决，宏碁的自有品牌 Multitech 在欧美许多国家恐将寸步难行。在全世界，以"-tech"为名的信息技术公司不胜枚举，因为大家都强调技术(tech)，这样的名称没有差异化；又因雷同性太高，在很多国家都不能注册，导致无法推广品牌。因此，当宏碁加速国际化脚步时，就不得不考虑更换品牌。宏碁不惜成本，将更改公司英文名称及商标的工作交给了世界著名的广告公司——奥美（O&M）广告。

为了创造一个具有国际品位的品牌名称，奥美动员纽约、英国、日本、澳大利亚、中国台湾省分公司的创意工作者，运用电脑从 4 万多个名字中筛选，挑出 1 000 多个符合命名条件的名字，再交由宏碁的相关人士讨论，前后历时七八个月，终于决定选用 Acer 这个名字。

宏碁选择 Acer 作为新的公司名称与品牌名称，出于以下几方面的考虑：

（1）Acer 源于拉丁文，代表鲜明的、活泼的、敏锐的、有洞察力的，这些意义和宏碁所从事的高科行业的特性相吻合。

（2）Acer 在英文中，源于词根 Ace（王牌），有优秀、杰出的含义。

（3）许多文件列举厂商或品牌名称时，习惯按英文字母顺序排列，Acer 第一个字母是 A，第二个字母是 C，取名 Acer 有助宏碁在报章媒体的资料中排行在前，增加消费者对 Acer 的印象。

（4）Acer 只有两个音节、4 个英文字母，易读易记，比起宏碁原英文名称 Multitech，显得更有价值感，也更有品位。宏碁为了更改品牌名和设计新商标共花费近 100 万美元。应该说宏碁没有在法律诉讼上过多纠缠而毅然决定摒弃平庸的品牌名 Multitech，改用更具鲜明个性的品牌名 Acer，是一项明智之举。如今，Acer 的品牌价值已超过 1.8 亿美元。

资料来源：搜狐网，http://www.sohu.com/a/79824606_392023，有改动

思考：宏碁是如何进行品牌命名策划的？其利益在哪里？

三、品牌标识策划

品牌标识（brand logo）是构成品牌的视觉元素，它包括文字标识和非文字标识。

一个品牌可以包含两者或其中之一。例如，中国工商银行的 LOGO 中既有 ICBC 文字标识，又有内镶嵌"工"字的红色圆圈这一符号；而 IBM 的 LOGO 仅有英文的文字标识，没有非文字标识。品牌标识要和品牌名称紧密地联系在一起，这样两者才能相得益彰，突出整个品牌的亮点，赢得消费者的青睐。

策划人员在进行品牌标识设计时，应当遵循以下几个原则。

1. 简洁明了，新奇独特

品牌是产品的标记，必须具有显著的特征。好的品牌标识，应当图案清晰、文字简练、色彩醒目、个性鲜明，没有多余的装饰。例如，全聚德烤鸭，拥有 150 多年的历史，但因为其标识复杂，难以让消费者第一时间理解它要传达的含义。相比之下，同为餐饮品牌的麦当劳大写的金黄色拱门型"M"标识，更容易加深消费者的印象。

2. 易懂易记，引发联想

品牌标识所蕴含的信息，要使人容易明白，这样消费者才容易记忆，如果消费者无法理解品牌所承载的信息，就无法达到品牌与消费者之间的沟通。同时，好的品牌标识还要能够引发消费者的联想。例如，北京"同仁堂"品牌的设计，"同仁堂"三个字由书法家启功先生所写，力道十足，同时"同仁堂"三个字的周围由两条戏珠飞龙来环绕，整个品牌的设计，不但易懂易记，而且会使人产生一种历史悠久、至高无上的联想。

3. 形象生动，美观大方

品牌在标识设计上，应当形象生动、美观大方，这样才会有强烈的艺术感染力，给人一种美的享受。那些设计草率、质量低劣的品牌，不但会使人产生厌恶，而且影响企业和产品的形象，不利于企业的发展。例如，海尔品牌是由两个活泼的小男孩构成，面带微笑，非常具有亲和力，看上去就十分形象生动，并且美观大方。

4. 功能第一，传播便利

品牌标识设计应立足于有效传达企业和产品的信息，增加企业和产品的价值，而不应当将其看作一件独立的艺术品。因为品牌是企业或产品的一个有机组成部分，不能脱离企业或产品而孤立存在，否则就失去了它存在的意义。例如，一件衬衫的品牌往往设在胸前、袖口等显著部位，不仅为了装饰，更是为了便于消费者的辨认。

5. 适时微调，紧跟潮流

重新设计存在风险，但微调却令人耳目一新。尽管品牌标识要适时更新以应对新环境，并避免消费者的视觉疲劳，但是重新设计标识仍然具有一定的风险。研究发现，新标识会引起品牌忠诚者的反对，他们会对新标识给予负面评价，并有可能出现品牌转换行为；相反，对于非忠诚顾客而言，他们更容易接受新标识。因此，一个公司如果能在更改旧标识前与忠诚顾客及时沟通，并向他们详细解释更改的原因以及新标识与旧标识之间的相似之处，则可有效避免忠诚顾客的品牌转换行为。例如，互联网品牌 Google、百度都会根据不同地区的节日或情景，将自身的标识加以微调，彰显了互联网品牌的灵活性。

GAP 换标事件

"品牌是你们的，也是我们的，但归根结底是你们的"。此刻，Gap 品牌市场宣传部的资深公关专家，在换标招致消费者的强烈反对后，应该深深理解了这句话的含义。

2010 年 10 月 4 日，美国最大服装品牌 Gap 毫无征兆地在其官方网站 Gap.com 发布了新的标识，代替使用已经超过 20 年的旧版蓝底白字标识。短短几分钟之后，Gap 的拥趸就开始在各种社交媒体上表达对新标识的不满。对这个看上去像是用 PPT 临时赶工制作出来的粗糙 LOGO，"俗气""没特色"成了人们使用最多的评价词。很快，Gap 新标识就成了社交网络上的焦点话题和疯狂嘲讽的对象，换标行动完全演变成为一场彻头彻尾的公关灾难。11 日晚，Gap 公司不得不撤下新标，换回旧 Logo。

图 10.1　GAP 旧 LOGO 和新设计 LOGO

新标下线并没有平息忠实顾客的怒火，消费者对 Gap 这次轻率行为的奚落还在继续。网友们制作了 Gap 新标风格的 LOGO 生成器，输入任意字母就能生成 Gap 被召回 LOGO 风格的标志。有人把各个著名品牌标识修改成 Gap 新标风格，来嘲讽这种毫无设计感的方案。当然，也有一些热心设计师开始动手为 Gap 设计自己心目中的理想新标，其中大部分看上去都比 Gap 的官方版本靠谱得多。

经历这次失败的换标后，Gap 更换了品牌市场宣传负责人，任命了公司历史上首位首席营销官，并重新选择了品牌创意商。一次换标，引起如此大的市场波澜及一系列连锁反应，应该说是非常少见的。Gap 在此次行动中，究竟犯了怎样的致命错误呢？

企业经营者应该清楚意识到，品牌以及其附属的标识、外观特性等元素，并非为企业独有，而是与消费者共有。尤其对那些具有强情感依赖的品牌来说，消费者的所有权意识更为强大。未经与消费者，尤其是忠实顾客充分沟通，就擅自改变品牌的诸种属性，会让他们产生一种所有权被剥夺的愤怒情绪。尤其当品牌的新属性如标识等没有得到人们的认可时，这种愤怒就会演变成一场公关灾难。Gap 在此次换标风波中至少犯了两个错误：轻率地作出一项意义重大的决定，以及新标识并未起到任何积极的品牌沟通作用。相比而言，后者解决起来相对容易一些，毕竟设计的好坏是有客观衡量标准的。而行动前与消费者进行充分的沟通，则是被很多企业经营者刻意忽略的地方。

资料来源：刘勇.GAP：7天短命换标[J].商界评论，2011(4)，有改动

思考：Gap更换品牌标识为什么失败？

四、品牌定位策划

随着品牌概念被广泛接受以后，产品定位理论也被拓展到品牌层面。定位理论创始人杰克·特劳特认为，新时期企业市场营销的成功，取决于其品牌在消费者心智中以定位实现区隔、获取顾客心智资源的程度。因此，品牌定位不是针对产品本身，而是对消费者内心深处所下的功夫，力求在顾客的头脑中占有最有利的位置，塑造良好的品牌形象。基于此，可以对品牌定位给出一个简明的定义：品牌定位就是努力使企业的品牌在目标顾客心智中占据一个优异位置的竞争战略。品牌定位的本质就是抢占顾客心智资源。

根据顾客价值理论，顾客价值（CV）=品牌资产（B）×顾客利益（U）/顾客成本（C），品牌作为一种无形资产，深刻影响着顾客的消费选择，也因此，品牌价值的提升对释放消费潜力和拉动消费升级起到积极的助推作用。为了增加顾客价值，企业需要进一步扩大品牌的杠杆作用。对于品牌管理者而言，就是要通过品牌定位识别本品牌在顾客心智中（相对竞争品牌）的期望位置并制定恰当的品牌战略，说服顾客购买本企业品牌产品而不购买竞争性产品。

概括起来，主要有三种品牌定位战略供企业选择。面向提升顾客利益（U）的品牌定位战略有两种，分别是：第一种是差异化战略，也可以看作"特色定位"，突出"人无我有"；第二种是优越化战略，俗称"人有我优"，突出整体上的优越性。此外，面向降低顾客成本（C）的品牌定位战略，也就是第三种品牌定位战略，即低廉化战略。

1. 差异化定位

在同质化的时代，差异化成为企业制胜的法宝，如果品牌定位不能凸显品牌的差异性特征，甚至跟随着其他品牌的特征描述，在众多竞争对手中就无法区别于竞争对手。例如，农夫山泉积极寻找不同于其他企业的新卖点，在1998年，提出"农夫山泉有点甜"的广告语，清晰直白地向消费者传递农夫山泉区别于其他竞争对手的产品价值和特色。

清扬的差异化战略——男女去屑细分

洗发水产品是化妆品行业乃至日化产业中市场规模最大，市场竞争难度最大、同

时也是日化产业中最具有吸引力的产品市场。随着新进入者的不断加入，市场日渐成熟，洗发水市场的主要功能细分基本完成，竞争品牌纷纷进行产品延伸入侵主要领导品牌的功能定位。随着市场上品牌的增加，各个厂商对于消费者的竞争越来越激烈，而消费者对知名品牌的忠诚度也日趋下降，这就要求企业必须有更加吸引消费者的手段来面对越来越激烈的竞争。

虽然宝洁在市场上占有霸主地位，海飞丝去屑深入人心，曾经选择梁朝伟等知名男星作为形象代言人，但却没有明确将海飞丝男女去屑洗发用品区分开来。清扬认清了当前这个市场发展的格局，即女性洗发产品大致趋于饱和，而男性洗发、护发产品却仍处于空白地位，清扬抓住了这一市场空白，针对目标市场的盲点、结合市场特性首次明确提出了男女去屑细分的概念，将去屑细分的概念进一步细化，研发了针对男性的去屑产品。清扬的差异化定位，精准锁定了年轻男士消费群体。

如今，男性消费者开始关注生活品位，注重个人形象已经成为社会整体流行趋势。而对于有工作的单身男性群体而言，他们拥有一定经济基础，对洗发水的要求一般是去头屑、柔顺营养、味道好，并有美发的功能。他们会选择一些知名品牌的高档产品来满足需求，对价格的要求不敏感，但对品质要求严格，品牌忠诚度高。清扬针对不同头皮的护理要求，通过专业的技术支持，在去除头屑的同时帮助头皮恢复健康状态，做到头屑不再来，打开了防治型去屑产品的高品质市场，满足了男性对高端洗发护发产品的独特需求。

资料来源：朱虹. 浅析联合利华之清扬竞争战略[J]. 商品与质量，2011(7)，有改动

思考：清扬的品牌定位有何独到之处？

2. 优越化定位

在同质化的时代，在发现和满足消费者需求的基础上，还应该创造需求，通过更优越的产品性能、设计等超越竞争对手。在这一方面，苹果的做法很值得学习。面对种类繁杂的电子产品市场，消费者多数时候并不知道自己真正需要什么，苹果公司在满足消费者对电子产品基本需求的基础上，去创造那些他们需要但是表达不出来的需求。然后，通过优越的产品设计、研发，增加产品的功能性，为消费者创造更多的价值。这样，苹果公司不但提升了产品的溢价能力，还为企业创造了更丰厚的利润。

乐百氏纯净水：27层净化

经过一轮又一轮的"水战"，饮用水市场形成了三足鼎立的格局：娃哈哈、乐百氏、农夫山泉，就连实力强大的康师傅也曾一度被挤出了饮用水市场。综观各家企业成败，乐百氏纯净水的成功相当程度上得益于其"27层净化"的概念。

乐百氏纯净水上市之初，就认识到以理性诉求打头阵来建立深厚的品牌认同的重要性，于是就有了"27层净化"这一理性诉求经典广告的诞生。

当年纯净水刚开始盛行时，所有纯净水品牌的广告都说自己的纯净水纯净。消费者不知道哪个品牌的水是真的纯净或者更纯净的时候，乐百氏纯净水在各种媒介推出卖点统一的广告，突出乐百氏纯净水经过27层净化，对其纯净水的纯净提出了一个有力的支持点。这个系列广告在众多同类产品的广告中迅速脱颖而出，乐百氏纯净水的纯净给受众留下了深刻印象，"乐百氏纯净水经过27层净化"很快家喻户晓。"27层净化"给消费者一种"很纯净，可以信赖"的印象。

资料来源：二十个品牌策划经典案例分析，搜狐网，https://www.sohu.com/a/211567574_742861，有改动

思考：乐百氏运用了怎样的品牌定位战略？

3. 低廉化定位

低廉化定位就是采用相对于商品质量和服务水平较低的价格，来突出品牌与众不同的定位策略。在同一质量和服务水平上，价格低廉是吸引顾客的有力武器。这是因为，市场上存在着一大群普通的顾客，他们的购物行为呈理性状态，希望用更低的费用得到同样的满足，或用同样的费用得到更多的满足。尤其是收入不太丰厚的人，对价格的重视远胜于对质量与服务的重视，这时价格低廉无疑对他们具有无法抵挡的吸引力。戴尔电脑的"物超所值，实惠之选"和雕牌"只选对的，不买贵的"就是这种定位思想的体现。

"老干妈"的品牌定位

贵阳老干妈风味食品有限责任公司成立于1996年，注册资金1 000万元。2016年，"老干妈"系列产品在全国同类产品中占据半壁江山，每天卖出200万瓶辣椒酱。

"老干妈"产品的目标人群主要集中在进城务工者以及大学生和工作不久的白领。这类消费群体总体上并没有较强的经济实力，并且生活节奏相对较为紧凑、就餐结构简单，整体上对高端餐饮的需求不高，因而美味、便捷的调味酱成为辅助用餐的首选。多年来，"老干妈"一直以价格低廉、口味丰富稳居调味酱行业的龙头品牌。

以"老干妈"的主打产品风味豆豉和鸡油辣椒为例，其主要规格为210 g和280 g，其中210 g规格锁定8元左右价位，280 g占据9元左右价位（不同终端价格有一定差别），其他主要产品根据规格不同，大多也集中在7~10元的主流消费区间。基于"老干妈"的强势品牌力，其他品牌只能选择价格避让，如李锦记340 g风味豆豉酱定价在19元左右，小康牛肉酱175 g定价在8元左右，要么总价高，要么性价比低，都难与"老干妈"抗衡。

这就造成了调味酱行业定价难，低于"老干妈"没利润，高过"老干妈"没市场。"老干妈"的价格一直非常稳定，坚守价格的品牌定位，价格涨幅微乎其微，不给对手可乘之机，在"老干妈"本身强势的品牌力下，竞争对手们要么为了低价导致低质，

要么放弃低端做高端，而佐餐酱品类又很难支撑高端产品。

资料来源：东方网，http://mini.eastday.com/a/170223214151707.html，有改动

思考："老干妈"为什么坚守低价的品牌定位？

第二节　品牌使用策划

在明确品牌名称、标识、定位等基础要素之后，企业在经营实践中经常还要面对的重要议题是如何使用品牌，具体包括是否使用品牌（品牌化策划），使用谁的品牌（品牌归属策划），使用多少品牌（品牌数量策划）等。尤其是在企业资源有限的情况下，对这些议题的科学策划，有助于指导企业更为合理地分配品牌建设资源，以尽可能少的资源投入，带来尽可能多的营销产出，从而提升企业效益。

一、品牌化策划

它是指企业对其生产和经营的产品是否采用品牌的抉择，包括使用品牌和不使用品牌两种情况。

1. 使用品牌

这是指企业为其产品确定品牌，并规定品牌名称、品牌标识，以及向政府有关部门注册登记的一切业务活动。品牌化是一种大趋势，在日益激烈的市场竞争中，使用品牌是企业获取竞争优势的重要手段之一。大多数企业使用品牌的目的是实施名牌战略。

使用品牌在市场营销中有以下重要作用。

（1）就产品而言，由于品牌是"整体产品"的一部分，它有助于在市场上树立产品形象，并成为新产品上市和推广的重要媒介。

（2）就价格而言，通过品牌建立较高的知名度、美誉度有利于制定较高价格。品牌是产品差别化的重要手段，著名品牌不仅比无名品牌价高利大，而且价格弹性小。

（3）就分销而言，由于品牌具有辨认作用，一方面，著名品牌更容易渗透和进入各种销售渠道；另一方面，也便于企业处理订货业务，办理运输、仓储业务。

（4）就促销而言，品牌是制作各种促销信息的基础。无品牌的产品就像一个无名无姓的人，别人难以称呼，有关它的一切也不便流传。

2. 不使用品牌

虽然使用品牌有很多积极的作用，但是并不是所有产品都必须使用品牌。而且，有的产品使用品牌的意义不大，不采用品牌比采用品牌的效果更好。一般在以下情况下，企业多考虑不使用品牌。

（1）同性质产品，如电力、煤炭、钢材、水泥等，只要品种、规格相同，产品不会因为生产者不同而出现差别。

（2）人们不习惯认牌购买的产品，如食盐、白糖，一些农副产品、原材料和零部

件等。

（3）生产简单、无一定技术标准的产品，如小农具等。

（4）临时性或一次性生产的产品。

无印良品：无品牌企业的品牌之路

无印良品是日本的一个杂货品牌，在日文中意为无品牌标志的好产品，产品类别以日常用品为主。在零售行业，无印良品算是一个奇葩。它没有LOGO、没有广告代言人的明星效应、没有纷繁复杂的样式与包装，业绩却连创新高。

被尊为"无印良品之父"的平面设计师田中一光说过："朴素不会在奢华面前感到自卑，因为朴素所隐含的知性和感性，有它自豪的世界。如果我们能够理解这样的价值观，向外传播的话，我们就可以用更少的资源，去过更具有美的意识的富裕生活。"这句话完美地阐释了无印良品的理念。与其说是一个品牌，不如说它是一种生活的哲学。

在商品上，无印良品不会让产品过多地干预消费者的生活，对于商品的本质有极致的追求，努力寻找让生活更便利、更有味道的方法。无印良品常派设计人员登门拜访消费者，观察其日常生活，发现需求，寻找设计灵感。在商品开发之外，无印良品也重视陈列美学，深知没有LOGO、没有鲜艳花纹、没有广告、没有代言人的无印良品必须通过商品陈列征服顾客。例如，一个大货架的底层为销售区，应方便顾客取货；中层则为展示区，用于传达产品用途；高层陈列区则为顾客提供视觉冲击力。如此标准化的陈列不仅整齐、饱满、富有冲击力，也贴心地考虑到了消费者的购物习惯。

当一家店不仅仅是一个售卖的场所，这里不光有需要的商品，还寄存着逛店人的梦想，这样的店就充满了温度与暖情，实现了无品牌企业的品牌之路。

资料来源：百度百科，http://baike.baidu.com/item/无印良品/201818，有改动

思考：无印良品是如何实现"无品牌企业的品牌之路"的？

二、品牌归属策划

当企业决定使用产品品牌后，还要进一步决定该品牌归谁所有的问题，即品牌归属策划。企业在如何使用品牌方面主要有以下三种选择。

1. 使用制造商品牌

制造商品牌是由生产商创立的，旨在确保顾客购买时将生产商与它们的产品同等看待。使用制造商品牌一直支配着市场，绝大多数生产商都使用自己的品牌。品牌是一笔无形资产，生产商使用自己的品牌，虽然要花费一定的费用，但可以获得品牌带来的全部利益。享有盛誉的生产商将其著名的品牌租借给他人使用，还可以获得一定的特许使用费。例如，可口可乐公司在57个国家拥有320家许可公司，生产1 0000

多种产品,包括婴儿服饰、拳击短裤、饮料等,甚至还有可乐罐形状的鱼饵。

2. 使用中间商品牌

中间商品牌也称"自有品牌",是指产品使用中间商自己的品牌进行销售。在市场上,对于资金能力薄弱、市场经验不足的企业,为集中力量更有效地运用其生产资源与设备,宁可采用中间商品牌。另外,由于顾客对所需产品并不都是内行,不一定有充分的选购知识,所以顾客除了以制造商品牌作为选购的依据外,还常将中间商品牌作为选购的依据。正因如此,许多市场信誉较好的中间商(包括百货公司、超级市场、服装商店等)都争相设计并使用自己的品牌。如美国西尔斯(Sears)公司经销的商品90%都标有自己的品牌。沃尔玛也一直在中国市场积极开发和推广"自有品牌",覆盖了食品、家居用品、服装、鞋类等主打品类。

3. 使用混合品牌

这是一种既使用制造商的品牌、又使用中间商品牌的策略,具体有以下三种方式。

(1)生产者在部分产品中使用自己的品牌,部分产品批量卖给中间商。这样,既能保持本企业的特色,又能扩大销路。

(2)为了进入新市场,制造商先使用中间商的品牌,取得一定市场地位后再使用自己的品牌。

(3)两种品牌并用,即一种制造商品牌与一种中间商品牌或另一种制造商品牌同时用于一种产品,以兼收两种品牌单独使用的优点。

亚马逊的"自有品牌"

2018年6月,亚马逊悄悄上线了一个自有品牌Solimo。该自有品牌以日用品为主,包括各式坚果、咖啡胶囊、保健食品、肥皂等。多种口味的咖啡胶囊和坚果产品都卖得不错,上线不到一个月,前者几乎每款都有一两百则评价,后者卖得最好的是烤杏仁,累积超过1 000则评价,平均都在4颗星以上,并获得"亚马逊精选"标识。

亚马逊没有为Solimo铺天盖地地宣传,而是小规模测试。这是亚马逊一贯的手法:从制造商那里订购一小批产品探探消费者反应,如果大受欢迎,才会订购更大批量产品并扩大产品种类。

自有品牌"低调"上线,一直是亚马逊的作风,作为平台方,上线自有品牌无疑给第三方卖家带来了威胁。但是自有品牌的优势在于省去了营销和渠道费用,物流配送等环节也有更大的控制权。

亚马逊的优势在于大数据,它从后台用户资料就能看到人们喜欢什么、在什么时候买东西,以及其他竞争者卖得如何。这为它提供了决策参考依据,只要亚马逊发现自家平台上某一个产品卖得很好,它就能自己和生产商谈合作,去掉中间商环节,并用最好的版位推广产品。

而这些大数据本身也作为一种开放服务。在亚马逊上销售的大品牌或供应商也可以查看消费者的关键字搜寻和E-mail等资料,但是供应商需要支付商品批发成本的1%或者至少10万美元才能访问数据库,而且还只能取得部分数据。

评价系统也是亚马逊自有品牌的增长助力,亚马逊自营产品的评价很少低于4颗星,因为亚马逊若发现低于3颗星的产品往往会将其下架。也就是说,在消费者看到一个评价不优的产品前,亚马逊已经提早发现并删除它了。

亚马逊旗下的自有品牌已经超过100个,借助大数据和平台的优势,实现了强者恒强,对自家平台上其他竞争对手形成了降维打击。

资料来源:降维打击,强者恒强:亚马逊如何做自有品牌,百度个人账号"富日记"https://baijiahao.baidu.com/s?id=1608695361161740249&wfr=spider&for=pc,有改动

思考:亚马逊为什么采用"自有品牌"战略?

三、品牌数量策划

在品牌策划中,决定使用自己品牌的企业,还要对使用多少品牌作出抉择。通常情况下,企业可以根据自身情况选择使用以下三种策略。

1. 使用统一品牌

这是指企业对所有产品使用同一种品牌。如美国通用电气公司的所有产品都统一使用"GE"品牌。采用此策略的好处在于节约品牌设计费、广告费,降低成本,有利于解除顾客对新产品的不信任感,但缺点是有较大的风险,局部产品质量不好会影响全局利益。例如,飞利浦公司曾对其所有的产品使用"飞利浦"品牌,但是由于产品在质量上有极大的差异,一度出现过劣质产品损害飞利浦公司优秀产品销路的情况。因此,企业最好避免在其疲弱产品上标上公司的名称。

2. 使用个别品牌

这是指企业对各种不同的产品或产品线使用不同的品牌,实质上也是一种多品牌策略。它有两种形式:一种是企业的每项产品都有各自不同的品牌。如美国宝洁公司的"汰渍""快乐"两种牌号的洗衣粉,尽管"汰渍"的销售量因"快乐"而受影响,但宝洁公司洗衣粉的销售量却大大提高。另外一种是不同产品线采用不同品牌,同一产品线的产品项目使用同一品牌。如中国上海家化公司有美加净护肤系列、清妃系列、六神系列三大品牌系列。采用此策略的好处是,它没有将公司的声誉系在某一品牌的成败之上,如果某一品牌的产品失败了或者出现了低质情况,也不会损害制造商的名声。个别品牌或多品牌决策还可以使公司为每一新产品寻找最佳的名称,建立新的声誉,扩大市场占有率。但缺点是费用开支大,成本上升。

3. 使用复合品牌

这是指对一种产品赋予两个或两个以上品牌的做法。具体包括主副品牌与联合品牌两种策略。主副品牌策略是指同一产品使用一主一副两个品牌的做法。在主副品牌策略下，以涵盖企业全部产品或若干产品的品牌作为主品牌，同时，给各个产品设计不同的副品牌，用副品牌来突出不同产品的个性。例如，海尔公司的产品，大都使用主副品牌策略，"海尔——小神童，海尔——小王子，海尔——大力神"等产品都是在企业名称"海尔"后加上各种产品的副品牌，突出某一产品的特点。

联合品牌策略是指对同一产品使用不分主次的两个或两个以上品牌的做法。品牌联合可以使两个抑或更多的品牌有效协作、相互借势，提高品牌的市场影响力或接受程度。联合品牌又可分为"自有品牌联合并用"与"自有品牌与他人品牌联合并用"两种做法。前者如"CocaCola"+"Coke"+"可口可乐"，后者如"Lenovo"+"Intel"、"东风"+"日产"等。

宝洁的多品牌战略

宝洁是一家于1837年在美国成立的经营日用化学消费品的跨国公司。宝洁经营的产品畅销180多个国家和地区，在全球大约70个国家和地区开展业务。旗下拥有如汰渍、护舒宝、海飞丝、SK-Ⅱ等领先品牌，业务覆盖了美容用品、美发用品、家庭护理用品以及食品饮料等十个品类。2017年，宝洁公司营业收入达到717.26亿美元，在家居、个人用品行业的世界500强名单中排名第一。

宝洁的成功离不开它卓越的多品牌战略，它拥有65个领先品牌，其中的25个品牌销售额甚至达到数十亿美元。宝洁的多品牌战略就是"一品多牌"的策略。具体来说，宝洁公司没有以P&G名称来命名和推广自己的产品，而是以每类产品的不同品牌为核心来运作。这样一种"一品多牌"策略的第一个特点就是种类多。宝洁的经营范围囊括了个人护理、家庭清洁以及食品等多个行业；第二个特点是一类产品多个牌子。例如，洗发液在中国销售的就有"飘柔""海飞丝""潘婷""沙宣""伊卡璐"五个品牌。

宝洁以不同的功能特点来建立品牌之间的差异化，使其能与特定的竞争者品牌竞争并满足不同的消费者需求，让每个品牌能拥有自己的忠实客户群和发展空间，从而占领足够大的日化品市场和实现广告、销售、采购和实体分销的规模经济。例如，宝洁公司旗下上述五个品牌的美发产品已经家喻户晓，各自拥有着各自的品牌优势与市场定位，分别满足不同消费者对头发柔顺、去屑、修护、时尚以及香氛的需求，而且很少有人知道这些品牌都来于同一家日化品公司——宝洁。

资料来源：谭宇轩，汤春玲. 宝洁公司的多品牌营销战略探析[J]. 中国市场，2017(32)，有改动

思考： 宝洁为什么采用多品牌战略？

第三节　品牌发展策划

当一个企业的品牌已经获得了成功品牌的声誉时，为了使该品牌发挥更大的作用，企业常常借助该品牌推出新产品，这通常被称为品牌延伸。企业还必须紧跟市场变化，适时进行品牌的再定位，使品牌获得新的增长与活力。更重要的是，企业还应实施品牌关系策划，密切品牌与消费者的关系，绑定顾客。

一、品牌延伸策划

品牌延伸也称品牌扩展，是指企业将具有相当知名度和市场影响力的品牌运用到新产品或服务上，以凭借现有成功品牌推出新产品的策略。这是品牌发展的一种特殊决策。

1. 品牌延伸的方法

1）纵向延伸

这是指企业成功推出某个品牌后，再推出新的经过改进的该品牌产品，从而不断升级该产品但其品牌却不变。接着，又推出更新的该品牌产品。例如，宝洁公司在中国市场上先推出"飘柔"洗发香波，后又推出创新一代"飘柔"洗发香波。

2）横向延伸

这是指企业把成功的品牌用于新开发的不同产品。例如，我国娃哈哈集团在"娃哈哈"儿童营养液站稳市场后，又以"娃哈哈"品牌推出了果奶、纯净水和服装等一系列产品。一般而言，品牌的横向延伸比纵向延伸风险要大得多。

2. 品牌延伸的准则

在进行品牌延伸时，策划者应主要遵循以下准则。

1）品牌延伸应符合品牌的核心价值

反过来的意思就是：品牌延伸应以尽量不与品牌原有核心价值与个性相抵触为原则。例如，都彭、华伦天奴等奢侈消费品品牌麾下的产品一般都有西装、衬衫、领带、T恤、皮鞋等，有的甚至还有眼镜、手表、打火机、钢笔等跨度很大、关联度很低的产品，但却成功地共用一个品牌。根本原因在于这些产品都能提供一种共同的效用，即身份的象征，能让人获得高度的自尊和满足感，符合这些奢侈消费品品牌的核心价值。

2）新老产品之间尽量要有较高的关联度

这一原则实质上是由品牌的核心价值原则延伸出来的。其实关联度高只是表象，关联度高导致消费者会因为同样或类似的理由而认可同一个品牌才是实质。关联性一般可体现在产品的功能、生产技术、目标市场、价格档次等方面。例如，国内的好孩子品牌针对儿童这一目标群体，将品牌延伸到婴儿童车、纸尿裤、童装也取得了成功。

3）品牌延伸不能超出限度

无论是产品品牌还是企业品牌都不能无限度地延伸下去，品牌的核心价值决定了任何一个品牌都不可能适合于所有的领域以及所有的产品，因此品牌延伸是有限度的。这就要求企业在进行品牌延伸时要理性，切勿盲目进行品牌延伸，否则就会陷入品牌延伸的"陷阱"，以至于使多年努力经营起来的成功品牌遭到株连。

品牌延伸缘何失败

全球公认最有价值运动品牌之一的 NIKE 定位于"可信赖的运动品质"，口号是"Just do it"。它曾进行品牌宽度延伸，推出了时尚类女鞋 SIDEONE、休闲鞋 I.E.FORWOMEN。这让消费者感觉，NIKE 既然可以在运动鞋领域做到出类拔萃，那么也一定可以在其他领域大获成功，结果却是 NIKE 在几个子品牌延伸策略上最终败退。

同样做出了子品牌新尝试的还有时尚界的皮尔·卡丹。皮尔·卡丹发现，自己的名字可以使任何产品获得很好的销售，产品从男装、女装、鞋、袜子、皮具、香水、工装，到巧克力、地毯、家具、饭店，皮尔·卡丹把品牌延伸到能进入的所有领域。结果导致对品质和品牌管理的失控，品牌形象不一致，品牌个性丧失，再难回到高端品牌之列。最终的结局可想而知，不仅在子品牌上没有捞到一点好处，主品牌皮尔·卡丹也受到重大打击，消费者怀疑，皮尔·卡丹还是那么好吗？

国内企业也有两个经典的品牌延伸失败案例。一个是曾经非常有名的洗衣粉品牌"活力28"，当年它在中国洗衣粉市场异军突起，基本上成了国产洗衣粉的代名词，甚至一度连宝洁都不是其对手，只能通过收购这种方式去与"活力28"竞争。然而，"活力28"却做了一件非常"有趣"的事情，将品牌延伸到纯净水领域，结果失败，原因可能是消费者觉得该品牌的纯净水里会有洗衣粉的味道。

另外一个案例是"霸王"洗发水当年将品牌延伸到凉茶领域。"霸王"洗发水其实在消费者心中已经建立起了中药世家的形象，但是突然进入凉茶领域，难以得到消费者的认可，"霸王"凉茶最终败走麦城。核心原因或许在于中国凉茶已经拥有"王老吉"和"和其正"这两大霸主，在人们心中，"霸王"只是洗发水，怎么也喝不出凉茶的味道。

资料来源：品牌延伸失败案例，百度文库，https://wenku.baidu/view/70a00499f6806529670d27284b73f242336c316bc.htlml，有改动

思考：企业如何规避品牌延伸失败的风险？

二、品牌再定位策划

品牌再定位（re-positioning），就是对品牌进行重新定位，旨在摆脱困境、使品牌获得新的增长与活力。它不是对原有定位的一概否定，而是企业经过市场磨炼后，对

市场的再认识，对原有品牌战略的一次扬弃。因此，品牌再定位不能草率从事，需要在深入细致分析品牌特点与市场需求变化等方面的基础上，恰当地把握时机，并运用合适的策略，实现品牌再定位的理想目标。品牌再定位一般有以下策略。

1. 品牌利益再定位

其主要是品牌提供新的产品性能、属性或情感利益等。这一维度的再定位，主要动因来自产品或者消费者需求因素的变化。最典型的例子莫过于"王老吉"的品牌再定位。自王泽邦 1828 年创建"王老吉"的 190 多年来，它在消费者心中一直被视作一种中药凉茶，因此消费者把"王老吉"当作药品，不经常饮用，只是在上火时才会购买和饮用，这就大大束缚了其市场的扩大和发展。后来，"王老吉"打破原有的定位束缚，改变原来中药凉茶的面孔，定位于"预防上火的饮料"。通过重新定位，"王老吉"从治疗上火的药品转变为预防上火的饮料，跳出了药品类别，潜在市场一下子就扩展了。同时，通过"怕上火，喝王老吉"的新的定位宣传，强化"降火"的特色，避开了与其他竞争对手的过度竞争。"王老吉"的再定位使它在 2004 年进入肯德基连锁店，稳稳占据"降火饮料"的巨无霸地位。

2. 品牌传播方式再定位

其主要是采取创新性的广告语、变革性的创意表现、崭新的媒体投放方式等。这种策略是基于消费者的信息接收方式发生了变动，包括广告接受心理、媒体接触习惯等。例如，百事可乐的"新一代的可乐"定位，就是借助广告传播方式再定位而实现的。再如万宝路曾以西部牛仔的品牌代言人形象而闻名，但在 20 世纪 70 年代进入香港市场时却遇到了麻烦。香港人对西部牛仔形象没有什么好感，香港人认为牛仔是低下的劳工，难以接受。于是万宝路调整品牌定位，将广告中的西部牛仔换成事业有成的牧场主，目标消费者定位在成功的白领阶层，因此万宝路在香港获得了成功。

3. 品牌标识再定位

其主要是指品牌识别系统发生变化，变化的原因来自社会的发展和企业的战略发生了改变。例如，联想在 2001 年制订了"高科技的联想，服务的联想，国际化的联想"的发展目标，但由于没有一个全球通行的品牌标识，阻碍了其目标的实现。当时，联想沿用 18 年的英文标识"LEGEND"已在多个国家被抢先注册，联想决定推出全球通行的品牌标识。后来，联想以"LENOVO"代替了原有的"LEGEND"。其中，"LE"取自原先的"LEGEND"，承继"传奇"之意；"NOVO"表示创新。整个名称的寓意为"创新的联想"。新标识在全球范围内注册，大大提升了品牌影响力。

4. 品牌核心价值再定位

品牌再定位一般很少在这一层次发生，通常是因为品牌原有的定位和品牌的核心价值不相配，或者品牌的核心价值还没有完全形成。例如，劳力士手表原有的核心价值是走时准确，定位于卓越和可靠性。后来在日本电子表的冲击下，走时准确已不能体现其定位了，即纯粹的功能性利益已不符合原有的定位，需要改变其核心价值。劳力士就将做工及材质的优越性作为其核心价值，仍然深受成功人士的喜爱。

宝马的品牌定位蜕变之路

2010年之前，宝马品牌在中国市场一直定位于"驾驶的激情"（Sheer Driving Pleasure），虽然"开宝马"的精准定位使宝马的营销在中国市场顺风顺水，但是2007~2009年在社会舆论和新闻媒体的聚光灯下，BMW三个字母却有意无意地跟"别摸我""暴发户""傲慢"和"不守规则"等关键词联系在一起。部分顾客开始担心自己的社会形象会被宝马所累，而不得不将目标投向奥迪和沃尔沃。

形象上的隐忧让宝马在中国的未来潜伏了危机——较高的市场定位以及过于强调技术的冰冷形象，宝马在中国市场距离其全球定位的"成功专业人士"的目标客户群已经发生了偏差。

2010年3月31日，宝马大中华区总裁兼首席执行官史登科博士宣布，从4月开始宝马在中国启动以"BMW之悦"为核心主题的品牌战略宣传活动，涉及市场销售、公关、售后等业务内容。

"BMW之悦"是宝马全球统一品牌诉求"JOY"的丰富内涵在中国社会和文化背景下的提炼。"BMW之悦"涵盖了身心感受之悦、成就梦想之悦、责任和分享之悦多个层次的情感。宝马中国有效地借助"BMW之悦"这座桥梁，进一步丰富了BMW本身的品牌内涵，并有效地完成了高档车品牌与目标客户的情感沟通。从那天起，宝马的每项宣传都以"悦"为核心，中秋之悦、奥运之悦、童心同悦等比比皆是。

从单方面追求"纯粹驾驶乐趣"，到全方位体验"BMW之悦"，宝马集团在其进入中国第16个年头时，开始尝试用一种更具亲和力的方式，向本地消费者阐释BMW品牌的完整内涵。而销售数据也给予宝马精准战略定位优厚回报。2009年，宝马中国的增长率仅仅略高于奥迪中国，但是远远低于奔驰中国和中国汽车市场的增长率。但是从2010年宝马中国推出"悦"品牌战略以来，销量突飞猛进，甚至最顶峰时达到中国汽车市场增长率的20多倍。

宝马的成功虽然有其本身产品力的功劳，但是正是其品牌定位的成功并在其持续宣传叠加的效应下，吸引了大批客户的入店追捧才是首要关键。

资料来源：宝马、大众品牌定位蜕变之路，车主之家，https://news.16888.com/a/2015/0707/1369789.html，有改动。

思考：宝马是如何实现品牌的重新定位的？

三、品牌关系策划

品牌的重要性体现在对消费者购买决策的影响上，在当前以客户为中心的市场环境中，品牌经营的主线就是建立和维护与客户之间的关系。品牌培育、发展、管理的过程，就是和特定消费人群建立关系、巩固关系、发展关系的过程。1992年，美国学者马克斯·布莱克森（Max Blackston）在关系营销理论和人际关系理论的基础上，率先提出品牌关系（brand relationship）的概念，认为品牌关系是指消费者对品牌的态度与品牌对消费者的态度之间的互动。消费者和品牌作为品牌关系的主体，是一对作用力和反作用力，相辅相成，相互促进，不可分割。

品牌关系的实质就是品牌能力与消费者需求之间的对接，相互吸引认知、信任、使用体验、满意，进而忠诚，达到情感共鸣的关系。因而，品牌关系可分为吸引认知、使用体验、情感共鸣三个发展阶段。企业应根据不同关系阶段采取相应的策略。

1. 吸引认知阶段

品牌关系是从相互吸引开始的，吸引的关键要素——独特，也就是差异化，与众不同、无可替代。在琳琅满目的商业世界中，一定是最具差异化的品牌、最与众不同的品牌受到更多的关注。品牌关系初建的关键要素都是消费者开始相信同类产品并不完全相同，而是存在重大差别。因此，经营品牌的第一步就是要建立一套独特的品牌识别体系（brand identity system），引起消费者对品牌美好印象的丰富联想，从而产生使用品牌满足自己需求的欲望。

2. 使用体验阶段

吸引消费者注意的新品牌上市后，并不一定能立即激发消费者产生购买。因为消费者并非仅仅购买产品本身，而是要购买信赖和安心，若没有信任度的桥梁，就无法从吸引阶段递进到体验使用阶段。为了建立品牌信任，企业应充分刺激和调动消费者的感官（sense）、情感（feel）、思考（think）、行动（act）、关联（relate）等感性因素和理性因素，通过看（see）、听（hear）、用（use）、参与（participate）等手段，让消费者亲身体验品牌，产生与品牌相互信任的关系，从而创造、强化并引爆需求。

3. 情感共鸣阶段

通过难以忘怀的体验，顾客产生超值满意。接下来则要聚焦于与顾客建立终极关系和共鸣共赢。情感共鸣是品牌关系的最高阶段，其核心是一种强烈的依恋、忠诚。这已经不仅仅是喜欢和偏好了，消费者甚至已经"爱"上了品牌。在这一阶段，消费者会排斥竞争品牌，持续购买使用该企业的品牌产品，并愿意为品牌代言，主动向他人推荐该品牌，发展更多的消费者与企业的品牌建立关系。显然，这种品牌关系对企业的价值无比丰厚，需要企业精心呵护。通过与忠诚客户一对一沟通、开展忠诚计划、实施亲情关怀等绑定顾客，让忠诚顾客快乐高兴，乐于享受并停留在这种关系之中，是企业的重要任务。

哈雷·戴维森的品牌故事

在美国，你经常会听到轰鸣声，这种声音几乎会让整条道路都震颤，由远而近的是数百辆摩托车，列着庞大的队伍，车上的骑手个个穿着印花短袖黑T恤，臂上多刺有一只飞鹰，牛仔裤，黑皮靴，长发如乱草。无疑，这些骑手的"坐骑"必然全是美国经典品牌"哈雷·戴维森"。他们T恤衫上的印花和胳膊上的刺青，都是它的品牌标识，俨然哈雷·戴维森已经成为"纹在消费者身上的品牌"。

纵观哈雷·戴维森百年的品牌踪迹，沉淀在其品牌历史中最有价值的就是它倡导的创新精神。这一品牌的核心价值默默无闻地承载了哈雷·戴维森，并将它的个性、情感、自由演化为维系品牌和消费者关系的纽带。

作为交通工具的摩托车本来是和自由没有必然联系的，由于哈雷在漫长的产品变革和市场推广中，机车本身的造型、轰鸣声、马力和速度感融合为一体，逐步通过哈雷这一品牌将美国人所崇尚的个人主义影射在物化的摩托车上。"哈雷品牌"在消费者心目中的认知已经不是一个商标的意义，而是代表了某种生活方式、某种体验和特定的表现自我个性的工具。美国有一句谚语：年轻时有辆哈雷·戴维森，年老时有辆卡迪拉克，则此生无憾了。可见，"哈雷·戴维森"的魅力是多么难以抗拒。

不同于其他产品品牌的个性形成，一方面哈雷品牌，是因为产品自身的属性和特定的目标市场决定了它品牌基因中的野性和阳刚之气；另一方面，它与美国经济和社会结伴而行的历史过程，天然地给这一品牌打上了国家和民族文化的烙印。当消费者心甘情愿将品牌标识作为文身图案，用血肉之躯证明对它的忠诚时，品牌已经失去了普通识别的象征意义，而被转化为一种精神的象征，被消费者赋予了任何竞争对手都不可超越的力量。迄今为止，还没有任何一个品牌在品牌忠诚方面可以和哈雷·戴维森相媲美，这在很大程度上取决于该品牌另外一个很显著的个性，就是哈雷宣扬了至高无上的爱国主义，无论是从它的诞生到今天的强大，还是从它的设计到每一颗螺丝的制造，哈雷身上流淌的是美利坚的血，因为，它不仅从一个侧面记录了美国整整一个世纪从工业到科技强盛于世界的历史，更重要地，它用机车自身创造的驾驶经验生动地阐释了美国文化中的自由主义精神。

资料来源：百年哈雷品牌故事，摩信网，http://www.chmotor.cn/seminar_article_detail_app.php?id=20107，有改动

思考：哈雷·戴维森是怎样与消费者建立关系的？它为什么会成为一种精神象征？

本 章 小 结

- 品牌是市场竞争的产物，是企业及其产品与顾客之间建立起的桥梁。相对于产品竞争，品牌竞争是更高层面的竞争。企业围绕着品牌问题，需要作出一系列的决策。

如是否需要品牌，使用谁的品牌，怎么使用自己的品牌，如何规划品牌的发展。

• 品牌基础策划主要包括品牌命名策划、品牌标识策划和品牌定位策划。品牌定位就是努力使企业的品牌在目标顾客心智中占据一个优异位置的竞争战略。其主要有差异化战略、优越化战略、低廉化战略三种品牌定位战略供企业选择。

• 品牌使用策划主要包括是否使用品牌（品牌化策划），使用谁的品牌（品牌归属策划），使用多少品牌（品牌数量策划）等。品牌化策划是企业对其生产和经营的产品是否采用品牌的抉择，包括使用品牌和不使用品牌两种情况。品牌归属策划是企业决定使用谁的品牌问题，主要包括使用制造商品牌、使用中间商品牌和使用混合品牌三种选择。品牌数量策划是对使用多少品牌作出抉择，主要包括使用统一品牌、使用个别品牌（多品牌）和使用复合品牌三种类型。

• 品牌发展策划主要包括品牌延伸策划、品牌再定位策划和品牌关系策划。品牌延伸也称品牌扩展，是指企业将具有相当知名度和市场影响力的品牌运用到新产品或服务上，包括纵向延伸和横向延伸两种方式。品牌再定位是对品牌进行重新定位，旨在摆脱困境、使品牌获得新的增长与活力，一般有品牌利益再定位、品牌传播方式再定位、品牌标识再定位、品牌核心价值再定位四种策略。品牌关系是指消费者对品牌的态度与品牌对消费者的态度之间的互动过程，具体包括吸引认知、使用体验、情感共鸣三个发展阶段，企业应根据不同关系阶段采取相应的策略。

课后习题

1. 什么是品牌？产品品牌、服务品牌和企业品牌之间有何关系？
2. 在品牌命名策划时，应当遵循哪些主要标准？
3. 在如何使用品牌方面，企业主要有哪些选择？
4. 进行品牌延伸时要注意哪些问题？
5. 如何进行品牌的再定位策划？

"六个核桃"的品牌打造

近年来，随着我国经济的发展，消费者的观念也在发生改变，开始越来越追求健康、品质化的食品，这其中，植物蛋白饮品因其健康、天然的特性愈加受到这一消费群体的青睐。其中，河北养元智汇饮品股份有限公司（以下简称"养元"）生产的"六个核桃"凭借傲人的销售表现，成为植物蛋白饮品市场的业界传奇。

2005年创立品牌，2006年销售额3 000万元，2008年销售额3个亿，2009年10个亿，2010年15个亿，2011年近30个亿，2012年近60个亿，2013年销售破百亿，2015年突破150亿！……这是"六个核桃"的光鲜数据。10年从3 000万元到150亿元，增长5000倍！作为一种普通的核桃露，"六个核桃"是怎么从琳琅满目的饮料中异军突起的？

1. 精准的品牌定位

很多企业都会面临这样两难的处境，即产品太多会分散精力，想要聚焦却又担心会影响到业绩，2002年的养元就处在这种举棋不定的状态之中。"六个核桃"瞄准了健脑益智饮料这个市场空白点，定位为健脑益智饮料，抢占了先机，为后续的成功奠定了坚实的基础。

与此同时，当时的市场环境显示，无论是在职人员还是学生都需要用脑，而核桃"健脑益智"的形象早已深入人心，"六个核桃"定位在健脑益智饮料这个细分市场领域，可谓是具备了巨大的潜在消费市场。

2. 生动的品牌命名

核桃乳产品有很多企业在做，也有各式各样的牌子名号。南方有"大寨核桃露"，山东有"金保罗核桃王"，等等，各地都有各自的区域性品牌。但是，"六个核桃"这个生动的品牌名称为其品牌成功锦上添花。

一个好的品牌名称可以让消费者快速识别品牌种类，有效提升消费者对品牌与品质的好感和认知程度。"经常用脑，多喝六个核桃"，产品的这一诉求为消费者提供了一种功能价值，让消费者非常明确地、并且是很直接地知道了这一产品能带给自己什么好处，为什么要买它。这一广告词简洁、实际、有力，不假大空。

3. 鲜明的品牌形象

作为中国植物蛋白饮料核桃乳市场的领军品牌，为了不断适应变化中的市场需求，培养年轻一代消费者的购买习惯，养元"六个核桃"一直坚持做"年轻化"的品牌概念，不断寻求新的突破。

养元"六个核桃"这些年一直不断更新着自己的品牌形象，无论是通过个性化的产品包装直观、有效地展现年轻化的视觉元素，还是选择与节目和品牌商的强强联手，连续冠名《最强大脑》《今晚80后脱口秀》《挑战不可能》《加油向未来》《诗书中华》《向上吧诗词》等益智健脑类现象级栏目，始终坚持树立着充满年轻活力、受到年轻人青睐的品牌形象。

4. 完善的产业链布局

养元"六个核桃"高度重视消费者"健康、绿色、安全"的消费趋势，为了确保产品的真材实料，养元科学布局产业链，从核桃到成品的全过程中，进行严格的把控。

在产业链上游的原料阶段，养元为了挑选出好品质的核桃，确保每一罐核桃乳的真材实料，深入20多个省区市。经过大量的基础性研究和数据分析，养元最终在新疆、云南和太行山这三大黄金产区建立了品牌原料专属基地。

除了对上游的原料进行严格挑选外，养元还积极建设加工生产基地。目前已在河北衡水、河南漯河、安徽滁州、四川简阳、江西鹰潭等多处建设加工基地，为布局全国市场打下基础。

5. 强劲的市场开拓策略

养元"六个核桃"采取品牌深度营销模式，其亮点是：以"区域市场开发"为基础，以厂家主导的"厂家+区域配送商+核心二级批发商+分销客户+核心终端"营销价值链为中心，以"创建最具竞争优势的销售网络"为重点，以"区域市场销量第一"为目标。

养元借助该营销模式，不断提升客户的关系价值以掌控分销网络及核心终端网点，从而取得了市场的竞争优势。

"六个核桃"已经连续多年呈现销量翻番的增长态势，成为中国饮料史上继红罐凉茶后的另一个蓝罐饮料的传奇。2018年，养元"六个核桃"品牌建设再度升级，作为核桃饮品行业的领跑者，入选"CCTV国家品牌计划"。如何建立国家品牌的形象，持续彰显行业领军企业的风范，是养元"六个核桃"需要面对的挑战。随着消费不断升级，养元"六个核桃"的专注、专业将带领它走入更多消费者的日常生活中。

资料来源：中国人力资源网，http://www.zgrlzyw.roboo.com/web/288970/214014.htm，有改动

思考题：

1. 养元是如何为"六个核桃"进行品牌定位的？
2. 养元"六个核桃"的品牌建设有哪些启示？

答案要点

第十一章

网络营销策划

【学习目标】

知识目标

1. 掌握网络营销策划的一般过程
2. 掌握网络营销策划的主要工具
3. 理解网络营销渠道的类型及其策划
4. 理解网络商店依恋及其建立途径

能力目标

1. 能够应用主要的网络营销策划工具进行相关策划
2. 掌握网络商店设计的主要方法

"三只松鼠"的营销模式

提起"三只松鼠"大家都不陌生,特别是"85后""90后""00后"对它尤其宠爱。"三只松鼠"创建于2012年,公司总部位于安徽省芜湖市。成立短短几年,"三只松鼠"就大大超过同期的电商品牌,在电商零售食品中独占鳌头,其崛起之路也成为投资者津津乐道的话题。

"三只松鼠"主要经营坚果、果干和花茶等休闲食品,但公司的主要收入来源是坚果,坚果中的主打产品是"碧根果",其口感比开心果、核桃等一般的坚果好很多。当时,市场上这种产品还比较少,而且质量也良莠不齐,没有形成大规模的竞争和市场垄断。"三只松鼠"幕后的团队就致力于坚果产品的研发,使消费者获得极致的体验,让消费者提到坚果,就会想到"三只松鼠",就像提到咖啡就会想到星巴克一样。

"三只松鼠"一开始并没有在线下开实体店,而是选择线上销售,主要在天猫和京东等平台上售卖休闲零售食品。2012年,电商刚刚发展起来,受众人群不多,在网上购物的主要群体是"85后",于是"三只松鼠"就把这些人作为目标顾客。这类人消费热情高,也成为后来电商消费的主要人群。"三只松鼠"凭借"85"后人群的口碑传播,很快让自己的品牌深入人心,并迅速开创了一个快速、新鲜的新型食品零售模式。仅在2012年"双十一"当天,其销售额就达到近800万元,跃居天猫坚果行业销售第一名。

由于新零售、O2O(online-to-offline,将线下的商务机会与互联网结合,让互联网成为线下交易的平台)模式的兴起,简单的线上销售已不再是唯一出路。随着电商竞争压力增大,流量推广费用提高,很多电商都到线下谋求出路。"三只松鼠"也抢先在线下开店。2016年9月,"三只松鼠"首家"投食店"在芜湖开业。随后,又在蚌埠、苏州、南通、南京等地开设线下店铺。"投食店"的门口堆叠着3只松鼠,整体装修色调以森林原木色为主。除了商品之外,随处可见萌萌的松鼠卡通玩偶。同时,店内还设置了休闲座椅和吧台,还有10根长度3米的管道,装满了坚果,消费者只要打开阀门就能用纸杯接住。很明显,"三只松鼠"的线下店铺重点不在销售,而是在体验和品牌推广。凭借这样的方式,"三只松鼠"打通了内容和品牌之间的联系。

资料来源:三只松鼠营销模式是如何成功的?百度个人账号"创业家",https://baijiahao.baidu.com/s?id=1595436035626599425&wfr=spider&for=pc,有改动

思考:"三只松鼠"创业之初为什么采用线上销售模式?后来为什么又在线下开店?

网络营销是为实现企业总体经营目标而进行的,以互联网为基本手段营造网上经营环境的各种活动。相对于传统营销,网络营销能够帮助企业精准获取用户需求和快速发现目标用户群体,更好地满足顾客追求自由、便利、快捷的购物需求,有助于企业取得未来的竞争优势并迅速占领消费市场。"三只松鼠"正是基于对顾客需求和互联网特性的精准把握,通过互联网将产品直接向消费者销售,使产品能够更新鲜、更快速地到达顾客手中,实现了企业和顾客的良好沟通,打造出互联网顾客体验的"第一品牌"。本章将重点讲述网络营销策划的主要方法,具体包括网络营销基础策划、网络营销渠道策划和网络商店经营策划等内容。

第一节 网络营销基础策划

网络营销是企业整体营销战略的一个组成部分。企业若想成功进行网络营销策划,需要做好网络营销策划的基础工作,主要包括:理解网络营销策划的内涵,掌控网络营销策划的基本工具,以及明确网络营销策划的基本过程。

一、网络营销策划的内涵

(一)网络营销策划的含义

网络营销是以现代市场营销理论为基础,借助各种网络、通信技术和数字媒体技术等手段,有效促成个人和组织交易活动实现的商务活动。网络营销根据其实现方式有广义和狭义之分:广义的网络营销是指企业利用一切网络(包括社会网络、计算机网络;企业内部网、行业系统专线网及互联网;有线网络、无线网络;有线通信网络与移动通信网络等)进行的营销活动;而狭义的网络营销则专指以互联网为主要营销手段,为达到一定营销目标而开展的营销活动。

网络营销策划是企业以电子信息技术为基础,以计算机网络为主要手段,对将来

要发生的市场营销活动及行为进行超前决策和策划，以扩大市场营销范围，提高知名度和美誉度，实现最佳市场营销组合的全部活动过程。

（二）企业网络营销的发展阶段

企业网络营销的实现一般要经历三个阶段：首先是网站建设，可以利用网站发布企业信息，并接受网上订货；其次是将网站完整化、全面化，使企业不仅能实现第一阶段的功能，而且能够对网上订货作出相应的处理，如交易信息的结算、统计分析和综合处理；最后是实现完全的电子商务功能，即将企业内部网和企业外部网有机地结合在一起，将全部商业活动完整地移植到网络世界中。

二、网络营销策划的一般过程

网络营销是在网络环境下对企业市场营销活动涉及信息流、商流、制造流、物流、资金流和服务流进行系统管理的过程。因此，网络营销策划是一项逻辑性很强的系统工程。一般应包含如下几个阶段。

（一）确立策划目的

策划目的部分是对本次网络营销策划所要实现的目标进行全面描述。既然投入大量的人力、物力和财力进行营销策划，就要解决一定的问题。公司在市场营销方面一般可能面对以下几种问题。

（1）公司还未涉足网络营销，尚无一套系统的营销方案，因而需要根据市场特点，策划出一套可遵循的网络营销方案。

（2）公司发展壮大，原有的网络营销方案已不适应新的形势，因此需要重新设计。

（3）公司经营方向改变与调整，需要相应地调整网络营销策略。

（4）企业原有网络营销方案严重失误，需要对原方案进行重大修改或重新设计。

（5）企业在总的网络营销方案下，需要在不同的时段，根据市场特征和行情变化，设计新的阶段性方案。

（二）拟订营销计划

在明确营销策划目的之后，企业需要根据营销策划活动开展的阶段或时序，拟订营销计划，主要包括以下三个方面。

1. 营销进程

策划进程大致可包括四个阶段：一是准备阶段，这一阶段是为正式策划所进行的前期准备，包括物质准备、人员准备和组织准备等。二是调查阶段，这一阶段是为正式策划收集资料，它是全面策划的基础。三是方案设计阶段，这一阶段是基于大量调查，借助于理论知识和实践经验所进行的思维创意过程，是营销策划的核心。四是方案实施阶段，这一阶段是对经过设计的营销策划方案组织实施的阶段，可根据方案的性质，如是企业全局性方案还是局部的策略方案，来决定方案实施时间的长短。

2. 预算策划经费

企业应对网络策划策划支出的经费进行预算。一般而言，用于营销策划的经费，包括网站设计费、市场调研费、人力投入费及策划报酬等。

3. 效果预测

在拟订营销策划计划时，还必须对网络营销策划方案实施后的可能效果进行预测。主要包括两部分：预测直接效果，即预测方案实施后可能产生的直接经济效益；预测间接经济效果，即预测方案实施后企业因此而提高的知名度、美誉度等。

（三）开展市场调研

当营销策划的计划被公司认可后，一般即开始市场调研。市场调研渗透于整个网络营销策划之后，具体包括如下几个方面：对网络市场本身的研究、新产品研究、定价研究、分销渠道研究、市场推广策略研究、网络营销技术方案等。针对公司上述几个或某个亟待解决的问题，通过周密地调查、收集、整理和分析，并作出有关报告和预测。在市场调研与预测基础上，根据策划目的，分析市场环境，寻找市场机会。

（四）编写策划方案

编写网络营销方案的过程，实际上与网络营销策划的过程是重叠的。随着策划人员在市场调研的基础上，对最初策划的不断修改、完善，策划方案也逐渐成形，逐渐接近它的最终形式。因此，可以说策划的全过程就是对公司营销中存在的问题和发现的市场机会，提出具体的战略方案和策略方案，并实施日程设计的过程。

（五）方案实施

经过公司决策层的充分论证或批准，最终定稿的策划方案即成为网络营销活动的指导纲领，经过细化后成为公司不同阶段的努力目标与行动计划，指导公司的网络营销活动。

（六）效果测评

方案实施后，就应对其效果进行跟踪测评。测评的形式主要有两种：阶段性测评，即在方案的实施过程中所进行的测评，其目的是了解方案实施的效果，并为下一阶段更好地实施方案提供建议和指导。终结性测评，即在方案实施完结后进行的总结性测评，其目的是了解整个方案的实施效果，为以后制订营销方案提供依据。

三、网络营销策划的主要工具

网络营销策划的目的是让企业借助互联网有效开展各项营销活动，实现企业的营销目标。互联网发展的不同阶段，网络营销策划的手段、方法和工具也有所不同。总体来看，网络营销策划的手段和工具已经从单纯的企业网站建设向多元化的社交媒体建设方式转变。

1. 企业网站建设

企业网站是一个综合性的网络营销工具，也是开展网络营销的基础。企业网站是企业进行网络营销和形象宣传的平台，相当于企业的网络名片，不但对企业的形象是一个良好的宣传，同时可以辅助企业的销售，通过网络直接帮助企业实现产品的销售，企业还可以利用网站来进行宣传、产品资讯发布、招聘等。企业网站主要有两种基本形式：信息发布型和在线销售型。前者是企业网站的基本形态，后者则是企业网站发展到一定阶段的产物。

网站建设是企业网络营销策略的重要组成部分，有效地开展网络营销离不开企业网站功能的支持，网站的专业水平同时也直接影响着网络营销的效果，表现在品牌形象、在搜索引擎中被检索到的机会等多个方面。因此在网站策划和建设阶段就要考虑到将要采用的网络营销方法对网站的需要，如网站功能、网站结构、搜索引擎优化、网站内容、信息发布方式等。网站制作应注重浏览者的视觉体验，加强客户服务，完善网络业务，吸引潜在客户关注。

企业网站如何设计策划

企业要做一个好的网站，必然需要一定的前期策划。企业应该如何策划网站，策划方案一般包括哪些要素要点呢？

1. 明确企业网站的定位

企业做网站的目的什么，网站主要展示什么，这是网站相关策划人员首先应该明确的两项内容。例如，制造业公司做网站，主要是对公司、产品、新闻以及产品技术知识等内容的展示，目的是方便客户通过互联网更好地了解公司及产品，以促进销售。又如，集团类公司网站，通常可能包含多个下属公司网站，暂不提下属网站，集团类公司网站可能更加注重品牌的宣讲，集团公司创立的历史，下属公司及业务，以及新闻，主要目的除了宣传品牌外，更多的是集团信息的展示和形象的展示。

2. 确立网站主体内容及栏目

在确立了要做什么类型的企业网站后，那么接下来就需要确定网站主体展示的内容及主栏目。如果网站主要以公司介绍、产品或服务、新闻、技术文章、联系方式等内容作为主体，那么主栏目就可以定为：首页、产品/服务、新闻、技术知识、公司介绍、联系方式等。在设计企业网站时，需要事先规划好做多少个栏目与子栏目，以避免网站设计制作时再重新打乱修改主体结构。

3. 确定网站的功能模块

不同的网站类型对于功能模块的要求不大一样，因此在做企业网站之前，先要把网站的功能及模块要求策划出来。例如，通常企业网站就是展示功能，可以正常美观地展示需要展示的内容即可。如果需要动态的数据处理、具备搜索引擎优化的友好性，支持栏目扩展等各类功能，则要企业提出来放到网站策划案中。有的企业网站可能需要在线购买功能，那么可能就需要具备电子商务网站的某些特性，对于网站的技术安全要求更高，费用自然也会更高些，企业在策划时应该提前将这些功能模块需求了解清楚。

4. 确定网站的设计层次及网站制作预算

当企业网站的定位、内容、栏目、功能等都确立后，还需要考虑网站设计的层次，并对网站制作的预算进行最高的设定。这关系到找什么样的网站设计制作公司来做网站，网站的源代码及数据库公司是否能够拥有等一系列的要点。网站设计的层次和网站的费用直接相关性很大，公司在网站策划时，要对自身公司网站的定位有认识，制作适合自己公司需求及预算范围内的网站。

资料来源：百度百家号，https://baijiahao.baidu.com/s?id=161362942611，有改动

思考：进行企业网站设计策划时要注意哪些问题？

2. 搜索引擎营销

搜索引擎营销（search engine marketing，SEM）是目前最主流的一种营销手段。搜索引擎营销就是基于搜索引擎平台的网络营销，它利用客户对搜索引擎的依赖和使用习惯，在客户检索信息的时候将信息传递给目标用户。搜索引擎营销的基本思想是让用户发现信息，并通过（搜索引擎）搜索点击进入网站/网页进一步了解所需要的信息。搜索引擎营销的方法主要包括 SEO、付费排名、精准广告以及付费收录等。

SEO 的目的在于使企业的网站链接在搜索结果页面中排名靠前。当用户在搜索引擎中搜寻特定信息时，包含搜索结果的网页就会自动生成。目前，已成为提高网站在网络上可见度的主要工具之一。

搜索引擎广告的目的是通过购买集成在搜索结果页面中的广告空间，以提高网站的知名度。企业通过付费可以使其网站链接出现在搜索结果页面的顶部。这一点与通过广告公司购买广告位非常类似。这种方式适合以销售为目的的营销，它的实施速度快，对于网站的定位、访问量及营业额的提高具有立竿见影的效果。

国航：在垂直网站上进行高效的搜索引擎营销

作为中国领先的航空公司，中国国际航空股份有限公司（以下简称"国航"）一直致力于开拓电子商务业务，吸引更多的中国旅客直接通过国航网站和电话订购机票。"去哪儿"用户群是中国最具有消费潜力的新一代消费者。他们是受过高等教育的专业人士与白领，拥有相当强的经济能力和购买力，而且经常进行商务和休闲旅游。因

此，从2007年1月开始至今，国航与"去哪儿"开始进行战略合作，针对这群高质量的目标顾客，进行高效的营销活动，从而提高国航网站的销售能力。

1. 主要做法

（1）信息曝光和机票预订流程设定：当"去哪儿"用户查询国航的航班信息时，他们可以找到国航网站的最新信息，并在点击后直接到国航的网站上完成预订。

（2）推广国航品牌：为了突出国航的品牌，在"去哪儿"的信息栏中展示国航的LOGO，增强国航品牌威信力。

（3）最大化在线销售：在广告语中增加相关的优惠信息，如"票价直减3%~5%"，"每消费10元送1公里里程奖励"等，从而吸引用户点击，提升点击率和在线销售。这些优惠信息的展示，提高了国航网站广告对目标顾客的吸引力，增强了目标顾客点击国航网站链接的动力，增强了国航网站对终端市场目标客户的争夺能力。

（4）深度的技术合作：国航利用"去哪儿"不断革新的机票搜索技术，在国航的网站上组合并展现了更多的机票产品以满足旅客更多的旅行需求，如"周末游""15天预售""低价搜索"和"邮件预约"等，使其产品更加丰富。

（5）优化效果：国航利用"去哪儿"的平台，对国航票价与市场票价水平进行实时监控，测试价格弹性水平。同时，国航也利用Omniture工具对在线营销进行跟踪管理，有针对性地投放产品并监控投放效果。"去哪儿"数据分析小组也定期和国航分享行业趋势和数据分析，从而优化推广的产品和广告语等。

2. 活动效果

（1）优越的转化率和ROI（投资回报率）：当顾客进行机票预订时，"去哪儿"向他们提供最为相关的、更有针对性的机票信息，从而帮助目标顾客更加容易地进行选择。对于国航而言，"去哪儿"为其带来的网站访问者机票预订需求更为明确，所以预订转化率大大高于其他搜索引擎带来的访问者。

（2）销售额得到有效提升："去哪儿"为国航电子商务以较低的成本带来了大量的销售，已成为国航最重要的营销渠道之一，对国航网站的收入贡献达到13%~15%。

（3）技术革新带来产品创新：通过与"去哪儿"进行深度合作，国航电子商务开发了多项机票信息动态组合展示专区，为顾客提供了更多的机票产品选择，更为有效地满足了消费者需求，同时提升了国航网站的价值，增强了国航网站的产品展示和预订服务功能。

（4）促进国航电子商务技术的提升：与"去哪儿"旅游搜索引擎的合作，不仅为消费者提供了更多有价值的旅游产品，同时也帮助国航实现了技术上的提升，增强了国航网站产品展示的有效性，为消费者和企业带来了更多的价值。

资料来源：艾瑞网，http://a.iresearch.cn/case/1596.shtml，有改动

思考：国航是如何利用搜索引擎营销提升企业价值的？

3. 社交媒体营销

社交媒体营销（social media marketing），亦称为社会化媒体营销或社会化营销，

是利用社交网络、在线社区、博客、百科或者其他互联网协作平台媒体来进行营销、公共关系和客户服务维护开拓的一种方式。现阶段社交媒体营销工具主要包括社交网站、微博、微信、博客、论坛、播客，还有通过自媒体平台或者组织媒体平台发布和传播的图片和视频等。

相对于传统营销方式，社交媒体营销对企业具有独特的不可比拟的优势。其主要体现在如下几个方面。

（1）提高品牌知名度。社交媒体是最无压力、最赚钱的数字营销平台之一。利用社交媒体网络上的粉丝关注效用和社群效应，可以大大增加企业的产品与服务信息在社交网络上的曝光量，快速提高企业的知名度。有关研究表明，通过每周只花几个小时，超过91%的市场营销人员声称他们的社会营销努力大大提高了企业的品牌知名度和用户体验。

（2）更低的营销成本。社交媒体拥有其他传统媒体和网络媒体不可替代的传播效应。一方面，社交媒体网络的开放性吸引了大量的注册用户；另一方面，有关产品与服务的信息可以利用社交媒体网络以更低的成本、更快的速度来进行传播。荷兰皇家航空公司（KLM）就在2011年3月新开航的迈阿密航线上，成功地运用社交媒体营销传播，利用Twitter发起话题，并通过YouTube实现视频分享，以极低的投入对于这条新航线的推广起到了意想不到的传播效果，同时也大大增加了KLM的品牌美誉率。

（3）提高品牌忠诚度。通过社交媒体，客户很容易找到企业并与之建立联系。相应地，企业也更容易通过社交媒体实现与客户频繁的沟通和互动，提升客户保留率和忠诚度。例如，小红书邀请名人进入社区，通过名人效应吸引人们使用小红书，通过内容分享带动品牌销量。由于社区内容分享形式更像是朋友间的分享，名人的积极加入带动了粉丝的活跃，促使粉丝更容易接受信息，建立虚拟人际关系，爱屋及乌，对名人代言的品牌忠诚度更高。

（4）提高客户满意度。通过社交媒体与客户的即时沟通交流，反映了企业对客户的人文关怀，可以提升客户对企业的满意度和忠诚度。同时，当客户看到企业在社交媒体上发帖，或者邀请他们发布原创内容时，也有助于在客户脑海中树立积极的企业形象。一旦获得了一些满意的客户，他们对产品的积极购买体验就会直言不讳，那些真正欣赏企业产品或服务的客户还会通过口碑传播，聚集人气，引爆购买。

（5）增加网站流量和注册用户。社交媒体的应用改变了以往过于依赖搜索引擎的网络营销模式，通过社交媒体不仅可以直接将社交媒体上的用户流量转化为企业官方网站的流量，而且可以通过企业在社交媒体上的信息吸引与服务互动来发展注册用户。在国外，高达70%的B2C（business-to-customer，电子商务中企业对消费者的交易方式）营销人员是通过Facebook获得客户，84%的CEO和副总裁使用社交媒体引导消费者作出购买决定。在国内，抖音、微信等社交平台也普遍成为各个品牌营销渠道的首选。

（6）促进网站SEO。社交媒体的存在正在成为计算排名的一个重要因素。为了获得成功的排名,企业仅仅优化网站和定期更新博客是不够的。SEO 可以增加品牌曝光的机会,通过 SEO 进行包括标题、关键词、图片等内容的优化,将流量引导到自己的网站,可使内容在搜索结果页面的排名快速上升。

星巴克如何玩转社交媒体营销

在拟订企业的社交媒体营销计划前,可以参考星巴克这几项有趣又成功的社交媒体营销策略。

1. "Facebook + Twitter"推广新产品

2011 年,星巴克为了促销新推出的黄金烘焙豆咖啡开发出 Facebook APP,让消费者通过程序获得新产品信息、享用免费的黄金烘焙咖啡,并传送电子卡片给朋友。星巴克还在 Twitter 上宣传这项活动,并利用文章将消费者导引到 Facebook 网页。

2. "季节限定、任务促销"双管齐下

南瓜拿铁是星巴克秋季限定的产品。季节性的供应令消费者感到物以稀为贵,使得南瓜拿铁更具吸引力,尤其是就爱这一味的星迷们。星巴克深知这个道理,于是在 Facebook 上推出"为自己城市喝彩"的活动。粉丝只要在 Facebook 上投票给自己的城市或完成其他任务,胜出的城市就能优先享受到星巴克的季节性产品南瓜拿铁。

3. Twitter 送礼券帮消费者传情并取得使用者资料

2013 年 10 月,星巴克推出赠送 5 美元咖啡礼券的促销活动。消费者只要登入星巴克账号,输入信用卡号码,再在 Twitter 上发布@tweetacoffee 给受礼者,星巴克就会传送 5 美元的电子折价券给你的朋友。对方可以把礼券打印出来或在手机上展示给柜台人员,就能换取咖啡。这项活动大为成功。研究机构 Keyhole 调查发现,短短两个月内,就有 27 000 人用 Twitter 的礼券买咖啡,而且超过三成的人买了不止一张折价券,换算下来,星巴克进账了 18 万美元。更重要的是,星巴克因此取得了 54 000 名顾客的 Twitter 账号、手机 ID 与顾客 ID 等信息。

4. 呼应时事的广告与主题标签

星巴克对于主题标签的使用也相当热衷。除了 Facebook 上用#TreatReceipt 主题标签来宣传"上午买咖啡,下午享优惠"的活动外,星巴克还善用其他标签,将触角深入消费者讨论中。例如,2013 年年初,特大暴风雪尼莫(Nemo)袭击美国,没多久,Facebook 和 Twitter 就出现了在寒冬中握着热咖啡的星巴克广告。星巴克更利用#Nemo 与#blizzard 等标签,让品牌与产品跟消费者生活紧密相扣。

5. 用幕后群像拉近与消费者的距离

当竞争对手努力用主题标签攻占 Instagram 版面时,星巴克却选择无声胜有声,单纯分享公司内部的有趣图片与各地消费者的照片。凭借掺入"人"的元素,星巴克成功地提高了品牌的亲和力。

6. 与社交媒体携手做慈善

星巴克也善用社交媒体强化企业的社会责任形象。2012 年 6 月，星巴克与 Foursquare 合作推动抗艾滋病的慈善活动，消费者只要到美国和加拿大任意一间星巴克店，并在 Foursquare 上打卡，星巴克就会捐出 1 美元，直到捐足 25 万美元为止。

通过成功的社交媒体营销策略，星巴克不仅将营销内容准确地打入目标客户群之中，还通过产品特性创造话题，再广为运用社交媒体的传播渠道，全面渗透到消费者的生活中。多变的营销手法让消费者自然而然接受了星巴克的促销，其品牌影响力也与日俱增。

资料来源：搜狐，https://www.sohu.com/a/220151945_298446，有改动

思考：星巴克采用了哪些社交媒体营销策略？

4. 病毒式营销

病毒式营销（viral marketing），又称病毒营销，是指通过类似病理方面和计算机方面的病毒传播方式，即自我复制的病毒式的传播过程，利用已有的社交网络去提升品牌知名度或者达到其他的市场营销目的。病毒式营销是由信息源开始，再依靠用户自发的口碑宣传，达到一种快速滚雪球式的传播效果。病毒式营销也可以称为口碑营销的一种，它是利用群体之间的传播，从而让人们建立起对服务和产品的了解，达到宣传的目的。由于这种传播是用户之间自发进行的，因此被认为是性价比最高的网络营销方式之一。

通常可以将病毒式营销的实施归纳为以下四大基本要素。

1）找到有吸引力的"病原体"

病毒式营销的关键在于找到营销的引爆点，如何找到既迎合目标用户口味、又能正面宣传企业的内容，即"病原体"是关键。营销策划人员应帮助企业创建有感染力的"病原体"，使其成为爆炸性的传播话题，通过心灵的沟通感染消费者，进而不断蔓延开来。在互联网中这种"病原体"就很常见，如用 Flash 创建一个非常有趣的游戏或者经典动画，创建的游戏和动画就是一个很好的"病原体"，通过电子邮箱把它发出去，每当人们收到有趣的图片或很酷的 Flash 游戏的附件，通常把它转发给朋友，而朋友也顺次发给其他朋友。这种滚雪球效果可以轻松创建起一个分销渠道，在几小时之内，到达成百上千的人那里。"病原体"可以有很多种，常见的有情感、利益、娱乐和生活态度等类型。

2）确定恰当的传播群体

在有了合适的"病原体"之后，企业还应当有针对性地选择传播目标群体（"意见领袖"），使其成为病毒的最初感染者和传播者。由于营销费用的限制，企业不可能将"病原体"全面地去做推广和扩散，因此在设计"病原体"完成之后，实施病毒式营销的关键是找到"有影响力的人"，也就是早期的接受者。需要注意的是，选择"意见领袖"并非选择购买产品的目标消费群体，而是要发现那些最容易接受"病原体"并感染给其他人的先知先觉者。

通常确定目标群体并使其感染上病毒需要以下三个步骤。

（1）播种产品和相关信息（"病原体"）。

（2）开展关于生活方式的活动，或者在带头人的引导作用下进行市场活动。

（3）用传统的媒体沟通方式加强传话，并引起人们的关注。

3）建立"病毒"的传播渠道

策划人员应围绕传播的目标群体，创建"病毒"的有效感染途径——传递渠道。通过这些渠道，使"病毒"信息在消费者日常生活中频繁出现，能够潜移默化地影响消费者。企业可以通过在日常生活中开展无指向性的宣传，通过赞助各项活动、举行专题研究会、进行产品和服务公益展示和加入行业联合会等途径来影响消费者。

4）实现"病毒"的大规模扩散

企业可以通过有效的载体为病毒预埋管线，利用公众的积极性参与行为，"让大家告诉大家"，使"病毒"很容易从小范围到大规模扩散。"一切为了销售"是营销的最终目标。病毒式营销的杀伤力就在于让消费者感染病毒后主动对企业的产品产生购买兴趣，并积极自愿地展开口碑传播行动。

"封杀"王老吉事件

2008年5月18日，在中央电视台"爱的奉献"大型募捐活动中，生产红罐王老吉的加多宝集团为四川灾区捐款1亿元，一夜之间这个民族饮料品牌迅速成为公众聚焦的中心。

5月19日晚，天涯论坛上出现了名为"让王老吉从中国的货架上消失，封杀它！"的帖子："王老吉，你够狠！捐一个亿，胆敢是王石的200倍！为了整治这个嚣张的企业，买光超市的王老吉！上一罐买一罐！不买的就不要顶这个帖子啦！"这个热帖迅速被搜狐、网易、奇虎等国内人气最旺的论坛转载。

受到网友的热捧，几天之后，类似的帖子已经充斥大大小小各类网络社区。"要捐就捐一个亿，要喝就喝王老吉！""为了'整治'这个嚣张的企业，买光超市的王老吉！上一罐买一罐！"等言论如病毒般迅速在网络里扩散，成为公众热议的话题。

因为1个亿，加多宝被推到舞台中心，吸引了无数公众的关注，在此背景之下网络话题被挑起，显得如此名正言顺，以至于不少网民觉得支持王老吉是应该的事，如同受恩应回报一样理所当然。如此的创意，高关注度、好口碑指数都在意料之中，"封杀王老吉"事件当仁不让地入选最典型、最成功的网络营销个案之一。究其原因，有以下几个方面值得借鉴。

一是策划有创意（巧妙制造事件"病原体"）："捐一个亿，胆敢是王石的200倍！""让王老吉从货架上消失，封杀它！""够狠"等字眼正话反说、利用带有负面字眼的标题吸引网民关注，深具"标题党"的创意，引人入胜的标题使王老吉迅速引发网友的关注并在各大论坛传播这一事件。

二是情节够煽情（增强病毒传播的影响力）：利用在中央电视台大型募捐活动中突出表现，通过一个"封杀王老吉"的口号，把捐款"1 个亿"吸引到的公众目光转移到企业自身，借助公益来煽情，把网民的好感直接引导为实际行动。

三是对比引争议（加速病毒扩散的原动力）：利用当时人们热衷比较各企业捐款数额的舆论背景，在帖子中直接将王老吉与王石进行对比，惹起争议，突出自身，在加速话题的扩散的同时，又争取到网民对自己的支持，提高事件的网络口碑指数。

资料来源：百度文库，https://wenku.baidu.com/view/e8857749852458fb770b565c.html，有改动

思考：加多宝集团推出"王老吉"采取了什么样的网络营销策划方法？

5. 电子邮件营销

电子邮件营销（email direct marketing，EDM），也称为 E-mail 营销，是指在用户事先许可的前提下，通过电子邮件的方式直接向目标用户传递有价值信息的一种网络营销手段。电子邮件营销是网络营销工具中最古老但又应用最广泛的一种，其有三个基本因素：用户许可、电子邮件传递信息、信息对用户有价值，三个因素缺少一个，都不能称之为有效的 E mail 营销。

电子邮件是最有效、最直接、成本最低的信息传递工具，拥有用户的 E-mail 地址对企业开展网络营销具有至关重要的意义。根据 E-mail 营销所应用的用户电子邮件地址资源的所有形式，可以分为内部列表 E-mail 营销和外部列表 E-mail 营销，或简称内部列表和外部列表。内部列表也就是通常所说的邮件列表，是利用网站的注册用户资料开展 E-mail 营销的方式，常见的形式如新闻邮件、会员通信、电子刊物等。外部列表 E-mail 营销则是利用专业服务商的用户电子邮件地址来开展 E-mail 营销，也就是以电子邮件广告的形式向服务商的用户发送信息。

企业使用电子邮件营销的主要步骤如下：

1）建立客户地址数据库

实施电子邮件营销首先要收集大量的电子邮件地址和客户姓名。收集邮件地址和客户姓名的方法很多，但最理想的方法是让客户主动提交相关信息。例如，客户注册时，提示客户订阅，订阅邮件后给客户提供优惠信息等。需要注意的是，在客户订阅时，简单有效又便于管理的方法是提供分类订阅，这样就可将客户邮件进行分类，按照客户的实际需求为其发送不同类型的电子邮件，这在很大程度上也可以避免所发电子邮件被判定为垃圾邮件。

2）控制邮件的发送周期

在营销实践中，企业经常会面临所发电子邮件被客户大量退回的问题。但事实上，并非所有的客户都真的想退订企业的电子邮件。有关研究表明，71%的用户是因为邮件发送频率太频繁才退订邮件的；76%的用户是由于邮件内容不相关而退订。因此，为了维护那 71%的用户，降低邮件发送频率是一个明智的选择。邮件发送周期取决于企业发送的内容，时效短的信息要优先发送，时效性长的信息可以适当延后时间，但要控制信息发送不过于频繁。

3）注重邮件内容的建设

从根本上讲，邮件内容决定了 E-mail 营销的价值。邮件内容建设是一项长期复杂的工作。如果邮件内容质量不高，用户就会选择退订，或者根本不会阅读邮件，这种情况显然不是企业所希望的结果。邮件内容应该对用户有价值，这是一个基本的原则，除了要避免邮件内容匮乏外，邮件还应该有一个特定的主题和方向性，每次发送的邮件之间有明显的系统性，这样客户就会对这个邮件产生较为深刻的印象，并逐步提高客户的忠诚度。除了内容要有价值之外，邮件还需要有合理的格式选择和板式选择，这不仅仅是为了看起来美观，邮件内容的设计也直接影响到营销效果。

4）及时回复邮件的评论

一封营销类型的电子邮件发送之后，企业最期待的便是获得一定的顾客反应率。顾客反应率在一定程度上表现为进入网站的点击率，或者是邮件的回复率。对邮件接收者进行及时、有效的回复，是企业尤其是网站管理者必须要重视的一项工作。企业一定要及时回复发件人的疑问或者难题，并给予必要的帮助。一个潜在的客户在给企业发送了一封关于产品的咨询邮件后，一定是在迫不及待地等待着回复，如果两三天后仍得不到答复，可能此时他已经成为竞争对手的客户了。

5）实施营销效果的评估

E-mail 营销的特点之一是可以对其效果进行量化的评估。一般来说，衡量 E-mail 营销效果的数据指标主要有三项：有效率、阅读率、点击率。有效率主要评价成功到达邮件地址的企业邮件数量，用来衡量企业邮件数据库的有效性。阅读率主要评价有效地址的用户接受到邮件后，打开邮件的数量，用来评估用户对邮件的兴趣程度。点击率主要评价用户打开邮件后，触发的点击的数量，用来评估用户对邮件内容的兴趣程度。一般外购的 E-mail 营销群发器，都会有发送量、到达量、阅读量等基础的统计功能，配合 Google Analytics，跟踪用户行为，分析用户行为，企业就可以达到不断提高 E-mail 营销效果的目的。

亚马逊的电子邮件营销

越来越多人开始习惯用手机上网，浏览网页、查看邮件。移动化已经成为互联网发展的必然趋势。一般来说，对于要在手机这个小屏幕上显示的广告有一些基本要求：字体和图片够大，便于点击的链接按钮，友好的邮件内容界面，更容易吸引消费者的邮件主题等。作为全球最大的在线零售商，亚马逊通过精心设计电子邮件营销，刺激消费者的购买欲望，提高订单量。

1. 短期促销邮件

来自亚马逊的短期促销邮件，符合了方便手机阅读的两个要素：一是产品列表为瘦长型，480 px 的宽度适合手机屏幕尺寸；二是白色底更好地凸显了产品图片以及文字和链接，让人一目了然。

2. 购物车提醒邮件

很多人都有过将商品先放入购物车，随后却没有购买也没有从购物车中删除的经历。亚马逊的提醒邮件内容为 320 px 宽，网页链接清晰可见，很容易促使消费者点击查看购物车，从而刺激消费。底端的商品列表无论是在电脑还是手机上都几乎不会有人去一一点击查看，亚马逊选择在列表顶端给出一个大的黄色按钮，方便用户点击。

3. 商品推荐邮件

亚马逊这种推荐邮件的视觉风格与上述两种类似，都是适合手机阅读的瘦长型排版。在产品图片底部放置颜色鲜明的"更多内容"以及"加入购买清单"按钮。除了引起点击这个基本功能外，还让整个邮件看起来更加有层次感。

4. 日常推销邮件

亚马逊这种邮件的左侧是邮件广告，右侧是网页广告。用户时刻都在进行信息消费，即时让消费者作出决定是刺激购买的关键。在推销邮件中，商品图片和价格以及商品描述都缺一不可。那么邮件广告如果像网页广告一样将标题和图片放大，效果会更好。

5. 内容可调邮件

亚马逊这类邮件内容能够根据显示器进行自动调整。不管是在电脑还是手机上，邮件内容整体结构层次分明，不同内容由导航条隔开，属于友好阅读界面。各个模块也是独立排列，线条简单。

资料来源：人人都是产品经理，http://www.woshipm.com/operate/3783.html，有改动

思考：亚马逊的电子邮件营销带来哪些启示？

第二节　网络营销渠道策划

网络营销作为一种新兴的营销渠道，它并非一定要取代传统的渠道，而是利用信息技术的发展，来创新与重组营销渠道。随着互联网技术的突飞猛进，电子商务网站、新型网上中间商纷纷涌现，使企业与消费者的直接交互沟通成为可能，传统分销渠道受到巨大冲击。发展网络营销渠道，并实现多种营销渠道的融合正成为企业拓展成长空间的重要趋势。

一、网络营销渠道的含义

网络营销渠道是利用互联网提供相关产品和服务，以便使用计算机或其他技术手段的目标客户通过电子手段进行和完成交易活动。在网络营销策划中，网络销售渠道的设计是企业开展网络营销的关键。

1. 网络营销渠道的功能

与传统营销渠道一样，以互联网作为支撑的网络营销渠道也应具备传统营销渠道的

功能。一个完善的网上销售渠道应具有三种基本功能：订货功能、结算功能和配送功能。

1）订货功能

网络营销渠道可以为消费者提供产品信息，同时也可以方便厂家获取消费者的需求信息，以求达到供求平衡。

2）结算功能

消费者在网络上购买产品后，可以有多种方式方便地进行付款，因此厂家应提供多种结算方式。

3）配送功能

一般来说，产品分为有形产品和无形产品。对于无形产品（如服务、软件、音乐等）可以直接通过网络进行配送；对于有形产品的配送，则要涉及运输和仓储问题。

2. 网络营销渠道的建设

由于网上销售对象不同，因此网络营销渠道建设侧重的功能重点是有区别的。一般来说，网上销售主要有两种方式：一种是B2B（business-to-business，电子商务中企业对企业的交易方式），即企业对企业的模式，这种模式每次交易量很大、交易次数较少，并且购买方比较集中，因此网络营销渠道建设的关键是完善好订货功能，方便购买企业进行选择；第二种方式是B2C，即企业对消费者的模式，这种模式的每次交易量小、交易次数多，而且购买者非常分散，因此网络营销渠道建设的关键是完善好结算功能和配送功能，这也是目前网上购物必须面对的门槛。

在具体建设网络营销渠道时，还要考虑到如下几个方面：首先，从消费者角度设计渠道；其次，设计订货功能时要简单明了，采用当前流行的"购物车"方式模拟超市，在购物结束后一次性进行结算，订货系统还应该提供商品搜索和分类查找功能；再次，在选择结算方式时，应考虑到目前实际发展的状况，尽量提供多种方式方便消费者选择，同时还要考虑网上结算的安全性；最后，要建立完善的配送系统。

李宁公司的网络营销渠道选择

李宁公司由著名体操运动员李宁先生创立。公司成立于1990年，经过多年的探索与发展，已逐步成为代表中国的、国际领先的运动品牌公司。

2008年4月10日，李宁在天猫商城开设的第一家直营网店上线。接着李宁相继在新浪商城、逛街网、拍拍、易趣等网站上通过直营和授权的形式开设了网店。2008年6月，李宁推出了自己的官方商城——李宁官方商城，李宁公司开始自建官方商城。

李宁公司在网络营销渠道选择上，刚开始在自己对网络营销渠道不是很了解的情况下，主要是通过利用现有的网络营销渠道资源，对一些网络店铺进行授权、整合，纳入自己的渠道范畴内，同时也积极在各大商城上开设了自己的网络直营店铺，接着在此基础上推出了自己的网络直销平台。可见李宁公司在网络营销渠道模式的选择上刚开始是网络商城的模式，接着又是网络直销的模式。

资料来源：根据作者教学编写整理而成

思考： 李宁公司是如何选择网络营销渠道模式的？为什么？

3. 网络营销渠道的发展

根据零售业的发展状况，企业营销渠道的演化过程可以分为实体渠道、网络营销渠道、多渠道和全渠道四个阶段，其中多渠道阶段还包括跨渠道、O2O这样一些时髦的概念。

传统实体渠道的主要特点是零售业态以"砖头+水泥"门店为主，主要有百货公司、商场、超市、购物中心等商店经营模式。

随着互联网的兴起，开始出现了虚拟网络商店，如淘宝网的 C2C（consumer-to consumer，电子商务中消费者对消费者的交易方式）模式把传统的集贸市场搬到网上，天猫商城的 B2C 模式把传统的百货公司搬到网上。

近年来，传统零售商像苏宁、京东、凡客诚品等由单一的开店经营模式逐渐走向多种途径结合模式，实体店、网上购物商城、目录营销、电话呼叫系统、微信、微博等各种不同交易平台互相交织向消费者进行多方位营销。这种跨渠道模式是在多渠道基础上更进一步，实现不同渠道的衔接、融合。

O2O 模式作为"虚实融合模式"是当前中国零售商最为青睐的一种模式。它在线上集客，然后转移到线下消费。O2O 模式不仅是线下企业做电子商务、纯电商企业做线下体验，还包括线上、线下多终端的无缝融合。

全渠道是在多渠道、多媒体时代背景下，顾客利用各种社交媒体掌握了营销主动权，可以随时随地选择零售商终端，进行购物体验。从顾客角度来说，就是能够在一种渠道进行选择，另一种渠道进行仔细触摸比较，而真正的购买支付却是在第三种渠道进行。从零售商角度来说，就是在多渠道基础上更进一步融合所有渠道，各种前台、后台系统一体化，提供一种永远联动的无缝化体验，实现客流、店流、物流、资金流、信息流"五流"在渠道间自由流通，同时结合社交媒体带给用户无缝化体验。

丝芙兰的微信营销

近年来，在电商、新零售趋势的影响下，实体零售商都在谋求自身的渠道变革，完善消费体验。如今，微信已有超过十亿的用户，市场巨大，已成为一个巨大的网络营销渠道。而微信小程序的开通不仅能够降低品牌开发和营销成本，实现精准营销，提升品牌知名度，同时能提供便捷的支付方式，提升用户购物体验，因此多个品牌纷纷投入到小程序的开发中。除了全球四大快时尚品牌（ZARA、H&M、优衣库、GAP）外，还有本土品牌太平鸟、茵曼（INMAN）、李宁等知名品牌也纷纷联手小程序，欲抢占流量红利。

作为全球最大的高端美妆零售平台，丝芙兰（SEPHORA）的微信小程序于 2018 年 8 月正式上线。丝芙兰是法国奢侈品集团 LVMH 旗下的美妆集合店，2005 年进入中国市场。丝芙兰推出小程序是为了进一步提升品牌在消费者中的认可度和忠诚度。

"一站式"和"社交购物"是丝芙兰小程序的两大特点。打开小程序，通过微信授权即可完成注册登录，并可绑定丝芙兰会员卡。在进入后的页面中可以发现，首页的顶栏以内容资讯为主，而底栏则聚焦即时购买和线下服务，点击"线下服务"选项也可查找附近门店，并预约门店专业彩妆服务。另外，在选购商品的页面，设置了分享的外部链接，可以即刻分享给微信好友，实现商品的又一次传播。

事实上，伴随着电商和新零售的发展，丝芙兰很早就借助微信公众号、微博、官网以及官方 APP 来打通线上线下，打造全渠道社交零售新体验。随着小程序的推出，丝芙兰将给中国消费者带来更完善的消费体验。

资料来源：经理人网，http://www.sino-manager.com/?p=98877，有改动

思考：丝芙兰是如何打造全渠道社交零售体验的？

二、网络营销渠道的类型

网络营销渠道主要可以分为三类：第一类是通过互联网实现的从生产者到消费（使用）者的网络直接营销渠道（简称"网上直销"），这时传统中间商由过去环节的中间力量变成为直销渠道提供服务的中介结构。网上直销渠道一般适用于大型商品及生产资料的交易。第二类是通过融入互联网技术后的中间商机构提供网络间接渠道。间接营销渠道一般适用于小批量商品及生活资料的交易。第三类被称为全渠道营销。所谓全渠道营销，就是指企业使用实体渠道与网络营销渠道整合的方式销售商品或服务，提供给顾客无差别的购买体验。在买方市场条件下，通过全渠道销售产品比通过一条渠道更容易实现"市场渗透"。因此，发展全渠道营销已成为实体零售企业向新零售转型的重要方向。

1. 网上直销

网上直销与传统直接分销渠道一样，都是没有营销中间商，但网上直销渠道也要具有订货功能、结算功能和配送功能。网上直销与传统直接分销渠道不一样的是，生产企业可以通过建设网络营销站点，让顾客直接从网站进行订货。通过与一些电子商务服务机构（如网上银行）的合作，可以通过网站直接提供支付结算功能，简化了过去资金流转的问题。对于配送方面，网上直销渠道可以利用互联网技术来构造有效的物流系统，也可以通过互联网与一些专业物流公司进行合作，建立有效的物流体系。

戴尔公司的网上直销

经过多年的发展，戴尔公司已经成为全球第二大电脑供应商。是什么原因使曾经

举步维艰的戴尔公司摆脱困境呢？原来戴尔公司看到了 Internet 的优势并在业界同行意识到这一点以前就开始研究如何利用 Internet。早在 1996 年 7 月，戴尔公司的客户就能够通过公司的站点直接配置和订购计算机。在之后的 6 个月内，戴尔公司每天通过互联网络销售价值达 100 万美元的计算机产品，并且几个月后就翻一番。戴尔公司凭借这种根据订单进行生产并直销的营销模式，使传统渠道中常见的代理商和零售商的高额价格差逐渐消失。同时，戴尔公司的库存成本大大降低，与依靠传统方式进行销售的主要竞争对手相比，戴尔公司占有 10%~15% 的价格优势。

戴尔公司的网上直销站点还提供技术支持与订购信息，包括直接从站点下载软件。该站点每周回答 12 万个技术问题。戴尔公司 90% 的销售收入来自中小企业和普通个人用户，戴尔公司的大客户则主要通过站点查询产品信息、订单情况和获得技术帮助，并不直接从网上订购。为吸引大客户体验网上采购和网上服务，戴尔公司设置了专门的"客户首页"，用来提供针对大客户的个性化服务。大客户可通过"客户首页"直接进行折扣采购，降低采购费用。如戴尔公司的大客户 MCI 公司通过与戴尔公司合作进行统一采购，MCI 公司的采购成本降低了 15% 左右，而且公司的采购周期由 4~6 周缩短到 24 小时以内。

资料来源：百度文库，https://wenku.baidu.com/view/b54f37ccbdeb19e8b8f67c1cfad6195f312be8b2.html，有改动

思考：戴尔公司是如何通过网上直销模式获得成功的？

2. 电子中间商

由于网络的信息资源丰富、信息处理速度快，基于网络的服务可以便于搜索产品，但在产品（信息、软件产品除外）实体分销方面却难以胜任。目前出现许多基于 Internet 的提供信息服务中介功能的新型中间商，可称之为电子中间商。与传统中间商一样，电子中间商起着连接生产者和消费者的桥梁作用，同时帮助消费者进行购买决策和满足需求，帮助消费者掌握产品销售状况，降低生产者为达成交易的成本费用。与传统中间商不同，电子中间商是作为一个独立的主体存在，虽不直接参与生产者和消费者的交易活动，但它提供一个媒介和场所，并且为消费者提供大量的产品和服务信息，为生产者传递产品服务信息和需求购买信息，高效促成生产者和消费者的具体交易实现。

阿里巴巴的电子中间商模式

20 世纪末，全世界的网络经济热极一时，电子商务也从美国向中国渗透。在这股热潮中，阿里巴巴首席执行官马云在应邀参加一次亚洲电子商务大会时却发现：在市场经济成熟的美国，各行业前三大公司掌握着绝大多数的市场和资源，基本上所有的电子商务都是为这些大公司服务。但中国 99% 的企业都是中小企业，市场经济环境与美国迥然不同，这就决定了中国要发展电子商务就必须为中小企业服务。

马云认为，通过互联网建立商务网站，可以帮助中国企业出口，也帮助国外企业进入中国；另外，中小企业和民营经济是推动中国经济高速发展的重要力量，中小企业使用电子商务是一种趋势。基于这两点考虑，1999年3月阿里巴巴正式创立，开始承载马云"帮助中小企业成功"这一最初设想的使命。如今，该网站汇聚了中国上网企业总量的90%以上，已发展成为全球最大的B2B企业。阿里巴巴当初作出选择B2B模式的决定是很难的，因为阿里巴巴的B2B模式与国外不同：欧美的B2B多是以为大企业省时间、省钱为诉求点，然后以软件服务为主；而阿里巴巴则是以中小企业为主，通过建立虚拟社区，服务中小企业和供应商。

马云说："全世界有钱的人没有多少，从数量上讲大企业最多占到企业总数的10%左右。所以我们有一个虾米和鲨鱼理论：抓住了虾米就有机会捕鲨鱼，可抓住了鲨鱼却可能被咬死。"目前，阿里巴巴的会员中95%以上的会员是中小企业，但与此同时，全球500强中的120多家企业也和他们建立了紧密的采购联盟关系。阿里巴巴不直接在网上做交易，主要是信息发布的代理商。现在，已经有超过千万的海内外企业用户聚集在阿里巴巴，显示出其巨大的商业价值。

资料来源：百度文库，https://wenku.baidu.com/view/2715ce7afad6195f302ba64f.html，有改动

思考：阿里巴巴是如何创新电子中间商模式的？

3. 全渠道营销

随着移动互联网的急速"渗透"及网上购物"流量红利"时代的终结，全渠道营销成为企业营销渠道发展的转型方向。企业要适应消费者消费行为的变化，就必须实行全渠道战略，融合线上、线下渠道向顾客提供无缝化体验。

全渠道营销（omni-channel marketing）是企业为了满足消费者任何时候、任何地点、任何方式购买的需求，采取实体渠道、电子商务渠道和移动电子商务渠道整合的方式销售商品或服务，提供给顾客无差别的购买体验。全渠道营销是在多渠道、跨渠道出现后，人们希望更进一步使渠道间相互融合。它始于对顾客需求和消费行为的理解，然后设计如何把品牌融入顾客生活习惯和生活方式中去的产品，最后选取恰当的技术向顾客传递高效、愉悦、连贯的购物体验。

全渠道营销具有三大特征：全程、全面、全线。

（1）全程，一个消费者从接触一个品牌到最后购买的过程中，全程会有五个关键环节：搜寻、比较、下单、体验、分享，企业必须在这些关键环节保持与消费者的全程、零距离接触。

（2）全面，企业可以跟踪和积累消费者的购物全过程的数据，并在这个过程中与消费者及时互动，掌握消费者在购买过程中的决策变化，为消费者提供个性化建议，从而全面提升消费者的购物体验。

（3）全线，渠道的发展经历了单一渠道时代（单渠道）、分散渠道时代（多渠道）的发展阶段，到达了渠道全线覆盖（线上线下全渠道）阶段。这个渠道全线覆盖包括了实体渠道、电子商务渠道、移动商务渠道的线上与线下的融合。

尽管在现阶段全面实现全渠道营销模式还面临一定障碍，但是其前景正被越来越多的国际零售巨头看好，其轮廓也越来越清晰，以消费者体验为中心构建无缝化营销将是零售企业长期的战略选择。

1）建立广泛覆盖的购物平台

实现全渠道首先必须站在消费者无缝体验角度，向消费者提供便利化的购物渠道。因此，必须打破碎片化、分散化的状态，建立一个联合的、全国性、甚至是全球性的购物平台，实现全国、全球范围购物一体化，拓宽商品的品类和无限延伸货架。这样的平台可以像奥特莱斯（Outlets）那样汇集全国一流品牌，也可以是组建跨行业的、跨地区的联合百货、超市、连锁店等电商平台。特别是要建立与现有已成名的电商进行差异化经营的，以传递品牌价值为导向的电商平台。

2）实现组织内部全渠道革新

零售商除了对外走联合道路外，对内也要实现全渠道革新。应建立适应全渠道的扁平化组织结构；重构企业文化，减少内部制度干扰，适应协作分工；对传统实体店进行虚拟化，网店、移动平台实体化，最大限度地增强顾客网络购物的安全感和真实感；对移动终端实施实体化特点支持；搭建全渠道平台，打通渠道间壁垒，进行渠道协同作业。

3）实施智能化客户关系系统与精准营销

首先，建设智能化的客服中心，灵活处理顾客的渠道迁移及联系沟通，实现"顾客自助服务+人工客服"相互衔接一体化。其次，实施客户体验和忠诚计划，为顾客在不同营销渠道提供同样优异的品牌和购物服务体验，从而以不明显的成本留住顾客。最后，针对不同的顾客进行精准营销，收集及分析顾客信息，从而找出最佳的推销方式，说服顾客进行购物。

王府井百货的全渠道战略

北京王府井百货（集团）股份有限公司（以下简称"王府井百货"），是中国本土专注于百货业态发展的最大零售集团，也是当代中国商业发展进程中最具代表性的企业之一。2014年，王府井百货面对风起云涌的互联网时代，提出以创新为旗帜，开启了"第三次创业"浪潮。

目前，整合线上线下资源的全渠道建设项目，以及加强商品资源控制力的深度联营项目正在全面推进，同时迅速发展满足消费者一站式消费的购物中心业态和高端消费的奥特莱斯业态。王府井百货的全渠道目标是：凡是有顾客接触的点都有王府井；同一个消费者，同一个王府井；无论从何处来，都是统一的身份，无论到何处去，都是同样的体验。王府井百货提出，要将地面店、网店、移动商店、社交媒体进行全渠道融合，最终目的是提升消费者的体验，消除顾客的购物壁垒，不论从线上、线下、移动都能够随心所欲。王府井百货将通过建立三个立体化销售渠道（WAP端、移动端、实体门店），打通多方信息（用户信息、商品信息、卖场数据信息），充分利用两个重要终端设备（用户手里的手机、导购员手中的平板电脑）为消费者提供全渠道、无缝的购物体验。

为加速移动端布局，全面提升购物体验，王府井百货与腾讯公司开展战略合作，携手进行技术开发。王府井百货计划通过微信服务号实现移动化、社交化获得顾客，创新营销和点对点用户服务；同时通过微信购物和微信支付来实现移动端超快捷购物体验。以此为标志，王府井百货正在形成以资源整合与客户满足为基础能力，兼具实体商场与线上运营能力，并在探索中前行。

资料来源：张兰兰. 王府井百货全渠道战略破解零售"寒冬"[J]. 中国信息化报，2015（42），有改动

思考：王府井百货是如何规划和实施全渠道营销战略的？

第三节　网络商店经营策划

网上购物已经成为一种潮流与趋势，这直接促进了网络商店的迅速发展。作为网络营销渠道中的一个重要环节，网络商店的设计及经营策划对于电子零售商建立稳固的顾客关系，形成持久的竞争优势具有重要的意义。

一、网络商店的含义

网络商店（online shop）也称网上商店，简称"网店"，是指以互联网为主要营销传播渠道，通过向消费者直接销售商品或提供服务来获取利润而建立的虚拟商店。这种商店本质上是一个电子版的商品目录商，通过精心设计的文字和图片来描述它们所提供的商品和服务，并利用网络交易系统进行营销活动。

从本质而言，网络商店是电子商务在应用过程中的一种重要表现形式，它将电子商务的价值和优势充分加以利用，扩大了电子商务和网络营销在互联网大众中的影响与普及。同时，电子商务的发展也给网店带来了更多的技术和应用，促进了网店使用功能和购物体验的提升。

（一）网络商店的构成

网络商店由以下两部分构成。

1. 前台经营部分

它是显示在计算机屏幕上的各种描述符，是消费者可以接触的部分。它具体包括消费者在网站中挑选商品，放入虚拟购物车中，然后核实下单、进行结账、选择付款方式、确定配送方式及时间等一系列过程。

2. 后台管理部分

一般包括网站的日常维护与更新、订单管理、配送管理、电子支付平台、库存管理和客户关系管理等组成部分。

（二）网络商店的分类

根据交易双方性质的不同，网络商店可分为 B2B、B2C、C2C 三种类型。

1. B2B 网店

B2B 网店的交易双方都是企业，它是指供应商通过互联网为商业顾客提供成品或半成品的产业营销市场。其具体包括两种基本模式：一种是企业之间直接进行的电子商务（如制造商的在线采购和在线供货等）；另一种是通过第三方电子商务平台（如阿里巴巴）进行的商务活动。

2. B2C 网店

B2C 网店的交易双方是企业和消费者，网店的所有者直接面向消费者出售产品和服务，以网络零售商店为主，如天猫商城、当当网、亚马逊等。

3. C2C 网店

C2C 网店的交易双方都是个人，它是指个人通过电子商务平台而进行的商品交易活动，淘宝网（非商城）、易趣网和拍拍网提供了这样的电子商务平台。

不断创新的亚马逊

亚马逊公司在 1995 年 7 月 16 日由杰夫·贝佐斯（Jeff Bezos）创立，最初的性质是网络书店。如今，亚马逊的业务已遍及电商、仓储物流、云计算、人工智能、智能硬件、线下零售等，每一项业务都处于行业顶尖或具有开拓性质。而创始人贝佐斯也问鼎福布斯富豪排行榜，并荣获美国《时代周刊》全球最具影响力人物荣誉。亚马逊这些成绩和荣誉的获得，都源于其强大的创新能力。

1. 网上购物商城

电子商务网站是亚马逊众多业务的基石。亚马逊是网络上最早开始经营电子商务的公司之一，亚马逊成立之初只经营网络书籍销售业务，现在则扩及了范围相当广的其他产品，已成为全球商品品种最多的网上零售商。

2. Prime 会员服务

Prime 会员服务是亚马逊的重要商业内核。该服务项目于 2005 年由亚马逊在全球首创，并于 2016 年在中国首次落地。中国的 Prime 会员服务并不是全球 Prime 项目的简单复制，而是为中国消费者量身打造的全球无限次亚马逊海外购商品及国内订单免费配送服务。

3. 极速配送服务

为给 Prime 会员提供极速配送体验，亚马逊于 2016 年启动 Prime Now 服务，为 Prime 会员提供 2 小时免费速达和 1 小时送达服务。亚马逊还建立了 Prime 专属货运机队，专为 Prime 包裹进行快速的中转运输，由此向 Prime 会员提供更快捷的配送服务。

4. 自主门店提货

2017 年，亚马逊推出用户可自主提货的零售门店（Amazon Fresh Pickup）。该门店支持用户在线采购和支付，之后到门店自主提货。用户下单后，开车到门店特别设置的停车场，亚马逊员工会将货物送到用户的车上。用户可以预约取货时间，普通用户最快可在下单 2 小时后取货，而 Prime 会员只需要 15 分钟。

5. 线下无人售货

亚马逊首家线下无人商店 2018 年 1 月在美国西雅图开张营业。进入商店前需要先下载一款亚马逊官方 APP——Amazon Go。然后，在商店闸机使用手机扫描条形码即可进入商店。商店应用先进的视觉识别、传感器及支付技术，跟踪选购，购物者不用停下来结账就可以离开商店。未来亚马逊还将把这种模式复制到其他城市。

6. 电子书 Kindle

Kindle 是由亚马逊设计和销售的电子书阅读器，其屏幕为电子墨水屏，显示效果非常接近纸。用户可以通过无线网络使用 Amazon Kindle 购买、下载和阅读电子书、报纸、杂志及其他电子媒体。Kindle 电子书和平板价格相对低廉，原因在于亚马逊以内容销售为主要收益来源，致力于长远盈利，而非靠硬件赢得收益。

亚马逊始终致力于将自己打造成"最以客户为中心的企业"，客户体验永远是第一位。在亚马逊的高层会议中，每一次都会有一把空位的椅子，代表未到场的顾客！

资料来源：搜狐网，https://www.sohu.com/a/168775278_343156，有改动

思考：亚马逊为什么不断致力于技术创新？

二、网络商店设计策划

在实体零售业中，普通商店的设计局限在商店的基础构架和店面设计等实物方面。网络商店设计的范围则更广，并且需要寻求新的途径来替代销售人员与顾客的互动，而且几乎所有的方面都必须用计算机或移动终端等上网设备来替代，因此网络商店的设计就显得尤其重要。

（一）网络商店设计的含义

网络商店设计是电子零售商对网站进行有目的的设计。其主要包括对待售商品和服务进行列表，提供包含商品描述和价格在内的产品信息，并且确保用户可以在线浏览，提供订购和支付方式，通常也包括广义上的公司政策（安全、隐私及保证）。除了提供信息，同时还需要进行图像、声音等设计。

网络商店设计的范围一般包括版面设计、视觉效果、互动性、信息搜索引擎、支

付工具和政策导入等方面。其中的每一个要素都需要个性化、符号化,并使其具有可操作性。通过网络商店设计,目的是塑造网店独特的形象,使消费者更喜欢从特定的网店购买特定的商品,从而帮助电子零售商实现交易。

网络商店的首页应如何设计

网络商店设计的过程中,最重要的就是首页的设计。很多用户都是通过首页进入网站,然后再浏览其他页面。怎样可以在较短的时间内吸引用户,并引导用户快速完成购物操作等都是设计首页时要考虑的问题。一般来说,网络商店首页设计的注意事项及技巧主要包括如下几个方面:

1. 分类及导航的设计

分类和导航的设计可以引导用户到达想要的页面,直至促使用户完成交易。大型网店在设计分类及导航时,常常这两项内容就占据了首页1/3的空间。导航在首页的作用相当于"路标",它可以帮助用户快速找到想要的商品,同时导航的位置要明显突出。

2. 搜索框的设计

搜索框在首页的设计中是非常重要的,可以说每一个网站都要具备搜索功能,网络商店中这更是必备的功能。设计搜索框的目的是方便用户快速找到需要的产品,那么搜索框应当怎样设计呢?一般情况下,搜索框置于页面的顶部,而且位置要非常明显。搜索框下面空白的地方,可以设置一些热门的搜索关键字,以便让用户直接进入页面。

3. 商品页面及促销信息的设计

商品页面及促销信息可以结合图片、销量、价格、节日等方面进行设计,以提升用户的购买欲望。这些内容要设置在醒目的位置上,而且要紧紧围绕导航,并通过多种方式(如图片轮播)来展示。

4. 用户分享及评价区域的设计

用户评价是很多网络商店需要具备的设计内容,因为通过用户的评价可以提升网站的转化率,建立良好的口碑,吸引更多的客户购买。

5. 保障服务的内容设计

网络商店在设计首页的时候,还应该将保障服务的信息展示出来,以便消除用户的顾虑,进而提升网店的形象。

资料来源:凡科建站,https://jz.fkw.com/blog/10799,有改动

思考:网络商店的首页设计为什么更加重要?

(二)网络商店设计的内容

一般来说,策划人员对网络商店的设计主要应该从三个方面内容进行考虑,即导航性、互动性和网页氛围。电子零售商如果想要提高顾客满意度,就必须关注每一项

内容，改进其网络商店设计。设计者和电子零售商需要考虑导航性、互动性和网页氛围来提高网店的性能标准。

1. 导航性的设计

导航性（navigability）是网店设计的基本部分。导航性是指使用者简易有效地在网店中移动的能力，简单来说就是不会"迷路"。如果用户需要点击多个主题或是进行不同层次的搜索才能找到相关信息，他们往往会"迷路"，最后失望地离开网店，放弃搜索。因而，成功的导航性设计就在于最小化网站的深度和冗余，方便用户浏览。

当用户访问某个网站时，通过询问三个基本问题，可以帮助评价网络商店导航性的设计如何：①这个时候我在哪？②我能回到刚才去过的地方吗？③我怎么去某个特定的地方？在导航性好的网站，浏览者可以对这三个问题给出明确的答案。如果感到不好回答，就说明该网站的设计做得还不够到位。

导航性设计不仅是一个技术问题，它还需要满足浏览者的基本要求，为用户营造满意的经历。为此，设计者应使用不同的方法来完善网页设计。例如，可以添加回到主页的链接，或是使用菜单路标。

电商网站导航设计七要素

当前，通过电子商务网站实现商品交易越来越频繁，而访客在面对越来越庞大的信息量时会感到迷茫，因此，优秀的导航设计能够提高网站的易用性，对实现电子商务网站的高效运作具有实际意义。电子商务网站的首页导航设计必须本着用户体验为佳的原则，既要将网站中的所有信息都在有限的导航栏中体现，又要为用户反馈出重要的帮助信息。

1. 符合网站内容结构

在设计电商网站导航之前，事先应该对网站的整体内容有一个全面的了解，并且将网站内容进行归类。电商网站普遍有两个导航，分别是网站头部的总导航和侧边的分类导航。一般来说，总导航以能展示网站主要商品类别为佳，不宜过多，而分类导航则可相对详细些。而且，导航中显示的内容应该与网站内容紧密相关，体现导航与内容的匹配度。

2. 结合网站业务目标

首页中的导航就是网站当下情况的一个缩影，用户通过导航就能大概地了解到网站销售哪些商品。因此，导航很有必要随着网站主营商品的变更，或是根据商品销量而变化，让呈现在用户面前的导航始终与网站本身内容以及时下热门商品相贴合。

3. 遵从用户使用习惯

导航必须要根据用户的使用体验和感受来设计。设计者应该把使用对象都看成新用户或是没有耐心的用户，尤其是电商网站，在第一时间就要满足用户的需求，尽量削弱导航的学习性,如鼠标悬停的分类打开方式就可以很大程度上降低用户的学习成本。

4. 使用合适的文案

为了迎合用户在导航上只愿意停留短短的几秒钟,导航文字内容的可用性就变得至关重要。文字标签是传达信息最有力的途径,因此,导航中应避免使用难以理解的词汇,如专业术语、缩写和个性化语言等,以免牺牲用户体验,增加用户对导航的理解难度。

5. 清晰的视觉体验

通常用户只用几秒钟时间扫视网站,因而导航的视觉设计必须符合逻辑,用色彩给用户提供一种指引,成为用户点击的向导。在色彩的使用上应避免大片亮色,降低导航文字的可识别度。由于电商网站面向所有消费者,因此,在导航与导航文字内容的色彩搭配上也要考虑到一些色彩障碍者。

6. 符合网站整体风格

导航与网站整体风格的搭配分为视觉和内容两个方面。在视觉上,大多数网站基本不会出现大问题。从内容上来说,导航的内容与网站的点击量,甚至商品销量都有着密切的关系。一旦用户无法通过导航找到自己想要的商品,就意味着商家丢失了一位客户。而如果能在导航中推荐一些商品给用户,也许能促进网站商品的销售。

7. 利于 SEO

导航是电商网站最主要的入口,然而,有很多栏目的导航并不利于搜索引擎抓取。因此,在导航内容设置上,应将主要内容一目了然地展现出来,这不仅利于用户查看,也让搜索引擎蜘蛛能顺着导航目录层层深入。相应地,在导航栏中尽量使用文本,既减少用户思考时间,又利于 SEO,而按钮和图片会阻碍搜索引擎的访问和抓取。

资料来源:根据作者教学编写整理而成

思考:电商网站的导航设计为何要体现用户体验为佳的原则?

2. 互动性的设计

互动性(interactivity)是网络商店设计的另一个基本内容。它是指网站用户与网站本身之间的互动,属于一种人机互动。网络商店有提供服务、销售商品和进行交易的能力,可以全天候不间断地提供服务,而且这种服务具有额外的深度,在一定程度上将人机互动变成了人与人之间的互动。

与实体零售不同,在网上零售业中,电脑必须取代售货员来解决消费者的所有问题。因此要求网站有很强的信息处理能力和互动能力,需要建立相应的程序,对商品和订购机制进行描述,并能够完成商品支付流程。

网络商店设计可以将网站与浏览者之间的互动自动化,像售货员一样及时解决客户的问题。为此,传达正确的语气和情绪就显得非常重要。适当使用人工服务("销售人员")也是非常有效的,同时也可以利用网站页面来改善互动性。

大众汽车的网上互动营销

2007年5月4日,大众汽车在自己的网站上发布了两款最新的甲壳虫系列——亮黄和水蓝,首批新车一共20辆,均在线销售。这是大众汽车第一次在自己的网站上销售产品。该网站采用 Flash 技术来推广两款车型,建立虚拟的网上试用驾车。将动作和声音融入活动中,让用户觉得他们实际上是整个广告的一个部分。用户可以自由选择网上试用驾车的不同环境,如高速公路、乡间田野或其他不同场景。

网上试用驾车使大众汽车的网站流量迅速上升。每天的独立访问用户平均为470人,每个用户在线花费时间也翻倍增长,达到19分钟,每个页面平均浏览1.25分钟,并最终成功生成了2 500份在线订单。

资料来源:百度文库,https://wenku.baidu.com/view/b75973c058f5f61fb73666be.html,有改动

思考:大众汽车的新车型为什么能够通过网站成功营销?

3. 网页氛围的设计

网页氛围就是通过计算机屏幕呈现的由网站界面的一切信息所构成的网络购物环境。根据对消费者完成购物任务的相对重要程度,可以将网络购物环境划分为高级任务相关环境和低级任务相关环境两个方面。高级任务相关环境是指出现在屏幕上,帮助消费者实现购物目的的所有网站描述,包括商品描述、价格、销售条件、配送、商品更新、退货政策和导航等;低级任务相关环境是代表对购物任务完成相对不重要的网站信息,主要包括色彩、背景、图标、图像等。

由于网站界面的设计直接影响用户的购物行为和使用体验,因此网络商店的界面一方面要满足用户的购物需求,另一方面还要满足用户在视觉、娱乐和操作等其他方面的体验需求。从用户体验出发,合理设计和优化购物网站界面,将进一步提升和改善用户网络购物的体验,为此,可以重点从以下四个方面进行设计策划。

1)页面布局设计

相关研究表明,用户浏览网页的重点区域在左上部分,并且,人们在浏览页面时,视线的轨迹并非沿着直线平稳运动,而是跳动和注视相互交替的过程。因此,网店页面布局设计时,可以选择人们视觉最佳视域的左侧和顶部为重点信息排列的两种排版方式,以方便用户浏览和阅读各类促销信息及相关产品目录。

2)色彩设计

选用恰当的色彩主题来表现网络商店的特色,会让用户产生相应的心理效应,留下深刻的印象,继而对用户购物行为的决策产生较大的影响。例如,聚美优品主要销售护肤品,为了体现女性柔美的特色,选用了优雅浪漫、明度和纯度较高的玫红色为主色调;天猫及京东商城是官方认证、有质量保证的网络商店,为了突出其正规并且值得信赖的特色,选用了中国人喜欢的、端庄大方的大红色作为网站的主色调。

3)页面内容的设计

网络商店重要的不是提供的商品信息量有多大,而是能否提供给用户真正需要的、适量的商品信息。在网页界面有限的空间里,能否将合适的信息量有效进行布局直接影响着用户的体验质量。因此,应使网页上的各种商品信息要素在有限的页面内合理分布,使页面上各要素在位置、尺寸和间距上保持一定的美感与节奏感,从而吸引网购用户。

4)交互方式的设计

良好的网店交互方式设计,可以提高页面的可用性和易用性,简化用户操作步骤,提高用户使用效率,带给用户行为上的反馈和愉悦。交互方式的设计应符合用户的习惯,方便用户的操作。网络商店的全局导航设置应包括搜索、网站地图和帮助页面等,应保证在每个页面的相同位置并可见。交互元素的运用不仅仅局限在文本和图片上,网店中动画和声音的交互已经成为新的亮点,更能激发用户的兴趣和参与性。

海尔与天猫联手打造"未来商店"

海尔电商一直以来非常重视全流程用户体验的提升,2018年4月,海尔与天猫商城联手打造的"未来商店2.0"正式上线。该商店也是双方于2017年首次合作建立的"未来商店"的升级版。

海尔此次在天猫平台打造的"未来商店 2.0",通过计算机动画(CG)技术构建了360度全景未来购物商城。用户不仅可以通过AR(增强现实)技术观看家电在家中的摆放效果,还可以通过VR(虚拟现实)技术和3D功能全场景体验海尔的成套智慧解决方案,实现了两大购物体验升级:

一是海尔将互联互通的"智慧家庭"搬到线上,用户可以先体验后购买。用户通过手机淘宝搜索、摇一摇、天猫客户端海尔互动吧等入口,即可进入海尔"未来商店2.0"。在这里,海尔搭建起智慧客厅、智慧厨房、智慧卫浴、智慧卧室、智慧洗护和智慧娱乐六大智慧生活场景,冰箱、洗衣机、空调等产品置于家居场景之中。只需移动手机或者滑动屏幕,即可在不同场景中切换,体验产品的功能以及它们互联互通打造的生活场景。

二是增添语音交互入口。在天猫互动吧的助力下,家电不再是"接受指令,开启程序",而是"懂人话,通人性"。除了六大智慧场景外,海尔"未来商店2.0"还增添了语音指令,家电不仅能够直接通过语音的方式与用户互动,勇敢地"介绍自己",而且只要对着家电说话,就可以控制家电的联动。例如,当你说出"开空调",就会自动开启空调,并将室温设置成夏季最舒适的 26 ℃。此外,用户还能通过语音在不同场景之间切换,增强网购体验。

资料来源:搜狐网,http://www.sohu.com/a/132528733_549865,有改动

思考: 海尔与天猫联手打造"未来商店"的核心意义是什么?

以上分析了网络商店设计中导航性、互动性和网页氛围三个方面的关键内容，需要注意的是，导航性、互动性和网页氛围之间并不是孤立的，在网络商店设计中三者是相互联系、相互影响的。其中，导航性是网络商店设计基础，对互动性和网页氛围都会产生影响。而良好的网页氛围则对提升互动性具有重要影响。因此，设计者必须将不同内容进行整合考虑。

三、网络商店依恋策划

当前，社会化和数字化媒体的出现促进了消费者行为的变革，网络商店要想成为耀眼的、长久的、使消费者留有情感印记的品牌，必须要提升与顾客的黏度，构筑让顾客依赖的社会关系网络，而这已成为互联网时代品牌竞争的关键点。

1. 顾客依恋：建立情感联结的关键

依恋理论（attachment theory）于20世纪50年代提出，关注人在成长中与特定对象形成情感纽带的特质和倾向。一直以来，依恋理论被心理学家视为解释亲密关系的最优理论框架，在解构人际关系的个体差异、强度和质量方面具有显著优势。

在网络世界中，由于信息的快速传播，网店品牌的重要性更加凸显。由于线下品牌长期以来都以较少及有限的方式满足顾客的需求，而网络商店则可以额外满足顾客特殊的需求及渴望。因此，顾客更愿意与满足其需要的网店品牌建立情感联结。网店越能满足顾客的需要，顾客就越会认同该网店，并愿意与其形成自我关联，进而对该网店产生偏爱，形成依恋。相应地，网店的品牌知名度和网络能见度越高，顾客会越倾向于与其形成情感联结，进而增强重复性造访行为，电子零售商就可以从这种关系中实现商业价值并获利。

2. 网店依恋的构成

网店依恋是指消费者与特定网络商店之间形成的认知性和情感性心理纽带，并由此导致对该网站的偏爱及排他性使用倾向。消费者对网络商店的依恋由认知、情感和意向三部分构成，分别为：网店认同、网店喜爱和网店依赖。

网店认同主要涉及消费者自身与特定网络商店之间的认知联结。在网络环境下，顾客通过在网店上浏览与购物，不仅满足了功能性需求，还获得了购物体验，并对网上购物经历有了记忆。当顾客将对网店的感知和记忆赋予某种意义并与自我相联系，就形成了对该网店的认同感。

网店喜爱主要涉及顾客与特定网络商店之间的情感联结。可以说，依恋天生就蕴含情感，人类建立依恋主要是出于满足情感和安全动机的需要。在互联网环境下，网络商店及其社群能够唤起消费者的亲密感和情感依恋。因此，消费者在虚拟世界和身处真实世界一样，能够表达他们对社区和特殊地方的渴望。

网店依赖涉及顾客对特定网络商店的偏爱及排他行为倾向。依恋的关键特性就是具有强烈的动机和行为倾向性。以顾客对品牌的依恋为例，他们会原谅强烈依恋的品牌出现失误、在该品牌缺货时会延缓购买、愿意溢价购买该品牌，以及排斥其他竞争品牌等。同样，消费者会在所依恋的网店进行更多的购买，不愿到同类竞争网店购买等。

3. 建立网店依恋的手段

建立依恋的关键是满足顾客的情感需求，抓住顾客需求的兴奋点。因为情感和理智之间的主要区别在于，情感会引发行动，理智会引发推论。因此，在营销过程中，强调消费者情感关联——建立顾客依恋远比强调理智分析更能为企业带来销售回报。

在电子商务环境下，顾客对网络商店的依恋程度取决于四个方面：网店的便捷性、网店的娱乐性、网店的社群感，以及网店的顾客导向。这四个方面的提升，能从整体上增加顾客对网店的体验满意度，并加深网络商店的品牌印象。

1）提升网店的便捷性

网店的便捷性是指顾客使用网站购物，可节省他们的购物时间及精力的程度。具有便捷性优势的网络商店应提供短暂的反馈时间，加速交易的实现，最小化消费者所需付出的努力，从而促使其消费需要的产生。例如，亚马逊在2014年4月推出了让网络购物更容易的购物装置Amazon Dash，它可以让消费者通过语音识别或扫描商品条形码的方式随时随地进行更方便的购物。随后，亚马逊还推出了一个全新功能——Amazon Cart。顾客将Twitter社群账号与亚马逊账号相互连接后，只要在Twitter上看到相关的亚马逊产品介绍，并在回复中加上#Amazon Cart的标记后，这项商品便会直接被放进购物车当中，不仅方便了购物，还增加了乐趣。

2）丰富网店的娱乐性

网店的娱乐性是指顾客在使用网站购物时所能感受到的快乐。为提高顾客在网店购物的娱乐性价值，电子零售商应向顾客提供良好的网页氛围。如加入动画界面、游戏下载或使用网站时有音乐播放等娱乐效果。同时，在购物网站中植入与目标顾客的生活方式和价值观相吻合的社会线索，来引发顾客的社会临场感，进而获得良好的购物体验。如瑞典著名家居企业宜家，在其中文购物网站上植入多种社会线索，如在家居图片中植入漂亮的人物形象，在主页中设置虚拟购物助手"安娜"等，从而与顾客建立情感联系。

3）增加网店的社群感

网店的社群感是指顾客与网络商店社群中的其他会员顾客之间形成的密切联系及由此产生的归属感。互联网社交化、圈层化趋势的快速发展，让越来越多的顾客选择加入网络社群或建立圈子，这不仅能满足他们内心的关系需求，同时也可以营造属于他们自己的产品及消费体验，从而避开大量嘈杂的营销信息。因此，企业必须接受这种新趋势并帮助顾客实现这种需求，更好地与顾客建立情感联系，才能获得营销上的成功。为此，电子零售商可以建立外部的社交连接，提供与Facebook、人人网、开心网、新浪、腾讯等社交网络的连接。这样不仅老客户之间、老客户与其社交圈之间、相似的消费群体之间，甚至粉丝团内部都可以相互分享、相互推荐，联合起来进行团购。他们不仅可以在网店里面，也可以在社交网络上发布和分享各自的购买体验，从而促进企业产品的销售。

Zappos 和天猫的社群营销

Zappos 是典型善于利用 Twitter 进行营销的一个公司。公司创始人谢家华在 Twitter 上的追随者早已过百万，在这里，他们不只讨论鞋子、网络促销和顾客服务，更开放地分享快乐和幸福。这也是 Zappos 管理者治理这家以顾客服务为核心的公司的理念。如今，Zappos 已成长为最大的卖鞋网站。

占国内 B2C 市场半壁江山的天猫商城，其"品牌站"计划是从简单的线上销售向"社交商务"模式转变的一次尝试。其"品牌站"计划于 2013 年 9 月启动，包括宝洁、微软、Only、旁氏、海尔、博士伦、TCL 等在内的 44 家品牌旗舰店升级版集体亮相，主要分布在母婴、服装、医药、洗护、百货、电器等行业。这些新变脸的店铺不但有常规的货品陈列，还有买家的晒单、体验及试用等多种玩法。电商平台将不只有销售职能，还将具有社交互动的功能，打造网购"社交圈"。

资料来源：姜岩. 情感战胜理智——B2C 企业，让顾客依恋你[J]. 北大商业评论，2015（1），有改动

思考：Zappos 和天猫商城为什么致力于开展社群营销？

4）强化网店的顾客导向

网店的顾客导向是指顾客感知网络商店通过个性化服务，帮助自己作出购买决策，以满足自身需要的程度。网络商店的平台价值取决于其登陆特别是固定登陆的客户数量，因此对于电子零售商而言，做好服务的个性化和人性化显得比传统企业更为重要。为了吸引顾客访问并再次访问网店，企业必须树立顾客导向的营销观，致力于从顾客视角设计网站以迎合他们的需要。具体需要做到如下几点：在互联网技术的支持下，确保高水平的顾客支持和服务，尤其是对"最有价值的"和"最有发展潜力的"顾客；提供每周 7 天 24 小时在线顾客服务和技术支持；开拓顾客向上延伸销售和交叉销售的机会；达到顾客差异化，并建立防止竞争者进入的壁垒；等等。

亚马逊的顾客导向战略

国际电商巨头亚马逊已经将强化顾客导向嵌入企业文化，用先关注客户需求再考虑盈利模式的理念，成功地把客户需求转化为盈利。领导者杰夫·贝索斯一直在践行

自己的经营准则——溺爱自己拥有的 1.64 亿客户。他常在公司开会时刻意留下一把空椅子，然后告诉经理们必须考虑现在正坐在这把椅子上的消费者——"那是现在这个房间里最重要的人。"

在亚马逊衡量自己运营表现的 500 多个量化指标中，有 80% 以上的是围绕客户需求而制定。在亚马逊看来，即便是最细微的网页载入延迟也不是小事，根据他们的统计，0.1 秒的网页延迟，都会直接导致客户活跃度下降 1%。在有些国家，亚马逊甚至承诺，只要客户在早晨下单，当天即可收货。贝索斯还曾强烈要求采用更加坚固的纸板包装箱，以方便客户日后继续使用这个印有亚马逊 LOGO 的盒子，并以此吸引更多潜在客户。

资料来源：腾讯网，http://tech.qq.com/a/20120409/000061.htm，有改动

思考：亚马逊为什么将强化顾客导向嵌入企业文化？

本 章 小 结

• 网络营销策划是企业以电子信息技术为基础，以计算机网络为主要手段，对将来要发生的市场营销活动及行为进行超前决策和策划，以扩大市场营销范围，提高知名度和美誉度，实现最佳市场营销组合的全部活动过程。其主要包括确立策划目的、拟订营销计划、开展市场调研、编写策划方案、方案实施、效果测评六个阶段。

• 网络营销策划的手段和工具已经从单纯的企业网站建设向多元化的社交媒体建设方式转变。目前主要的网络营销策划工具有企业网站建设、搜索引擎营销、社交媒体营销、病毒式营销和电子邮件营销等形式。

• 网络营销渠道是利用互联网提供相关产品和服务，以便使用计算机或其他技术手段的目标客户通过电子手段进行和完成交易活动。在网络营销策划中，网络销售渠道的设计是企业开展网络营销的关键。主要的网络销售渠道类型包括网上直销、电子中间商和全渠道营销。企业应根据自身的实际情况设计合适的网络营销渠道并进行相应的策划。

• 网络商店是网络营销渠道中的重要环节，其设计及经营策划对于电子零售商建立稳固的顾客关系，形成持久的竞争优势具有重要意义。对网络商店的设计应主要从导航性、互动性、网页氛围三个方面进行，并要注重将三方面的内容进行整合考虑。

• 网店依恋是指消费者与特定网络商店之间形成的认知性和情感性心理纽带，并由此导致对该网站的偏爱及排他性使用倾向。企业应从网店的便捷性、网店的娱乐性、网店的社群感以及网店的顾客导向四个方面对网络商店的服务进行提升，才能从整体上增加顾客对网店的体验满意度，并加深网络商店的品牌印象，形成与网络商店的情感联结。

课 后 习 题

1. 什么是网络营销策划？其策划过程一般包括哪些阶段？

2. 网络营销策划主要有哪些工具？
3. 如何有效地实施病毒式营销？
4. 开展全渠道营销应该从哪些方面着手？
5. 如何对网络商店进行设计和策划？
6. 如何建立顾客对网络商店的依恋？

比萨小店的奇妙营销术

在美国爱德华州有一家名叫 Flying Pie 的比萨小店。店主人为此还建立了一家网站，做得很乱、很不好看，网站充满资讯、大大小小花色的字体，让人完全不知道该如何使用。然而就是这么烂的网站、这么少的网络资源，竟然推出了一套很有趣的线上营销方案，而且，已经默默地推行了好几年，让城里的每个人都知道了这家小店。

Flying Pie 这个成功的线上营销方案叫 It's Your Day。店主人每周都会在网站上写出一个人的名字，在比萨店不忙的时候，邀请这些名字的主人来比萨店免费制作一份10寸的比萨。例如，2月16日是 Ross，2月19日则是 Joey，2月20日是 Tamarra，每天邀请5位叫这个名字的幸运市民，在当天下午2~4点或晚上8~10点这两个比萨店比较空闲的时间，来 Flying Pie 的厨房，制作他们自己免费的10寸比萨。

当然，每一个来的人都必须带上身份证明，证明自己真的叫这个名字。Flying Pie 还要求他们和自己制作的比萨合影，并上传到网络上。

按照这一营销方案，Flying Pie 网站上，每周都要公布新一周的名字，并提醒大家经常回来看这个列表。如果你看到你朋友的名字，欢迎告诉他，然后叫他过来！

一个名叫 Kendra 的顾客介绍，当初她知道 Flying Pie，就是她的老板告知她的。她的老板每周都会上一次这个网站，只因为他喜欢浏览 Flying Pie 上的合影，认为它们很好笑。有一天老板告诉她，Kendra 日来了，赶快去吧！那么，新的名字又怎么选？是 Flying Pie 随意选的吗？不，Flying Pie 会请每个来参加过的人提供名字，并且投票，他们会把得票数作为参考，来决定下一周幸运者的名字。

这样的做法是希望这些参加者想想他们还有哪些朋友会过来，甚至让参加者报告当初介绍他来参加的那个看到网站的人……更有趣的是，美国一个研究电子商务专栏的作家还将这个案例实地调查了一下。这位作者当初也是从他的朋友那里知道 Flying Pie 比萨店的。他先收到了一封信，通知他这家比萨店将在几月几日举办 Armando 日，而他的名字正是 Armando rdquo。

这位作者先是非常惊讶这家比萨店的存在，还打电话给寄信给他的朋友。朋友告诉他，她吃过这家比萨，还不错，而且她每天都会去网站查看哪些新名字出现，这会让她想起某几位这个名字的朋友，于是也就养成了每天寄信给这些朋友的习惯，通知他们比萨店提到你的名字啦！

就这样，Flying Pie 所在的城市，不知有多少市民在不知不觉中成为了网站的义务宣传员！实际上，看起来 Flying Pie 每天只让 5 个人来参加免费比萨活动，其实大家都忙，真正能来店的不多。不过，就算这些人不来，也并不妨碍这些人会四处传播有关比萨店举办"It's Your Day"的消息。

思考题：

1. 这家比萨店运用了什么样的营销策略？
2. 该比萨店的成功经验有哪些启示？

资料来源：五个经典的病毒营销案例，360doc 个人图书馆，http://www.360doc.com/content/18/0524/20/29457680_756743259.shtml，有改动

答案要点

模拟实训

第十二章

营销策划书的撰写

【学习目标】

知识目标

1. 掌握营销策划书的结构体系
2. 掌握营销策划书的写作要求

能力目标

1. 理解营销策划书的类型及写作差异
2. 掌握各类型营销策划书的撰写技巧

某大型超市促销活动策划书

某大型零售企业是由一家乡镇企业发展壮大为一个国际零售集团。其足迹几乎遍布世界各地,获得了消费者的一致好评。自 20 世纪 90 年代以来,已经在中国各大城市开设多家连锁超市。目前,该集团正筹划在河南郑州开设分店。其具体活动安排如下:

一、活动目的

(1)基本目标:为庆祝本店开业及端午节到来,将以物美价廉的产品和优质的服务来赢取顾客,以提升超市的知名度及树立良好的企业形象。

(2)营销目标:通过各项活动扩大顾客的活动参与度,拉动销售增长,提高超市的经营效益,并通过公益营销等方式增加企业利润。

(3)长期目标:持续提升超市的销售额,扩大市场占有率,并最终实现经济效益和社会效益的统一。

二、当前营销状况

(1)市场状况:选址在繁华商业区,周围具有北京华联等竞争性大型超市,并还有潜在竞争者。

(2)商品状况:商品种类齐全,以大众化消费品为主,品种繁多,价格差别不大。

(3)宏观环境状况:消费群体大多数为流动性人口,人口密度较高,客流量大,消费者的现实需求和潜在需求都很大。

三、SWOT(strengths weaknesses opportunities threats)分析

(1)优势:该零售集团已形成很强的规模效应和竞争能力,拥有强势的物流采购

及供应链管理系统,具有高度规范化的经营理念、科学化的营销运营、健全的特色培训体系等显著特点。

(2)劣势:运营成本高、规模巨大会给经营管理带来更大的挑战,且在异地文化和商业背景中发展面临问题颇多。

(3)机会:目前零售业的发展形势很好,市场成长率很高,通过对市场的把握分析有利于企业抓住机遇,引领消费者购物新高潮。

(4)威胁:存在现实的和潜在的竞争者,市场风险因素较多。

四、价格策略

(1)以成本为基础,以同类产品价格为参考,并以"天天低价"的口号推出物美价廉的商品。

(2)给予适当数量折扣,并鼓励消费者多购,达到一定消费额度将享受更多价格优惠及免费送货服务等。

五、促销策略

综合运用多种促销组合策略,以取得最佳的经济效益,并保持本土化经营。

1. 广告宣传

(1)选择报纸和电视作为主要宣传媒介。告知顾客该大型超市在郑州开店,并传递物美价廉的信息,以引起顾客的购买欲望,从而增加销售。

(2)辅以街头发放传单的形式。向顾客传递该超市的经营理念及"天天低价"的原则。

(3)在刚开店期间,列入广告预算的投入可较多;在超市开张热潮过后,应立即削减广告量,尽量减少不必要的广告开支,以压缩广告量来压缩成本,同时做到保持商品的低价。

(4)注重卖点的广告宣传,即POP广告的运用。

2. 公共关系

(1)建立和维持企业与消费者之间的正常合作关系。

(2)与供应商建立良好的协作关系,以保证商品的正常供应。

(3)设立科普画廊。利用图文、实物等形式向人们讲述爱护资源、保护环境的途径,建立良好的社区关系。

(4)倡导公益营销理念。赞助失学儿童,多参加一些公益活动,树立良好的企业形象。

(5)邀请政府官员来企业参观考察,出席新闻发布会。

3. 营业推广

(1)实施会员制促销,消费者成为会员后,可享受各种特殊服务。

(2)通过赠送样品等方式对消费者进行减价推销。

(3)把握需求特征。当前多以季节性商品和一般性商品进行促销,以刺激消费需求,扩大销售额。

六、费用预算（略）

资料来源：根据作者教学编写整理而成

思考：该大型超市促销活动策划书有哪些优缺点？

营销策划书是营销策划方案的书面表达形式，是市场营销策划的具体成果，是企业未来营销活动的指导性文件。营销策划书将有助于营销决策人员和组织实施人员最大限度地认识策划者的意图和策划思想。该大型超市促销活动策划书是一种营销活动阶段策划，主要侧重阐述促销活动的设计、促销策略及促销费用等。虽然该策划书内容不够全面详尽，但从中也可以看出营销策划书的一些基本格式内容。本章将系统讲述营销策划书的撰写方法与技巧，并以三种常用的营销策划书类型为逻辑主线，说明如何撰写规范的营销策划书。其具体包括营销策划书的内容体系、营销策划书的撰写技巧两个方面内容。

第一节　营销策划书的内容体系

从本质而言，营销策划书并没有约定俗成的标准格式。依据企业产品或营销活动的不同要求，营销策划书在内容与编制格式上也会有相应变化。但是，从营销策划活动的一般规律来看，其中有些要素是共同的。因此，需要探讨营销策划书中应具备的一些基本内容及编制格式。

一、封面

（一）封面的总体要求

很多人会认为营销策划书的关键在于内容，封面无关紧要，其实这是一种误解。封面是营销策划书的脸面，如一本杂志的封面设计一样，阅读者首先看到的是封面，因而封面能起到强烈的视觉效果，给人留下深刻的第一印象，从而对策划内容的形象定位起到辅助作用。封面的设计原则是醒目、整洁，切忌花哨，至于字体、字号和颜色则应根据视觉效果确定。

营销策划书的封面可提供以下信息：策划书的名称、被策划的客户、策划机构或策划人的名称、策划完成日期及本策划的适用时段等。

（二）封面的主要内容

1. 定义营销策划书的名称

营销策划书的名称要做到主题明确、简明扼要。有时为了突出策划的主题或者表现策划的目的，可以加一个副标题。

2. 标注服务的客户名称

策划一般主要有两种形式：自行策划和委托策划。如果是委托策划，在策划书封面要把委托方的名称列出来。

3. 标明策划机构的名称和主要策划人的名称

一般还应在封面上标注策划工作负责人或主要策划人员的名称。策划者如果是公司，则须列出规范的策划公司全称。

4. 标明策划完成的日期

封面上应标注策划完成的日期，日期应以正式提交日期为准。

5. 标明策划适用的时段

由于营销策划具有一定的时间性，不同时段市场的状况不同，营销执行效果也不一样。所以一定要在封面上标明该次策划适用的时段，即主方案执行的起止时间段。

二、摘要

摘要是对营销策划书的总结性陈述，使阅读者对营销策划内容有一个非常清晰的概念，便于其理解策划者的意图和观点以及策划内容的要点。摘要的撰写同样要求简明扼要，篇幅不能过长。但要注意摘要不是简单地把策划内容予以列举。

摘要有的在制作营销策划书正文前确定，这样可以使策划内容的正文撰写有条不紊地进行，从而能有效地防止正文撰写离题或无中心；有的在营销策划书正文结束后确定，这样简单易行，只要把策划内容归纳提炼就可以了。

"深山秀山楂果汁饮料市场推广策划书"摘要

随着人们生活方式的改变和健康意识的提升，功能性果汁饮料以其绿色天然、助消化、补充维生素等显著特点受到日益增加的关注。在山楂果汁市场中，目前处于领导地位的有汇源果汁，开卫野山楂果汁、华旗山楂果汁等，深山秀山楂果汁饮料尚属于地方品牌，市场认知度不高。为尽快开拓区域市场，急需加强品牌推广，提高知名度，从跟随者转变为挑战者。

本策划书首先对国内功能性果汁饮料市场进行了市场调查，并重点分析了主要山楂果汁饮料品牌如汇源、开卫、华旗的市场状况。在此基础上，为深山秀山楂果汁饮料设计了相应的市场推广策略，具体包括价格策略、渠道策略及传播媒介的运用等方面。

针对区域市场的实际情况，将市场推广主题设计为："酸一下，快来尝尝来自深山的山楂果汁！"。推广活动以免费品尝为引导点，再以组合促销的方式切入市场。通过整合各大超市现场促销和媒体重度宣传，拓宽活动的覆盖面和影响力，加强消费者对深山秀山楂果汁饮料品牌的认知，提高品牌知名度，扩大市场对产品的理性需求。

  资料来源：根据作者教学编写整理而成

  思考：该市场推广策划书的摘要存在哪些优点及不足？

三、前言

  前言是对内容的高度概括性表述，使阅读者产生急于看正文的强烈欲望。

  前言应注意体现以下几个方面的内容。

  （1）简单交代接受营销策划委托的情况。如 A 营销策划公司接受 B 公司的委托，承担××年度的营销策划工作。

  （2）说明营销策划的原因。把待进行的营销策划活动的重要性和必要性表达清楚。

  （3）简要说明策划过程和策划实施后所要达到的理想目标或状态。

"大聚通美食城广告营销策划书"前言

  "民以食为天"。随着经济的发展和人民生活水平的不断提高，餐饮业如雨后春笋般蓬勃发展起来。

  南宁的餐饮业近几年发展迅猛，就目前经营中的商家来看，大部分是以单一的美食派系为主题进行经营，规模优势和综合性优势并不明显。但值得关注的是，这些商家的经营管理优势却较为明显，格调、档次以及品牌形象深入人心。因此，应把此内容列为本次策划工作当中的竞争点。

  大聚通美食城为了打造广西饮食业的航母，将以规模优势、地理位置优势、综合性优势等为主要卖点展开广告营销工作。为了迅速占据南宁的餐饮业市场，提高大聚通美食城在南宁餐饮业的知名度，赢得广大消费者的信任和认可，实现长久生意兴隆，特拟订此方案，以供大聚通美食城参考。

  资料来源：根据作者教学编写整理而成

  思考：大聚通美食城广告营销策划书的前言包含了哪些内容？

四、目录

  对于长篇营销策划书而言，撰写目录是十分必要的。目录会使营销策划书的结构一目了然，可以方便阅读者查找营销策划书的内容要点。但是，如果营销策划书的内容篇幅较少，目录也可以和前言同列。列目录时要注意目录所标页数与实际页数必须一致。为确保不出现差错，最好是采取办公软件自动生成目录方式。

"某企业网络营销策划书"目录

摘要	2
目录	3
一、前言	5
二、营销目标	6
三、网络营销环境分析	8
（一）企业产品的网络营销环境分析	8
（二）企业运营现状及存在的问题	11
（三）竞争市场分析	13
（四）消费者分析	16
四、企业网络营销的策略分析	19
（一）企业网络营销的4C策略	19
（二）4C策略的效果分析	22
五、优化企业网络营销效果的具体方案	24
（一）企业网站诊断	24
1. 网站信息资源分析	25
2. 企业网站运营现状的数据分析	27
（二）创新企业网站的推广手段	30
1. 企业网站推广的必要性	31
2. 企业网站的推广目标	32
3. 企业网站的推广策略	33
4. 网站推广的具体方案	34
5. 网站推广的效果评估	36
六、项目进度	39
七、项目效果评估	40
八、财务预算	42

资料来源：根据作者教学编写整理而成

思考：该策划书的目录有哪些值得借鉴之处？

五、正文

正文是策划书的主体部分，也是策划书撰写的重点内容。正文一般主要包括如下七个方面的内容。

（一）策划目的

正文要对本营销策划所要达到的目标、宗旨树立明确的观点，作为执行本策划的动力或强调其执行的意义所在，以要求全员统一思想、协调行动、共同努力，保证策划高质量地完成。

例如，在"某公司市场营销策划书"中，对策划书的目的说明如下：首先强调"A产品的市场营销不仅仅是公司的一个普通产品的市场营销"，然后说明A产品的营销成败对公司近期利益及长远利益影响的重要性，要求公司各级领导及各环节部门达成共识，完成好任务，这样就使整个策划方案的目标方向比较明确、突出。

（二）营销目标

营销目标是企业所要实现的具体目标，即营销策划方案执行期间，经济效益应达到的目标，常用指标有销售增长率、市场占有率、客户增长率、利润率等。营销目标会因为企业战略、产品具体的特征和市场形势的不同而不同，但这一目标必须是明确的、可度量的。营销目标的确定主要取决于企业战略、市场形势、营销资源、产品本身的特征等因素。一般说来，营销目标可以分为以下几类。

（1）销售量和销售额。例如，某公司当年销售量达到200万台，销售额达到4亿元人民币。

（2）销售增长率。例如，某公司当年销售增长率达到或超过20%。

（3）市场占有率或市场份额。例如，某公司产品的市场占有率达到30%，属于市场领导者。

（4）企业或产品的知名度和美誉度。例如，某公司在一年内通过营销努力，使产品或品牌的知名度在目标顾客群（如年轻女性）中达到60%，对产品时尚定位的认同度达到20%。

（5）盈利。盈利指某一产品在一段时间内带来的利润。例如，在一年内使A产品达到盈亏平衡，第二年盈利1 000万元人民币。

（6）顾客的满意度。顾客的满意度主要指顾客在接受公司产品和服务之后对公司产品和服务的态度。例如，一年内使用者对公司产品的满意度由原来的70%提升到85%；或一年内使用者对公司的不满意度由原来的20%降低到5%，两年内降低到3%以下。

营销目标有时是单一的，有时则是复合的，但一般有一个重点。在市场成长的初期或产品的引入期，企业比较注重销售量和销售增长率；在产品和市场逐步成熟之后，企业就比较重视市场占有率和盈利；当市场进一步成熟、竞争更加激烈之后，企业就会注重品牌和顾客忠诚、顾客满意等因素。

（三）营销环境分析

营销策划书正文中还要分析企业当前的营销环境状况，以便对同类产品的市场状况、市场竞争状况及宏观环境等有一个清醒的认识。这是制订相应的营销策略、采取正确的营销手段的依据。知己知彼，方能百战不殆。因此，这一部分内容需要策划者对市场比较了解，具体可着重分析以下几方面的内容。

（1）产品所处市场概况。其包括现实市场及潜在市场状况。

（2）市场成长状况。例如，产品目前处于产品生命周期的哪一阶段；对于不同生命周期阶段的产品，公司的营销侧重点如何；相应营销策略效果怎样；需求变化对产品市场有何影响等。

（3）消费者的接受性。这一内容需要策划者凭借已掌握的资料分析产品市场的发展前景。如在台湾某品牌漱口水"德恩耐"的营销策划案中，策划者对"德恩耐"进入市场风险的分析、产品市场的判断颇为精彩。例如，在产品市场成长性分析中指出：以同类产品"李施德林"的良好业绩说明"德恩耐"进入市场风险小；另一同类产品"速可净"上市后受到消费者的普遍接受，这说明"李施德林"有缺陷；漱口水属于家庭成员使用品，市场大；生活水平提高，中、上阶层增多，显示其将来市场成长前景广阔。

（四）市场机会与问题分析

营销策划方案是对市场机会的把握和对营销策略的运用。因此，分析市场机会就成为营销策划案的关键。可以说，只要找准了市场机会，营销策划就成功了一半。

1. 针对产品目前营销现状进行问题分析

一般营销中存在的具体问题，表现为多个方面。例如，企业知名度不高、形象不佳，影响产品销售；产品质量不过关、功能不全，被消费者冷落；产品包装太差，提不起消费者的购买兴趣；产品价格定位不当；销售渠道不畅或渠道选择有误，使销售受阻；促销方式不对，消费者不了解企业产品；服务质量太差，令消费者不满；售后保证缺乏，消费者购后顾虑多；等等。这些都是企业市场营销中存在的问题。

2. 针对产品特点分析其优、劣势

要从问题中找劣势予以克服，从优势中找机会，发掘其市场潜力。策划者应通过分析各目标市场或消费群体的特点，为企业提供市场细分的建议，以对不同的消费需求尽量予以满足。同时，还要抓住主要消费群体作为营销重点，找出与竞争对手的差距，把握和利用好市场机会。

（五）营销战略及行动方案

这是营销策划书中最主要的部分。在撰写该部分内容时，策划者必须清楚地提出营销宗旨、营销战略与具体行动方案。与治病救人一样，策划者在制定营销战略及行动方案时，"对症下药"及"因人制宜"是两条最基本的原则。值得注意的是，要避免人为提高营销目标以及制订出很难施行的行动方案，可操作性是衡量此部分内容的主要标准。

1. 营销战略

营销战略是一个企业为了达到营销目标，而制定营销方法组合、营销费用预算等方面的主要决策。

（1）目标市场。选定企业准备投入资源并为之服务的市场，即确定某一类消费者或某一区域的消费者作为企业的目标顾客。

（2）市场定位。在准备进入的市场（顾客）心目中，为企业确定一个恰当的位置或树立一定的形象。一旦市场定位确定，企业的具体营销策略及行动方案就要围绕这一定位展开。

（3）营销组合。企业应制订在目标市场所采取的营销策略，如产品、定价、促销、网点布局等方面的策略。

2. 具体行动方案

营销战略阐明了要达到的营销目标及将要采取的营销行动方向，但要进一步地把它转化成具体的行动方案。

具体行动方案要求对企业每个营销活动中要做什么、什么时间做、谁来做、怎样做、何时完成、成本为多少等内容作出明确的规定，以便于执行和检查。行动方案要细致、周密，操作性强又不乏灵活性；还要考虑费用支出，量力而行，尽量以较低的费用取得良好的效果。具体行动方案的制订可从以下几方面着手。

1）产品方案

如果企业营销的问题来自产品，就应当集中力量提出产品方案。其具体包括以下几个方面。

（1）产品定位方案。如果产销不对路，就要提出新的产品定位方案，重新为产品定位。

（2）产品开发方案。如果产品落后于时代或花色品种不全，就要提出新产品开发方案，以开发新产品或系列产品。

（3）产品质量方案。如果产品质量低劣，就要提出质量管理改进方案，以进一步提高产品品质。

（4）产品功能方案。如果产品功能不到位、功能不全或需要去掉一些不必要的功能以降低价格，就要及时提出产品功能改进方案。

（5）产品品牌方案。如果产品品牌未形成知名度、美誉度，没有在消费者心目中树立良好的形象，就要提出产品品牌形象及企业形象的塑造和提升方案。

（6）产品包装方案。如果产品包装质量太差、档次太低或太高，就要提出改进方案，推出消费者满意的包装。

（7）产品附加值方案。如果产品缺乏科技附加值、文化附加值或心理附加值，因而市场受阻，就要提出附加值追加方案，增加产品的附加值。

（8）产品服务方案。如果是产品在营销过程中，售前、售中、售后服务质量低劣，就要提出系统的完善服务方案，以改进营销服务。

2）价格方案

如果营销中的问题出在价格方面，就要提出完整的价格改进方案。具体可以从以下几方面进行思考。

（1）渗透定价方案。如果是价格偏高，打不开市场，就可以采取渗透式的低价政策，提出渗透式方案来改变营销状况。

（2）撇脂定价方案。如果是价格较低，无法满足消费者的心理需求，或者是价格太低，企业营销效益太差，就可以通过提高价格的撇脂定价方案，来改进营销现状。

（3）差异化定价方案。如果是本公司产品的价格高于或低于竞争企业，就要提出差异化定价方案，以促进市场销售。

（4）折扣定价方案。如果价格不利于激励顾客多购，就可以提出折扣定价方案，借助多购从优的方式来增加销售额。

（5）信用定价方案。如果产品是大件耐用消费品，如汽车、房屋等，消费者一次性支付困难，影响产品销售，就可以提出信用定价方案，采用分期付款的方式来促进产品的销售。

（6）价差调整方案。如果在营销中各级经销商的价格差距过大或过小，就需要根据实际情况，制订价差调整方案，以调动各级经销商的积极性。

3）营销网络方案

如果企业产品营销受阻是因为渠道不畅或未能充分利用，就可以提出营销网络方案，来解决营销不景气的问题。具体可以从以下几方面来考虑。

（1）信息网络方案。如果是企业营销信息流通不畅而使营销阻滞，就要提出信息网络的建设和修正方案，完善企业的营销信息网络。

（2）宣传网络方案。如果是由于产品宣传不够，对消费者没有影响力，使产品滞销，就要提出宣传网络修正、建设或启动方案。不仅要全面完善宣传网络，更要全面启动它以加大宣传力度。

（3）销售网络方案。如果企业没有完善的销售网络，就要提出系统的销售网络建设方案，形成企业批发、经销、零售、直销、专销、返销等一系列营销网络。

（4）服务网络方案。如果企业服务欠佳，影响产品销售，就要提出建立、完善或启动服务网络的方案，使服务运作起来。

（5）顾客网络方案。如果企业产品没有形成自己的顾客群，就要提出产品定位方案和顾客沟通方案，构筑企业的顾客网络，壮大自己的市场。

4）促销方案

如果企业产品销售不佳是因为促销乏术，就要提出切实可行的促销方案，增大促销力度。具体可以从如下几方面来考虑。

（1）广告方案。如果是广告力度不够使销售困难，就要设计具体的广告方案，加强广告宣传。

（2）公共关系方案。如果是产品形象或企业形象不佳或不鲜明，影响了产品的销售，就要提出公共关系方案，在公众中塑造或树立产品形象和企业形象，推动产品的销售。

（3）新闻方案。如果产品宣传乏力，企业又缺乏宣传资金，就可以提出新闻方案，通过系统的新闻报道来宣传企业及产品，促进营销。

（4）推销方案。如果产品在市场上推进困难，除了宣传、广告外，还可以借助一系列的推销活动来推动产品销售，如人员推销、直销、函销、邮销、联销、展销、委销等。

（5）营业推广方案。如果产品在营销终端受阻，企业可制订营业推广方案促进产品销售。

（六）营销费用

营销费用记录的是整个营销方案推进过程中的费用投入，包括营销过程中的总费用、阶段费用、项目费用等，其原则是以较少的投入获得最佳的效果。

一般来讲，营销费用由固定销售费用和变动销售费用构成。固定销售费用是指与销售额变化无直接联系的费用，具体包括劳务费、折旧费和其他费用。变动销售费用是指随着销售额的变化而变动的费用，具体包括销售条件费、扩大销售费、运输费、宣传费和促销费。

营销策划费用的预算要有根有据、简单明了。对一些具体项目，如电视广告、报纸广告的费用等最好列出具体价目表。如果具体价目表过细，可作为附录列在策划案最后。在列策划成本时，要明确区分不同的项目费用，做到醒目易读。营销策划费用的多少，可以根据如下方式进行预算。

1. 销售量百分比法

销售量百分比法是以某一年度产品销售额的一定比例作为营销费用。这个比例依据的年度有两种：一种是上年度的销售额，另一种是本年度的预计销售额。例如，上年度全年销售额为 100 万元，共用去 5 万元营销费用，那么本年度参照上年度的标准，也用 5 万元，即 5%用于营销。但考虑到企业的发展，预计本年度销售额将实现 200 万元，这时营销费用按 5%比例，预算就应为 10 万元。

销售量百分比法是一种简单易行的方法，目前绝大多数企业都采用此方法来确定营销费用。当遇上市场环境变动时，可根据实际情况，进行适当调整，就可以继续施行。

但是，销售量百分比法也有其致命的弱点。当市场状况良好、产品畅销时，企业付出的营销费用较多，而这时，也许市场并不需要太多的营销费用投入，就可以迅速动作。但当市场萧条、产品滞销时，营销费用也随之减少，而此时，企业也许还需要加大营销投入，让营销走出低谷。因此，在采取销售量百分比法制定营销费用预算时，应充分考虑未来的市场变化，确保营销费用的预算富于弹性。

2. 量力而行法

量力而行法是指首先去除其他不可避免的费用支出后，再来确定营销预算的方法。下面引用一个例子来加以说明。

假设某企业在2018年的销售净值为100万元，其中成本80万元，利润10万元，营销费用10万元。那么，在确定下一年度的营销费用时，就可以据此进行。假如企业要实现200万元的销售收入，按照去年的标准，再加上今年原材料的涨价情况，可能要投入成本165万元，预计提留利润15万元，那么尚余20万元。这20万元就是用于今年营销的全部预算费用。采用量力而行法的优点是营销支出不会冲击其他必要开支，缺点是消极被动。例如，如果企业其他必要费用扣除后，没有余额，是否就不用制定营销费用预算或者可以低力度开展营销呢？这显然是不可行的。

3. 目标任务法

目标任务法是将营销方案所要实现的目标分解成具体的任务。这些任务所需要的资金投入，即作为实现营销方案的费用预算。例如，A公司准备在大连市场实现年销售500万瓶矿泉水的任务。根据在其他市场的经验，他们计划进行为期两个月的广告宣传，共需费用10万元；组织免费试饮活动1次，共需费用3万元；组织推销机构和促销活动，共需费用2万元，共计15万元。这15万元就是A公司要打开大连市场，达到年销售500万瓶矿泉水目标的营销费用预算。目标任务法是实施单个营销方案费用预算的主要方法。

4. 竞争标杆法

竞争标杆法是使用同行竞争对手的营销预算作为本公司的预算标准，就是以竞争对手中或同行业中处于领先地位的、具有良好营销效益的领袖企业的营销投入作为本公司营销预算的标准。例如在豆奶行业，全国有数百家生产企业，但经营效益最好、规模最大的是江苏的维维豆奶，它是豆奶行业的领袖企业。假如维维豆奶投入的营销费用占其销售总额的20%，那么这个比例就可以作为其他豆奶企业进行营销费用预算的标准。也许我们并不知道领袖企业的具体营销预算，这时还可以参照本行业平均营销预算额，以平均营销费用投入作为本公司的预算标准。

采用竞争标杆法进行营销预算，可以保持本公司的竞争力。但缺点是难以弄清竞争者的具体投入费用。况且，如果以领袖企业为标准，领袖企业一般都规模庞大，虽然投入的营销费用额很高，但占其销售总额的比例也许很小。一个小企业用此比例做参考，用于营销的费用总额就可能太低，不利于打开市场。

5. 市场份额法

市场份额法指企业要保持现有市场份额和扩大其在市场中的份额，就必须使其营销投入份额高于该企业所占有的市场份额。一般来说，如果企业只希望以新产品来占有市场份额，其所付出的营销费用至少应该2倍于所希望达到的份额标准。下面以营销预算中的广告预算来说明市场份额法。

假设一个企业确定其产品所在的市场每年的容量为5 000万元，同行业各企业用于广告费的支出总额为500万元。如果这个企业想使其新产品在该产品市场中占有20%的市场份额，那么它所应付出的广告份额则应是40%，即

销售额：5 000万元×20%＝1 000万元（预期销售额）

广告预算：500万元×40%＝200万元（预期广告预算）

企业若想实现其在市场中占有20%的市场份额（1 000万元），预算就是200万元。

市场份额法也是一种理论色彩较浓的方法，对许多企业而言，确定产品的市场总额、竞争对手的营销费用支出总额绝非易事。

（七）结束语

结束语是策划书的点睛之笔。结束语一般对整个营销策划的内容和要点进行归纳总结，并与前言相呼应，使策划书有一个圆满的结束。

六、方案调整

这一部分是策划方案的补充部分。在方案执行中可能出现与现实情况不相适应的地方，因此营销方案的贯彻须随时根据市场的反馈情况进行调整。

七、附录

附录是营销策划案的附件，其内容对策划案起着补充说明作用，便于策划案的实施者了解有关问题的来龙去脉，同时为营销策划提供有力的佐证。

在突出重点的基础上，凡是有助于阅读者理解营销策划内容、增强阅读者对营销策划信任的资料都可以考虑列入附录。例如，引用的权威数据资料、消费者问卷的样本、座谈会记录、参考文献等。列出附录，既能补充说明一些正文内容中的问题，又表明了策划者负责任的态度，同时也能增加策划案的可信度。附录也要标明顺序，以便查找。

营销策划书的编制一般由以上几项内容构成。因企业产品不同，营销目标不同，在编制营销策划书时，所侧重的各项内容也可以有详略取舍。

第二节　营销策划书的撰写技巧

营销策划对象极其广泛，有实体产品与服务的策划、制造企业与零售企业的策划、品牌建设与公共关系的策划、实体商店与网络推广的策划等。下面将对企业经营实践中常用的三种营销策划书类型及其撰写大纲进行阐述。

一、营销策划书的类型

一般来说，常用的营销策划书主要有以下三种类型。

（一）专项类营销策划书

专项类营销策划书属于营销策划的部分形式，包括对市场营销活动某些环节、某些过程、某些单项的独立策划。例如，新产品开发策划、新品牌策划、新产品促销或推广策划、公共关系策划、网络营销策划等而形成的营销策划书。

（二）活动类营销策划书

活动类营销策划书属于营销策划的节点形式，包括依据特定市场或者特定时间所进行的营销策划活动而形成的营销策划书。例如，企业新闻发布会策划、年会策划、展销策划、促销活动策划等。

（三）综合类营销策划书

综合类营销策划书属于营销策划的完整形式，包括对新企业、新市场、新产品、新服务各个环节、各个过程的全面策划。同时，也包括产品开发策划、品牌策划、广告策划、销售策划等而形成的营销策划书，如企业网络营销策划、企业整合营销策划等。

二、常用营销策划书的撰写

专项类、活动类和综合类三种常用营销策划书其侧重内容各有不同，在撰写方面也有不同的要求。

（一）专项类营销策划书的撰写

1. 专项类营销策划书的内容

专项类营销策划书是实践中最常用的营销策划方案形式。一般而言，专项类营销策划书的撰写应包括以下主要内容。

（1）外部环境变化与趋势分析，包括国内外的政治、经济、科技、法律、消费者、竞争者、利率、汇率、产业政策、进出口贸易、人口增长率、经济增长率、家庭结构、物价走向、消费趋势等。

（2）营销现状比较分析，包括企业营销现状分析、上一年度的营销情况与本年度的营销情况比较等。

（3）竞争对手比较分析，包括竞争对手的优势、劣势，以及其发展动向、动态、战略、做法等。

（4）本公司优缺点分析。审视本公司的内部状况，包括资金、技术、人才、组织机构、供应商关系、采购、生产制造、营销、品牌、物流配送、业务发展、全球化战略等。

（5）问题原因分析。

（6）解决对策，包括该如何做、做法如何、对策如何、如何解决、如何加强、如何规划、如何改善、如何应对等。

（7）实施效果，包括有形收益（营业收入、市场占有率、盈利状况、门店数增长、营业面积增长、客户增长情况、重购率等）和无形收益（企业声誉、品牌知名度、品牌形象、品牌喜爱度等）。

（8）成本与收益比较，即执行本策划案的成本支出与获得收益的比较分析。

（9）预期愿景。

（10）营销支出预算明细。

专项类营销策划书写作要点举例

用以下两个例子来说明专项类营销策划书的写作要点。

1. 某快餐企业的"降价"营销策划报告

要点：

（1）为何要采取降价措施？有哪些原因？

（2）应如何降价？哪些产品要降价？要降价多少？

（3）降价后的收益如何？降价对总收入及盈利情况的影响如何？

（4）如何做广告宣传公关？所达到的最大效果是什么？

2. 某鸡精公司巩固70%市场占有率的分析报告

要点：

（1）近5年各鸡精品牌市场占有率变化状况。

（2）本品牌巩固70%市场占有率的原因分析。

（3）主要竞争对手的策略分析。

（4）本品牌的应对策略。

（5）需要上级提供的资源及支持。

资料来源：戴国良. 图解营销策划案[M]. 北京：电子工业出版社，2011.

思考：如何列出专项类营销策划书的要点？

2. 撰写专项类营销策划书时应注意的问题

在撰写专项类营销策划书时，除了应体现上述主要的提纲要点外，在具体策划分析时，还应特别注意以下三个方面的问题。

（1）关键成功因素分析。归纳出本公司（部门、产品、品牌、项目、活动、渠道等）营销活动的关键成功因素，以利于方案执行和企业决策。

（2）写出具体的营销目标数据，包括门店数、市场占有率、营业收入、增长率、盈利状况、业绩、毛利、营业面积、损益、分公司数、品牌数、访客数、会员数、VIP数、自有品牌占有率、新产品开发数、促销预算、会员经营预算、期间费用预算等。

（3）进行比较分析，包括实际数据与目标（预算）数据的比较；当年数据与往年数据的比较；本月数据与上月或往年同期数据的比较；本公司与竞争对手数据的比较；本公司与行业或市场数据的比较。

"斯沃琪手表国内市场推广策划书"文本

一、策划环境分析

（一）宏观环境分析

1. 政治和法律环境分析（略）
2. 经济和贸易环境分析（略）

（二）企业内部环境分析

斯沃琪（Swatch）集团成立于1985年，是世界上最大的手表生产商和分销商，零售额占到全球份额的25%。旗下拥有欧米茄、斯沃琪、汉米尔顿、宝珀、格拉苏蒂、雅克德罗等17个世界知名手表品牌，是世界表坛销量最高的瑞士手表。

斯沃琪一直以来传达着高质量、低成本，时尚与纪念并重的信息，具有鲜明的时代特征；并且实行标准化的生产和管理制度，采用高端的科研技术、新颖独特的设计理念，受到了时尚人士特别是年轻群体的大力追捧。斯沃琪带给人们的不仅是一款高性价比的新型手表，更是一种"戴在手腕上的时装"。

（三）SWOT分析

斯沃琪内外部环境SWOT分析见表12-1。

表12-1 斯沃琪内外部环境SWOT分析

		内部优势（S）	内部劣势（W）
内部条件	企业	制表历史悠久 鲜明的时代特征 研发技术高端领先	营销策略欠佳 供应链有待完善 销售渠道单一
	消费者	品牌认可度高，受众较广 年轻消费群体数量庞大	年轻顾客品味变化快，易于审美疲劳 中年及老年消费者较少
	推动者	品牌效应，社会大众推广 大型活动、媒体杂志等传播	接触频率不高 部分地区覆盖不到
	竞争	中端手表市场份额占有率高 性价比高、品牌影响力强	中低端价位的手表厂商增多 盗版、仿制手表出现
		外部威胁（T）	外部机会（O）
外部环境	政治环境	跨国经营，政治环境陌生，与政府的沟通不足 国有企业占据大部分市场份额	政府对经济和社会发展的调控能力日益增强 政府大力支持

续表

		外部威胁（T）	外部机会（O）
外部环境	法律环境	对外国企业在国内经营的法律还不够开放 在消费者权益和商品调控方面的法律还有待完善	涉外法规日益健全 高度集中、统一的法律经营体制
	社会环境	社会资源垄断 人民贫富差距较大	社会稳定、劳动力资源丰富 人民生活水平提高，开始追求物质和精神方面的享受
	经济环境	市场资源配置不够完善 外贸经济渠道有待进一步拓宽	总体经济效益和竞争力增强 加入 WTO（World Trade Organization，世界贸易组织）后，进出口贸易额逐年提高

二、竞争对手分析

随着经济的持续发展，国内消费者对中高档手表的需求越来越大。世界钟表巨头也纷纷将目标市场转向中国，尤其在上海、北京、深圳和广州等大中城市均设有自己的销售网点。

中档手表市场在手表业中竞争激烈，斯沃琪在刚引入时很新颖，公司几近统治塑料时尚手表市场。这种情形随着千元以下的手表竞争者如"卡西欧""天美时"以及国产合资品牌"飞亚达""罗西尼"等的进入改变了很多。它们以质量上乘、品种齐全、款式新颖、价格适中和完善的售后服务等优势成功占据国内市场，销售稳居各大中城市前列。

此外，这些品牌除了模仿斯沃琪使用的广告技术之外，还瞄准了那些斯沃琪未进入的场所作为它们的主要分销点，如药店和大众零售店。

三、市场分析

（一）市场调查

通过市场调查及资料收集，得出国内手表市场的消费者特征：

（1）学生等低消费群体：需要价格低廉、款式新颖、张扬个性的手表，能接受的价位在百元左右，运动型和休闲型的款式更受青睐。

（2）工薪阶层：倾向于价格适中、性能稳定、款式大方的手表，价位一般在 500 元以内，对于时尚和个性方面的要求并不高，往往更愿意选择国产品牌。

（3）白领阶层：追求时尚和品牌，对款式的要求较高，价位在千元左右，一般需要不止一款手表，会根据不同的场合、不同的季节甚至不同的服饰佩戴不同款式的手表。

（4）"富人"阶层：对于他们来说，手表是一种身份地位的象征，他们需要名牌、高档的手表，在交际场合要显得高贵，价位在万元左右。

（二）市场特性

（1）不同城市、地区的消费者偏爱的手表品牌各有不同：上海、广州、杭州等南方地区更流行"劳力士""帝驼"；沈阳、大连、长春等东北地区的消费者更青睐于"卡西欧""欧米茄""罗西尼"；而中部地区则更喜欢"浪琴""天美时""飞亚达"等品牌。

（2）手表款式：近年来机械表开始流行起来，石英表虽然正式但却显得过于呆板，消费者在"用表"的基本需求满足以后正逐渐向"玩表"的层次迈进；不锈钢系列手表再次受到青睐，由于斯沃琪大多是塑料表带，时间久了容易变黄或脆裂，所以不锈钢款式问世以来受到了多数消费者的好评，特别是不锈钢运动款式、仿古款式系列手表；色彩艳丽带有卡通图案的个性手表不但小孩子喜欢，连年轻人也开始对之钟情，特别是时尚人士。

（3）手表性能：有秒表、指南针功能的手表大幅增加，现在人们越来越重视运动与休闲，所以具有运动象征意义的秒表将开始流行；自动机芯的手表逐步成为主流，自动机芯会随着人体的摆动而贮存能量并自动运转，比传统的手动机芯更方便。

四、产品定位

由于斯沃琪手表主要宣传的是时尚绚丽、张扬个性、运动休闲的品牌形象，主要的消费群体是有青春活力的年轻人、时尚人士、年轻白领等，所以分别以中低端价位、中端价位和中高端价位进入市场，来不满足不同层次消费者的需求。其中以中端价位的产品作为主市场。

斯沃琪各档次手表的市场定位见表12-2。

表12-2 斯沃琪各档次手表的定位

产品类别	价格区间（元）	消费群体	市场定位
中低端	600以下	学生、低收入年轻人	副市场
中端	600~2 000	工薪阶层、高消费大学生、年轻白领	主市场
中高端	2 000以上	白领、时尚人士	副市场

五、市场定位

（一）主市场（目标市场）定位

中端价位产品（600~2 000元）：年轻白领和追求时尚的大学生比较愿意用适中的价钱来购买款式新颖、功能高端的手表。

（二）副市场（辅助市场）定位

（1）中低端产品（600元以下）：学生族等年轻人比较喜欢色彩绚丽、运动休闲系列的手表来彰显个性，但他们收入不高，所以也设有价格稍低的款式来满足其需求。

（2）中高端产品（2 000元以上）：白领等时尚人士比较青睐于功能稳定、质量可靠的手表来配合工作、社交等各种场合，并会根据不同款式、颜色的衣服来佩戴手表，高价位更能代表他们的身份，而且他们很多还会购买多种款式、不止一块的手表。

（3）为其他钟表制造商生产以及组装：采用品牌推广战略，提高品牌知名度。

六、营销活动的开展

（一）营销活动的目标

（1）公司计划用5年时间使销售额和利润得到强劲发展。

（2）继续扩大市场，在上海、北京、沈阳、深圳等重要的战略市场开设更多新的精品店，并且为其他钟表制造商生产及组装。

(3)提高斯沃琪品牌知名度,努力攻占20%的市场份额,并且以价格合理、质量上乘、款式新颖、色彩绚丽、服务优良的形象得到更多顾客的认可。

(二)目标市场

张扬个性的年轻人、工薪阶层、时尚白领以及部分高消费的学生族。

(三)面临问题

(1)竞争对手实力强劲,市场竞争日益激烈。

(2)盗版的斯沃琪手表和未经许可的销售日益猖獗,影响品牌形象和企业收益。

(四)竞争战略

1. 竞争策略

(1)以斯沃琪品牌为核心进行规模化运作,质量为首。

(2)重视服务质量、加强售后服务,留住老顾客、吸引新顾客。

(3)坚持科技研发和低成本的市场营销,提高公司管控能力。

(4)推广公关赞助活动,按时进行地区评估。

2. 竞争优势

(1)品牌知名度高:斯沃琪集团是瑞士手表巨头,品牌历史悠久,受众较广。

(2)品牌竞争策略:斯沃琪多品牌战略为其确立了手表行业的领先地位,集团下属品牌之间的定位与表现赢得了不同年龄、不同品牌消费者的青睐。

(3)管理严谨:标准化设计、标准化的柜台服务。

(4)性价比高:工艺先进、质量可靠、价格合理。

3. 核心竞争力

以高品质、最时尚、最新颖、标准化管理为竞争核心。

(五)营销定位(区别性竞争差异点的确定)

主要注重手表的差异化、品牌的特色化、质量的差异化、成本领先等的处理方法:

(1)改变手表单纯的计时功能,增加秒表、人体测量等新颖功能。

(2)提出其作为服装配饰的新概念,使计时工具走向时尚。

(3)尽可能保持最高的质量,使返修率不超过1%;手表的零部件从155个减少到51个,减少转动的部分,也就降低了损坏的概率。

七、营销策略

(一)产品策略

斯沃琪把既是手表、又是装饰品作为其营销战略的核心,在市场中确定彰显个性、青春活力、时尚绚丽的产品风格,满足年轻人对时尚和美的需求,并且注重售后服务和服务态度。

(1)设计新颖的产品组合,把符合产品系列主题的赠品(如"斯沃琪创意耳机""斯沃琪仿古相框""斯沃琪六合一礼盒"等)与手表产品绑定在一起,更能吸引年轻顾客群体的眼球,符合他们好奇、创新的个性。

(2)坚持严格的标准化生产,同时保有灵活性,使产品生产线跟随季节的变化而变化,并注重"春""夏""秋""冬"系列产品的色彩组合,保持良好的材料供应和物流系统的运输管理。

(3)采用高端科技积极研发新产品,同时开发与新产品配套的具有创意的附属产品、新颖的赠品等,让斯沃琪与人们的生活紧密结合,使顾客时刻关注斯沃琪,提高品牌影响力。选择有青春活力的年轻人为新产品做代言,并通过与本土文化的融合,增加了品牌的亲和力。

(4)主要采用典型的瑞士红白包装,不同的系列要搭配不同特色的包装,并且为特殊主题或纪念款手表设计限量款包装,如圣诞节的惊喜版包装、情人节的红色心中有心包装、母亲节的祝福款包装等。

(二)价格策略

根据中国本土的市场特征和需求,考虑产品成本和国内运作所需要的人力资源与资本资源,在中国本土的价格定位为400~3 000元。以中低价位大胆进入手表市场,并根据不同的档位和系列设立不同的定价方案。

斯沃琪各系列手表的定价见表12-3。

表12-3 斯沃琪各系列手表的定价

产品系列	价位(元)
原创标准型腕表(Originals Gent)霓沿系列	410左右
原创手表SUMZ102——为纪念世博会瑞士馆设计	580左右
原创方形手表春日几何系列	620左右
原创多功能手表酷图系列	890左右
金属标准型手表陶色迷人系列	1 000左右
金属多功能梦魇系列	1 380~1500
金属机械表鎏金系列	2 380左右

(三)渠道策略

(1)在国内各大中城市增设具有斯沃琪标志的品牌专卖店。

(2)在各大商场设立品牌专柜。

(3)上下游企业、物流公司一体化,紧密合作,注重物流和库存管理的灵活性。

(4)结合网上销售与咨询(淘宝、官网、微博),做好网络营销。

(5)赞助投资各种校园活动、举办校园宣讲会创意大赛、斯沃琪艺术设计展、斯沃琪珍藏表巡展等活动,吸引学生及年轻人的眼球,提高品牌知名度。

(6)中低端产品进军大众零售店、大型药店等,拓宽销售渠道、扩大市场覆盖范围。

(四)促销策略

(1)建立斯沃琪会员俱乐部,并设立不同体系的会员制度,如学生会员卡、VIP白金卡、VIP钻石卡等,每种会员卡设有各自的积分制度和折扣方式,向会员出售特制手表,提供斯沃琪产品的完整目录,邀请他们参加俱乐部的活动。

(2)鼓励经销商创立斯沃琪手表博物馆,为斯沃琪手表收集者举办活动,限量生产，特制有纪念意义的手表，如圣诞系列、世博会纪念款、情人节幸福款等，在节日时进行限量款手表的促销活动。

（3）注重手表外形和表带的设计，适时举办手表科技艺术巡展，及时与专业人士和手表业同行交流沟通，与消费者分享最新的科技与创意理念。积极与世界顶尖设计师合作，引领时尚，时刻走在科技与艺术的最前沿。

（4）区分男士表和女士表卖场，使消费者购买目标更加明确；并以推出情侣表的形式，吸引年轻情侣的眼球，特别是在情人节期间可以利用此种形式进行促销，如"情人节特别包装礼盒，限量发售777套，RMB1 180元"。

（5）广告策略。广告语为"Time is what you make of it"；"不只是报时的手表"；"用心探测时间的流逝"。

广告媒介包括：电视（时尚频道、都市频道）；杂志（《生活周刊》《商界》《时尚》《EASY》《大学生》）；户外看版（各大商场外墙面、专卖店外墙面、各大展厅外）；POP海报（各大商场内、陈列台、校园内、公司宣传栏）；网络（淘宝、官网、微博）；等等。

（五）策划活动开展策略

（1）在各大高校举行斯沃琪创意大赛校园宣讲活动，让大学生等更多思想活跃的年轻人参与其中，亲身感受品牌设计过程和企业文化，与企业共同寻找创意灵感，拉近企业与消费者之间的距离。

（2）在各大公共展厅举办"运动——城市"艺术设计展等宣传活动，邀请新闻媒体和各界知名人士参加，宣传品牌文化的同时还能够吸引更多的顾客，与消费者分享斯沃琪的成长历程，增加品牌亲和力。

（3）定期举行新品发布T台秀，用模特走秀这种更加动态、新潮、形象立体的方式来展示斯沃琪最新推出的产品系列，及时地把新品推向市场，时刻走在时尚最前线，吸引白领等时尚人士的关注。

八、总体费用预算（略）

资料来源：根据作者教学编写整理而成

思考： 该市场推广策划书有哪些优点值得借鉴？

（二）活动类营销策划书的撰写

活动策划就是通过事件引发公众关注或者参与，解决企业在营销活动中遇到的问题，并最终促进销售、提升知名度和美誉度。为什么要做活动策划？传统广告可以直接进行产品宣传，但其作用越来越微弱，不仅需要大量的媒体投放费用，其制作和创意费用也相当"可观"。当然，对于硬性广告的宣传，任何一个做品牌的企业都不能缺少，但在做好硬性广告的同时，辅助一些活动策划，不仅可以迅速扩大企业知名度，产生良好的企业品牌美誉度，而且对于促进销售、解决"信任危机"等一系列市场活动,可起到"四两拨千斤"的效果。

活动类营销策划书应包括以下主要内容:活动背景、缘由;活动目的、宗旨;活动目标;活动主题;活动策略;活动名称;活动口号、标志;活动流程;活动节目设计;活动内容规划与创意设想;活动项目小组及人员分工;活动时间、日期;活动地点;活动媒体宣传;活动预算(支出);活动收益分析(有形/无形收益);活动现场布置规划;活动主持人、代言人;活动走秀表演;活动对象、邀请来宾、媒体记者;活动录像;活动赠品;活动安全规划;活动危机处理;活动总结报告。

一般来说,企业通常进行的营销活动策划包括新闻发布会、年会、庆典、促销活动策划等。以下着重介绍企业促销活动策划的流程。

1. 促销机会分析

整个商品或消费品市场的数量和金额分析;分析界定促销产品的市场状况即该产品的生命周期所处阶段;各竞争企业或品牌的销售量与销售额分析。

2. 目标市场定位

确定目标市场和商品定位;经营目标;价格策略;分销策略;广告形式和投资预算;促销活动的重点和原则;公关活动的重点和原则。

3. 促销活动规划

明确促销的目标;选择促销的形式和内容。

4. 分销活动计划

分销活动计划主要包括价格策略、分销渠道、店铺陈列和服务质量等方面的计划。

5. 销售管理计划

主管的职责权限;销售目标计划;人员的挑选和培训;推销人员的薪金标准;推销人员的奖励措施。

6. 市场反馈和调整

市场销售信息的反馈方式;市场销售信息的反馈整理;经营目标的核算;经营行为的调整。

"某商场元旦小家电促销活动策划书"文本

元旦前后是小家电特别是电热水壶、豆浆机等可以作为礼品的产品的消费旺季,为抢夺市场,各品牌都纷纷有所行动;同时豆浆机、榨汁机等产品高昂的价格及消费者不熟悉如何使用等因素,一直使一些潜在消费者犹豫徘徊。为了抓住这一销售旺季和处在犹豫徘徊的消费者,我公司特策划了本次活动。

一、促销目的

(1) 利用"元旦"假日的机会，提升我司终端零售量，加大分销力度。

(2) 通过终端现场演示，提升我司产品知名度、激发犹豫徘徊消费者的购买欲望。

(3) 有效地打击竞争对手，为实现明年我司的销售任务打好第一仗。

(4) 通过促销机型，带动其他产品的销售。

(5) 增强经销商操作我司产品的信心，振作导购员的士气。

二、促销对象与范围

(1) 促销对象：终端消费者。

(2) 范围：某城市商场可控终端（有导购员的卖场）。

三、促销主题

促销主题：YL 小家电迎新贺礼大酬宾。

宣传口号：299，YL 豆浆机抱回家！

366，YL 多功能炖盅提回家！

129，YL 榨汁机带回家！

99，YL 电水壶"捡"回家！

YL 电水壶老顾客不买也有礼送！

过年了，给远方的父母带个豆浆机回家吧！

四、促销方式

现场演示配合大酬宾活动，大酬宾内容有促销机型、8.8折优惠和赠品。

1. 促销机型

电水壶：产品型号 8901、8902，促销价 99 元。

电磁炉：产品型号 3018FB，促销价 199 元。

豆浆机：产品型号 2000B，促销价 299 元。

炖盅：产品型号 9121，促销价 366 元。

榨汁机：产品型号 5002B，促销价 129 元。

其他机型 8.8 折优惠。

2. 赠品形式

所有购买 YL 产品的顾客除随机赠品外，还赠送精美新年台历一本（价值 25 元），购买电水壶的顾客还赠送价值 5 元的除垢剂 2 包，电水壶老顾客凭有效购机证明免费领取价值 5 元的除垢剂 1 包。

3. 现场演示

演示机型：炖盅 9121，豆浆机 2000B，榨汁机 5002B、5000D。这四款为必须演示的机型，其他机型商家可根据销售情况增加。

演示地点：商场入口处、楼梯入口处或商场门口。

演示要求：炖盅要求炖骨头或鸡肉，蒸格内放玉米、馒头、鸡蛋、红薯等并热气腾腾；豆浆机要求不间断打豆浆（豆浆加糖）并让所有前来演示台的顾客品尝；榨汁机要求现场演示榨汁过程并现场演示清洗过程，突出易清洗，5002B 演示榨汁过程时，原料为香蕉、纯牛奶、冰糖等或青瓜、红萝卜等，演示完演示人员先品尝表示干净再给顾客品尝。以上所有演示给顾客品尝的东西必须卫生、干净。

演示人员要求：演示人员一定要声音洪亮、吐字清晰，条件允许尽可能带耳麦，动作自然，说话有亲和力而且幽默风趣，吸引顾客前来观看、咨询。同时，演示人员还要突出演示 5002B 易清洗的过程，现场准备水桶；演示过程注意顾客的疑问并边演示边解答。

演示台要求：至少 3 张演示台并齐摆放演示。

现场演示布置要求：一个 X 展架、两张以上海报、一条以上横幅、产品与赠品分开堆码并在赠品上贴上醒目的"赠品"或"赠品区"字样；通过一些气球、鲜花、彩带以及导购员自做的蝴蝶结等美化现场，营造现场促销气氛。

五、促销配合

1. 产品

业务经理/区域经理提前督促经销商提货（特别是促销机型要备足库存）、网点提货。

2. 促销物料准备

市场部在 12 月 20 日前发放演示台、X 展架、赠品给经销商；经销商在 12 月 25 日前自行印刷促销信息的黑白单页和促销主题、宣传口号的横幅及小赠品等物料。

3. 人员分工与责任

（1）活动总指挥：张总。

（2）活动负责人：李部长。

（3）方案的撰写、下发、检核：市场部。

（4）物料发放：客服部。

4. 活动执行人

经销商市场负责人、经销商导购管理人、业务经理/区域经理等。

六、活动要求

严格按"YL 终端促销活动指引"的要求执行，如有任何疑问请致电市场部。

资料来源：百度文库，https://wenku.baidu.com/view/c8519ab069dc5022aaea00ae.html，有改动

思考：该商场促销活动策划书有哪些方面值得借鉴？

（三）综合类营销策划书的撰写

体系完整的综合类营销策划书，应当是以战略营销为核心，科学掌控环境信息，综合运用企业既有资源，制订出动态的、可操作的营销方案。具体来说，综合类营销策划书应重点体现以下八个方面的主要内容。

1. 环境分析与评估

这一部分内容是非常重要的，因为在公司制订可行的、有效的营销策略及计划的

过程中，必须充分、及时地把握整个营销环境的变化趋势。在营销环境的分析与评估中，又可以具体分为以下三方面的分析。

（1）外部分析，包括竞争者分析、市场分析、顾客分析及总体环境分析。

（2）内部分析，包括公司的产品分析、各经营部门的优劣势分析及评估等。

（3）竞争战略分析，即在这个营销环境与市场竞争中，采取各种竞争战略导向的优缺点分析及可行性分析。其具体包括成本、差异化、品牌、产品创新及价格等各种不同竞争战略导向的评估与选择。

2. 产品与市场定位

其具体包括以下三个方面的内容。

（1）目标顾客群体：什么人买？什么人用？

（2）广告诉求对象：卖给什么人？

（3）产品所塑造的个性。

3. 问题点与机会点

其具体包括如下几方面内容。

（1）该市场现在面临哪些问题点。

（2）该市场存在什么样的机会。

（3）该市场的商机在哪里及未来发展趋势与方向如何。

（4）对本公司进入该市场的自身优劣势分析与确认。

（5）本公司进入该市场的核心竞争力及关键成功因素。

（6）本公司应采取哪种竞争战略。

4. 营销目标的确认与建立

这一部分是综合类营销策划方案的大方向及大原则，应确立一些必要的营销战略目标，具体包括。

（1）公司应如何真正贯彻顾客导向战略。

（2）公司应如何进行有效的、正确的市场细分。

（3）公司应如何明确产品定位、品牌定位及品牌战略。

（4）公司应做哪些方向的产品/市场抉择。

（5）公司在组织及企业文化变革等方面需要作出哪些配合。

（6）公司应如何安排资源投入及配置原则。

（7）对公司未来的营销愿景及目标进行宣示。

5. 营销策略计划

其具体包括以下几个方面。

（1）营销组合策略，即产品、定价、分销渠道及促销计划的制订。

（2）广告建议与媒体计划。
（3）整体服务策略及计划。
（4）品牌策略与计划。
（5）顾客关系管理等。

6. 营销计划的实施

这一部分是营销策略的具体展开以及相关管理的配合，以确保营销方案的贯彻执行。

7. 营销效果评估

对营销策划方案的执行情况进行评价，并及时作出调整。

8. 营销预算

营销预算应包括公司的营业收入、营业成本及损益情况。此外，还应包括市场占有率、品牌知名度、顾客满意度、会员数目等目标，制订出合理及具挑战性的数据目标，并作为营销绩效的考核指标。

"木质电壁炉营销策划方案"文本

某公司是长期专业从事家具进出口贸易的国营进出口公司，过去的业务量主要依靠进出口代理业务。随着外贸进出口权的放开，许多生产企业具有了自己的进出口权，出口市场面临着激烈的竞争。作为专业从事进出口贸易的公司，如何拓展业务范围，形成自身的核心竞争力，是摆在这家公司面前的重要课题。该公司根据自身的优势，决定在企业战略上进行调整，依托长期从事进出口贸易建立的客户关系网，一方面巩固出口市场，另一方面逐步发展国内市场，拓展进口业务，并进行一体化经营，逐步培养企业开拓市场的能力。

基于战略思想，决定先从该公司过去曾经代理过出口业务的壁炉产品入手，此产品在国际市场上具有良好的市场表现，且客户需求踊跃。但该产品能否在中国市场上得到中国消费者的认同，是摆在企业面前的现实课题。随着人民生活水平的提高，市场上预计能够得到良好的反映。为此公司进行了市场调研，并进行了壁炉产品北京市场营销策划。

一、壁炉产品概述

（一）壁炉——家装的一道风景

壁炉是欧式风格装修中必不可少的家装用品，它突显了主人的品位与尊贵。主要放置于客厅，增添主人会客和家人团聚的气氛。市场上的壁炉种类主要有烧炭壁炉、电壁炉、燃气壁炉等。其选用的材质包括：石质、木质、铁质、砖砌等。

(二)主力产品——木质电壁炉

目前,随着欧美风格家居的风靡,一种仿真炭火取暖器——电壁炉在北京的各大建材市场被推行出来。这种电壁炉由于售价较高,属于较为高档的家装饰品。该电壁炉采用灯光效果,使炉中的炭景直观逼真,炉中火焰的大小可以任意调节,不加热时,也可以欣赏到神奇的火焰效果。

该电壁炉主要有两种:内置式炭景和外置式炭景,加热功率有两档:800 W(无加热功能)和2 000 W(有加热功能),有固定式壁炉和移动式壁炉。

二、市场分析

进行市场分析的主要目的在于研究潜在市场与潜在销售量,为制订总体的或地区的壁炉营销计划提供依据。考虑到目前公司的营销重点放在北京市场,着重从以下三个方面入手:

(一)居民收入和消费水平分析(略)

(二)北京市居民购房消费趋势变化(略)

(三)家装业市场分析

调查显示,北京市城区居民住宅装修市场的潜力还相当大,这其中也蕴涵着壁炉消费的巨大商机。

三、目标市场定位

根据以上的市场分析,结合不同消费者的需求特点、心理预期和购买行为,从以下两方面对消费者市场进行了细分:

(一)目标市场的年龄结构

调查显示,目标市场人群年龄应以36~50岁为主,目标顾客以月收入10 000元以上为主。

(二)目标市场的类型

(1)欧化群体、回国人士,这类人士对壁炉情有独钟,视为家中必不可少的装饰。

(2)外贸商人或与国外有商业往来的商人,他们平时接受洋化观念且追求商品的高档化。

(3)写字楼的白领阶层,月收入5 000元左右,主要是其老板或接触的人中家里安装了壁炉,受其感染,也想追随,达到一种心理满足。

(4)文教科研人员,他们追求美的动机较为强烈,对美的认识能力较强。

(5)追求风雅的人。

(6)喜爱欧式风格以及对欧式风格有独特偏好的人,也许消费能力达不到,但可以忽略其他也要装壁炉。

(7)图新鲜,觉得显档次。

(8)看到样板间,觉得不错。

四、竞争对手情况分析

1. 不同壁炉材质间的对比分析

通过比较分析,可以看出木质壁炉的优劣势:

优势：

（1）木质与石质或砂岩等其他材料相比，更易雕刻复杂图案，所以造型更加美观，易根据室内颜色着色，使居室色彩更协调、美观。

（2）现在的家庭装修多采用木质，如木地板、家具等，所以木质壁炉易与整体环境相融合，形成别有韵味的风格。

（3）价格一般低于大理石与汉白玉。既能像汉白玉一样雕刻复杂图案，又比其便宜。

（4）壁炉虽然是木质的，但是不会出现变形、开裂等质量问题，不需要经常性的维修。

劣势：

（1）设计师普遍建议生产石制壁炉，可能是考虑石质较木质认知度好、档次高。

（2）设计师有顾虑，认为木质易变形，需维修，且有着火的隐患。但事实上，此产品出口国外多年来，从来没有出现过上述问题。但是，也应该通过必要的宣传，打消部分受众的顾虑，转变其在消费者心中的印象。

（3）一般家装队可以制作简易的木质壁炉。

2. 不同壁炉生产厂商之间的对比分析

目前在国内，特别是北京，壁炉还是一个新兴的市场，自行生产销售壁炉的企业很少。据调查，在北京仅有两三家生产壁炉的公司，而且它们的主要业务还是其他的家具。

3. 相关行业竞争对手分析

比起电暖气或散热器来，壁炉的优点是：在较大的面积范围内仍能发挥其热能；外观形象比电暖气漂亮；在某种程度上（在同样的取暖范围内）比电暖气省电节能；此外壁炉的加热效率也比电暖气高。和电暖气相比，其不足之处也很明显：价格昂贵；认知程度不够。

和高档装饰品比，壁炉的优点是：更实用、体贴，而不仅仅是摆设；能和周围环境有机结合在一起；更显档次、更和国际接轨。其缺点是：市面上产品不多，选择面较窄（这也正是本公司最大的优势）。

综合上述分析，应看到本公司"真正意义"上的竞争对手是间接的。在木制壁炉市场空缺的情况下，本公司的前景相当好。只要营销方案得当对路，实现既定目标是可以做到的。

4. 未来预计竞争对手分析

木质电壁炉在北京市场尚属空白，在打入市场初期，不仅要做产品的宣传，还要做品牌的宣传，给产品受众以工艺精美、品质优良的印象，为应对未来竞争对手打下基础。

当行业进入缓慢成长的成熟期时，虽然竞争会加剧，但还要看到这种竞争有可能带来行业的日益兴旺。

五、公司的优势和劣势分析

（一）优势

（1）有多年壁炉的销售经验，设计、生产、加工、销售各个环节配合默契。

（2）生产技术、产品质量合乎标准且更具竞争力。

（3）不断求新求变，具有准确判断市场前景的能力。

（4）售后信誉有保证。

（二）劣势

（1）新产品投放市场，品牌知名度不高，消费者认知度不高。

（2）销售渠道需自己铺设。

六、价格策略

（一）计算价格

（1）从调查问卷中总结的消费者希望的价格是 6 000 元。

（2）每台壁炉的成本为 3 000 元，以建材经贸大厦的摊位租赁费（350 元/平方米 × 20 平方米 = 7 000 元）、人员工资（800 元/人 × 2 人 = 1 600 元）和管理费为例（1 000 元），计算出保本月销售量。

$$保本月销售量 =（摊位租赁费 + 人员工资 + 管理费）/（价格 - 成本）$$
$$=（7 000 + 1 600 + 1 000）/（6 000 - 3 000）= 3.2（台）$$

若自己设点，按保本月销售量分摊摊位租赁费（7 000 元/3.2 台 = 2 187.5 元/台）、人员工资（1 600 元/3.2 台 = 500 元/台）和管理费为例（1 000 元/3.2 台 = 312.5 元/台），则

$$价格 = 成本 + 摊位租赁费 + 人员工资 + 管理费$$
$$= 3 000 + 2 187.5 + 500 + 312.5 = 6 000（元/台）$$

若通过中间商销售，则价格为成本的 2.5 倍，即

$$价格 = 成本 × 2.5 = 3 000 × 2.5 = 7500（元/台）$$

（二）价格策略

1. 进入市场初期

采用撇脂定价策略。即在开始推出时以尽可能高的价格投入市场，以求得最大收益，尽快收回投资。

2. 竞争期

当产品进入竞争期，因为初期定价较高，已经积攒了一部分资金，把这部分资金用于扩大规模，以此降低成本。此时在成本上取得领先，把竞争者拒之门外。如果打价格战，也有了一定的实力。

七、产品策略

经过市场调查与分析，如果公司单纯经营木制壁炉，采用这种单一的销售方式，不容易吸引广大的销售群体。因此采取产品组合的方式，配以相关产品，达到互相促进销售的目的。

八、促销策略

(一) 打入市场——公司的广告宣传手段

1. 广告信息

主题：突出文化品位，精工打造，专业人士特别设计，品质保证。

口号：超高的品位，让您和您的家人共享生活。

2. 广告方案

(1) 在《精品购物指南》刊登广告。

(2) 在《LADY》做一期成功人士访谈，在谈到家庭环境的营造时，可介绍壁炉。

(3) 在《时尚家居》刊登广告或针对产品的特别介绍（大篇幅）。

目的：向目标顾客、潜在顾客以及设计师等专业人士宣传产品。

(4) 店面售点广告采用POP广告。

(二) 人员推销和营业推广策略

1. 针对最终消费者的促销方案

(1) 提供系列产品。如前面所述的产品组合。

(2) 满足顾客需要。当设计图案修改后，改变以往顾客到店的方式，改为公司人员上门请顾客提出意见。

(3) 提供服务。如安装、修理、使用说明等。

(4) 定制销售。根据顾客提出的要求设计款式、图案。

(5) 参加展览会。向厂家要促销费。

(6) 拆分销售。外框与内芯可以分开销售，多种组合搭配，便于顾客选择。

2. 针对中间商、销售人员的促销方案

1) 针对中间商促销

如每年评选出销量最高、回款最好的房产商或家装公司；年底举办销售竞赛，奖给销售产品增长率最高的3位经销商额外的报酬或奖励等。

2) 针对设计师的促销

给予设计师壁炉零售价的10%为利益回报。保持密切联系，由他们向顾客推荐公司的其他相关产品，如壁炉装饰物等。

3) 针对装饰工程公司促销

给予现金折扣作为按时回款的鼓励。

4) 针对销售人员的促销

对促销人员进行评判，按A、B、C、D等级制来分发工资，激励其取得更好的销售业绩。

九、营销渠道

(一) 自销

1. 建议

(1) 由本公司做出资人，开办有限公司。

原因：若选择产品组合的方式，公司的经营项目就不单纯局限于经营壁炉，所涉及的产品较多，因此单独成立有限公司，有利于公司日后的发展。

（2）另设办公地点。

（3）与工厂为买卖关系，争做北京地区总代理。

2．步骤（略）

（二）其他

1．家装公司

设计师：

（1）保持设计师的利益点。

（2）发展其成为公司的销售人员。

2．房产公司

（1）毛坯房：直接进入小区设点销售，小区入住率达到一定程度后退出，流动性大。

（2）精装修：批量销售，对于预售楼盘，开发商找装修公司设计，本公司可与装修公司建立业务关系，在样板间内展示壁炉。

综上所述，本公司的主要销售对象应为房地产公司，即在其设计"精装修房"时，便向其销售我们的产品。这部分的销售量应占总销量的50%左右。在目前家装市场普遍存在的情况下，应将约25%的销售量放在家装市场。其他近25%的产品应以开专卖店（或展示店）的方式直接面对消费者，这样一来可以通过更多的渠道销售产品，更重要的是宣传产品，使人们的观念中形成"壁炉"的概念，以便将来扩大市场，甚至达到规模经济。

注：两种方案下，都要有自己的销售人员，要做好分工，各尽其责。

资料来源：豆丁文库，https://www.docin.com/p-1931014173.html，有改动

思考：该营销策划方案的成功之处是什么？有哪些方面值得借鉴？

本 章 小 结

- 营销策划书是营销策划方案的书面表达形式，是市场营销策划的具体成果，是企业未来营销活动的指导性文件。

- 营销策划书并没有约定俗成的标准格式。从营销策划活动的一般规律来看，一份完整的营销策划书一般应包括封面、摘要、前言、目录、正文、方案调整和附录七个部分的内容。

- 一般来说，常用的营销策划书主要有三种类型：专项类营销策划书、活动类营销策划书和综合类营销策划书。不同类型的策划书其撰写大纲及侧重点也有所不同。

课 后 习 题

1．营销策划书一般由哪些内容构成？

2．常用的营销策划书主要有哪些类型？其撰写要求有何差异？

答案要点

某休闲食品网络营销策划方案

一、策划目的

本次策划是一次网络营销的策划,目的在于使该休闲食品在网络上顺利推出,在琳琅满目的休闲食品网络市场获得更高的市场占有率,从而赢得消费者的青睐,获得更大的企业效益,得到广大网络消费人群的认可。

二、产品概况

休闲食品的最主要卖点是其独特的美味或者给予消费者美好的休闲享受,而不是补充营养。休闲食品消费者涵盖全部人群:儿童、青少年、成年人及老年人。

作为一个较大的且快速膨胀的市场,国内休闲食品市场有如下几个特点,也是休闲食品的几个主流方向:

(一)越来越贴近人们的饮食习惯和心理需求

(1)带汤汁的,便于咀嚼、利于下咽和消化的,如将薯片与矿泉水捆绑销售。

(2)满足求新、求变心态,人的味蕾要在新的滋味或口感的不断刺激中才可以保持持续的满意。

(3)健康,尽管消费者对这一点不十分明确,但在其购买决策的诸影响因素中却很重要,消费者会对食品的功能性有一定需求,基于不同的功能成为市场细分的前提。

(二)要赏心、悦目、满足支配欲

(1)方便性,卖点要近,购买过程要体现休闲的概念。

(2)时效性,满足其心血来潮的非理性需求。

(3)可观性,休闲食品是一个全面的概念,不但要好吃,还要好看,卖场的堆码摆放要能引起关注。

(4)参与性,每个人都有支配欲,好吃好看再好玩就更酷了。

三、市场环境分析

(一)休闲食品行业发展现状

休闲食品市场潜力巨大。近年来,我国每年的休闲食品市场需求额均超过千亿元,市场规模逐渐增长,消费市场也在快速地增长。休闲食品正在逐渐升级成为百姓日常的必需消费品,休闲食品的市场竞争也越来越激烈。现阶段,我国休闲食品电商三足鼎立格局初现,龙头优势明显。三只松鼠、百草味、良品铺子已牢牢占据休闲食品电商前三位,其他品牌的竞争难度加大。

(二)网络消费者分析

1. 网络用户分析

有关数据显示,我国30岁以下的网民占比已超过一半,并且还在呈现日益增长态势。对于休闲食品来说,年轻群体对其发展也产生至关重要的作用。如何抓住年轻群体,是休闲食品企业必须要面临的问题。在网购盛行的现在,用户的关注点也会产生更多的层面，有特色的产品和服务更容易获得消费者的青睐，利于抢占更多市场份额。

2. 网络消费状况分析

从休闲食品各品类销售数据来看，坚果、蜜饯果干和糕点是最受欢迎的品类，分别占比 19.2%、18.4%、17.1%。在人们愈发关注健康的大前提下，坚果以其富含蛋白质、油脂、矿物质、维生素的特质深受消费者喜爱。膨化食品、肉脯、糖果在健康方面虽不及坚果，但是这些均属常见的传统休闲食品，具备一定的市场潜力。

（三）网络消费特征分析

（1）年轻消费群体崛起。

（2）健康食品居于主导地位。

（3）休闲食品的种类不同，受欢迎的程度有很大的不同。

（4）高收入家庭成为休闲食品消费主流。

（5）产品更新速度快。

四、休闲食品顾客群体分析

少年儿童和年轻女性是休闲食品的主流消费人群。休闲食品不再是孩子们的专利，年轻女性已成为主流消费人群。调查显示，高中、中专及大专学历、18~24 岁的年轻女性是引导时尚食品消费的主流群体，她们在购买食品时喜欢购买更为时尚的品牌。

五、网络营销盈利模式

（1）传统的网络营销盈利模式：建立企业产品网站、在网络的商务平台开设网店、网络广告推销等。

（2）新的衍生盈利模式：博客营销、微博推广、与大型的团购网站合作等。

六、营销组合策略

1. 产品方面

（1）树立休闲食品的健康品牌。

（2）积极推广绿色有机零食。

2. 渠道方面

（1）在各销售平台开设网络商店（暂未实现）。

（2）建立博客，推出并介绍对应的商品。

（3）建立微博，推广有益、可口的休闲零食。

（4）与大型的团购网站合作，开展低价团购活动。

3. 价格方面

（1）限时折扣活动。

（2）定时定量竞拍。

（3）积分兑换活动。

4. 促销方面

（1）免费试吃活动。

（2）微博转发抽奖活动。

（3）休闲食品知识问答。

资料来源：百度文库，https://wenku.baidu.com/view/53424e98250c844769eae00958166bd97f19bc22.html，有改动

思考：该休闲食品网络营销策划方案存在哪些不足？应如何改进方案？

答案要点

模拟实训

参考文献

[1] 科特勒, 阿姆斯特朗. 市场营销原理[M]. 郭国庆, 译. 北京: 清华大学出版社, 2019.

[2] 莱曼, 温纳. 营销策划分析[M]. 王永贵, 译. 北京: 北京大学出版社, 2008.

[3] 麦克唐纳. 营销策划: 精于思, 易于行[M]. 高杰, 等, 译. 北京: 电子工业出版社, 2011.

[4] 麦克唐纳. 营销策划: 理念·步骤·方法[M]. 张雪, 译. 北京: 中国铁道出版社, 2016.

[5] 哈南. 顾问式销售: 向高层进行高利润销售的哈南方法[M]. 郭书彩, 闫屹, 译. 北京: 人民邮电出版社出版, 2017.

[6] 布莱. 文案创作完全手册[M]. 刘怡女, 袁婧, 译. 北京: 北京联合出版公司, 2019.

[7] 马拉沃, 德高丹, 本纳罗亚, 等. 五维传播[M]. 钟萍, 孙利玲, 译. 北京: 机械工业出版社, 2016.

[8] 波特. 竞争战略[M]. 陈丽芳, 译. 北京: 中信出版社, 2014.

[9] 郑文昭, 张锴. 营销策划实务[M]. 北京: 清华大学出版社, 2019.

[10] 周文根, 徐之江. 市场营销策划[M]. 杭州: 浙江大学出版社, 2019.

[11] 陈德人. 网络营销与策划: 理论、案例与实训[M]. 北京: 人民邮电出版社, 2019.

[12] 祖立厂, 王召东. 房地产营销策划[M]. 北京: 机械工业出版社, 2019.

[13] 新媒体商学院. 新媒体运营一本通: 营销推广+活动策划+文案写作[M]. 北京: 化学工业出版社, 2019.

[14] 秦阳, 秋叶. 微信营销与运营[M]. 北京: 人民邮电出版社, 2019.

[15] 叶万春, 叶敏. 企业营销策划[M]. 北京: 清华大学出版社, 2018.

[16] 李胜, 黄尧, 黄华. 营销策划—路径、方法与文案设计[M]. 北京: 北京大学出版社, 2018.

[17] 周明. 营销策划—策略与方法[M]. 北京: 北京大学出版社, 2018.

[18] 胡青华, 马碧红. 营销策划理论与实务[M]. 北京: 清华大学出版社, 2018.

[19] 侯瑾. 营销策划[M]. 北京: 中国劳动社会保障出版社, 2018.

[20] 钟伟. 品牌营销策划与管理[M]. 北京: 科学出版社, 2018.

[21] 苏海. 活动策划实战宝典: 品牌推广+人气打造+实战案例[M]. 北京: 清华大学出版社, 2018.

[22] 洪守义. 公关策划的理论与实践[M]. 上海: 上海辞书出版社, 2018.

[23] 朱华锋, 朱芳菲. 营销策划理论与实践[M]. 合肥: 中国科学技术大学出版社, 2017.

[24] 萧潇. 创意文案与营销策划撰写技巧及实例全书[M]. 天津: 天津科学技术出版社, 2017.

[25] 黄聚河. 营销策划—理论与实务[M]. 北京: 清华大学出版社, 2017.

[26] 李司, 杨欣玲. 市场营销策划学[M]. 郑州: 河南人民出版社, 2017.

[27] 谭俊华. 营销策划[M]. 北京: 清华大学出版社, 2017.

[28] 张海. 营销策划原理与案例[M]. 北京: 中国人民大学出版社, 2016.

[29] 孟韬，毕克贵. 营销策划：方法、技巧与文案[M]. 北京：机械工业出版社，2016.

[30] 彭石普. 营销策划—理实一体化教程[M]. 北京：电子工业出版社，2016.

[31] 章金萍，方志坚. 营销策划[M]. 北京：高等教育出版社，2016.

[32] 张延斌. 企业营销策划[M]. 天津：南开大学出版社，2016.

[33] 黄岑，吴曦，操卫珍. 品牌营销策划三字经[M]. 上海：上海交通大学出版社，2016.

[34] 王锦程. 市场营销策划原理与实务[M]. 北京：中国财富出版社，2015.

[35] 罗绍明. 营销策划实训[M]. 北京：机械工业出版社，2015.

[36] 乔辉. 营销策划——创意、信息处理及表达[M]. 上海：上海财经大学出版社，2015.

[37] 姜岩. 消费者与购物网站的类社会关系研究：依恋理论视角[M]. 大连：大连理工大学出版社，2015.

教师服务

感谢您选用清华大学出版社的教材！为了更好地服务教学，我们为授课教师提供本书的教学辅助资源，以及本学科重点教材信息。请您扫码获取。

❱❱ 教辅获取

本书教辅资源，授课教师扫码获取

❱❱ 样书赠送

市场营销类重点教材，教师扫码获取样书

 清华大学出版社

E-mail: tupfuwu@163.com
电话: 010-83470332 / 83470142
地址: 北京市海淀区双清路学研大厦 B 座 509

网址: http://www.tup.com.cn/
传真: 8610-83470107
邮编: 100084